Lições de ECONOMIA
CONSTITUCIONAL *Brasileira*

Lições de ECONOMIA
CONSTITUCIONAL *Brasileira*

Jorge Vianna Monteiro

ISBN 85-225-0466-0

Copyright © Jorge Vianna Monteiro

Direitos desta edição reservados à
EDITORA FGV
Praia de Botafogo, 190 — 14º andar
22250-900 — Rio de Janeiro, RJ — Brasil
Tels.: 0800-21-7777 — 21-2559-5543
Fax: 21-2559-5532
e-mail: editora@fgv.br
web site: www.editora.fgv.br

Impresso no Brasil / Printed in Brazil

Todos os direitos reservados. A reprodução não autorizada desta publicação, no todo ou em parte, constitui violação do copyright (Lei nº 5.988).

Os conceitos emitidos neste livro são de inteira responsabilidade do autor.

1ª edição — 2004

Revisão de originais: Luiz Alberto Monjardim

Editoração Eletrônica: Cristiana Ribas

Revisão: Fatima Caroni e Marco Antônio Corrêa

Capa: aspecto:design

Ficha catalográfica elaborada pela Biblioteca
Mario Henrique Simonsen/FGV

Monteiro, Jorge Vianna.
    Lições de economia constitucional brasileira / Jorge Vianna Monteiro. — Rio de Janeiro : Editora FGV, 2004.
    308p.

    Inclui bibliografia

    1. Economia institucional. 2. Políticas públicas. 3. Escolha social. I. Fundação Getulio Vargas. II. Título

CDD — 330

"Um grama de incidentes vale um quilo de repetição de fórmulas."
L. P. Hartley, O mensageiro

Sumário

Prefácio	9
Nota do autor	11
1 Escolhas públicas	15
2 Ambiente institucional	67
3 Concentração de poder	111
4 Conjunturas de crise	147
5 Credibilidade	183
6 Indução eleitoral	217
7 Geração de incerteza e risco	259
Bibliografia	293

Prefácio

Foi com imensa satisfação que atendi ao pedido do professor Jorge Vianna Monteiro para apresentar seu novo e importante livro, *Lições de economia constitucional brasileira*. Tenho acompanhado a evolução do pensamento do professor Monteiro ao longo de muitos anos, não apenas através de seus livros, mas, principalmente, pela leitura da competente análise política que divulga em seu boletim *Estratégia Macroeconômica*.

É inteiramente óbvio que o professor Monteiro dispensa apresentação. Há mais de 20 anos analisa a economia brasileira através do comportamento político do governo, com um refinamento e um sucesso crescentes. Neste novo volume ele atinge, na minha opinião, a maturidade plena no tipo de análise que se convencionou chamar "economia política constitucional": excelente domínio dos conceitos, ágil e competente manipulação dos instrumentos e espantosa amplitude bibliográfica. Na economia política constitucional agrega-se ao estudo da "ciência econômica" propriamente dita as variáveis que lhe faltam para tornar-se economia política: as limitações exógenas impostas pela estrutura constitucional e a forma de exercício do poder que a burocracia exerce sorrateiramente. Trata-se, na verdade, de mostrar a interação permanente entre o "mercado" (onde os votos são ponderados pelo poder econômico) e a "urna" (onde os votos são nivelados pelo poder político).

Na definição de James Buchanan (*Constitutional Political Economy*, v. 1, n. 1, p. 1-18, 1990), o confessado "herói intelectual" do professor Monteiro, "existe uma distinção categórica a ser feita entre a Teoria Econômica Constitucional e a Teoria Econômica comum. Na última, a análise é controlada nas escolhas feitas *dentro* das restrições que são impostas exogenamente à pessoa ou às pessoas que fazem a escolha. Na primeira, em contraste, a atenção analítica se dirige às escolhas dentro de um espaço de restrições, que são escolhas feitas 'ex ante' pelos indivíduos que estabelecem limites para as suas escolhas e a dos outros dentro do universo da política". Na teoria da procura do consumidor, por exemplo, todas as escolhas têm de submeter-se à restrição orçamentária, que é exógena. Mas no exercício da política econômica, todas as escolhas têm de realizar-se dentro do espaço factível construído pelos limites constitucionais. Esta é uma construção *ex ante* feita pelos próprios indivíduos para atingir não apenas a eficiência alocativa, mas múltiplos valores: relativa liberdade individual e relativa igualdade de oportunidades, por exemplo.

Depois do excesso de matematização da teoria econômica e das dúvidas crescentes sobre a unicidade do equilíbrio e a sua computabilidade, vemos, de um lado, a teoria econômica avançar imperialisticamente e na direção da teoria política e, de outro, ser predada pelos avanços da psicologia, tudo com um uso moderado e que faz sentido da teoria dos jogos.

O livro do professor Monteiro mostra com exemplos concretos o enorme avanço do conhecimento da realidade brasileira que se pode obter com a teoria econômica constitucional. E põe em relevo as astúcias da burocracia para transgredir sem sofrer as conseqüências, nos limites constitucionais.

Antonio Delfim Netto

Nota do autor

Ao professor James M. Buchanan, meu herói intelectual, pelos últimos 30 anos.

"Governo, ou política, sempre foi para mim algo em relação a que se deve buscar proteção, não algo a explorar, seja para meus próprios fins, seja para os daqueles que eu possa definir como o público em geral."

(Buchanan, 1992:97).

A integração das variáveis político-institucionais à análise econômica já não requer justificativa ou defesa, especialmente após a "revolução" da teoria dos jogos promovida na macroeconomia entre o final dos anos 1970 e o início da década de 1980. Sem maior surpresa, logo adiante, o prêmio Nobel de Economia de 1986 era atribuído ao precursor da macroeconomia *cum* instituições, o professor James Buchanan.

Diferentemente de meus dois últimos livros, *Economia e política* (1997) e *As regras do jogo* (2002), este não adota uma ordem cronológica para introduzir a extraordinária trajetória institucional da economia brasileira. De igual modo, a organização geral do texto é mais acadêmica, não apenas pela profusão de referências bibliográficas, mas também pelas inúmeras notas de rodapé, que servem para sugerir ramificações da argumentação econômica.

O capítulo 1 apresenta, com razoável detalhamento, os principais conceitos e mecanismos da *public choice*, que, na analogia preferida pelo professor Buchanan, é a "política sem romantismo", isto é, a modelagem das escolhas públicas sem pressupor que a política busque o bom, a verdade e o belo. Os demais capítulos concentram-se nas evidências da economia política brasileira, especialmente no período de 2000 a 2003, observadas na perspectiva geral de suas instituições (capítulo 2), da hipertrofia de poder decisório (capítulo 3), de ocorrências em tempos de crise (capítulo 4), das tentativas de construir credibilidade (capítulo 5), de comportamentos em períodos eleitorais (capítulo 6) e da decisão sob incerteza e risco (capítulo 7).

Relativamente ao caso brasileiro, as políticas públicas nos últimos anos são inseparáveis de uma profunda inovação institucional que, eventualmente, se traduz no extenso e variado uso do poder presidencial de legislar por medidas provisórias e, quase sempre, apresenta-se envolta em inacreditáveis estratégias que talvez fiquem mais bem descritas como "gatos" constitucionais. Inacreditáveis, igualmente, porque a sociedade nem sequer percebe que é por meio desses recursos que suas liberdades econômicas vão sendo dissipadas, enquanto a alta gerência pública tem expandido o seu poder discricionário.

Não deixa de ser paradoxal que o cidadão perceba uma ordem social que lhe é tão onerosa, em termos da baixa renda, do pouco emprego e da péssima qualidade de bens e serviços que, direta ou indiretamente, cabe ao processo político prover, mas não se dê conta de que tudo isso decorre, inexoravelmente, de um quadro institucional em contínua erosão, com o Estado administrativo a sobrepor-se ao Estado constitucional.

Este livro não pretende oferecer respostas a essa classe de problema. Porém, ao passar em revista uma grande variedade de processos da economia brasileira, à luz de modernas construções analíticas, ganha-se enorme proficiência, se não para perceber o que estava oculto, talvez por permitir que se decomponha a questão do ocaso do Estado constitucional em várias questões mais simples, analiticamente mais tratáveis.

Quanto ao reconhecimento e agradecimento a uma legião de amigos e alunos que, de uma forma ou de outra, me incentivam e manifestam apreço por meu trabalho acadêmico, cabe relacionar alguns poucos nomes, bem sabendo da parcialidade com que faço isso.

Na PUC-Rio, minha base de operações desde 1969, meus alunos de política e planejamento econômico e do Seminário de Economia e Constituição são sempre as fontes mais habituais de estímulo. Destaco a turma do seminário, no primeiro semestre de 2003, em que apresentei inovações didáticas que nem eu próprio acreditava serem viáveis. São boas recordações, por seus desempenhos nessa turma, Carlos Weidlich, Guilherme Rossi de Souza, Maria Izabel Mussnich Pedroso e Ricardo Weinschenck de Faria.

Bianor Cavalcanti, Fernando Tenório, José Cezar Castanhar e Deborah Zouain, da Ebape/FGV, sempre souberam transmitir apreço pelo que faço profissionalmente, seja por minha atuação em programas de MBA, MPA, e Cipad, seja por meus artigos na *Revista de Administração Pública*. Igualmente, em 2002, a pesquisa pioneira do Projeto do Orçamento Público, também desenvolvido na Ebape e para o qual fui convidado por Armando Cunha e Fernando Rezende, fortaleceu a convicção de que eu poderia ampliar minha contribuição no entendimento dos rumos da economia nacional. A ambos sou grato por essa experiência.

Werner Baer tem sido um amigo devotado que, no mundo tão difícil do acesso ao material bibliográfico que consumo (o leitor compreenderá essa relevância, após uma simples vista d'olhos na bibliografia ao final deste livro), é um farol indispensável para que minhas pesquisas sobre mecanismos institucionais cheguem a um porto seguro. Ademais, em janeiro de 2002 honrou-me com a distinção de me tornar o primeiro J. P. Lemann Visiting Scholar do Departamento de Economia da Universidade de Illinois. O dr. Antonio Delfim Netto é uma fonte de continuado e distinto estímulo à minha carreira de pesquisador universitário. Em meio a seus intensos afazeres, sou surpreendido por suas manifestações de reconhecimento quanto ao valor de meus textos, especialmente de minha carta quinzenal de conjuntura, *Estratégia Macroeconômica*. Erich Willner, talvez mais do que qualquer outra pessoa, é o mais antigo e permanente entusiasta de minhas análises, fazendo-me mesmo crer que elas efetivamente o ajudam na montagem de suas inovadoras estratégias empresariais

Registro, por igual, meus agradecimentos a Regina Soares, Adriano Pilatti, Giselle Datz, Tomaz Schneider, Aladim Tadeu Ferreira, Genserico Encarnação Jr., Sônia Araripe, Wilson Suzigan e Eduardo Pegurier, quando, cada qual a seu modo, manifestam deferência com meu trabalho profissional.

Porém, nada seria tão bonito, feliz e esperançado sem a participação dos 3/4 da minha vida: Sonia, Candy e Mariana.

1 Escolhas públicas

O campo de estudos

Diferentemente da economia convencional, em que o agente toma decisões em um ambiente de regras fixas ou predeterminadas (escolhas *sob* restrições), a economia constitucional tem seu domínio na determinação das próprias regras, sendo seu objetivo fundamental estabelecer as instituições sob as quais os participantes das escolhas públicas atuam (Buchanan, 1998).

Esse programa de pesquisas tem a sua sistematização iniciada com o celebrado texto *O cálculo do consenso: fundamentos lógicos da democracia constitucional*, de James Buchanan e Gordon Tullock, publicado em 1962.[1] Na carac-

---

[1] São tidos por precursores dessa vertente analítica: Knut Wicksell, economista sueco, por seu texto *A new theory of just taxation*, de 1896 (trad. inglesa, 1958); tratadistas italianos de finanças públicas cuja contribuição ocorre entre 1880 e 1940, tais como Antonio De Vitti de Marco, Francesco Ferrara, Amilcare Puviani, Enrico Barone, Mauro Fasiani e Luigi Einaudi (Buchanan, 1987b); para esses autores, "governo" não é um agente exógeno à economia, nem se apresenta com uma configuração monolítica, nem é movido pelo altruísmo; é trivial nessa literatura a relevância dada à decisão política; e Duncan Black, economista escocês que, especialmente por seu trabalho do período 1942-58, redescobre e enfatiza o problema da maioria cíclica e as dificuldades dos sistemas de votação. Como lembra o professor Gordon Tullock (1991), Black deve ser, ademais, creditado por seu pioneirismo em dar *status* acadêmico ao redescobrimento de contribuições que haviam ficado esquecidas no passado, como os trabalhos de Condorcet, Borda, Nanson e Lewis Carroll. É de Duncan Black o fundamental teorema de existência e localização do equilíbrio de maioria. Em resumo, "ele lançou a fundação sobre a qual o resto de nós constrói" (Tullock, 1991:82).

terização do novo campo de estudos, o rótulo *public choice* passa a ser usado, embora progressivamente venha sendo reconfigurado como economia constitucional.[2]

Não se imagine, todavia, que essa mudança de ênfase meramente amplia o âmbito da indagação científica. De fato, novos problemas são descortinados, como, por exemplo, o de que um mesmo indivíduo que atua na etapa da escolha entre resultados finais de política econômica também possa atuar na escolha entre regras que irão superintender aquela etapa. Desse modo, como esse indivíduo se comporta, numa e noutra situação? Que isenção poderá ele ter na etapa preliminar da escolha entre regras, se ele antecipa que esse ou aquele conjunto de regras poderá lhe assegurar um ganho líquido maior ou menor?[3]

Uma conseqüência notável dessa recomposição da agenda do economista é a derrubada das fronteiras convencionais entre diferentes campos das ciências sociais, muito especialmente entre economia e direito, e economia e ciência política.

A figura 1 ilustra muito seletivamente a localização da agenda da economia constitucional. As citações bibliográficas que aí aparecem têm o simples propósito de exemplificar contribuições que, originadas em um ramo específico das ciências sociais, elaboram conceitos e resultados analíticos amplamente consumidos em economia constitucional.

---

[2] O contraponto original oferecido pela *public choice* à economia ortodoxa do pós-guerra é flagrante: enquanto no *establishment* acadêmico predomina o otimismo quanto à intervenção governamental, em face das "falhas de mercado", o novo programa enfatiza potenciais problemas que decorrem do funcionamento do processo político em que essa intervenção é formulada e operacionalizada. Tal heterodoxia é bem nítida nos próprios títulos das contribuições que delimitam a origem da *public choice*: *On the rationale of group decision making* (1948) e *The decisions of a committee using a special majority* (1948), de D. Black; *Social choice and individual values* (1951), de K. Arrow; *An economic theory of democracy* (1957), de A. Downs; *Public principles of public debt* (1958) e *Private economics, welfare economics, and political economy* (1959), de J. Buchanan; o já mencionado *The calculus of consent: logical foundations of constitutional democracy* (1962), de J. Buchanan e G. Tullock; *The logic of collective action* (1965), de M. Olson; e *The peculiar economics of bureaucracy* (1968), de W. Niskanen.

[3] Complementarmente, ver "O significado de uma reforma", no cap. 2.

Figura 1
Agenda da economia constitucional

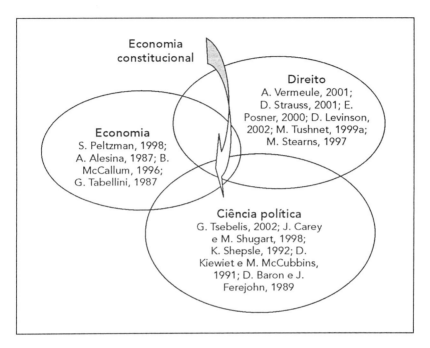

Uma economia nacional

A figura 2 é uma das formas pelas quais o economista estiliza o funcionamento de uma economia nacional. O foco dessa representação é a interação de agentes privados (mercados de bens e serviços) e agentes públicos (representantes eleitos, os políticos e os que, a seu mando, operam a máquina governamental, os burocratas). Alternativamente, a figura 2 sintetiza a não-autonomia dos processos decisórios dos agentes privados, na extensão em que eles têm seus conjuntos de escolhas condicionados por uma variedade de decisões estabelecidas no processo político em que se define o fluxo de regulação ou política econômica, A. Já o conduto B exprime o fato de que a intervenção que se articula através de A não é necessariamente independente: ela decorre, em boa margem, da atuação prévia de blocos de agentes privados que, por diferentes mecanismos, fazem chegar os seus interesses e suas preferências aos que operam o processo político.

Figura 2
Fluxo circular de uma economia nacional

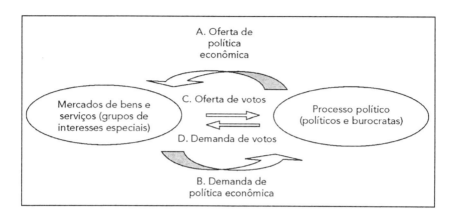

A interação de oferta, **A**, e demanda, **B**, define um mercado de regulação ou política econômica que, conceitualmente, está relacionado ao mercado de votos, como definido pelas forças **C** e **D**.

Um entendimento adicional quanto a esse *fluxo circular* leva à percepção de semelhanças e diferenças no envolvimento do agente de decisão individual, seja no mercado, seja no processo político. O quadro 1 lista alguns atributos e suas respectivas operacionalizações nos mercados privados, quando o agente individual é um consumidor ou produtor, e no processo político, com esse mesmo indivíduo atuando como eleitor, político, grupo de interesses ou partido político.

A já referida não-autonomia do agente privado, em suas escolhas no mercado de bens e serviços, induz a que esse agente se confronte com a necessidade de desenvolver uma estratégia de atuação junto ao processo político, em complementação às suas estratégias convencionais de mercado (do produtor, em sua atuação frente a competidores, por exemplo). A figura 3 ilustra a coordenação dessas duas classes de estratégias: a que é direcionada ao próprio mercado de bens e serviços — "estratégia de mercado", e a que é voltada para decisões que resultem do funcionamento do processo político, a "estratégia de ação coletiva"[4] (Baron, 2001). Nesta última classe estão os comportamentos que visam tanto provocar decisões específicas, por parte de políticos e burocratas, quanto a margem em que esse mesmo agente privado se ajusta às decorrências das decisões públicas.

---

[4] Ou *"nonmarket strategy"*. O termo *nonmarket* tem aqui a correspondência figurada de "ação coletiva", de vez que: primeiro, é uma ação empreendida habitualmente por grupo de agentes privados (associações, sindicatos, federações, confederações, entre outras formas organizacionais); e segundo, é uma atuação que ocorre junto a um processo de escolhas coletivas, tal como na legislatura, ou na interação Executivo-Legislativo.

Quadro 1
A escolha individual na economia privada e na economia pública

Atributos	Comportamento de agentes de decisão	
	Mercado de bens e serviços	Processo político ou mercado de votos
1. Sintonia fina ou precisão – I	O consumidor é tanto o agente da escolha quanto seu beneficiário. Caso opte por não escolher, não há resultado. Cada indivíduo determina diretamente sua própria cesta de mercadorias.	A escolha ocorre por delegação, e o seu resultado pode se dar em contraposição às preferências do eleitor, ou mesmo consistir em sua abstenção.
2. Sintonia fina ou precisão – II	As ações são voluntárias e produzem benefícios privados.	As ações tipicamente geram benefícios coletivos, podendo englobar o efeito-carona (free riding).
3. Motivação individual	Uma dada cesta de mercadorias atende aos interesses do agente de escolha.	O eleitor vota para expressar, por alguma razão, apoio a um candidato e a sua plataforma (voto expressivo), ou porque a vitória desse candidato atende aos interesses do eleitor (voto instrumental).
4. Intensidade das preferências	Trivialmente há espaço para se revelar a intensidade das preferências quanto a bens e serviços.	Os participantes do mercado político não registram a intensidade de suas preferências, exceto na atividade de grupos de interesses, que sinalizam ou direcionam essa intensidade.
5. Direito de propriedade – I	Ampla margem de transferência de direitos.	Bloqueio à transferência de direitos quanto aos resultados do – e ao acesso ao – processo de escolha.
6. Direito de propriedade – II	Prevalência da regra de unanimidade.	Prevalência da regra de maioria.
7. Durabilidade de contratos	Bem definida.	Incerta.
8. Divisibilidade de recursos	Recursos orçamentários, amplamente divisíveis.	O voto individual é indivisível.
9. Grau virtual das opções sob escolha	Disponibilidades concretas de provisão de bens.	Propostas de provisão de políticas públicas que somente se materializarão sob certas condições determinadas coletivamente.
10. Opting-out ou saída	O consumidor tem a possibilidade de "sair" de futuras interações.	Apenas em situações muito especiais, o arranjo constitucional permite a "saída" (sistemas de voucher, por exemplo).
11. Nível do mercado	Compra e venda no atacado e no varejo.	Compra e venda viabilizada no mercado atacado de votos (doação a campanhas eleitorais), porém vedada no mercado de votos no varejo (interação do político com o eleitor individual).

Continua

LIÇÕES DE ECONOMIA CONSTITUCIONAL BRASILEIRA

Atributos	Comportamento de agentes de decisão	
	Mercado de bens e serviços	Processo político ou mercado de votos
12. Associação de firmas	Tida em geral como nociva às práticas da concorrência.	Duas ou mais firmas, em uma dada indústria, podem operar como grupo de interesses especiais e empreender atividade de *lobbying*.
13. Tipo de voto	O consumidor "vota" a *descoberto*.	Com voto secreto, contratos de "compra" e "venda" de votos (*logrolling*) ficam prejudicados em sua implementação em decorrência de renegações não poderem ser detectadas. Com o voto a *descoberto*, abre-se a possibilidade para a competição de grupos de interesses no mercado de votos.
14. *Lockup* ou imunidade	O poder de monopólio ou oligopólio impõe barreiras à entrada de rivais.	Restringir o acesso a doações de campanha aumenta as vantagens de quem já detém mandato, as quais decorrem da reputação e da exposição na mídia — o que consolida distribuições de poder já existentes.
15. Avaliação de desempenho	Em grande parte, o critério é o de valor criado ou lucros gerados.	Critério mais amplo que envolve princípios éticos e de responsabilidade coletiva.
16. Responsabilidade – I	O processo — e, assim, os critérios — de decisão. Quanto ao montante de compensações por danos, é atribuído a um agente neutro.	A entidade que decide tipo e montante da compensação é a mesma entidade que representa a vítima-eleitor. Os critérios estão relacionados à "justiça" e a requisitos de "justa compensação".
17. Responsabilidade – II	As regras de responsabilidade tratam de encontros únicos entre entidades que têm demandas conflitantes, sendo remédios *após-o-fato*. São impostas após o surgimento da disputa e tratam de um encontro específico.	Os usos de regras de responsabilidade operam em um jogo que se repete, continuadamente (*ongoing*).
18. Compatibilidade de interresses	Acionistas têm interesses basicamente uniformes e compatíveis.	Eleitores têm diferentes interesses e, atuando por meio de intermediários muito diversos que representam esses interesses, buscam melhorar suas posições relativamente às dos demais.
19.Correção automática	Consumidores insatisfeitos não compram o bem ou serviço, e a firma deixa de ofertá-lo.	O custo privado para um político de uma ação de elevado custo social é tipicamente muito baixo. Assim, os eleitores não têm como sinalizar efetivamente com um menor apoio a esse político.

Figura 3
A coordenação de estratégias da firma

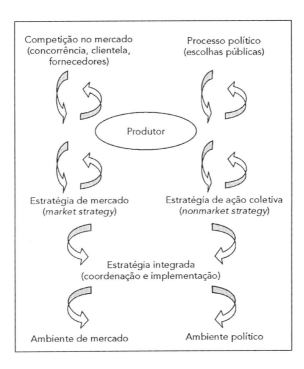

Um dos aspectos centrais da análise de política econômica decorre de seu *foco*: os *resultados* finais dessa política. Assim, por exemplo, a conjuntura é habitualmente avaliada por indicadores sumários tais como a taxa de inflação, o nível do emprego e o saldo das contas públicas. Contudo, esse é um desempenho que resulta de escolhas extremamente complexas, cujas características também determinam o nível de bem-estar do cidadão. A ênfase exclusivamente nos resultados econômicos obscurece não apenas a extensão em que ocorre a intervenção governamental, como também por que ela de todo ocorre e em que medida pressupõe o consentimento do cidadão. Ademais, a atenção exclusiva aos resultados minimiza a dimensão do custo social que está associada ao poder discricionário com que as políticas são formuladas e operacionalizadas.

É importante, pois, que os mecanismos dessas escolhas coletivas sejam tratados internamente ao modelo de políticas públicas. Para tanto, pode-se especificar a sua ocorrência em um jogo de estratégias, com diferentes participantes

22 LIÇÕES DE ECONOMIA CONSTITUCIONAL BRASILEIRA

que interagem uns com os outros, segundo procedimentos ou regras previamente estabelecidas, algumas das quais são, elas próprias, alteradas no decorrer do jogo, incorporando-se, portanto, à definição de política pública.

O jogo de política econômica

Um dos grandes avanços metodológicos em economia, nos últimos 40 anos, tem sido a exploração das escolhas públicas como um jogo de estratégias. Como tal, muito se tem aprendido sobre surgimento, transformação, difusão e estabilização de formas de comportamento de seus agentes de decisão (Gintis, 2000).

Dadas as preferências desses agentes, os resultados de política serão aqueles decorrentes das regras que predominam no processo político. A ênfase da análise passa, assim, da escolha de resultados para a escolha de regras ou processos. Tais preferências definidas no conjunto dos processos *derivam* dos diferentes resultados que podem ser produzidos sob cada processo. Por implicação, os processos herdam o grau de estabilidade desses resultados finais, como, de resto, a própria escolha desses processos herda essa estabilidade, e assim retroativamente. À Constituição cumpre a finalidade de truncar essa regressão infinita, permitindo estabelecer um *locus* de expectativas estáveis.

Qualquer exploração sobre processos ou resultados das escolhas públicas requer que se especifique um modelo de governo (ou Estado). Identifica-se uma lista de participantes (ou jogadores), r_i; um conjunto de regras, R, a serem observadas no desenrolar do jogo e que definem, inclusive, a apuração do resultado e a alocação de prêmios e penalidades; e, em face de tais regras, cada participante escolhe entre as estratégias que lhe são disponíveis, E_{ij}, segundo um critério de maior utilidade individual, c_i .

$$(r_i, E_{ij}(c_i) \mid R) \qquad (1)$$

é a definição do jogo, em que i e j são índices, respectivamente, das classes de agentes e das classes de estratégias a que podem recorrer cada um desses agentes, como relacionados na próxima seção. O conjunto de regras, R, define a extensão e o grau da interdependência dos participantes, sendo de especificação complexa, pois envolve regras *constitucionais*, que são comuns a todos os subjogos, e regras *próprias* de cada subjogo.[5]

Define-se um subjogo tanto para uma mesma classe da lista, r_i (isto é, a todo i corresponde um subjogo, na competição de grupos de interesses, por exemplo), como para cada interação de agentes de duas ou mais classes distintas (na su-

---

[5] No subjogo da legislatura, os regimentos internos da Câmara dos Deputados e do Senado Federal são exemplo desse conjunto específico de regras.

JORGE VIANNA MONTEIRO

pervisão legislativa da burocracia, por exemplo). Assim, R pode ser estabelecido como:

$$R = (R^*, R_i) \tag{2}$$

onde R^* e R_i são, respectivamente, as regras válidas para todo o jogo (as regras constitucionais) e as regras pertinentes apenas ao i-ésimo jogo. Essas instituições políticas são, igualmente, um conjunto de contratos, com durações e abrangências variadas. Num extremo, estão as regras constitucionais (R^*), caracterizadas por sua vigência de longo prazo, ampla abrangência e elevados custos de recontratação, daí decorrendo sua potencial estabilidade.

Idealmente, na perspectiva constitucional do jogo, os participantes optam pela regra de unanimidade, de vez que só assim eliminam o risco de vir a integrar o segmento perdedor ou minoritário nas decisões pós-constitucionais.[6] Já as regras do processo legislativo — um exemplo de R_i — são de vigência menos longa, incidência mais restrita e alteração mais simples. Aí predomina o consenso majoritário.

Na estilização da relação (1), vista anteriormente, ressalta a extensão em que os diferentes agentes cooperam. Tal cooperação estará condicionada pelas regras do jogo, que acabam por definir os limites do exercício de racionalidade por parte de cada um desses agentes. Nessa perspectiva, a cooperação (ou a busca pelo bem-estar social) não requer que, necessariamente, esses agentes sejam altruístas ou benevolentes.[7] A benevolência e o altruísmo podem ocorrer, mesmo no mundo de comportamentos individualistas, resultando, todavia, de induções geradas no conjunto R. Desse modo, transfere-se à arquitetura das instituições políticas a função de promover a cooperação social — o que, numa visão convencional, é tratado como virtude necessária dos

---

[6] Knut Wicksell é geralmente tido por precursor do uso da regra de unanimidade, como norma do acordo constitucional. Com efeito, sob unanimidade pode-se assegurar que somente as propostas superiores, no sentido de Pareto, serão selecionadas. Coube a Buchanan e Tullock (1962) recuperar essa noção. Outra perspectiva de análise é supor que as regras constitucionais são estabelecidas sob um "véu de ignorância" (Rawls, 1971), no sentido de que elas são tais que neutralizam o comportamento movido pelo auto-interesse dos que participam da decisão. O véu produz uma incerteza distributiva, seja porque esses agentes ficam sob uma restrição de incerteza quanto às suas próprias identidades e atributos, na ordem pós-constitucional, seja porque, embora o agente conheça ou possa supor qual posição ocupará nessa ordem, o véu introduz incerteza quanto a ser esse agente aquele que obterá os maiores ganhos líquidos dessa decisão constitucional (Vermeule, 2001:399). Ver, a propósito, o quadro 6.

[7] Para uma abordagem quanto à intenção do bem-estar individual, comparativamente ao bem-estar social, ver Fallon (2003).

agentes de decisão. Ou, dito de outro modo, o fato de os participantes do jogo de governo representativo serem tidos como maximizadores de seu próprio bem-estar não pretende ser uma opção de validade empírica, e sim uma decorrência do interesse em estabelecer um conjunto de regras que *funcionam bem*, independentemente de quais sejam os comportamentos individuais desses participantes. Portanto, na tarefa de reforma das instituições políticas, a ênfase está menos em reeducar os indivíduos do que em reformular as regras da interação social.

Participantes do jogo

Para os efeitos da argumentação aqui apresentada, são reconhecidas seis classes de participantes nesse jogo ou escolha pública:

- os políticos, em sua atuação nas decisões majoritárias da legislatura e, muito especialmente, por sua atribuição de decidir quanto à mudança nas regras constitucionais;
- os burocratas, numa relação de monopólio bilateral com a legislatura patrocinadora;
- o presidente da República, sob cuja autoridade opera a burocracia governamental;
- os juízes, que fazem a *revisão* das decisões da legislatura e da burocracia;
- os grupos de interesses especiais, identificados nas ações dos cidadãos no processo político, *exclusive* o uso do voto;[8]
- os cidadãos, como eleitores da representação legislativa e do presidente da República.

A figura 4 é uma estilização desse jogo. Aí estão representados os principais segmentos do jogo de governo representativo, por seus participantes e suas interações. Não se pretende que tal esquematização indique haver um tratamento analítico equiparável, em sofisticação e grau de explicação das escolhas públicas no mundo real, para cada um de seus subjogos.

---

[8] Deve-se notar o sentido específico que é dado aqui ao grupo de interesses. De modo mais amplo, o grupo de interesses também poderia estar associado a grupos que são, pura e simplesmente, menores do que uma maioria de indivíduos, embora formalmente organizados em torno de uma agenda comum. Da mesma forma, o grupo de interesses pode ser visto como operando *dentro* do próprio processo decisório público. Assim, por exemplo, governadores, prefeitos, burocratas ou mesmo bancadas de legisladores podem ser tidos como grupos de interesses. Todavia, essas duas conceituações mais amplas estão excluídas da especificação do jogo de política econômica que aqui é apresentada.

Figura 4
**A formação das escolhas públicas,
ou o jogo de política econômica**

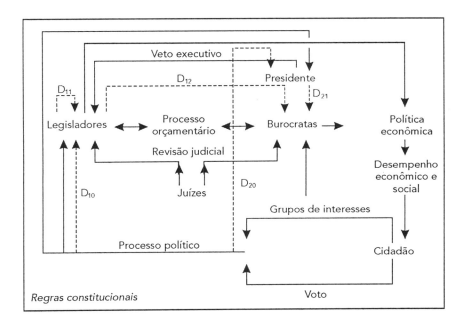

A figura 4 também pode ser interpretada como uma seqüência de delegações (D_{kl}) que define uma complexa rede de relações de agentes e patrocinadores.[9] Entre outras delegações, aí estão mostradas:

- a delegação da sociedade (patrocinador) para seus representantes eleitos (legisladores, D_{10}, e presidente da República, D_{20}) — o agente. D_{10} e D_{20} são essencialmente delegações constitucionais eleitorais;

---

[9] Essa é uma relação entre dois indivíduos (ou grupos de indivíduos), um dos quais — o *patrocinador* — se beneficia quando o outro — o *agente* — desempenha uma tarefa. Em geral, o agente detém alguma capacidade especializada que o patrocinador não possui, embora o patrocinador possa beneficiar-se substancialmente da atuação do agente; por outro lado, o agente pouco tem a perder empreendendo tal ação e, ademais, o patrocinador pode remunerá-lo por essa atuação. As dificuldades nessa relação — genericamente, *problemas de agência* — começam quando o patrocinador não observa diretamente o nível de esforço empregado pelo agente no desempenho da tarefa. Na figura 4, as relações do tipo agente-patrocinador estão indicadas pelas setas tracejadas.

- a que se estabelece entre os legisladores e presidente da República (patrocinador), D_{12} e D_{21}, e os burocratas (agente).[10] D_{12} é uma delegação essencialmente constitucional, na extensão em que o poder de legislar pode ser delegado pelos representantes eleitos (políticos) aos burocratas, enquanto D_{21} ocorre por via administrativa.

  D_{12} define um jogo de supervisão legislativa, enquanto D_{21}, um jogo de coordenação executiva.
- a delegação interna às legislaturas (D_{11}) é a que se estabelece entre o plenário (patrocinador) e as jurisdições em comissões [C_j] e, mesmo, os acordos de liderança (agente).[11]

Políticos-legisladores

A racionalidade do político é, em última instância, definida pelo critério de maximização do número de votos (ou de apoio político); as regras em sua decisão derivam-se de qualificações feitas à vigência da regra de maioria; sua escolha de estratégias leva em conta os impactos distributivos das políticas públicas, numa complexa "conexão eleitoral":[12] as estratégias de cada político são diferenciadas, segundo a visibilidade do benefício líquido das políticas, nos respectivos redutos eleitorais.

A relação de agente e patrocinador que se estabelece entre os políticos e a sociedade envolve um problema de *moral hazard*: tão logo tenha assegurado seu posto na representação eleita, o político buscará atender seus próprios interesses, e não os de seus eleitores.

Esse jogo também pode ser caracterizado do ponto de vista dos partidos políticos. Entre outras, as funções do partido político incluem: a agregação das preferências de seus membros e de seus potenciais adeptos em uma plataforma de políticas consistente; a indicação de candidatos às eleições; e a ajuda a esses candidatos a se elegerem, pelo gerenciamento de recursos e serviços dos ativistas do partido.[13] Os partidos são tratados como maximizadores de utilidade esperada — tais

---

[10] Vale ressaltar que, no sistema constitucional da separação de poderes, o presidente da República não se põe como *agente* do Congresso Nacional. Todavia, leis aprovadas no Congresso podem condicionar a atuação presidencial. Ver "Primeiros sinais: 1998/99" e "Desdobramentos internos", no cap. 4.

[11] A jurisdição em comissões é reconhecida em regra constitucional (art. 58).

[12] Esse conceito é retomado mais adiante, em "Sofisticando a conexão eleitoral".

[13] Por seu turno, os eleitores avaliam o partido por dois critérios básicos: a proximidade da plataforma partidária de suas próprias preferências (o que tecnicamente é reconhecido como o padrão de preferências *euclidianas*) e o grau de confiança que eles têm no candidato, isto é, a extensão em que eles acreditam que o partido ou candidato irá cumprir as promessas eleitorais.

preferências se traduzindo em temas de política — e se orientam pelo objetivo de vencer as eleições, de modo a implementar suas políticas preferidas.

Uma possibilidade é modelar os políticos (ou os partidos) como tendo preferências em termos da posição que assumem nas escolhas majoritárias (*position taking*), isto é, essas preferências derivam-se das preferências de seus eleitores quanto ao voto de seus representantes na legislatura. Seja, por exemplo, a função de utilidade (3) do *i*-ésimo político, em que x é a política preferida por uma maioria de seu reduto eleitoral, w é a política ideal nas preferências do representante eleito, e r(w) o volume de recursos que os eleitores se dispõem a doar à campanha do político e seu partido:

$$u_j(w,x) = -a(w-x)^2 + r(w) \qquad a>0 \qquad (3)$$

sendo a a intensidade das preferências.

Alternativamente, têm-se as preferências como decorrentes dos resultados de uma dada política pública patrocinada pelo político ou partido. Formalmente:

$$u^j(x,y) = p[(x-x^*)^2] + (1-p)[(y-y^*)^2] + pk \qquad j = 1, 2 \qquad (4)$$

x e y representam, respectivamente, os níveis de provisão dessa política pelos partidos 1 e 2; p é a probabilidade de que o partido 1 vença as eleições (o que depende de certas propriedades da percepção dos eleitores quanto a x); x* e y* são os pontos ideais quanto a essa provisão, respectivamente, dos partidos 1 e 2; e k representa as regalias do poder ou um bônus pela vitória.

Dadas uma coalizão no poder (ou o governo incumbente, G) e uma coalizão minoritária (ou a oposição, OP), o cálculo de estratégias — e, assim, o nível de bem-estar — de ambas as partes envolve três tipos de considerações:

- a satisfação puramente *oportunista* de estar no poder e ter o comando da máquina governamental;
- a decorrência da vitória — estar no poder, G, e, portanto, ser capaz de implementar as suas políticas preferidas, $(x_G)^*$;
- a decorrência da derrota — estar na oposição, OP, e, assim, simultaneamente conviver com a implementação das políticas preferidas da outra parte, a "situação", $(x_G)^*$.

Numa tal percepção analítica, cada uma das partes envolvidas no jogo empreenderá o seu cálculo, tomando como ponto de reversão a impossibilidade total de cooperação. Tudo transcorreria como se a interação se desse uma única vez, levando cada parte a um equilíbrio discricionário: cada qual faz o melhor para si, pressupondo que o mesmo é válido para o outro. Contudo, a racionalidade coletiva pode ditar a necessidade de um acordo entre as partes. A questão relevante passa a ser: comparativamente à possibilidade do equilíbrio discricionário, há alguma alternativa que viabilize ganhos em bem-estar simultaneamente para ambas as partes? Ou, ainda, qual a combinação de políticas que maximiza os ganhos conjuntos da cooperação?

Se existirem, tais políticas estarão na fronteira de eficiência do jogo, no sentido de que, a partir de uma opção aí localizada, apenas serão viáveis movimentos compensatórios: para uma das partes ganhar em bem-estar, somente à custa do bem-estar da outra parte.

A competição política pode, assim, ser sumariada pelo problema de decisão de um partido de maximizar seu bem-estar, B, isto é,

$$B\{E[u(x)], p\} \tag{5}$$

em que $E[u(x)]$ é a utilidade esperada, consoante a ideologia do partido; $u(.)$ é a função de utilidade ou a ideologia; x, a política ou o resultado dessa política; e p, a probabilidade de integrar a coalizão majoritária.

Todavia, os políticos, e os partidos políticos, desempenham um papel muito mais complexo no jogo da política, no ambiente de governo representativo.

Primeiramente, a correspondência entre as ações do político e as preferências de seu eleitorado é ditada por vários tipos de "folga", entre os quais os relacionados a seguir.

▶ As eleições ocorrem a intervalos discretos e, assim sendo, os arrependimentos dos eleitores só poderão ser remediados na eleição seguinte.

Com isso a representação política será exercida com diferentes graus de folga, dependendo de quão próximo ou quão distante se esteja de uma data eleitoral — o que produz um *ciclo* na trajetória das políticas.

A racionalidade dessa atuação do governo representativo pode ser ilustrada pela figura 5. Seja um eleitorado que tem a expectativa de que a estabilização de preços, $[(p - p_{-1})/p_{-1}]$, siga a trajetória P^*, menos radical[14] do que a trajetória adotada pelo governo, P^G. Todavia, o grau de coerção ($P^* \neq P^G$) da política oficial vai-se reduzindo, à medida que uma nova data eleitoral se aproxima. No entorno dessa data, o governo (os políticos) estará praticando uma política econômica que oferece aos eleitores resultados finais muito próximos aos que eles estariam demandando.[15]

---

[14] Em termos de supressão de crescimento do PIB e de melhorias sociais. Daí a inclinação mais suave da curva P^*, comparativamente à curva P^G.

[15] Ver a progressiva redução da diferença vertical entre as curvas que delimitam a área em forma de uma lente, quando o calendário avança na direção de $t = 2002$, no eixo horizontal.

Figura 5
O conceito de ciclo político-eleitoral na política econômica

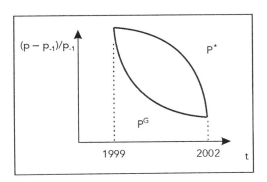

Vale dizer, a trajetória da política antiinflacionária apresenta flutuações que, independentemente de outros fatores determinantes, estão associadas ao calendário eleitoral.

- Outro fator de folga é ditado por um atributo tecnológico — as políticas públicas são oferecidas *em bloco*, daí os políticos poderem empreender muito mais o que seja de seu próprio interesse, distanciando-se do interesse geral ou coletivo.

Cada eleitor reconhecerá nessa oferta de políticas precisamente a fatia ou dimensão que atende às suas preferências, não obstante essa oferta incluir muito mais do que ele demanda ou mesmo políticas com as quais ele não se identifica.

- As regras da escolha eleitoral (por exemplo, pluralidade, regra de maioria) induzem a que o político necessariamente atenda apenas a uma parte dos cidadãos — o seu reduto ou sua base eleitoral.

- A conexão eleitoral faz com que o representante opte por uma provisão de política pública em maior sintonia com os seus eleitores apenas quando ele percebe que o seu voto na escolha majoritária na legislatura envolve *risco eleitoral* (Spence, 2001).[16]

---

[16] O risco eleitoral é função: da percepção do legislador de quão *notório* é o tema de política em seu reduto e de quão provável é que seus eleitores se tornem conscientes da escolha feita pelo legislador; do grau de *vulnerabilidade da vaga* que ocupa na legislatura (por exemplo, é um mandato já de longa data, ou é o primeiro mandato, ou, ainda, é um mandato obtido por suplência?); da percepção do legislador quanto à *intensidade das preferências de seus eleitores*, vale dizer, a repercussão que uma decisão sobre um dado tema tem em seu reduto, comparativamente a outros temas de política.

Todos esses fatores fazem com que acordos e promessas sejam altamente renegáveis, tanto por parte dos políticos e partidos quanto dos próprios eleitores. Ou, dito de outro modo, são esses fatores que muito contribuem para que os custos de transação nas escolhas públicas sejam elevados.

Em segundo lugar, além da relação difusa do partido com o eleitor individual, deve-se levar em conta toda a variedade de comportamentos que é ditada pela busca de ganhos decorrentes da atuação do governo num tema preferencial (o que a literatura especializada chama de *rent seeking* ou busca de ganhos especiais).[17]

Desse modo, há duas questões que assumem grande importância na modelagem dos partidos políticos:

- por que os partidos atraem recursos e inspiram lealdade no eleitor, não obstante a inabilidade dos partidos em impor sanções efetivas aos políticos que venham a transgredir a linha partidária?
- por que os partidos atraem recursos e inspiram lealdade por parte de grupos de indivíduos, se há um notório declínio na força do partido político, como exemplificado pela ampla falta de coesão ideológica de plataformas partidárias, pelas alianças bizarras entre partidos tão ideologicamente distintos, ou mesmo pelas migrações entre partidos?

O argumento é que, na circunstância de os custos de transação — incorridos sob a forma de organizar um grupo de interesses — superarem os benefícios, para certos grupos de indivíduos a opção do partido político permite que esses interesses não-organizados encontrem expressão no processo político a um custo relativamente mais baixo. Assim, os partidos políticos podem ser modelados como uma firma de corretagem. O objetivo desses intermediários é aumentar o seu valor para os políticos que atuam como seus clientes. Os partidos servem como árbitros que sinalizam para os políticos com as preferências dos cidadãos e, assim, informam aos políticos sobre como obter apoio político. Esse é um processo de acoplamento que reduz os custos de transação para que certos cidadãos possam entrar no processo político.

Visto por outro lado, esse papel desempenhado pelo partido político expande o conjunto de indivíduos que pensam que podem influenciar o governo, e, em conseqüência, o partido amplia a gama de interesses que encontra expressão através da ação governamental e expande o apoio político agregado disponível para os políticos.

De todo modo, os partidos desempenham o importante papel de ser um mecanismo pelo qual os políticos podem fazer promessas com credibilidade aos

---

[17] Esse tema é mais bem explorado em "Sofisticando a conexão eleitoral", adiante neste capítulo.

JORGE VIANNA MONTEIRO

diferentes segmentos da sociedade, mais ou menos organizados. Essa relevância traduz-se pelo auxílio que os partidos prestam, aumentando a durabilidade e confiabilidade das barganhas que os grupos de interesses estabelecem com os políticos. Mesmo porque a filiação partidária oferece características de bem público, na medida em que o partido provê identificação ideológica e "marca" a seus membros, simplificando a articulação junto aos redutos eleitorais. Fora do partido político, tal processo torna-se oneroso e ineficiente.[18]

O valor desse tipo de serviço prestado pelo partido político é ainda mais significativo quando se nota que, em geral, o apoio político que é dado pelos grupos de interesse aos políticos precede à apresentação das demandas por tais grupos, ou seja, primeiro vem o apoio, depois é que surgem as cobranças, em termos de atendimentos preferenciais de política pública (o que é rotulado como o problema da não-simultaneidade de desempenho). Em conseqüência, tanto os políticos como os grupos buscam, constantemente, modos de melhorar a credibilidade associada ao processo de *rent seeking*. E os partidos políticos constituem-se num desses meios de melhorar a confiabilidade das barganhas com os grupos. Ao desenvolver uma competência por lealdade a um determinado partido, o político pode apresentar comprometimentos firmes a esses grupos. Note-se que esse é um atributo que independe da identificação ideológica do partido político.

Para um outro segmento da análise dos partidos políticos, a questão fundamental a respeito dos partidos não está propriamente vinculada a seus propósitos ou à sua estrutura, mas aos objetivos individuais dos legisladores. Como é que um partido que tenha substancial coerência em seu propósito coletivo pode emergir, a partir da interação voluntária de políticos individuais? Como é que um grupo de legisladores formalmente iguais, e movidos pelo auto-interesse, concorda com a criação ou manutenção de um partido, com seu *design* organizacional e com o estabelecimento de objetivos coletivos? Em decorrência, o partido pode ser caracterizado como uma coalizão de votos no plenário da legislatura, de modo que o foco é transferido para a lealdade dos legisladores individuais às lideranças partidárias.[19]

---

[18] Pense o leitor no significado destas duas últimas sentenças para o caso brasileiro.

[19] Na relação do político com o partido há incentivos para que o político atue como "carona", com a opção por posições individualistas que diferem da identificação partidária. Um excesso desse tipo de comportamento de *free rider* reduzirá a provisão de bem público que decorre da filiação partidária, e os eleitores não mais verão grandes vantagens em usar tal filiação para avaliar os candidatos aos postos eletivos (Kiewiet e McCubbins, 1991, cap. 3). É nesse ambiente que passa a ter especial relevo o papel disciplinador da liderança partidária.

Entende-se, pois, que há grande flexibilidade nos custos de transação que poderão ser moldados pelo próprio político, em sintonia com suas preferências. Pode-se reconhecer um comportamento mais restrito, em que o governo maximiza suas chances de apoio político, na hipótese de que "cada voto é um voto"; ou, num sentido mais amplo, essa maximização decorre da diferenciação (ou ponderação) das chances de voto, caso o apoio político seja proveniente de um grupo de interesses.[20]

A modelagem do jogo dos políticos vai além da simples escolha majoritária de um conjunto de N representantes eleitos e incorpora elementos típicos da estrutura legislativa, tais como as jurisdições em comissões temáticas e a atuação de partidos políticos e suas lideranças.

A legislatura estruturada apresenta problemas de grande relevância empírica e analítica, entre outros:

▸ estabelecimento de *barreiras* que podem reter ou mesmo fazer arquivar um projeto de lei, em atendimento a interesses minoritários a que o legislador (ou grupo de legisladores) possa estar associado (Stearns, 1997).

▸ condicionamento da representatividade das decisões dos políticos.

No primeiro caso, a transferência de poder decisório do plenário de N membros em favor dos subconjuntos formados por p < N membros[21] — comissões e subcomissões temáticas — tem dois efeitos potencialmente perversos para a relação entre agente (o político) e patrocinador (a sociedade): por um lado, um menor contingente de representantes eleitos passa a ter maior controle sobre a agenda da legislatura; por outro, reduz-se o custo de transação para os grupos de interesses especiais, em sua tentativa de influenciar a decisão legislativa.

No segundo, a estrutura em jurisdições de comissões, as regras regimentais de precedência no preenchimento de postos no Legislativo, o arranjo decisório bicameral e mesmo manobras regimentais que bloqueiem o andamento da sessão legislativa criam variadas oportunidades de que ações de *lobbying* junto aos legisladores sejam bem-sucedidas.

Assim, a estruturação do processo legislativo tem o vício de promover as chances de reeleição dos legisladores, muito mais do que captar eficientemente as preferências dos eleitores. Por outro lado, quando a percepção das preferências de eleitores e grupos de interesses especiais — o público *externo* do partido político — pesa substancialmente na decisão do partido quanto ao seu *output*, isto é, seus programas e candidatos, há também a considerar a conexão do parti-

---

[20] Ver "Sofisticando a conexão eleitoral", adiante.

[21] Na figura 4, a delegação D_{11}.

do com o seu público *interno* (seus legisladores, líderes e ativistas[22] de modo geral). Cabe ao partido ponderar a importância desses dois públicos em sua escolha do nível e da mistura em que provê seu *output*. Segundo uma corrente analítica (Peltzman, 1990; Demsetz, 1969), o partido atua sob a indução de dar um peso consideravelmente maior a seu público interno (o segmento menos difuso de seus dois públicos), e é a motivação desses agentes de decisão que explicaria uma resposta do partido político tão fora de proporção relativamente ao tamanho de seu eleitorado.

Uma dimensão muito especial do jogo dos políticos é a interação que se estabelece entre a legislatura e o presidente da República.

Presidente da República

Comparativamente aos demais N representantes eleitos (legisladores), o presidente tem menor indução ao clientelismo e ao oportunismo eleitoral porque sua base de representação é nacional e ele tem mandato eletivo limitado,[23] de modo que sua motivação eleitoral tende a ser mais atenuada, sobretudo no segundo mandato. Em decorrência, o presidente busca legar um conjunto de realizações ao longo de sua limitada estada no poder, de quatro a oito anos (Moe e Howell, 1999). A busca de poder para levar adiante tais realizações seria a base da atuação do presidente nas escolhas públicas.[24]

Suas estratégias para influenciar o resultado legislativo envolvem duas classes de instrumentos:

- informais — *coattails* ou efeitos de associação ao prestígio, à imagem e à popularidade do presidente da República; preenchimento de cargos na administração pública, entre outros;
- formais — iniciação do processo legislativo e a marcação da agenda da legislatura (especialmente no caso orçamentário); poder de veto *ex-post* às decisões da legislatura.

O mais típico desses instrumentos formais é o poder de veto executivo, que contrasta com os demais poderes eventualmente decorrentes de uma delegação da legislatura ao Executivo. Assim, o veto caracteriza-se, em si mesmo, como um direito de propriedade no processo legislativo. Outra peculiaridade do veto é que, por sua efetivação posterior à decisão da legislatura, ele acaba por incidir sobre

---

[22] Aqueles que contribuem com seu tempo, energia e capital para o partido.

[23] Restrito a dois mandatos consecutivos de quatro anos.

[24] Um reforço a essa busca decorre da visibilidade do presidente como centro de toda a liderança política nacional.

34 LIÇÕES DE ECONOMIA CONSTITUCIONAL BRASILEIRA

a totalidade do processo de formação legislativa, ainda que formalizado em relação ao resultado final desse processo.[25]

Alternativamente, a tipologia de Shugart e Carey (1992) de poderes presidenciais distribui a participação do presidente da República nas escolhas públicas em duas classes:

- poderes legislativos — o veto presidencial (total e parcial), com a possibilidade de sua apreciação pela legislatura sob condições de votação especiais;[26] a emissão de decretos, com utilização em temas de política exclusivos; a iniciativa legislativa, isto é, desempenhando o papel de *first mover* no jogo de políticas, como o encaminhamento original de projetos de lei à legislatura (o que é exemplificado pela tramitação da proposta orçamentária pública);
- poderes não-legislativos — sujeitos à influência que se admite que a legislatura possa ter em escolhas do Executivo (por exemplo, nas indicações de titulares de postos na alta gerência econômica) e nos questionamentos de decisões executivas, com a autonomia das comissões legislativas.

É óbvio que o poder presidencial no Brasil pode ser exercido muito além dessa decomposição, especialmente porque o presidente detém capacidade emissora de leis — medidas provisórias —, a qual, ao longo da década de 1990, chegou a suplantar essa mesma função no Congresso Nacional.[27] Por outro lado, a interferência informal do Executivo nas tarefas da legislatura assume formas variadas, em decorrência do intenso *logrolling* que o presidente pode acionar em matérias que são de seu interesse ver aprovadas ou não.[28]

---

[25] O poder de veto tem um inequívoco sentido condicionante no conjunto de escolhas dos legisladores, na medida em que a simples sinalização do presidente da República de vir a recorrer ao veto pode levar a que os legisladores se inclinem a fazer escolhas de maior sintonia com as preferências do Executivo. Esse é o atributo dissuasório do veto presidencial.

[26] No caso brasileiro, ainda que se mantenha a exigência de metade-mais-um de votos, requer-se voto secreto.

[27] Essa evidência é apresentada no cap. 3.

[28] Como exemplo avulso desse tipo de ocorrência, ver a manifestação, no primeiro semestre de 2001, de lideranças no Congresso em favor de um projeto de lei que atualizaria os limites de isenção da tabela do imposto de renda: o Executivo prontamente desestimulou o acordo que permitiria levar à aprovação desse projeto. E note o leitor que, ainda assim, restaria ao presidente da República exercer o seu intrínseco poder de legislar: o veto executivo. Contudo, como era uma época eleitoral, não houve interesse do governo em reduzir o custo de informação para o cidadão-contribuinte, sinalizando com a efetiva responsabilidade por deixar de atualizar a tabela de descontos daquele imposto. Os caps. 3 e 7 oferecem outras evidências desse gênero.

No Brasil, uma especificação mínima desse jogo de estratégias define um sistema decisório tricameral, envolvendo o presidente, os 513 membros da Câmara dos Deputados e os 81 membros do Senado Federal.[29]

Muito relevante nessa decisão é o sistema constitucional de separação de poderes que, ao fim e ao cabo, estabelece a margem de cooperação em que pode se sustentar uma política. Para tanto, esse sistema confere aos participantes do jogo o poder de bloquear uma decisão, assim condicionando a estabilidade da política econômica. Todavia, muito do poder presidencial pode decorrer de atribuições que não estão formalmente definidas na Constituição. Isso se dá em razão da ampla delegação que pode estar implícita na definição de regras ou políticas aprovadas na legislatura.[30] E em que circunstâncias isso tenderá a ocorrer? Segundo Moe e Howell (1999):

- quando há similaridade de preferências quanto aos objetivos de política, entre legisladores e presidente da República;
- nos casos em que a decisão legislativa pressupõe elevado grau de especialização e experiência em sua implementação. Institucionalmente, essa condição pode ocorrer quando, em face da complexidade do tema de política, torna-se difícil ter a escolha coletiva na legislatura convergindo para uma decisão mais específica;[31]
- quando é deliberada a transferência de responsabilidades para o Executivo — o que pode ocorrer em temas contenciosos dentro da própria legislatura;
- em situações de crise, quando o ambiente socioeconômico tende a se alterar abruptamente, o que se requer é uma via rápida de decisão.[32]

A seqüência mostrada na figura 6 resume essa margem de poder unilateral que o presidente da República acaba por exercer na escolha pública.

---

[29] Na verdade, esse é um sistema multicameral, na medida em que também pode envolver a instância judicial e a decisão em comissões e subcomissões legislativas, por exemplo.

[30] Quando, por exemplo, no começo de setembro de 2001, o presidente da República emite uma conclamação do tipo "exportar ou morrer", ele está definindo um bloco de ações que resultam de sua decisão unilateral e que têm enorme impacto no conjunto de ações de agentes públicos e privados; de igual modo, ao divulgar um "Memorando de política econômica" (no gênero dos acordos feitos com o FMI, típicos da política associada ao Plano Real), ele está estabelecendo opções e iniciativas de políticas que alteram o *status quo*, sem a anuência prévia ou direta do Congresso.

[31] Esse tema reaparece em "Regras do jogo", neste capítulo, a partir de uma tipologia de leis ou regras do jogo.

[32] De fato, essa sempre foi a argumentação central em defesa da emissão irrestrita de medidas provisórias na condução da política econômica, tanto no Plano Collor quanto no Plano Real.

Figura 6
Margem de poder unilateral do presidente da República

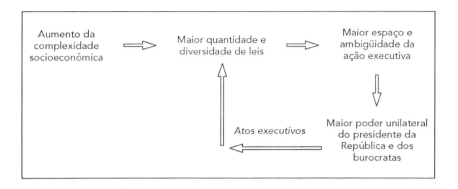

Burocratas[33]

A racionalidade dos burocratas é, em última instância, definida pela maximização de poder discricionário na alocação de recursos orçamentários. O que é mais fundamental para o burocrata é o tamanho e o crescimento de sua organização (Cooter, 2000).

Todavia, essa motivação apresenta-se interligada aos objetivos de obter prestígio, poder e visibilidade, tanto no próprio setor público quanto no setor privado. Afinal, mais à frente, quando deixar o posto público, o burocrata deverá ser acolhido em algum segmento do mercado privado.[34]

A síntese da maximização orçamentária (Niskanen, 1971) é relevante, na medida em que prestígio, poder, possibilidade de ascensão na burocracia governamental e visibilidade são valores positiva e fortemente correlacionados com o volume de recursos que o burocrata tem sob sua autoridade.

Uma dimensão preliminar do jogo dos burocratas é estabelecida na competição das diversas burocracias públicas por um dado volume de recursos orçamen-

---

[33] A organização do tipo burocracia caracteriza-se: pela limitação ou impossibilidade de apropriação de seus excedentes operacionais, a título de rendimento pessoal de seus membros, os burocratas; fundamentalmente, pelo fato de seus recursos serem estabelecidos por outra (ou outras) organização. Seu patrocinador de última instância é uma organização coletiva — a legislatura. Tal conceito é expressivamente distinto daquele encontrado na literatura sociológica na tradição de Max Weber. Ver, a propósito, Niskanen (1971, cap. 2).

[34] Na figura 4, a seta orientada do grupo de interesses para a burocracia capta o fenômeno associado a essa racionalidade dos burocratas do Executivo: os graus de liberdade de sua ação na economia são substancialmente determinados pelos elos atuais e futuros que os associam a interesses preferenciais do mercado de bens e serviços. Para uma exploração quanto a potenciais delitos nessa relação, ver a reportagem "Conflito caseiro" (*Jornal do Brasil*, Rio de Janeiro, 21 set. 2003. B, p. 8).

tários. Como o patrocinador é único, a supervisão legislativa da burocracia associa o burocrata ao segmento relevante dessa supervisão na legislatura (as "altas" demandas), na determinação de volumes orçamentários; as estratégias disponíveis ao burocrata decorrem essencialmente de sua vantagem comparativa no conhecimento da informação sobre a atividade da própria burocracia,[35] bem como da extensão em que a racionalidade do patrocinador (os políticos) possa estar sincronizada à racionalidade do agente (o burocrata).

O comportamento do burocrata é modelado no jogo orçamentário público, com a burocracia atuando como um monopólio, e a legislatura, como um monopsônio. A sistematização desse tipo de relação foi empreendida, ao final da década de 1960, por Niskanen (1971).

A sincronia entre burocratas e políticos (e, por extensão, a sociedade) está longe de ser uma ocorrência trivial. Essa interação define um dos fundamentos do governo representativo no jogo de políticas: o sistema constitucional de separação de poderes.[36] Essa relação reflete as disfunções clássicas da relação agente-patrocinador, entre outras (Kiewiet e McCubbins, 1991, cap. 2):

▸ os custos de agência — custos em que incorre o patrocinador para atenuar suas perdas em bem-estar, em face das ações do agente;[37]

---

[35] Sendo o patrocinador único, não-especializado e com interesses que mudam ao longo do tempo, consoante a composição da legislatura, percebe-se um aspecto fundamental dessa vantagem. Ademais, as próprias regras do processo orçamentário delimitam a decisão legislativa quanto aos volumes e destinações dos recursos orçamentários: o rito é sumário, e a decisão legislativa se processa sob controle de agenda da própria burocracia (essa decisão tem, como ponto de partida, a proposta orçamentária definida no Executivo). Em verdade, os patrocinadores da burocracia podem ser tratados como múltiplos, com uma legislatura bicameral e o presidente da República. Desse modo, há uma variedade de novos problemas que pode ser reconhecida na relação de agente e patrocinador: conflitos entre o presidente e o Congresso; entre membros e partidos políticos no Congresso; entre a Câmara dos Deputados e o Senado Federal; entre comissões legislativas; e entre partidos, segundo a prática habitual de alocar o controle de ministérios pelos partidos que integram a "base governista".

[36] É nesse segmento que o caso brasileiro de 1993 a 2001 é tão especial, levando-se em conta a autonomia com que transcorre a ação dos burocratas do Executivo (Monteiro, 1997, 2002). Ver também cap. 3.

[37] O patrocinador deseja minimizar os custos de agência, e o agente tem igual interesse, de vez que ele poderá vir a ser beneficiado com a liberação de recursos. Operacionalmente, essa minimização pode traduzir-se, por exemplo, na adoção de um contrato em que as compensações pagas ao agente estejam vinculadas à sua produtividade, investindo-se em monitoramento das ações do agente. Ao mesmo tempo, note-se que a redução dos custos de agência pode ser promovida por meio do bicameralismo nas decisões legislativas e do sistema de separação de poderes. Esse é o caso normativo típico em que o constitucionalismo é recomendado, de vez que tais arranjos tendem a dificultar a obtenção de transferências de renda e riqueza por grupos de interesses especiais. Para um interessante exemplo de custos de agência, ver "Problemas de delegação legislativa", no cap. 3 e "O caso Anatel", no cap. 5.

- incompatibilidade de incentivo — o agente faz uso estratégico da informação, podendo mesmo ocultá-la do patrocinador;[38]
- dificuldades de o patrocinador inferir o sentido da ação do agente, ainda que observando seu resultado;
- o *dilema madisoniano* — recursos e autoridade atribuídos ao agente (o governo incumbente) podem ser utilizados contra os interesses do patrocinador (a sociedade).

Juízes[39]

O mau funcionamento do processo político requer a existência de uma fonte alternativa de poder que não seja direta ou imediatamente responsável perante o processo político; a forma mais significativa desse poder é o Judiciário (quadro 2). Devido à sua inerente desvinculação partidária e à vitaliciedade do cargo que ocupam, os integrantes do Judiciário participam do jogo com motivação essencialmente ideológica. Essa atuação decorre do exercício de um poder de veto *ex post*, determinando a reversão das decisões estabelecidas pelo presidente da República e pela legislatura.[40] Contudo, essa é uma tarefa a ser desempenhada em condições muito especiais. Afinal, maiorias populares podem estar refletidas nas decisões do presidente da República e dos legisladores, mesmo que os juízes as julguem inconstitucionais (no quadro 2, "O dilema contramajoritário"). Esse é um conflito que se traduz em uma questão concreta para a revisão judicial: no

---

[38] No ambiente de instituições representativas puras, esse é um recurso implícito na estratégia do burocrata. Contudo, no cenário brasileiro, essa tem sido uma ocorrência que às vezes assume a característica de franca depreciação do Congresso. Tal é o caso, por exemplo, da recusa ou protelação por parte de um ministério em responder a pedido de informação encaminhado pela Mesa da Câmara dos Deputados, por solicitação de um deputado. Em um contexto mais amplo, esse é um fenômeno que pode decorrer de toda uma ordem constitucional que não seja *compatível em incentivo* ou *auto-implementável*. Uma Constituição é dita auto-implementável quando os cidadãos atuam em resposta a incentivos pessoais, definidos dentro da *estrutura* criada pela Constituição. O auto-interesse de legisladores, presidente da República e eleitores produzirá um fluxo de políticas públicas que é coerente com os valores constitucionais (Tushnet, 1999a:119-26). Decerto a ação de grupos de interesses especiais apresenta um desafio à obtenção dessa propriedade. Para uma argumentação quanto à limitada compatibilidade em incentivo da Constituição brasileira, ver Monteiro (2003e).

[39] Mais propriamente, os integrantes do tribunal de maior nível, ou seja, o Supremo Tribunal Federal.

[40] Ver na figura 4 a representação da revisão judicial.

sistema de separação de poderes, em que bases se sustenta uma decisão dos juízes de intervir no processo legislativo anulando escolhas públicas estabelecidas democraticamente?[41]

Em termos analíticos, esse é possivelmente o segmento menos robusto do jogo de política econômica. Um resultado fundamental é, no entanto, estabelecido na celebrada teoria de Landes e Posner (1975): o Judiciário independente serve para promover a durabilidade intertemporal dos acordos estabelecidos entre políticos e grupos de interesses especiais. Imune à influência da legislatura *contemporânea*, o Judiciário tende a interpretar a legislação de modo a atender ao intento da legislatura que originalmente produziu essa legislação. Ou, ainda, o Judiciário interpreta a legislação em sintonia com os anseios do grupo de interesses "comprador" dessa legislação. Como corolário, tem-se o aumento do valor presente desses acordos legislativos.[42]

Essa durabilidade, que se estende à própria política pública, tem o mesmo sentido daquela que decorre das aprovações legislativas por supermaiorias: o risco de renegação posterior tende a ser desestimulado. Assim, um Judiciário independente pode gerar credibilidade para as ações governamentais. Ademais, o governo pode beneficiar-se de uma revisão judicial independente, pois que ela lhe permite transferir culpas por repercussões negativas dessas ações ao Judiciário.

Desse modo, a "judicialização" ou "constitucionalização" de um polêmico tema de política torna-se uma estratégia para redistribuir a pressão que os eleitores e a opinião pública em geral venham a exercer sobre o Legislativo e o Executivo (Hirschl, 2000).[43]

Uma crítica que pode ser feita à teoria de Landes-Posner[44] é que a independência do Judiciário talvez não promova senão um bem público de longo prazo,

---

[41] Um possível critério para a revisão judicial é: a lei não deve impor custos a uma classe de não-beneficiários (eqüidade); os custos associados à lei excedem os seus benefícios (eficiência). Por outro lado, essa revisão judicial é polêmica. Por exemplo, pode-se argumentar que certas decisões judiciais que derrubam ação do Legislativo ou do Executivo estabelecem uma relação hierárquica que equivale a "vetos suspensivos" por parte de uma instância *superior* às decisões tomadas por uma instância *inferior*.

[42] Assim sendo, em t_1 o grupo de interesses deve "comprar" uma coalizão majoritária de legisladores para poder ver atendidos os seus objetivos. Em t_2 (*nova* legislatura), esse grupo pode se satisfazer "comprando" apenas uma coalizão minoritária, de vez que não seria trivial que a nova legislatura viesse a manipular o Judiciário com a finalidade de alterar ou anular a provisão concedida em t_1.

[43] Por igual, a independência e, de modo geral, o fortalecimento do Judiciário podem atender às preferências de segmentos da sociedade que desejam preservar seus ganhos no jogo das escolhas públicas, mantendo-os a salvo das decisões majoritárias.

[44] Ver "O argumento Landes-Posner no mundo das MPs", no cap. 3.

ao proteger segmentos da sociedade — que correntemente sejam pouco efetivos em encaminhar suas demandas no processo político — das ações de grupos que sejam justo o oposto, isto é, muito efetivos junto ao processo político, tanto quanto ao dar estabilidade ao atendimento das preferências de maiorias, em face de manipulações ocasionais de minorias. Ademais, por que os legisladores em t_1 se disporiam a remunerar os juízes por seu zelo em implementar e dar estabilidade a políticas estabelecidas anteriormente a t_1, e que contemplam preferências e interesses de legisladores ou grupos que possivelmente não têm mais a expressão que tinham no passado, se de todo ainda estiverem atuantes? (Boudreaux e Pritchard, 1993).

Estritamente falando, um Judiciário independente é aquele que não baseia suas decisões em fatores que influenciam — e quase sempre controlam — o processo decisório dos representantes eleitos, especialmente os legisladores. Por implicação, sob plena separação de poderes, os políticos não dispõem de outros instrumentos que possam vir a ser utilizados para premiar ou penalizar determinados comportamentos judiciais.[45]

Quadro 2
Qualificações à revisão judicial

A transição de 2002 a 2003

O estilo *imperium in imperio* do presidencialismo brasileiro envolve o papel desempenhado pelo Judiciário e, mais especificamente, pelo STF. Estudo analítico sobre a independência do Judiciário (Hanssen, 2001) testa algumas proposições que, no geral, são apropriadas para o melhor entendimento da alta concentração de poder no Executivo:

▸ P1 — o nível politicamente ótimo dessa independência será tanto mais elevado quanto menor for a probabilidade de que a coalizão majoritária se mantenha no poder, e vice-versa.

Tanto mais convencido esteja o governo de que fará o seu sucessor, tanto menos ele ganhará (em proteção contra a política econômica que poderá vir a ser praticada pela oposição) e tanto mais ele perderá (em termos das conseqüências da interpretação que o Judiciário poderia dar à sua decisão, caso o Judiciário atuasse com total independência).

▸ P2 — tanto maior seja a distância entre a política correntemente praticada e a que a oposição poderá vir a implementar ao tornar-se majoritária, tanto mais se eleva o nível politicamente ótimo da independência judicial, e vice-versa.

Um caso particular dessa proposição é o da igualdade de políticas patrocinadas pelo governo incumbente e a que seria posta em prática pela oposição, caso esta ascendesse ao poder (tal como no argumento, corrente na transição de 2002 a 2003, de que não restaria à oposição senão prosseguir com a linha mestra do Plano Real). Nessa circunstância, não interessará ao governo fomentar a independência do Judiciário. Contrariamente, nessa

Continua

---

[45] O quadro 2 aborda o tema da extensão em que os poderes do Judiciário competem com o poder exercido pelos que detêm mandato eletivo.

mesma transição, tanto maior a probabilidade de a oposição (PT, por exemplo) obter a vitória nas eleições de 2002, tanto mais predisposta estará a coalizão no poder (PSDB-PFL-PMDB) a argüir que certas classes de decisões de política possam ser trazidas à consideração judicial.[46]

▶ P3 — tanto maior seja a distância entre a política que o Judiciário possa vir a favorecer em sua decisão (em uma interpretação de constitucionalidade de um ato do Executivo, por exemplo) e a política preferida do governo, tanto menor será o nível politicamente ótimo da independência do Judiciário, e vice-versa.

Assim, discordâncias da visão do Judiciário, relativamente às preferências da coalizão majoritária, conduzem a uma posição judicial menos independente. Toda a experiência desde a década de 1990, com a prática de medidas provisórias, evidencia justo essa propriedade: a posição do STF sempre concentrou-se em apreciar o significado isolado de cada MP, não obstante os extensos e freqüentes pareceres de diversos de seus juízes quanto aos efeitos deletérios do intenso e variado recurso a essa forma de legislar.

O dilema contramajoritário

Episódios ocasionais, quando Congresso e Executivo colocam-se em lados opostos relativamente a uma decisão de política econômica, tornam normativamente relevante esse dilema. Em agosto de 2003, por exemplo, quando da passagem legislativa da reforma da Previdência Social (PEC nº 40-03), o Judiciário contrapõe-se vigorosamente aos termos dessa proposta — o que pareceria substituir a regra de maioria pela regra dos juízes (Farber e Sherry, 2002:142). Ou, ainda, o Judiciário tem uma genuína capacidade de desestabilizar o *status quo* político, especialmente quando as capacidades regenerativas do processo político ficam estruturalmente comprometidas (Issacharoff, 2000:98).

Em termos gerais, decisões da instância judicial apropriada, e que estabelecem como inconstitucional uma escolha ou ato empreendido por um representante eleito, geram o chamado dilema *contramajoritário* (DCM), na extensão em que é uma escolha de um agente público sem mandato eletivo e que controla, sem sustentação da vontade de uma maioria de eleitores, uma decisão dos que representam essa vontade.

Não obstante ser esse um tópico comumente ilustrado no ambiente da democracia norte-americana, ele tem implicações relevantes para a caracterização do Judiciário no jogo de políticas. A revisão judicial, como estilizada pela figura 4, é exercida por um grupo de indivíduos sem mandato eletivo e que não são passíveis de responder por ela frente ao eleitorado. Como contraponto, argúi-se em favor de uma lei constitucional em que é retirado poder de decisão do Judiciário (por exemplo, do STF), transferindo-o ao Congresso.

Uma qualificação relevante ao DCM é que não fica muito explícito como opera a revisão judicial — não se tem tanta percepção (quanto se tem relativamente ao Congresso) de como transcorrem as decisões constitucionais no SFT, de como é o apoio dos cidadãos à instituição da revisão judicial, nem se sabe em que extensão os juízes do STF levam em conta a opinião pública ou deixam-se influenciar por ela.

Continua

---

[46] Uma variante dessa proposição decorre da projeção que se faz quanto à significativa renovação por que passa o STF, em 2003, em razão da abertura de quatro vagas em seu plenário de 11 membros. Nesse caso — e a valer a proposição P2 — seria de se esperar algum tipo de movimentação política no sentido de tentar refrear a capacidade de um mesmo governo indicar parcela tão expressiva da cúpula do sistema judiciário.

> Em termos pragmáticos, o DCM torna-se relevante ao focalizar a substancial interação das regras constitucionais com o processo político, isto é, quem atua na revisão judicial, quem confirma os nomes dos ocupantes dessa função, quem preenche os postos nas demais posições do jogo de políticas, e se eles acatam decisões judiciais ou entram em choque com elas, ou disciplinam a instância judicial específica. A revisão judicial existe na política, ainda que não seja parte dela.
>
> Em suma, os obstáculos que dificultam emendar as regras constitucionais (tal como o art. 60 da Constituição) formam o núcleo do DCM, pois, afinal, por que uma maioria deveria ser impedida de fazer o que bem entenda em uma democracia? (Holmes e Sunstein, 1995).

Todavia, as regras do jogo podem ser alteradas ou condicionadas por certas classes de ações dos legisladores, ainda que sujeitas a custos políticos. A alteração do número de membros do STF e o condicionamento do teto salarial dos juízes, sob o argumento de isonomia na remuneração na economia pública, são exemplos nessa direção que podem ser acomodados, mesmo sob a noção de independência do Judiciário. Nesse sentido, a independência do Judiciário fica mais bem compreendida como um equilíbrio auto-implementável (Ferejohn, 1999).[47]

O argumento do Judiciário independente que restringe a ação da coalizão política majoritária apresenta um paradoxo: afinal, o Judiciário é restringido por regras e recursos que decorrem do processo decisório dos legisladores. Desse modo, por que a coalizão majoritária aceitará limites impostos por um Judiciário puramente independente? Será que as regras constitucionais são suficientes para garantir tal independência?

Outra vez, o presidente da República e a legislatura têm poderes para afetar tais garantias, promovendo a aprovação de emendas à Constituição.

Nessa linha de raciocínio, Stephenson (2003) atribui a fatores propriamente políticos a existência do incentivo à complacência do governo em face das decisões judiciais. O Judiciário independente está associado aos pressupostos de:

▸ um sistema político que seja suficientemente competitivo e, assim, propenso a ter os partidos aglutinados em uma posição mediana;
▸ um Judiciário suficientemente moderado;

---

[47] A partir de 1990, a economia brasileira apresenta uma configuração muito peculiar dessa propriedade: o condicionamento do processo judicial também pode ocorrer por meio de MP, recurso de urgência constitucional com *status* de lei, porém de emissão do presidente da República (art. 62 da Constituição). Um exemplo dessa *via expressa* na política econômica é a seqüência das MPs nos 2.147 (15 de maio de 2001), 2.148-1 (22 de maio de 2001) e 2.152-2 (1º de junho de 2001). Ver "A surpresa que veio do setor de energia", no cap. 7.

- partidos políticos que sejam suficientemente avessos a risco[48] e que se preocupem com seus ganhos de longo prazo.

Em verdade, na formulação de políticas o Executivo defronta-se com um *tradeoff* (Hanssen, 2001):

- por um lado, um Judiciário independente ajuda na resolução do celebrado "problema de comprometimento", ou seja, os políticos que detêm o controle do governo e que desejam longevidade para suas políticas — eventualmente além de sua estada no poder — precisam acatar as garantias legais e constitucionais que estão associadas às políticas que vigoram com a sustentação de outras coalizões.
- por outro lado, esse mesmo Judiciário independente pode tornar-se uma linha de resistência para os planos desses políticos e dos burocratas a eles associados, prevalecendo assim as preferências dos juízes.

Grupo de interesses especiais

O jogo envolve a dimensão interna da competição *entre* grupos, tanto quanto a interação com os políticos (pelo *lobbying* por uma legislação que o beneficie), com o Executivo (buscando alterar regulações e aspectos da implementação de políticas em curso) e com o Judiciário (na tentativa de obter uma interpretação favorável de uma provisão legal).[49] Como o sentido da identificação de um gru-

---

[48] De tal sorte que, na possibilidade de um partido estar fora do comando do governo, esse partido tem no Judiciário independente a proteção apropriada contra ações que lhe sejam potencialmente danosas, da parte dos que integram a coalizão no poder.

[49] Na figura 4, apenas as duas primeiras interações estão representadas. Igualmente, é oportuno mencionar que os grupos de interesses atuam de forma indireta sobre o processo político, na medida em que eles possam operar internamente ao próprio mercado privado. Considere-se o seguinte caso: tradicionalmente, os editores do *New England Journal of Medicine* asseguravam aos seus leitores que as associações financeiras de seus autores (renda de serviços de consultoria e perícia, participação em conselhos, carteira de ações, *royalties* de patentes, honorários por conferências, fundos de pesquisa) não influenciavam os artigos publicados na revista. A política editorial então afirmava que "os autores não têm qualquer interesse financeiro em uma empresa (ou seu competidor) que fabrique um produto discutido no artigo". Contudo, como as relações entre autores e companhias biomédicas tornaram-se crescentes, o *New England Journal of Medicine* foi levado a alterar sua política editorial, tendo em vista as dificuldades em garantir a total isenção de seus autores. A nova política é que "os autores não têm qualquer interesse financeiro significativo em uma empresa (ou seu competidor) que fabrique um produto discutido no artigo" (Financial associations of autors. *The New England Journal of Medicine*, v. 346, n. 24, June 13 2002, p. 1902).

po de interesses decorre basicamente da possibilidade de existência de um atendimento provido pelo governo, esse jogo é definido pela busca de ganhos produzidos pela decisão política. Tais grupos se formam naqueles segmentos em que os custos de transação são reduzidos, relativamente àqueles confrontados por maiorias fragmentadas, sem liderança e não organizadas.

A racionalidade dessa busca é, portanto, obter e consolidar os maiores ganhos possíveis, seja pela obtenção ou ampliação de um direito exclusivo (*rent seeking*), seja por sua eliminação ou atenuação (*rent avoidance*).[50] Em verdade, o mecanismo do *rent seeking* pode ser associado a uma transferência que:

- ▸ extrai renda e riqueza de uma maioria (o público em geral) para beneficiar uma minoria (o interesse preferencial organizado);
- ▸ simultaneamente, gera um custo social, na medida em que a perda em bem-estar dessa maioria suplante o ganho obtido pela minoria.

A estratégia do grupo de interesses traduz-se pelo volume de gastos realizados no mercado (no uso da mídia, serviços de lobistas) e no processo político (no apoio a coalizões, a partidos e a políticos, individualmente), na tentativa de assegurar (evitar) parte ou a totalidade dos ganhos (perdas) agenciados pelas políticas públicas.[51] Uma dimensão muito observável desse tipo de atuação é dada pela *demanda* de um atendimento específico, em termos de uma nova lei ou de modificações de segmentos de leis já em vigor.

À margem da figura 4, observe o leitor que o grupo de interesses não apenas viabiliza ao cidadão manifestar a *intensidade* de suas preferências de políticas, mas igualmente agregar influência em segmentos da sociedade para os quais os

---

[50] De fato, essa racionalidade é mais complexa: o grupo de interesses que reivindica um benefício regulatório, por exemplo, o faz no pressuposto de que tal atendimento venha a ser o mais duradouro e exclusivo possível. Ao mesmo tempo, reconheça-se que tal racionalidade tanto pode abranger a própria busca pela perpetuação do controle político, garantindo ao grupo interferir nos processos decisórios públicos e na determinação das regras do jogo, quanto pode operar, mais indiretamente, por meio de um partido político. Ambas essas possibilidades não são incorporadas ao tratamento analítico aqui exposto. Nessa linha de argumentação, pressupõe-se que primeiro ocorreria a manipulação do processo eleitoral e, depois, as escolhas de políticas que melhor atendam às preferências dos políticos e dos grupos de interesses a eles associados. Para uma abordagem crítica a esse procedimento, ver Issacharoff e Pildes (1998).

[51] Essa mesma racionalidade induz o grupo a alocar seus recursos, na tentativa de viabilizar benefícios ou privilégios, junto às suas diversas fontes de suprimento (além da legislatura, o Executivo e o Judiciário, bem como as jurisdições estaduais e municipais). Contudo, no cenário analítico habitual, considera-se que o provedor essencial é a legislatura.

custos de transação são reduzidos, relativamente a outros segmentos de maiorias dispersas e desorganizadas. Adicionalmente, esses grupos podem ser vistos como desenvolvendo ações onde há anomalias na agregação de preferências individuais[52] e, desse modo, explorando as oportunidades que se abrem para influenciar a marcação de agenda ou barganhar na formação de coalizões majoritárias. Assim sendo, nessa visão analítica, é a inerente instabilidade da regra de maioria que atrai a atividade política dos grupos de interesses (Levmore, 1999).

Sofisticando a conexão eleitoral

A figura 7 aprofunda o conceito de conexão eleitoral para além do simples elo do político-legislador com seu reduto eleitoral. Suponha-se um caso trivial: a concessão de um subsídio de $Y\$$ aos produtores, a ser custeado por um imposto graduado em uma alíquota de $t\%$, incidente sobre a renda dos consumidores-eleitores (Appelbaum e Katz, 1987).

No cálculo de estratégias do regulador, sua remuneração como político se manterá na medida em que a graduação de t lhe garanta preservar ou aumentar seu apoio em termos de votos, pois que $p(t)$, a probabilidade de obter votos favoráveis junto a uma maioria de eleitores, varia na ordem inversa de t. O sucesso eleitoral lhe assegura a remuneração s, como membro da legislatura, adicionada de um bônus que se origina em uma fração ($\alpha\%$) da contribuição dos produtores a campanhas políticas, em sua atuação como grupo de interesses. No caso de insucesso eleitoral, com probabilidade de $(1 - p)$, o legislador obterá um ganho de $S\$$ em seu posto na atividade privada.

A doação de campanha compra uma unidade de acesso ao processo decisório do político e de seus assessores, no sentido de que ela "compra" uma opção do tempo futuro do político[53] (Anderson e Prusa, 2001).

Se o grupo de interesses investe um montante total de $D\$$ no *rent seeking*, uma parcela de $\alpha\%$ é canalizada diretamente para o processo político sob a forma de doações,[54] enquanto os demais $(1 - \alpha)\%$ são alocados no próprio mercado (mídia

---

[52] Maiorias cíclicas ou o paradoxo de Condorcet (Shepsle e Bonchek, 1997).

[53] O que pode implicar que o político receberá representantes desses interesses privados em audiência, lerá um documento em que seus pleitos são expostos etc. O *lobbying* valoriza esse acesso como uma oportunidade de levar o político a processar informação que tem elevado custo para o político, antecipando assim um comportamento benevolente por parte desse mesmo político. Para uma qualificação desse acesso do *lobbying*, ver o quadro 3.

[54] Que podem, no limite, dar lugar à criação de um "colchão protetor" para o político, no caso de seu insucesso eleitoral, e o seu acolhimento em um posto na atividade desse mesmo grupo de interesses.

e especialmente contratação de lobistas).[55] De todo modo, os apoios financeiros aos políticos podem ter uma influência indireta sobre o *lobbying*: eles facilitam o acesso aos centros de decisão, tanto no Executivo quanto no Legislativo.

Utilizando todas essas hipóteses, a figura 7 resume os problemas de decisão com que se confrontam as três classes de participantes no jogo do *rent seeking*.

Figura 7
A conexão eleitoral

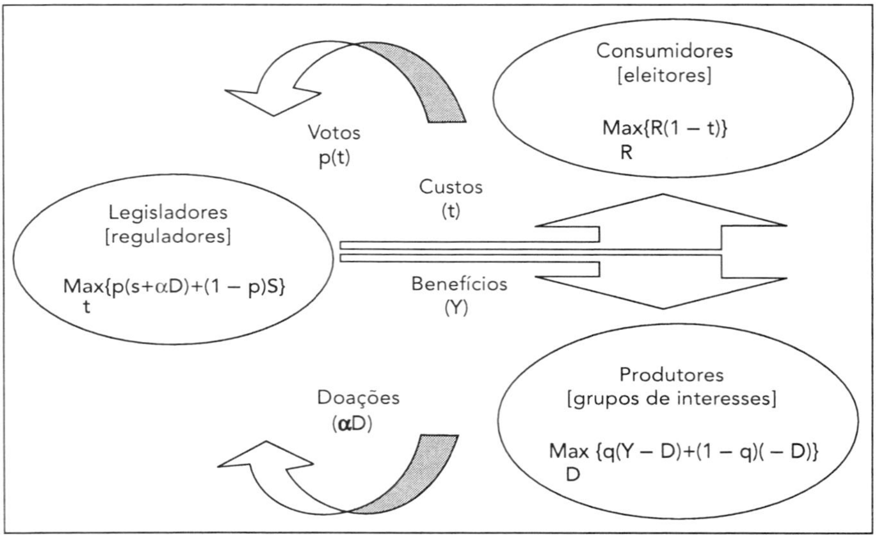

O problema de decisão de cada um desses três participantes do jogo fica, assim, sumariado pela maximização, indicada em cada elipse, na figura 7:

- o consumidor-eleitor maximiza sua renda disponível $\{R(1 - t)\}$, relativamente à sua capacidade de auferir uma receita **R$**. Na sua perspectiva, o melhor nível do imposto é $t = 0\%$. Em seu papel de eleitor, a probabilidade de que ele vote favoravelmente aos políticos varia inversamente com o tamanho do imposto, t%;
- o produtor, como grupo de interesses, em sua demanda de um dado volume de subsídios, **Y$**, confronta-se com a probabilidade **q** de ser atendido pelos políticos. Em troca, investe um total de **D$**, do qual uma parcela, **αD$**, toma a forma

---

[55] Para uma evidência recente do caso norte-americano quanto ao significado das atividades de *lobbying*, relativamente a gastos em doações a políticos e partidos políticos, ver *"Rent seeking* e falhas constitucionais", no cap. 6.

de doações a campanhas políticas. Assim, seu objetivo é maximizar sua renda esperada $\{q(Y - D)+(1 - q)(- D)\}$;

▶ o político deve decidir em que nível irá estabelecer o imposto t, de modo a financiar o nível de subsídio demandado pelos produtores. Na hipótese de ser bem-sucedido (probabilidade p), ele obtém a renda $(s+ \alpha D)$; contrariamente, no insucesso eleitoral, terá um ganho de S\$, que sempre se poderá identificar com sua remuneração na atividade privada (especialmente como novo lobista).[56] Em síntese, seu problema é determinar t, de tal modo que maximize, para um dado volume de Y\$, sua renda esperada $\{p(s + \alpha D)+ (1 - p)S\}$.

Embora sem evidência empírica relevante, o mercado político brasileiro não parece fugir à regra de outras democracias representativas: o volume de recursos, sobretudo financeiros, aplicados nas campanhas é decisivo no sucesso eleitoral; em certos casos, mais do que a própria vantagem da incumbência (por exemplo, familiaridade perante os eleitores, experiência de campanhas anteriores). Mais ainda quando se trata de disputa de baixo grau de contestação, isto é, com um ou mais dos demais candidatos se apresentando sem apoio financeiro significativo e, portanto, com pouca chance de vencer. Essa é uma situação paradoxal, pois que o mercado político costuma ter fracas barreiras de entrada.[57]

Análises em que os candidatos são estilizados como maximizadores da utilidade esperada, relativamente ao número de cotas (ou unidades de acesso) que eles "vendem" a seus potenciais patrocinadores, apontam para uma explicação desse paradoxo: se o candidato não arrecadar fundos suficientes para cobrir os custos fixos de sua campanha, seu acesso ao mercado de votos é desestimulado, e para tanto (Anderson e Prusa, 2001) a presença de *lobbying* é que garante a provisão desses fundos. Em certo sentido, tais contribuições compram um ativo que toma

---

[56] Essa é uma trajetória que pode se tornar irresistível para o ex-político e o ex-burocrata. Uma evidência recente do caso norte-americano ilustra essa afirmação. Entre os 100 principais ocupantes de postos na alta gerência do Executivo, na administração do presidente Clinton, 51 deles reapareceram atuando em Washington como lobistas, decorrido o período regulamentar de um ano após seu desligamento do posto oficial. E pior: não obstante tentativas do presidente Clinton em fazer vigorar um acordo com seus colaboradores que tal retorno a Washington não ocorreria antes de passados cinco anos! (*New York Times*, 4 mar. 2003).

[57] Relembro ao leitor a variedade de atributos desse mercado, como apresentado no quadro 1.

a forma de uma "demanda de contingência", ou seja, o apoio é trocado por acesso ao processo político.

Tanto maior a chance eleitoral do candidato, tanto mais elevado o preço que prevalecerá na transação. Sendo o valor inerente desse acesso uma informação privada de cada grupo, é razoável supor que os políticos não possam praticar discriminação de preços entre os potenciais doadores de campanha: o valor da cota de contribuição será o mesmo, independentemente do grupo.

Restará ao político eleito processar informação a um custo elevado (por exemplo, em termos de consumo de seu próprio tempo e de assessores) nesse atendimento, e assim emerge um sistema de preços (sob a forma das doações recebidas) para alocar recursos com tal finalidade.

Como o valor da cota depende da probabilidade de o candidato ser bem-sucedido, ele pode ser capaz de "vender" acesso, mas arrecadar pouco volume de contribuições e, portanto, ter uma campanha muito limitada. Como resultado, "a avaliação inicial do eleitorado quanto à pouca chance de vitória do candidato é auto-realizável" (Anderson e Prusa, 2001:14).

A saída para essa armadilha é um salto para um nível de contribuições suficientemente elevado para contornar esse custo fixo,[58] do contrário ocorrerá uma "falha de coordenação" nesse jogo político: cada grupo de interesses anteciparáque não haverá um grande número de outros grupos que optam pelo apoio ao candidato.

O quadro 3 reforça essa noção de que o *lobbying* conta na determinação de políticas públicas. Na interação de políticos e grupos de interesses, incorre-se em significativos custos de transação:

- ▸ custos incidentes sobre legisladores e grupos de interesses e que resultam da necessidade de antecipar as contingências que possam ocorrer ao longo do período em que a lei vigorar;[59]
- ▸ custos de decidir e chegar a um acordo sobre como tais contingências serão tratadas;
- ▸ custos de redigir o texto legal, de forma suficientemente clara e precisa, viabilizando assim a sua implementação;
- ▸ custos de monitoramento e observância da lei; esse é um custo de incidência tipicamente judicial, tanto pelo recurso ao Judiciário quanto pela própria decisão dos tribunais.

---

[58] Para o que é crucial o porte da legenda partidária que abriga a candidatura.

[59] Inclusive pelo comportamento revelado por aqueles que se sentirem prejudicados com a adoção da lei.

JORGE VIANNA MONTEIRO

Quadro 3
Lobbying endógeno

A figura 4 pressupõe uma dada configuração de cidadãos que foram eleitos e, assim, passam a desempenhar o papel de políticos (legisladores, digamos) no jogo de políticas. Aos demais cidadãos, ali mencionados, caberá escolher entre manterem-se estritamente como eleitores, como membros de grupos de interesses preferenciais, ou combinar esses dois papéis, quando isso for possível.

Contudo, essa conceituação pode ser aprofundada em uma percepção que modernamente é rotulada de *lobbying* endógeno (Felli e Merlo, 2000). As escolhas disponíveis ao cidadão, em seu envolvimento no processo político, traduzem-se em várias etapas, e não apenas na opção entre votar ou não votar. Portanto, esse é um jogo que se desenrola em quatro estágios:

E1 — o cidadão opta por participar ou não como postulante a um cargo eletivo, digamos, na legislatura. Em função dessa escolha, a coletividade se vê diante de uma lista de cidadãos-candidatos;

E2 — o cidadão deve, agora, tomar a decisão de votar ou abster-se de votar. Daí resulta uma lista de candidatos eleitos, os políticos (legisladores);

E3 — o cidadão que não se tornou um político deve, então, decidir se, de todo, participa de um grupo de interesses especiais e, portanto, envolve-se na atividade de *lobbying*, orientada para oferecer aos políticos todo tipo de apoio em troca de atendimentos de política voltados para o grupo;

E4 — os políticos, por seu turno, escolhem a coalizão de lobistas (grupos de interesses) com quem barganharão apoios em troca da provisão de políticas.

Nesse modelo, há três características muito relevantes:

C1 — a decisão de envolver-se no processo político é totalmente endógena, isto é, tanto na opção em E1, quanto em E3;

C2 — é o político que escolhe quem entra na coalizão com a qual ele irá barganhar apoio político em troca de provisões preferenciais, isto é, não é propriamente o lobista quem tem a iniciativa nesse jogo;

C3 — o político não implementa sua política preferida ou ideal, tal como ocorreria em um mundo em que não houvesse *lobbying*.

A valer essa especificação do processo político, conclui-se que (Felli e Merlo, 2000:24-26) o resultado final de política pública é invariante à mudança de regras eleitorais, e que o *lobbying* sempre influencia o resultado final do jogo de políticas, especialmente porque ele reduz o conjunto de resultados que seriam obtidos, sem o *lobbying*.

Conceitualmente, é contrastando os benefícios decorrentes da adoção da lei com esses custos de transação que se pode melhor entender a racionalidade da ação empreendida pelo grupo de interesses. De igual modo à caracterização apresentada anteriormente, no âmbito da interação de legislatura e presidente da República, pode-se ampliar a noção de equilíbrio no jogo de políticas associando-a a três classes de fatores (Becker, 1983, 1985):

- a ação empreendida pelos segmentos da sociedade que conseguem se organizar, configurando-se como grupos de interesses especiais;
- a ação empreendida pelos demais segmentos, em prol do interesse geral ou coletivo;
- a produtividade relativa desses dois tipos de ação, o que, afinal, se traduz pela influência que tanto os grupos de interesse quanto o interesse geral exercem no processo político, especialmente nas decisões da legislatura.

Tal decomposição pode ser mais bem compreendida supondo-se que uma dada política promove simultaneamente ganhos (que sempre poderemos identificar a subsídios) e perdas (correspondentemente identificados a impostos). Todavia, a incidência desses ganhos e perdas é diferenciada: um segmento restrito da sociedade recebe o subsídio, enquanto um amplo segmento arca apenas com o aumento da carga tributária.[60]

Identificando por π_p e π_g a pressão política exercida pelos que perdem e ganham, respectivamente; n_p/n_g sendo o tamanho relativo do segmento perdedor; e x representando outros atributos do processo político (tal como a maior ou menor proximidade de uma data eleitoral),[61] podem-se definir as seguintes funções de influência política, I_p, I_g:

$$I_p = I_p(\pi_p, \pi_g, n_p/n_g, x)$$

$$I_g = I_g(\pi_p, \pi_g, n_p/n_g, x)$$

(6)

Assim sendo, a estabilidade de uma política (equilíbrio Becker) é dada pela condição:[62]

$$I_g \geqslant I_p$$

(7)

Sob instituições representativas, uma dada política será sustentada até o ponto em que a influência política dos que ganham (I_g) iguala a influência dos que perdem (I_p) com essa política. Por certo que a pura e simples desproporção entre o contingente que perde e o que ganha (n_p/n_g), tanto quanto os interesses político-eleitorais (x) da coalizão majoritária farão com que as pressões de ambos os grupos possam se revelar mais produtivas junto ao governo.

Além da subdivisão convencional de grupos de interesses altamente organizados e eleitores totalmente desorganizados ou atomizados, pode-se acrescentar

---

[60] A figura 7 parte desse mesmo pressuposto.

[61] Para outros exemplos, ver "O significado da nova âncora da estabilização econômica", no cap. 4.

[62] Em termos mais concretos, o equilíbrio político se estabelece quando se igualam na margem os interesses de consumidores, produtores e constribuintes.

JORGE VIANNA MONTEIRO

uma terceira classe de organização política: o grupo de interesses *sombra*, ou quase-grupo de interesses (Macey, 1990a).

O grupo-sombra não tem a organização formal de um verdadeiro grupo de interesses e difere dos eleitores comuns porque suas preferências de política apresentam-se quase que integralmente relacionadas a um conjunto específico de temas. Para o grupo-sombra, os custos de organização superam os benefícios. Todavia, em certos casos, o grupo-sombra reflete a estratégia deliberada de permanecer sob esse *status*, uma vez que sua formalização, como um grupo de interesses especiais, poderá torná-lo alvo do mecanismo de extração, acionado pelos políticos (Macey, 1990a:2-3).[63]

Nessa ordem de considerações, percebe-se que o partido político desempenha o valioso papel de aumentar a produtividade política dos membros dos grupos de interesse.

Quadro 4
Colocando um freio no *rent seeking*

No começo de 2003, a liderança política propõe-se — porém logo esquece — retomar antigo projeto de lei (PLS nº 203-89), originariamente de autoria do senador Marco Maciel, aperfeiçoando o controle da ação de grupos de interesses especiais com atuação no Congresso Nacional. O PL nº 203 fora aprovado no Senado em 12 de dezembro de 19   . reativado na Câmara, sob o número PL nº 6.132-90.[64]

Vivemos em uma economia de *rent seeking*, com o processo político continuamente gerando oportunidades de ganhos substancialmente elevados, e que alcançam interesses preferenciais, a expensas de contribuintes e consumidores em geral. A racionalidade mais essencial nesse jogo é que a legislação econômica é *vendida* a quem oferece o maior lance no mercado político, tal como outros bens e serviços são transacionados em mercados privados convencionais (McChesney, 1997:1).

Continua

---

[63] Pressupõe-se que os políticos são agentes de decisão que maximizam seus objetivos pessoais, e não meros "corretores" daqueles que buscam extrair benefícios agenciados no processo político (isenções fiscais, créditos subsidiados, barreiras tarifárias, entre outros). E mais: que tais benefícios são extraídos, tanto quanto são criados. Em outras palavras, os políticos podem gerar ganhos para si próprios, ao acenarem com a possibilidade de criar benefícios preferenciais para agentes privados ou ao ameaçarem eliminar, via regulação ou tributação, benefícios já existentes.

[64] Por certo que, por sua data de origem, esse projeto incorpora influências da legislação mais refinada que entrou em vigor nos EUA em janeiro de 1996 (PL nº 104-65, *Lobbying Disclosure Act*, 19 de dezembro de 1995): a passagem dessa lei no Congresso norte-americano transcorreu entre 1986 e 1995, enquanto o PL nº 203 é datado de 2 de agosto de 1989.

Essa classe de legislação propõe-se a:

- restringir os esforços de agentes privados especializados e remunerados (lobistas), que tentam influenciar os processos decisórios públicos, tanto no Legislativo quanto no Executivo;[65]

- complementar regras do Código de Conduta da Alta Administração Federal (22 de agosto de 2000), que se aplicam exclusivamente à alta gerência do Executivo Federal; a própria legislação eleitoral, que regulamenta a contabilidade de doações de campanha;[66] e a supervisão das práticas de abuso do poder econômico (lei antitruste).

Em um ambiente em que tem sido tão freqüente a alteração de regras constitucionais, a iniciativa de restringir mais detalhadamente o *lobbying* é meritória. Afinal, mesmo as emendas à Constituição oferecem a possibilidade de auferir ganhos — ou evitar perdas — que alcançam diferentes segmentos organizados da sociedade, disparando, portanto, um complexo mecanismo em que tais grupos de indivíduos tentam inserir na (retirar da) Constituição dispositivos que lhes garantam maximizar seus benefícios (minimizar suas perdas), em detrimento do interesse coletivo (Monteiro, 2003a).

Para que se entenda o alcance desse mecanismo em uma economia do mundo real, vale mencionar a definição de "contato de *lobbying*", como apresentada no texto da citada legislação norte-americana. Um contato de *lobbying* é caracterizado por qualquer comunicação, oral, escrita ou mesmo eletrônica, direcionada a um agente público e que é feita em nome de um cliente, com o propósito de influenciar:

- a formulação, modificação ou adoção de legislação federal, mesmo em sua fase de projeto de lei;

- a formulação, modificação ou adoção de regra, regulação, decreto ou qualquer programa, política ou posição do governo federal;

- a administração ou execução de programa ou política federal (inclusive negociação, concessão ou administração de contrato, empréstimo, permissão ou licença);

- a nomeação ou confirmação de uma pessoa para uma posição sujeita a confirmação pelo Senado.

Como o leitor pode inferir, uma tal disciplina envolve substanciais custos de monitoramento, tanto quanto delimita a credibilidade com que toda a ordem legal pode ser vista pela sociedade. Nesse tipo de legislação, o projeto de lei brasileiro e a lei norte-americana criam a declaração periódica de gastos incorridos por indivíduos ou pessoas jurídicas e decorrentes de sua atuação junto ao Congresso; de identificação das pessoas em nome das quais o contato é realizado; dos agentes públicos no Congresso com quem esse contato é mantido; dos pleitos encaminhados nesses contatos, e assim por diante.

Continua

---

[65] A legislação proposta no caso brasileiro é menos abrangente do que a norte-americana, uma vez que ela cuida da atividade de *lobbying* apenas no Legislativo.

[66] Quanto a isso, há instrução normativa conjunta da Secretaria da Receita Federal e do Supremo Tribunal Eleitoral.

> Contudo, diferentemente da lei norte-americana, no projeto de lei brasileiro a transgressão às regras que restringem a atividade de *lobbying* acaba enquadrada na esfera de atuação da agência de regulação da competição de mercados, que é todavia uma instância pouco sincronizada com a complexidade da interação dos grupos de interesses especiais no processo político.[67]

O partido político atende às necessidades desses quase-grupos de interesses de diferentes formas:

- os partidos reduzem os custos de informação com que se confrontam os quase-grupos quando tentam identificar candidatos viáveis cujas preferências em termos de políticas públicas sejam compatíveis com suas próprias preferências;
- por outro lado, como as alianças dos políticos com os quase-grupos têm um maior custo, comparativamente aos grupos formalmente organizados, os partidos beneficiam os políticos pela provisão de uma forma alternativa de baixo custo de criar essas alianças;
- ademais, o partido beneficia o político com a provisão de informação quanto às preferências dos quase-grupos, o que, por seu turno, permite ao político identificar mais precisamente os custos de oportunidade que estão associados à tramitação legislativa de determinados projetos de lei.

Uma interessante conjectura é que, estando em declínio a habilidade dos partidos políticos em atender aos grupos organizados, pelo fato de que tais grupos obtêm acesso direto aos próprios políticos, reduz-se o papel desempenhado pelos partidos nessa intermediação.[68] Para sobreviver, os partidos expandem sua clientela tradicional, de modo a incluir os quase-grupos.

O *rent seeking* também pode ser definido em termos da política constitucional, isto é, os grupos de interesses buscam obter ganhos que somente poderão se materializar por meio da aprovação de uma emenda à Constituição.[69] Essa é uma opção de elevado custo para o grupo, daí não ser tão freqüente no governo representativo.

---

[67] No caso brasileiro, essa agência é o Conselho Administrativo de Defesa Econômica (Cade). O Cade tem sua função orientada para tratar da ocorrência de cartéis de empresas nos mercados de bens e serviços, prática vedada por lei. Diferentemente, a ação dessas mesmas empresas no mercado político, sob a forma de grupos de interesses — virtuais cartéis que operam nesse mercado —, é legalmente permitida. Ver quadro 1, atributo 11.

[68] É significativa a validade dessa linha de argumentação para o caso brasileiro, especialmente à luz do chamado escândalo da Comissão Mista de Orçamento, do Congresso Nacional, ao final de 1993 (Monteiro, 1997:70-1).

[69] Essa é uma perspectiva essencial no caso brasileiro de 1987/88 e mesmo no período subseqüente, quando se promovem tantas e tão freqüentes alterações nas regras constitucionais.

Afinal, a aprovação de uma emenda constitucional requer o endosso de uma supermaioria legislativa, seus benefícios podem ter sua incidência no longo prazo, e a garantia da exclusividade assim obtida poderá ser ampliada a outros segmentos da sociedade.[70]

Por toda a argumentação aqui apresentada, infere-se que o potencial risco do mecanismo de *rent seeking* é contaminar as instituições representativas, privando-as de sua espontaneidade. Nesse sentido, o quadro 4 sumaria algumas vertentes da moderna regulação da ação de grupos de interesses especiais, em seu propósito de restringir os danos gerados pelo *rent seeking*.

Cidadão-eleitor

O envolvimento do cidadão no jogo de governo representativo é definido pelos impactos da política pública na realidade socioeconômica e pelo decorrente uso do voto. Sua racionalidade é a minimização da *coerção* que ele percebe nesses impactos, isto é, no maior ou menor comprometimento dos níveis subjetivamente preferidos desses impactos.

Se P^* é o nível preferido ou ideal da provisão de uma política, do ponto de vista de um cidadão, e P é o nível em que essa política lhe é provida, a diferença $|P - P^*|$ é conceitualmente o nível de coerção que ele percebe, implícito nessa provisão. Todavia, deve-se reconhecer que, por sua própria natureza, toda regra social, tal como o sistema legal, é coercitiva. O que se pressupõe no jogo é que tanto os seus resultados (a política pública) quanto o conjunto de suas regras não devam ser considerados *impropriamente* coercitivos (Wiseman, 1990).

Sem perda de generalidade, pode-se associar tal coerção ao benefício líquido (BL_i) esperado, decorrente da provisão de bens públicos, G, e da perda de renda, z_i, acarretada pela tributação. Assim, seja:

$$E(BL_i) = E\{b_i(G) - c_i(z_i)\} \tag{8}$$

onde $db_i/dG > 0$ e $dc_i/dz_i > 0$, sendo b_i e c_i, respectivamente, o benefício e o custo percebido pelo i-ésimo cidadão.[71]

As estratégias disponíveis ao cidadão podem ser classificadas em:

---

[70] Todavia, o caso brasileiro é um chocante contra-exemplo dessa estabilidade das regras constitucionais (Monteiro, 2003e). Ver também "Uma implicação relevante", a seguir.

[71] Neste ponto, pode-se fazer a conjectura quanto à capacidade do cidadão-eleitor de perceber a extensão em que ocorram tais benefícios e custos. Igualmente, quando analisada estritamente sob a ótica de custos e benefícios (o voto como *ato de investimento*), essa participação do eleitor chega a ser surpreendente, de vez que é mínima a probabilidade de que seu voto seja decisivo. Contrariamente, argumenta-se ser o voto um *ato de consumo*, quando a utilidade decorrente de sua participação na eleição independeria do resultado da eleição.

- diretamente orientadas para influenciar políticos e partidos políticos: uso do voto, ação individual informal, ação informal em grupos, adesão a grupos de interesses especiais;
- outras estratégias — auto-regulação (controle da coerção através da restrição da exposição aos impactos das políticas públicas); provisão privada (transferência do atendimento pelo processo político para o atendimento via mercado); "voto com os pés" (mudança da jurisdição de incidência dos impactos de uma dada política pública).

Algumas dessas estratégias apresentam a característica peculiar de ter seu uso restrito a determinados pontos do tempo: por exemplo, no interregno eleitoral, o custo de uso do voto é infinito. Igualmente, toda essa variedade de estratégias disponíveis ao cidadão-eleitor apresenta custos diferenciados. Possivelmente, a opção mais barata é o voto, e a mais onerosa, a atuação através de grupos de interesses especiais.[72]

É pelo seu voto, pessoal e intransferível, e por sua eventual integração a uma coalizão majoritária que o cidadão-eleitor pode materializar sua preferência por um menor grau de coerção na política econômica. Contudo é na utilização desse instrumento de ação política que reside um paradoxo (quadro 5).

Quadro 5
O paradoxo da votação

Nas escolhas públicas, o cidadão tem as opções de revelar-se:

- um "cooperador", na medida em que ele se preocupa com o estado futuro da coletividade e, assim, com ganhos futuros, relativamente ao que se observa na situação atual. Em um jargão um pouco mais abstrato: esse é o tipo de indivíduo que opera com uma baixa taxa de desconto, relativamente a ocorrências futuras;
- um "egoísta", quando ele pondera mais os ganhos presentes e dispõe de oportunidades próprias de se assegurar desses ganhos. Outra vez, é o tipo de agente que desconta fortemente o futuro (alta taxa de desconto), estando menos predisposto a abrir mão de ganhos imediatos, comparativamente a obter benefícios posteriores, decorrentes da cooperação futura.

Como essas escolhas são contínuas, ou seja, ocorrem repetidamente, sem uma data de término para a interação, o cooperador nunca se mostrará egoísta; já o egoísta operará em causa própria desde o início do jogo ou a primeira interação. A razão para tanto é elementar: como o cooperador pondera os ganhos futuros, o jogo deve se desenrolar indefinidamente; o egoísta valora os ganhos imediatos mais que o fluxo de ganhos futuros.

Continua

---

[72] O grupo de interesses pode ser considerado um dos recursos de que dispõem os cidadãos-eleitores para revelar a intensidade de suas preferências.

> Por que as pessoas votam? Eis um paradoxo, uma vez que a chance de que o voto de um cidadão possa influenciar o resultado final de uma eleição é em geral desprezível e, ademais, há custos não tão pequenos no desempenho do ato de votar.
>
> Posner (1998) propõe que o ato de votar seja tomado por um sinal; é observável, conquanto o voto em si não o seja.
>
> Em uma eleição, tanto o cooperador quanto o egoísta incorrem em custos. Porém, o primeiro tem a oportunidade de se ressarcir desses custos ao longo das várias rodadas do jogo, enquanto o segundo, não.
>
> Em determinadas circunstâncias, o eleitor pode ser tomado por um cooperador, enquanto aquele que não vota, por um egoísta. Desse modo, votar funciona como um sinal, precisamente porque os custos excedem os ganhos materiais, e tal ato ocorre porque o eleitor prevê obter ganhos da cooperação dos demais eleitores. Um cooperador preferirá interagir com outros cooperadores: nessa busca, ele tenta encontrar quem tenha baixas taxas de desconto, tanto quanto convencer os demais que ele tem uma baixa taxa de desconto.
>
> É óbvio que, se votar fosse lucrativo, tanto o cooperador quanto o egoísta votariam.
>
> Essa interpretação do "paradoxo da votação" difere do habitual apelo à motivação cívica ou à necessidade do eleitor de expressar seus pontos de vista.[73]

Por outro lado, há uma probabilidade π de que a coerção percebida se traduza por um voto contrário, e uma probabilidade $(1 - \pi)$ de que a inexistência dessa coerção (ou sua não-percepção) se traduza por um voto favorável à coalizão política majoritária. Se A_i, o "apoio ao governo", é identificado ao benefício líquido esperado, como já definido, então: $\pi_i(A_i)$, para $d\pi_i/dA_i > 0$ e $0 < \pi_i < 1$.

Pode-se ainda distinguir uma gradação no conjunto dos cidadãos-eleitores: o eleitorado primário, a faixa dos adeptos menos dedicados, o segmento independente ou flutuante, e oponentes inveterados (o eleitorado oposicionista). Essa diferenciação é tanto mais importante por possibilitar que a estratégia de partidos e políticos se defina em termos de uma atenção preferencial ao eleitorado e, logo, de uma escala de adesão ou propensão de longo prazo para apoiar o político ou partido.

Todavia, a questão da eficiência no mercado de votos está longe de ser uma questão analítica e empírica encerrada. Em verdade, podem-se identificar três variantes de análise:

- a hipótese da *ignorância racional* (Downs, 1957) — o eleitor é mal informado e, se de todo sentir-se estimulado a votar, não deverá utilizar muitos recursos ao informar-se sobre os candidatos na eleição;
- a eficiência no mercado de votos (1) — é limitado o uso estratégico de informação passada, ou antiga, nesse mercado. Primeiramente, pela ausência de qualquer mecanismo para que o eleitor possa apresentar algum comprometimento

---

[73] Ver quadro 1, atributo 3.

com credibilidade, quanto a seus votos futuros. Em segundo lugar, em decorrência da ambigüidade quanto a quem seja o agente efetivo de uma escolha política (o partido? O presidente da República? O legislador?);[74]

▸ a eficiência no mercado de votos (2) — o eleitor distingue entre efeitos permanentes e transitórios das políticas públicas, e são os efeitos permanentes que contam.[75] Igualmente, apenas as novas informações afetam a decisão do eleitor marginal, isto é, tal como o mercado de ações, o mercado de votos não tem "memória" (Wittman, 1995; Peltzman, 1990).[76]

Igualmente relevante para a questão da relação entre político e eleitor é o argumento da *expertise* não-transferível do eleitor (Sutter, 1998). Assim, por exemplo, detectar desperdício no orçamento da saúde pode requerer conhecimento a respeito de como opera o sistema nacional de saúde e de sua adequação, sob diferentes circunstâncias; ora, essa é uma *expertise* que não é rapidamente transferível para um outro tema de política, digamos, os subsídios agrícolas. Um complicador adicional é que uma mudança que ocorra nos resultados ou nos processos de uma política, e que o eleitor atribua à atuação dos políticos, requer a aquisição de nova *expertise* para monitorar essa política em sua nova dimensão.

Uma implicação relevante

Reunindo toda essa variada racionalidade dos participantes das escolhas públicas, percebe-se que a intervenção governamental viabiliza várias fontes de custos sociais, potenciais ou efetivos (McChesney, 1997):

---

[74] Pense o leitor no caso brasileiro dos anos 1990, com a hipertrofia do poder de legislar, no Executivo federal. Em que extensão o Congresso Nacional pode ser efetivamente responsabilizado por eventuais ônus que a política de estabilização econômica possa ter causado ao cidadão-eleitor nesse período? Afinal, essa política era operada em um ambiente institucional em que os legisladores detinham pouca autonomia perante as decisões dos burocratas do Executivo.

[75] O eleitor remunera o agente público apenas pelas melhorias permanentes em seu bem-estar. A valer essa racionalidade, não se sustenta o argumento do atendimento pré-eleitoral que o político promove junto ao eleitor.

[76] Pelo fato de que toda informação disponível para o eleitor, até a data da ocorrência de uma eleição, já terá sido utilizada, em sua decisão de voto, em t_1, isto é, já se fez "acerto de contas" entre o agente (o presidente da República e os legisladores) e o patrocinador (o eleitor); o próximo acerto envolverá apenas a informação obtida subseqüentemente a t_1. Ademais, a informação, que não possa plausivelmente ser relacionada à política pública, é desconsiderada pelo eleitor.

58 LIÇÕES DE ECONOMIA CONSTITUCIONAL BRASILEIRA

▸ na perda de parte do excedente do consumidor — a redução de bem-estar do consumidor de um bem ou serviço, em um mercado sob regulação, a qual advém do impacto de regulações sobre o poder de compra desse consumidor;

▸ no *rent seeking* — os ganhos promovidos pela intervenção governamental disparam um mecanismo em que os agentes privados (os de maior capacidade de organização e coordenação) investem recursos tão-somente para se habilitarem a esses benefícios. Tais "ganhos especiais" (*rents*) materializam-se por uma transferência de renda ou riqueza;

▸ nos custos de se adequar às exigências legais e administrativas impostas pela intervenção governamental — invariavelmente traduzidos por toda sorte de despesas que correm por conta do agente privado, instituídas na regulamentação do ato legal que define a intervenção na atividade econômica específica;

▸ na fuga de recursos para usos sociais menos valiosos, porém à margem da política regulatória, caracterizando freqüentemente um segmento da economia informal;

▸ no *rent extraction* — a proteção do capital privado em uma dada atividade econômica, com burocratas e políticos sendo persuadidos pelos detentores desse capital a não regular essa atividade.

Afinal, políticos e burocratas talvez não sejam mesmo simples corretores que se esmeram na redistribuição de renda e riqueza entre demandas privadas que competem entre si. Eles são agentes independentes que têm suas próprias demandas, às quais as demandas privadas respondem. Assim, podem obter ganhos (doações de campanhas, acolhimento no setor privado, em face de um revés político, entre outros), mesmo quando *se dispensam* de exercer seus direitos de impor regulações onerosas aos interesses privados, como indica o *rent extraction*, na tipologia de McChesney.

Regras do jogo[77]

O conjunto de regras tem a sua complexidade expressa por vários atributos (Schuck, 2000):

---

[77] A tipologia de Ostrom (1986) decompõe essas regras em: *regras de posição*, especificando a distribuição de papéis a serem desempenhados no jogo e o número de participantes em cada papel ou posição; *regras de delimitação*, que estabelecem os pré-requisitos para o desempenho desses papéis (ou a ocupação de posições), bem como as possibilidades de se trocar posições; *regras de amplitude*, que especificam os resultados (ganhos e perdas), e suas induções e riscos; *regras de autoridade*, que especificam o conjunto de ações próprias de cada papel ou posição; *regras de informação*, que definem os canais de comunicação entre os participantes, bem como conteúdos e formas dessa comunicação; *regras de alocação de resultados*, isto é, como os ganhos e as perdas são atribuídos aos participantes.

JORGE VIANNA MONTEIRO

- densidade — as regras são numerosas e abrangentes, de vez que buscam afetar amplo espectro de condutas dos agentes de decisão;
- tecnicidade — a crescente sintonia fina exigida pela regulação econômica torna a leitura, compreensão e aplicação das regras tarefa para especialistas;[78]
- diferenciação — esse é um atributo que se espalha em várias direções, simultaneamente. As fontes de legitimação das regras situam-se em níveis decisórios diversificados, demandando diferentes tipos de inteligência organizacional;
- indeterminação — esse é tanto um atributo das regras quanto de seus processos formais. Por variadas razões, as regras podem ser "flexíveis, multifatoradas e fluidas" (Schuck, 2000:4), levando ao paradoxo de que as próprias regras que visam reduzir a indeterminação da ordem institucional podem acabar por ampliá-la.

Desse modo, as regras do jogo são complexas e definem uma seqüência de contratos de abrangência e durabilidade diferenciadas, sendo a Constituição a moldura mais ampla e sustentável (quadro 6).

Quadro 6

Véu de ignorância e *design* constitucional

A imparcialidade que se atribui como desejável à decisão de regras constitucionais no jogo de políticas é habitualmente relacionada à incerteza decorrente do *véu* rawlsiano (Rawls, 1971; Buchanan e Tullock, 1962). Assim, na deliberação constitucional — empreendida *antes* de o jogo propriamente dito começar (*ex ante*) —, a incerteza quanto à situação em que se encontrará um determinado indivíduo, após uma seqüência de jogadas (*ex post*), fará com que sua racionalidade o leve a preferir regras constitucionais que sejam mais *equânimes* ou *justas*. Esse é um cenário analítico já rotulado de uma democracia não-discriminatória (Buchanan e Congleton, 1998).

Na fase seguinte a essas escolhas, ou nas deliberações pós-constitucionais, predominam os processos majoritários e o cabo-de-guerra movido pelos interesses individualistas. Tal é o caso da decisão em uma legislatura.

Enquanto o individualismo no *design* constitucional é restringido pela incerteza, a decisão política majoritária segue regras de votação (tais como aquelas que constam do Regimento Interno da Câmara dos Deputados e do Senado Federal), por condicionantes diretamente estabelecidas na Constituição (decisão bicameral, sistema de separação de poderes) e por outros arranjos constitucionais (não compete ao Congresso Nacional, mas ao presidente da República, dar partida no jogo orçamentário da União).

Continua

---

[78] Percebe-se nessa tendência a importância de se ter um Congresso que vá além de sua mera competência homologatória, quando mesmo essa capacidade é dissipada pelo fenômeno das MPs, como observado ao longo dos anos 1990 (Monteiro, 1997, 2002).

Todavia, as próprias regras da Constituição incorporam véus de ignorância (Vermeule, 2001:400).

Em decorrência, esses véus na Constituição poderiam ser considerados uma estratégia geral que promove decisões imparciais? Eles se aplicam uniformemente aos três poderes? A tendenciosidade da ação judicial no âmbito do STF, por exemplo, é, a princípio, neutralizada em razão da vitaliciedade do mandato dos juízes. Com isso, estaria dispensado o véu. Todavia, como lembra Vermeule (2001:401), nesse caso o presidente da República — que de todos os políticos é o que tem o seu mandato previamente restrito a um máximo de oito anos — deveria estar sujeito a inúmeros véus, especificados constitucionalmente. Porém, na verdade isso não ocorre. Relembro ao leitor a extensa prática legislativa da emissão de medidas provisórias ao longo da década de 1990 (cap. 3).

O preço de reduzir a tendenciosidade decisória pelo véu de ignorância vem, todavia, acompanhado da redução do conjunto de informações considerado pelo agente de decisão: há um *tradeoff* de informação e neutralidade decisória. Ou, dito de outro modo, a supressão de informação operaria de modo análogo à motivação imparcial do agente de decisão. Contudo, tal supressão pode ser excessiva, de modo a eliminar até mesmo a informação que leve a uma decisão eficiente, por exemplo. Haveria um comprometimento em adotar deliberadamente regras constitucionais que resultem em neutralidade, pagando-se, por isso, o custo da ineficiência.

Outra perspectiva, mais moderna, concentra a atenção nas conseqüências indiretas das regras constitucionais que atuem como véus de ignorância. A troca relevante não envolve informação por neutralidade, mas informação por motivação, uma vez que, ao suprimir informação ao tomador de decisão, esse tipo de véu pode igualmente comprometer o ímpeto de atuar e, assim, afetar a escala de atividade do agente público.

Esse condicionamento ramifica a estratégia constitucional em (Vermeule, 2001:408):[79]

▸ prospectividade — os agentes de decisão criam regras legais sem saber a identidade de quem irá infringi-las (o que, por certo, mina a formação de alianças de legisladores, de vez que se torna difícil identificar ganhadores e perdedores);

▸ generalidade — os agentes de decisão antecipam que a decisão que empreendem em t gera ocorrências positivas e negativas em t + 1, o que os impede de saber se a implementação da regra ajudará ou prejudicará sua facção (Buchanan e Congleton, 1998);

▸ durabilidade — as regras que tornam as decisões relativamente duráveis fazem com que os agentes dessa decisão antecipem que uma decisão tomada *hoje* governará ocorrências em um futuro longínquo, ocorrências cujos efeitos sobre os interesses futuros desses agentes são correntemente imprevisíveis. As regras devem levar em conta seus efeitos tanto de longo quanto de curto prazo. A inerente imprevisibilidade dos interesses de longo prazo leva a que os agentes não possam fazer melhor do que escolher imparcialmente;

▸ efetividade postergada — atrasar a data efetiva de uma regra que restringe o âmbito da vigência da aplicação futura de uma decisão ao longo prazo, ao invés do curto prazo, na expectativa de que os interesses de longo prazo dos agentes de decisão sejam inerentemente não-previsíveis. Ao confinar o alcance da decisão apenas ao período (após a data postergada) em que os interesses dos agentes são imprevisíveis, tenta-se igualmente assegurar a imparcialidade de suas escolhas.

---

[79] Ver também os critérios de Elster apresentados no cap. 2.

Com efeito, a sociedade beneficia-se de um dado conjunto de regras constitucionais, sob diversos aspectos:

- na promoção de sua ordem institucional de maior nível estável, que, por sua estabilidade, induz a previsibilidade do resultado da interação dos participantes das escolhas públicas. As estratégias ao longo dessa interação são essencialmente determinadas pelas preferências dos agentes quanto a resultados macroeconômicos (inflação, produto e emprego), dada a estrutura dessas escolhas;[80]
- o exercício da autoridade de governar encontra sua legitimidade, em última instância, no conjunto de regras e procedimentos preestabelecidos na Constituição. As dúvidas quanto ao exercício impróprio da autoridade de governar, por exemplo, são mais facilmente resolvidas diante de um quadro de regras e procedimentos amplamente reconhecidos e acatados;
- essa mesma autoridade de governar observa uma distribuição de tarefas, segundo o Poder Legislativo (políticos), Executivo (burocratas) e de revisão judicial (juízes), no jogo de políticas;[81]
- dadas as variadas preferências individuais dos participantes desse jogo, o grau de cooperação social que se estabelece é fundamentalmente definido pelo conjunto de regras que prevalece no jogo. Afinal, a Constituição é o *locus* em que se arbitra a extensão de perdas e ganhos que a sociedade aceita sancionar no processo político.

A durabilidade das regras constitucionais traduz-se pela maior dificuldade de serem alcançadas para alteração — o que pode ocorrer por emenda, interpretação do Judiciário e pelo próprio processo de sua implementação.[82] Entende-se que é através das duas primeiras formas que se darão as alterações de maior vulto. As variações permissíveis na fase de implementação de uma regra constitu-

---

[80] Seria caótico, por exemplo, ter a possibilidade de simultaneamente decidir quanto aos resultados e à estrutura, num padrão caso a caso.

[81] É precisamente sob esse aspecto que se pode perceber o impacto negativo da estratégia constitucional, em voga no Brasil desde 1993.

[82] As regras constitucionais estão associadas a um duplo processo (Whittington, 1999a): de *interpretação* — como um conjunto de restrições sujeitas a interpretação neutra e implementadas externamente pelos tribunais, qualificando a ação dos agentes públicos (legisladores, presidente da República e burocratas); de *construção* — tais regras também permeiam o processo político, guiando e restringindo esses agentes em sua atuação nas políticas públicas. Assim, a Constituição depende desses agentes, seja para formular os próprios mecanismos constitucionais, seja para implementá-los no futuro.

cional são, por definição, muito limitadas pela própria clareza e precisão dessa regra.[83]

A estabilidade que decorre da interação dos diversos conjuntos de regras que vigoram no jogo torna difícil perturbar o *status quo*, ainda que as preferências dos participantes do jogo possam se modificar. Percebe-se que o reverso dessa questão diz respeito à própria capacidade de resposta do processo político. Por outro lado, essa estabilidade das regras da Constituição[84] concorre para que elas viabilizem a coordenação das expectativas dos diferentes participantes, pois uma dada ordem constitucional (Ordeshook, 1992a):

- promove a coordenação das escolhas públicas em torno de um equilíbrio;
- é do agrado de uma parcela "suficientemente grande" da sociedade, de modo que não seja pressionada por coalizões majoritárias contrárias que venham a se formar.

De todo modo, a falta de instituições claras e firmes inviabiliza que a autoridade exercida pelo governo seja confiável, consistente, uniforme, previsível e duradoura.

As instituições representativas definem especialmente os limites dentro dos quais a sociedade aceita que o governo atue, estabelecendo o nível de coerção que se refletirá nas políticas públicas. Para tanto, não se entende ser suficiente a ocorrência freqüente de eleições,[85] dando a oportunidade de remover o governante (ou a coalizão no poder) que, por suas ações, exceda àqueles limites. Mesmo porque, no interregno eleitoral, o cidadão correria o risco de conviver com um nível de coerção impróprio.

---

[83] No caso brasileiro, no entanto, a imprecisão e transitoriedade desse tipo de regra tornam essa terceira via muito mais freqüente do que se pressupõe no modelo de governo representativo.

[84] É curioso notar que a força da coalizão em oposição a um projeto de lei deve ser maior do que a que se opõe a uma proposta de emenda constitucional (PEC). De fato, na medida em que se exige 3/5 de votos (art. 60, III, §2º.) para aprovar uma PEC — e metade mais um, para aprovar um projeto de lei —, a coalizão contrária deve arregimentar pouco mais de 2/5 de votos negativos em uma das casas do Congresso, para bloqueá-la. Comparativamente, no caso do projeto de lei — de lado, o veto do presidente da República —, o bloqueio exigirá uma arregimentação mais sólida: pouco mais de 50%. Observe o leitor que esse é um dado relevante no cálculo de estratégias dos grupos de interesses especiais, ao optarem pelo atendimento a suas demandas na forma de PEC ou de projeto de lei. É certo, porém, que as quatro votações requeridas para a aprovação de uma PEC podem impor um custo substancial à aprovação dessa proposta, tornando a obtenção do benefício, na forma de um projeto de lei, mais barata.

[85] Mesmo porque os representantes eleitos (por exemplo, a legislatura) dificilmente serão um substituto perfeito do próprio conjunto dos cidadãos. Uma boa ilustração dessa dificuldade é tratada nos jogos de barganha, que se apresentam com múltiplos equilíbrios ou soluções, em decorrência da variedade de coalizões que podem ser formadas na legislatura, de modo a impedir que certas opções obtenham uma maioria de votos.

Assim sendo, o fracionamento da autoridade governamental é um reforço nessa proteção. O governo é exercido na interação de Executivo, legislatura, e Judiciário. São esses os poderes constitucionais que têm a caracterização autônoma de suas funções, exercidas, porém, sob incentivos a que cada qual opte por estratégias cooperativas. Tal é a essência do sistema de separação de poderes.

Um tal sistema define *pontos de veto* na formulação das escolhas públicas. Em verdade, o que esse sistema promove é a imposição da concordância de instâncias adicionais, para que possa ocorrer a mudança no *status quo*, garantindo maior estabilidade às políticas públicas.[86]

Outra importante decorrência do sistema de separação de poderes é que ele potencialmente promove o bem-estar social, na medida em que viabiliza maior informação para o cidadão, relativamente às escolhas públicas. Um exemplo abstrato, muito simples, serve para ilustrar essa propriedade. Para tanto, o nível de bem-estar do cidadão é aproximado pelo nível de seu consumo, a partir da transformação de recursos orçamentários em bens públicos que lhe são providos na quantidade c. A produtividade com que isso ocorre é dada por um parâmetro α. Seja x a quantidade de recursos que é apropriada pelo Executivo, e y(x), a quantidade que é apropriada pela legislatura. Assim, pode-se estabelecer que:

$$c = \alpha [1 - x - y(x)] \qquad (9)$$

Há certas características institucionais nesse jogo: em um primeiro momento, o anúncio da proposta (x) feito pelo Executivo — o controlador da agenda orçamentária — inicia um debate público no qual a legislatura empreende sua avaliação da proposta apresentada, especialmente em termos de suas implicações de políticas; segue-se um processo em que a legislatura oferece a emenda y(x) à proposta (x), e o Executivo apresenta sua contraproposta, e assim sucessivamente, até que o processo apresente uma convergência para um determinado nível do orçamento, $[x^o, y^o(x)]$, e seu correspondente perfil de políticas públicas.

Nesse ambiente institucional, os eleitores podem inferir o nível de seu bem-estar a partir das informações geradas pela dinâmica da separação de poderes, assim como quem é o responsável pelas alternativas propostas e a proposta que irá, enfim, vigorar, com suas conseqüências em termos de resultados de política.

Algo similar à separação de poderes ocorre com outro arranjo institucional: o bicameralismo.

Em comparação com o arranjo unicameral, o bicameralismo tem a virtude de poder tornar-se um efetivo ônus (ponto de veto) no atendimento de pleitos estritamente

---

[86] Por certo que, através da formação de coalizões e do próprio arranjo partidário, o controle exercido sobre a agenda das escolhas públicas pode tornar-se mais centralizado, neutralizando em parte as virtudes da ampliação do número de pontos de veto.

minoritários nas barganhas legislativas. Tal atributo será tanto mais verdadeiro quanto mais diferenciada[87] for a base da representação política numa e noutra casa legislativa.

Sabe-se que nos processos de escolha estritamente majoritários há uma inerente tendenciosidade à instabilidade: uma vez que uma proposta de política tenha sido votada ou escolhida, em geral haverá uma maioria de votos que prefere algo diferente, e portanto vota-se para substituir a escolha anterior (*status quo*, ou ponto de reversão) por outro resultado. No começo dos anos 1980, esse foi um candente tema de discussão entre os cientistas sociais, quando o professor Gordon Tullock indagava no título de um de seus famosos e instigadores artigos: por que tanta estabilidade? Afinal, os processos majoritários do mundo real não revelam essa irrecorrível instabilidade (Shepsle e Bonchek, 1997).

Percebeu-se então que a estabilidade de uma dada política poderia ser *fabricada* ou *induzida* institucionalmente, a partir da suposição de que algumas dessas alternativas vencedoras possam ser bloqueadas, isto é, deixadas de fora da agenda. Esse é, por exemplo, o caso de uma legislatura que tem seu processo decisório não mais centrado na escolha majoritária de seus N membros, mas, ao contrário, passa a ser composto por duas etapas: primeiramente, uma comissão de n < N membros tem a incumbência de construir a agenda de votação e, portanto, tem o poder de veto sobre as propostas preferidas por certas coalizões majoritárias. Em seguida, o plenário de N membros vota, também por regra de maioria, tendo em conta a agenda assim construída. Desse modo, a escolha majoritária redundará em um equilíbrio induzido pela estrutura (equilíbrio Shepsle).[88]

---

[87] Ou tanto mais diferenciadas sejam as preferências do legislador típico, em cada uma das duas casas.

[88] Um jogo orçamentário simples fornece um exemplo de equilíbrio induzido pela estrutura (EIE). A situação orçamentária vigente é definida pelo orçamento público x_o, o *status quo*. Suponha-se que vigore nesse jogo uma regra que atribua a algum subgrupo de legisladores — a Comissão de Orçamento — o poder de monopólio sobre a agenda de votação, ou seja, somente tal subgrupo pode propor alterações ao *status quo* orçamentário, x_o. Uma vez que a comissão tenha feito uma proposta, passa-se à votação no plenário da legislatura ("abre-se o portão"), caso contrário, o jogo não alcança a fase de votação no plenário ("fecha-se o portão"). Desse modo, x_o é um EIE, na medida em que, embora haja propostas alternativas a x_o e que atendam aos interesses de coalizões majoritárias no plenário dessa legislatura, x^S, por exemplo, essas opções não podem ser trazidas à votação, de vez que seus mentores não detêm o controle da formação da agenda na legislatura, isto é, não detêm o controle da decisão na comissão. É uma estrutura decisória com tal configuração que *induz* x_o, como equilíbrio nessa escolha majoritária. Ou, mais formalmente: se $V(x_o)$ é o conjunto de propostas que derrotam x_o por uma maioria de votos (o conjunto-vencedor de x_o); sendo $x^S \in V(x_o)$, e $P_S(x_o)$, o conjunto de pontos preferidos a x_o por uma coalizão majoritária S, com $x^S \in P_S(x_o)$; então x_o é dito invulnerável, ou um EIE, se e somente se $\{V(x_o) \cap P_S(x_o)\} = \varnothing$, para todo S. Vale dizer, embora haja pontos preferíveis a x_o, tais como x^S, eles não podem ser propostos, dadas as regras desse jogo. Para ganhar proficiência nesse nível de tratamento das escolhas públicas, ver Shepsle e Bonchek (1997) e Hinich e Munger (1997).

Outra vez, o arranjo decisório bicameral também pode apresentar esse efeito estabilizador para as escolhas legislativas, na medida em que ele impõe restrições adicionais à decisão na legislatura: afinal, contentar simultaneamente uma maioria em cada uma das casas legislativas (*maioria conjunta*) é mais restritivo do que obter [(N/2) + 1] de apoio na decisão unicameral.

De todo modo, o valor presente de uma política pública será tanto mais elevado quanto mais tempo se espera que ela permaneça em vigor. Pelo lado da oferta (políticos) e da demanda (grupos de interesses), há o incentivo a optar por regras e procedimentos que tornem a legislação durável, uma vez ela seja implementada.

2 Ambiente institucional

Um poder que cresce e cresce

Ao final dos anos 1990, a voracidade e o caos[89] promovidos pelo governo na área tributária ficam obscurecidos pelo enorme esforço de marketing político com que habitualmente se pretende reverter a sorte da conjuntura econômica.[90] Porém, o governo vai mais longe: em 1999, converte uma construção constitucional (art. 165), o Plano Plurianual (PPA) e a Lei Orçamentária, em um biombo que pretende tornar politicamente barata mais uma consolidação de aumento de impostos, a saber:

- prorrogação por mais três anos (MP nº 1.858-8, de 27 de agosto de 1999) dos 4% adicionais na alíquota da Contribuição Social sobre o Lucro Líquido (CSLL), que vigoraria somente até o final de 1999;
- aumento de 2 para 3% na alíquota da Contribuição para o Financiamento da Seguridade Social (Cofins) — a princípio, compensável no recolhimento da CSLL;

---

[89] Tomo esses termos por empréstimo a Mashaw (1999).

[90] Nessas ocasiões, retorna à cena o fraco argumento dos bons *fundamentos* que dariam sustentação à economia nacional. Todavia, que fundamentos são esses que são contemporâneos de tanta e tão permanente taxa de desemprego da mão-de-obra, tão reduzida taxa de poupança nacional, tanta aposta na subida do dólar e tão elevadas taxas de juros? Também ressurge no altar da admiração dos economistas nacionais a experiência de outras economias, como os "Tigres asiáticos". O prazo da recuperação das economias de Indonésia, Tailândia, Malásia e Coréia do Sul, entre outras, após os surtos de crise do final dos anos de 1990, passa a ser usado como padrão das expectativas quanto aos rumos da economia brasileira. Em 1999, é nisso em que se apóia a versão de que, decorridos cerca de nove meses da adoção do câmbio flutuante, ocorrerá uma reversão na conjuntura, com a retomada do crescimento das exportações e com o complemento de volumosos gastos em infra-estrutura.

68   LIÇÕES DE ECONOMIA CONSTITUCIONAL BRASILEIRA

- aumento para 0,38% na alíquota do IOF;
- prorrogação do adicional de 10% na alíquota de imposto de renda incidente sobre rendimentos de pessoa física superiores a R$1.800, que também expiraria ao final de 1999.

Em paralelo, o secretário da Receita Federal propõe a aprovação do imposto de renda *mínimo* para as empresas; lança-se o balão-de-ensaio de um imposto sobre combustíveis (como alternativa à elevação de preços dos derivados do petróleo); e insiste-se em renovar a vigência do Fundo de Estabilização Fiscal (FEF), pelo qual o produto de toda essa capacidade impositiva da União pode ser operado, em boa margem, no melhor julgamento dos burocratas, sem a anuência dos legisladores.

As discussões sobre impostos podem ser alocadas em duas categorias: a que se ocupa com a maximização das receitas governamentais, e que é típica nas manifestações do secretário da Receita Federal; e a vertente que integra a tributação a conceitos mais amplos de bem-estar. A tributação não é um fim em si mesmo, mas um meio pelo qual se procura viabilizar a oferta de certos bens e serviços.

Todavia, há que reconhecer, em ambos os casos, o fenômeno do *rent extraction* (McChesney, 1997), ou seja, a não-passividade do contribuinte e mesmo a sua demanda para evitar o imposto. O reflexo disso é igualmente relevante: a não-passividade dos políticos diante da política tributária.[91]

Políticos e burocratas atuam no jogo de políticas, como qualquer agente privado — tentando maximizar seus respectivos interesses. Percebe-se que o imposto (que é um preço) não é propriamente estabelecido em sintonia com o custo da provisão de bens e serviços, mas segundo peculiaridades do processo político.[92] Criam-se benefícios baratos para certos segmentos sociais, para em seguida torná-los cativos desse atendimento, facilitando assim a sustentação da carga fiscal ampliada (McChesney, 1997).[93]

---

[91] Por que, por exemplo, repetidamente tem sido reprovada a idéia da criação de um imposto sobre grandes fortunas? (Monteiro, 2003a.) Uma vez entendidas a importância de ameaças com credibilidade e a habilidade de grupos de indivíduos em "comprar de volta" certos direitos, isso fica mais claro. Esse é o tipo de legislação que traz perdas potenciais a certos setores da economia, de modo que — uma vez feitas as devidas contribuições a campanhas eleitorais — tais propostas acabam arquivadas (Hill, 1998).

[92] Para concepções alternativas de imposto, ver "O significado de uma reforma", neste capítulo.

[93] O argumento do presidente da República (31 de agosto de 1999) de que "o Orçamento [na versão do ano 2000] dirá ao país o que será e o que não será feito com o tributo do contribuinte que vai, sim, pagar imposto, mas vai saber onde está sendo aplicado esse imposto, programa por programa" deve ser entendido nessa perspectiva de análise. Também é simplista pensar que a ira de certas lideranças no Congresso Nacional quanto à consolidação tributária seja alimentada por uma genuína atenção para com o interesse geral. Mesmo porque "o único imposto bom é um imposto impossível" (Ramseyer, 1993).

Outra extensão da questão tributária decorre dos *processos* que secundam todas essas novas propostas e sinalizam com a manutenção de uma elevada dissipação das instituições representativas. A economia pública, em suas diversas jurisdições, retém em 1999 cerca de 32% do PIB, por conta de sua capacidade tributária. Porém, esse fenômeno é substancialmente mais alarmante quando visto na perspectiva de como ocorrem as escolhas públicas. A elevada carga tributária pode ter implicações ainda mais graves, do ponto de vista do bem-estar social, quando considerada na perspectiva de seus processos. Devemos, pois, retornar à questão constitucional.

A reforma econômica empreendida sob o Plano Real é mais do que um esforço de estabilização de preços. Em verdade, trata-se de uma ampla mudança que, inicialmente, parecia ser uma coleção aleatória de instituições, mas que acabou por assumir o perfil de um novo sistema político e constitucional.[94] Ao final de 1999, com a economia nacional recuperando sua melhor condição, com a volta a padrões mais sustentados de ganhos, em relação à taxa de inflação, às contas externas e às contas públicas, mais do que nunca o debate constitucional é deslocado para uma posição secundária: se parecia algo importante na crise, muito menos urgente parece quando os indicadores de desempenho voltam a apontar na direção desejada. Mesmo que ocasionalmente parte de alguma reforma venha a votação no Congresso, não se evidencia qualquer preocupação sistemática com o *todo* da nossa ordem social emoldurada pela Constituição. A estratégia constitucional dominante persiste em se concentrar em:

▸ tentar alterar *porções* de regras constitucionais, invariavelmente como decorrência de necessidades derivadas da implementação da política de estabilização econômica. A motivação mais freqüente, sem dúvida, tem sido o saneamento das contas públicas;

▸ promover acertos que encontram significado em necessidades pressentidas pela coalizão no poder. Desse modo, não se evidencia um esforço para que as alterações sejam amplamente debatidas com a sociedade, nem para assegurar que, qualquer que seja o resultado de uma eleição presidencial, a nova configuração constitucional se manterá estável;[95]

---

[94] Essa trajetória de mudança teria paralelo com a *onda* de transformação universal observada na década de 1990: da passagem das economias de comando e controle para a regulação de mercados, dos dramáticos casos da Europa oriental e África do Sul, às conseqüências associadas à globalização da ordem econômica.

[95] Uma evidência quanto a isso é a despreocupação, observada desde 1990, quanto à sistemática degradação do Congresso, instância na qual as alterações constitucionais são validadas. A perda de credibilidade dessa instância acaba por contaminar o processo legislativo e toda a sua produção, inclusive a de novas regras constitucionais.

70 LIÇÕES DE ECONOMIA CONSTITUCIONAL BRASILEIRA

▸ não fazer qualquer gradação entre classes de mudanças, isto é, o texto constitucional é nivelado pelo bloco de regras menos essenciais e, portanto, que demandariam menor resistência da sociedade, no caso de sua alteração ou mesmo eliminação.[96]

Com efeito, tornou-se tão trivial a associação da política econômica à mudança constitucional que a sociedade acabou perdendo a referência da Constituição como um mecanismo de pré-comprometimento: uma vez que os indivíduos possam ser levados a tomar decisões que, no futuro, sejam inconsistentes com seu auto-interesse de longo prazo, eles optam por evitar que tal ocorra, limitando suas escolhas futuras (Boudreaux e Pritchard, 1993).[97] Ao não fortalecer o atributo de ser sustentável a longo prazo, o recorrente esforço de emendar a Constituição — mesmo que apoiado em razões de natureza técnico-econômica — traz o seu próprio antídoto, pervertendo a durabilidade da mudança projetada.

Em que sentido uma Constituição reforça o seu inerente conteúdo de comprometimento social? Provavelmente, essa é a questão mais fundamental a ser respondida, de modo a que os ganhos obtidos com o combate à inflação não venham a ser dissipados pela vigência de uma ordem institucional de tanta imprecisão.

São critérios (Elster, 1979) que definem esse comprometimento:[98]

▸ a durabilidade constitucional induz a que as maiorias coloquem determinadas ações efetivamente além de seu alcance.

A auto-restrição deve ser tal que empreender uma dada decisão em t_1 aumenta a probabilidade de que se vá empreender uma outra decisão em t_2. Basta que o leitor acompanhe a trajetória do FSE (Fundo Social de Emergência, 1993-95), que se transformou em FEF (Fundo de Estabilização Fiscal, 1996-99) e em DRU (Desvinculação dos Recursos da União),[99] para entender a fugacidade dessa provisão constitucional em seu horizonte de validade e propósito fundamental;

---

[96] Ver mais adiante os conceitos de Constituição "fina" e "cheia".

[97] A imagem sempre lembrada (Elster, 1979) para ilustrar a efetividade de um pré-comprometimento é a de Ulisses fazendo-se atar ao mastro de sua embarcação, a demonstrar sua resolução em não permitir que seu barco seja destroçado nos rochedos por entregar-se à tentação de ouvir o canto das sereias.

[98] Ver a tipologia de Vermeule no cap. 1, quadro 6.

[99] Ver Rezende e Cunha (2002:74-5).

- se a regra no tempo inicial, t_1, tem o efeito de induzir uma mudança no conjunto de opções que estará disponível num período mais à frente, t_2, então isso não conta como auto-restrição, caso o novo conjunto viável venha a incluir o anterior.

  Uma variedade desses comprometimentos define limites ao exercício do poder de governar. No entanto, tem sido possível expandir tais limites, segundo caminhos bastante sutis, tal como a opção por viciar a tramitação legislativa de uma proposta de emenda constitucional, como ocorre em 1999 com a reforma previdenciária, em que o resultado da votação na Câmara dos Deputados é preterido, reiniciando-se a tramitação da PEC a partir do Senado Federal. Desse modo, o significado da Constituição fica abalado em seu âmago: as regras ficam subjugadas aos resultados desejados;[100]

- o efeito de o governo tomar uma decisão em t_1 deve ser o de estabelecer um processo causal que repercuta *fora* do governo.

  Um Judiciário independente, por exemplo, atua como esse mecanismo externo de observância dos comprometimentos da coalizão majoritária. Com esse poder de interpretação ficando a cargo de um grupo de agentes, com mandato vitalício e ambientado em um atuante sistema de separação de poderes, a coalizão majoritária coloca os comprometimentos além de sua habilidade de renegá-los (Landes e Posner, 1975);[101]

- a resistência que se ofereça a empreender uma decisão em t_1 deve ser menor do que a resistência que seria oferecida a essa decisão em t_2, caso não tivesse ocorrido a decisão em t_1.

  Essa é a celebrada caracterização do "véu de ignorância" (Rawls, 1971):[102] o grau de reduzida transparência que prevalece na determinação das eventuais posições futuras dos agentes majoritários, sob uma dada regra acordada. Se for viável predizer quem irá ganhar ou perder — ou a extensão de ganhos e perdas —, a resistência à implementação do comprometimento em t_1 será pelo menos tão grande quanto em t_2;[103]

---

[100] Em 2003, o mesmo procedimento é acionado, relativamente à proposta de emenda da reforma tributária. Ver "(Des)constitucionalização da política econômica", no cap. 7.

[101] A freqüente reação negativa do Executivo e de lideranças no Congresso a decisões judiciais adversas aos interesses majoritários indica quão precária é a percepção desse atributo constitucional.

[102] Ver cap. 1, quadro 6.

[103] Nesse sentido, a emenda da reeleição presidencial aprovada em meados de 1997 é um contra-exemplo perturbador em nossa democracia representativa. Igualmente constrangedora é a tramitação das reformas previdenciária, em 1999, e tributária, em 2003, antes referidas.

72   LIÇÕES DE ECONOMIA CONSTITUCIONAL BRASILEIRA

▸ é necessário que a Constituição seja um pré-comprometimento de uma conduta. Ao longo dos anos 1990, nenhum mecanismo constitucional caracteriza melhor a incerta fronteira entre omissão e comissão quanto o art.62, que define as regras de emissão de medidas provisórias. A emissão de uma MP tanto pode sinalizar o apego a uma dada ordem legal quanto a transitoriedade dessa mesma ordem que, ao final, foi sendo reconstruída ao sabor dos interesses e preferências dos burocratas.[104] O mecanismo básico de emenda (art. 60) pode, assim, ser amplamente condicionado ou mesmo desativado.

Uma nova ordem constitucional

Um arranjo constitucional é formado de instituições e comportamentos. A dissipação constitucional observada no Brasil promove induções que se manifestam nos vários níveis de delegação, consolidando, por seu turno, novas instituições e novos comportamentos dos agentes de decisão. A dissipação aqui relatada pode, pois, não ter produzido diretamente a nova ordem constitucional, mas ter criado condições sob as quais essa nova ordem se sustenta. No centro dessa ordem está um sistema de separação de poderes virtualmente desativado, em razão do freqüente e intenso recurso à emissão de MPs, o que transfere poder de decisão nas escolhas públicas dos legisladores para os burocratas do Executivo; um bicameralismo atenuado em suas virtudes de promover um melhor atendimento ao interesse geral; e um arranjo federativo que retira autonomia decisória das jurisdições estadual e municipal.[105]

Uma ordem constitucional engloba tanto o conjunto de instituições pelas quais a sociedade toma suas decisões mais fundamentais, por um período razoavelmente longo, quanto os princípios e processos que orientam tais decisões (Tushnet, 1999a). Uma transformação constitucional ocorre em períodos discretos, como se deu em 1987/88 (por substituição, com os trabalhos da Assembléia Nacional Constituinte) e entre o final de 1993 e o começo de 1994 (por revisão), ou por emendas (como tem ocorrido freqüentemente, desde o final de 1995). Mas esses são caminhos que se apresentam sob diferentes graus de complexidade: por um lado, há o "caminho das pedras" das regras de aprovação de emendas; por outro, a interpretação judicial do texto da Constituição.

A nova ordem constitucional ocorre, ainda que não se observe um realinhamento mais definitivo de eleitores e partidos políticos. Sua dimensão mais significativa tem sido a ampliação do poder discricionário do governo.

---

[104] Ver cap. 3.

[105] Esses são temas que estão especialmente presentes na trajetória da reforma do sistema tributário (PEC nº 41-03) em 2003 (Monteiro, 2003b).

Essa percepção tem por contrapartida:

▸ o entendimento de como se alterou a autoridade de governar. Por exemplo, a interação de Executivo e Legislativo, sobretudo na produção de leis.

Uma característica dessa nova ordem é o *triângulo de ferro* em que grupos de interesses especiais, burocratas das áreas cobertas por esses interesses, e o bloco governista no Congresso definem o conjunto de políticas nessas áreas, sem que qualquer outra instância exerça controle significativo sobre as decisões que daí resultem;[106]

▸ o aprimoramento da capacidade de antecipar futuros desenvolvimentos constitucionais, especialmente as estratégias de consolidação de tão concentrado poder de governar, com a menor ou maior aquiescência do Congresso e do Supremo Tribunal Federal — instâncias que, por variadas razões, acabam por ceder poder de decisão ao Executivo.[107]

Sob essa nova ordem, a aspiração de alcançar a justiça social diretamente, por meio da lei, cede lugar à via administrativa, em que a ação do legislador é transferida à responsabilidade individual e aos processos de mercado (Tushnet, 1999a). Vale dizer, a interação do Executivo com o Legislativo acaba por produzir uma classe de governo que minimiza a promoção da justiça social, entre outros objetivos fundamentais (art. 3º da Constituição).

São substancialmente flexíveis as possibilidades e os limites em que se exerce o poder presidencial. E tal regime se inicia com a atuação do próprio presidente da República, que tanto articula os princípios da nova ordem quanto dá partida aos processos de transformação institucional que, em última instância, produzem um regime constitucional diferente (Skowronek, 1997). A extensão do mandato eletivo para oito anos oferece ao presidente da República a possibilidade de consolidar, ele próprio, o novo regime. Ademais, se por todo esse tempo foi possível ao presidente da República persistir em suas iniciativas de mudança — e tê-las endossadas, seja pela oposição, seja por segmentos menos dedicados de sua própria base de sustentação no Congresso —, "pode-se concluir que a nova ordem constitucional criou raízes" (Tushnet, 1999b:38).

---

[106] Eventualmente, a base de apoio ao governo pode ser muito útil, por omissão: quando aceita não oferecer *quorum* para que uma MP referente a uma dada política seja trazida a voto e convertida em lei, por exemplo.

[107] "Chegamos a um ponto em que o Congresso [Nacional] não afeta a vida de ninguém, de modo que o consideramos como entretenimento." Embora atribuída a Jay Leno — popular animador de *talk show* na TV americana —, a observação não é estranha ao caso brasileiro.

74 LIÇÕES DE ECONOMIA CONSTITUCIONAL BRASILEIRA

Todavia, não se pode ignorar as seqüelas que acompanham a nova ordem. Toda a inovação do Plano Real consolidou a política centralizada no governo, muito mais do que no eleitorado (Milkis, 1999) — um ambiente institucional em que os grupos de interesses especiais são induzidos a reorientar seus esforços na direção dos burocratas. O reverso dessa ocorrência é que a formulação de políticas passa a ocorrer à margem do processo político regular.

Constituição cheia e fina

Nessa esfera de considerações, uma distinção relevante é a que se pode estabelecer entre Constituição *cheia e fina* (Tushnet, 1999a):

▸ a Constituição cheia contém provisões detalhadas que descrevem como o governo é organizado, como se espera que sejam desempenhados os "deveres do ofício". Por exemplo, boa parte dos artigos modificados pela EC nº 19 (4 de junho de 1998) tem essa característica. Mesmo que justificadamente constitucionais, algumas dessas regras acabam por *engordar* a Constituição. Pela clareza de seu texto e obviedade de seus propósitos, essas são regras indiscutíveis. Não há preocupação em argüí-las como ilegais; ou talvez elas possam ser observadas sem que diretamente as cumpramos ou violemos. O clamor público quanto a infringir tais regras e provisões é restrito, se não inexistente;

▸ já a Constituição fina predispõe o cidadão a se envolver na questão constitucional de um modo incomparavelmente mais engajado — *dispusesse ele da informação necessária*. Aqui se localizam as proteções dos direitos verdadeiramente fundamentais do cidadão em uma democracia constitucional; portanto, é sobre essas regras que paira a supremacia judicial.

Todavia, o elevado grau de desinformação com que se processa a mudança constitucional no Brasil faz com que nem o cidadão se sinta induzido a prestar atenção ao sentido mais essencial dessa mudança, nem o espaço em que se pode dar a atuação do Supremo Tribunal Federal fique bem definido.[108] É uma ordem institucional difusa. Deliberadamente difusa, de vez que a pouca transparência das regras do jogo atribui um prêmio àqueles que conseguem perceber as escolhas públicas como um todo e, assim, operá-las em vantagem própria.

O caso mais notório da Constituição fina é aquele que define a extensão e intensidade dos poderes do governo. Em passado recente, seguidas incursões bem-

---

[108] Considere o leitor a situação juridicamente anômala que ronda o art. 62 — em que se define a essência do mecanismo das MPs — substancialmente por toda a década de 1990. Ver cap. 3.

sucedidas têm sido empreendidas por diferentes administrações públicas, especialmente a partir de 1990, de modo a aumentar e consolidar o poder de governar. Pelo fato de se nivelar a mudança na parte fina, pelos propósitos e argumentos com que se promovem mudanças na parte cheia da Constituição, a sociedade tem aceitado, entre outras:

- a ampliação do poder discricionário dos burocratas, sobretudo nas dimensões orçamentária (redução da vinculação de recursos tributários da União) e da capacidade autônoma de legislar;
- as seguidas mudanças na legislação tributária, com destaque para a estratégia adotada no aumento provisório de alíquotas e na criação de novas formas de contribuição, para depois tê-las prorrogadas ou mesmo tornadas definitivas;
- a duração do mandato eletivo presidencial — como ocorrido com a aprovação da EC nº 16 (5 de junho de 1997) — em que o incumbente passa a deter substanciais vantagens estratégicas em relação a seus competidores, virtualmente assegurando-se da vitória eleitoral;
- a margem de manobra para empreender a mudança constitucional tem levado a incursões que vão desde a alteração de regras e procedimentos dos regimentos internos da Câmara dos Deputados e do Senado Federal, até a neutralização do bicameralismo, como determinante do custo de transação, na aprovação de propostas de emenda.[109]

Afrouxando os comprometimentos

Dois exemplos sugerem quão educados devem ser os olhos dos que acompanham a trajetória da economia política brasileira, de modo que se perceba a fronteira da autoridade de governar:

- a autonomia orçamentária definida na seqüência FES-FEF-DRU possibilitará aos burocratas despender entre R$40 milhões e R$45 bilhões no Orçamento da União de 2000, *segundo suas próprias preferências e prioridades*.

Tal padrão de mudança combina recorrência na alteração de um mecanismo constitucional e reforço de poder discricionário. Ademais, dadas as circunstâncias em que habitualmente transcorrem as votações no Congresso, trata-se de mais um vício típico das PECs: a elas aparece associado um relaxamento na triagem de verbas agenciadas por deputados e senadores, até o ponto em que se

---

[109] A trajetória da proposta de reforma da Previdência Social, em 1999, apresenta um *bypass* do ponto de veto, representado pela maioria de 3/5 na Câmara, mediante o reinício do processo de decisão legislativa a partir do Senado. Para um caso análogo, ver "(Des)constitucionalização da política econômica", no cap. 7.

LIÇÕES DE ECONOMIA CONSTITUCIONAL BRASILEIRA

torna possível obter o apoio de 3/5 dos legisladores ao texto patrocinado pelo governo, não obstante o permanente argumento da necessidade de se perseverar no ajuste fiscal;

▸ a ênfase com que os presidentes das duas casas legislativas, no começo de 2000, passam a tratar a necessidade de ter reativado o sistema de separação de poderes acaba sendo atenuada e, afinal, deixada de lado.

Uma boa ilustração dessa ocorrência é a tramitação da PEC nº 472-97[110] sobre o alcance da emissão de MPs. No começo de 2000, chega-se a mais um ponto de inflexão no tratamento do tema, em face da resistência que o Executivo oferece a qualquer perda de autonomia decisória — o que era amplamente previsível, de vez que as sinalizações emitidas eram *irrelevantes em termos de ganhos* para ambos os lados.[111] O art. 62 torna-se alvo de uma proposta de emenda que, em si mesma, não teria conseqüências significativas. O resultado final poderia ser até mais complacente com a autonomia legislativa do Executivo, com o sacrifício da restrição dada pelo art. 246, ele próprio criado pelas ECs nºs 6 e 7, ambas aprovadas em 1995.[112]

A tabela 1 dá indicações quanto à relevância desse processo em que os comprometimentos vão sendo apresentados e renegados.

Tabela 1
Emissão mensal de MPs pela quantidade média de leis* produzidas pelo Congresso Nacional (L) nos últimos 12 meses terminados em:

	Ago. 1999	Set. 1999	Out. 1999	Nov. 1999	Dez. 1999	Jan. 2000
Valor médio	9,8	9,2	8,4	8,1	7,1	6,9
Amplitude**	3,0	3,0	2,7	1,6	1,1	1,2

* Excluídas as leis convertidas a partir de MPs.
** Diferença entre o valor máximo e o valor mínimo de MPs/L.

Essa é a fronteira entre o gerencialmente produtivo e o institucionalmente desastroso. Afinal, o governo é formado por pessoas; uma vez lhes sejam dadas

---

[110] Base da futura EC nº 32, de 11 de setembro de 2001, que enfim restringiria a emissão de MPs.

[111] O que no jargão de jogos é referido como *cheap talk*.

[112] Por essas emendas, ficou fora do alcance dos burocratas legislar por MP sobre matéria já tratada por EC. A eventual reversão dos termos do art. 246 — o que se deu com a EC nº 32 — contribui para retirar um pouco mais de credibilidade às regras constitucionais.

"armas", o que as impede de agir contrariamente aos interesses dos cidadãos? (Posner, 2000b) Entre outras armas, destacam-se:

▸ a capacidade de construir uma ordem legal que se apóia nas escolhas individuais da alta gerência econômica do Executivo, em detrimento das decisões coletivas da legislatura;
▸ a autonomia das escolhas orçamentárias, a partir da não-vinculação (DRU) de 20% de parte da receita pública federal;
▸ a manutenção de uma referência constitucional difusa, sempre sujeita a reinterpretações, seja diretamente pela vulgarização da passagem de uma PEC (art. 60 da Constituição), seja indiretamente com o auxílio da imensa folga decisória que a ordem legal em vigor traz à implementação de regras constitucionais;
▸ uma vez que a extensão do mando foi obtida sob o regime de vigência imediata, nada invalida tentativas de sua manutenção ou cancelamento, em atenção às circunstâncias políticas futuras.[113]

"Regras são para serem mantidas"[114]

A trajetória da economia política brasileira desde os anos 1990 até meados de 2001 indica que nada é para sempre. Com a Constituição operando em *escala móvel*, não seria pertinente falar em estabilidade de regras. Afinal, as regras constitucionais desembrulham-se em uma variedade de regras subsidiárias, de menor cobertura. Com a alta incidência de alterações na Constituição, a própria cobertura de leis, MPs, decretos e resoluções, entre outros, torna-se igualmente transitória. Todavia, os desdobramentos de uma ordem institucional tão volátil são bem mais complexos do que em geral se antecipa.

Tome-se a conclusão da convocação extraordinária (14 de fevereiro de 2000) do Congresso Nacional. Em condições de pleno funcionamento das instituições representativas, esse encerramento seria um fator de júbilo democrático. Todavia, le-

---

[113] Uma tal reconsideração pode ocorrer sob condições mais ou menos sutis, tendo-se em conta os balões-de-ensaio ocasionais de uma senatoria vitalícia para ex-presidentes da República e de sua habilitação à chefia de Estado sob um eventual regime parlamentarista.

[114] Em Parintins (Amazonas), em 7 de fevereiro de 2000, o presidente da República pronunciou essas palavras, reagindo às tentativas de governadores de verem atendidos seus pleitos de revisão das regras fiscais da chamada "Lei Kandir". A retórica é absolutamente impecável, como norma no jogo das escolhas públicas; no mais, é uma quimera. Mais adiante, em 2003, as compensações demandadas pelos governadores voltam a ser um ingrediente essencial nas negociações em torno da reforma tributária (PEC nº 41-03).

gisladores e eleitores bem entendem que não há muito o que comemorar. A ocorrência apenas atendeu aos interesses da coalizão no poder. Uma extensa pauta é apresentada, mas apenas um ou outro item prenderá a atenção dos formuladores de políticas do Executivo.[115] O período dessa convocação também cumpre o papel subsidiário de "contagem de tempo regimental", expediente pouco defensável quando se trata de forjar um duradouro consenso em torno de comprometimentos constitucionais.[116]

São ainda episódios a indicar o limbo institucional em que tem operado a economia brasileira em anos recentes:

- a vigésima sétima reedição da MP nº 2.048, de 28 de julho de 2000.[117] Rotulada de "MP dos procuradores", esse é um ato legislativo do Executivo que condiciona, em maior ou menor grau, a Constituição, sob a forma da LC nº 73, de 10 de fevereiro de 1993 (Lei Orgânica da Advocacia Geral da União).[118] A pura e simples prorrogação do *status* de uma decisão sob a forma de MP, pelo recurso a sucessivas reedições, é um atributo de como se busca estabilizar as regras constitucionais. Ainda que se admita que as iniciativas de políticas públicas do Executivo se apóiem em preferências e princípios externos à Constituição, o texto constitucional é invariavelmente o ponto de partida para qualquer "construção constitucional";[119]

---

[115] Na convocação extraordinária de 1997, o interesse concentrou-se na aprovação da emenda do segundo mandato.

[116] Ao mesmo tempo, há renegações de comprometimentos a lamentar: a proposta orçamentária da União para o ano fiscal *já iniciado* pôde ficar para depois. O projeto de lei orçamentária é deixado para ser efetivado em algum ponto de seu próprio ano de vigência. Com isso retira-se do cidadão a possibilidade de que ele se informe objetivamente sobre os custos do governo e das prioridades que são impostas à sociedade. Invariavelmente, o tema tem sido enquadrado no rol de perturbações gerenciais, condicionando a execução de cronogramas de execução de programas e projetos. Mesmo em 1994, quando a lei orçamentária daquele ano só foi aprovada transcorridos 10 meses de seu período de vigência, o tom predominante nas avaliações foi o mesmo: uma inconveniência para a gerência pública (Monteiro, 1997, cap. 3). Numa perspectiva analítica, essa classe de ocorrência explicita a decisão do governo de intencionalmente aumentar os custos de transação (Twight, 1988). Para o cidadão-contribuinte-eleitor, o governo fica mais indevassável, permitindo que políticos e burocratas operem fora de seu campo de observação e sob cobranças mais flexíveis e pouco eficazes. Como diz em um artigo clássico o professor Roger Noll (1989:1.263): "o problema central de um cidadão ao lidar com o governo é a falta de poder".

[117] Apropriadamente publicada em uma edição dominical do *DOU*.

[118] Essa MP transpõe para a carreira de procurador federal da AGU virtualmente todos os integrantes de equipes jurídicas de qualquer outro segmento da administração pública federal, independentemente das especificidades fixadas na LC nº 73.

[119] Para esse conceito, ver mais adiante "Construções constitucionais".

JORGE VIANNA MONTEIRO

a expectativa da decisão do plenário do STF quanto a cassar ou não liminares que têm impedido a realização do leilão do Banespa. A privatização do Banespa esbarra no recurso às liminares, como alega o governo, ou todo esse tipo de impasse é inerente ao formato de MP inicialmente escolhido para o Programa Nacional de Desestatização (MP nº 155, de 15 de março de 1990, convertida na Lei nº 8.031, de 12 de abril de 1990) e que tem tido igual desdobramento desde então? Eis uma questão muito relevante a ser considerada na análise do ajuste fiscal promovido desde meados dos anos 1990.[120]

De todas essas ocorrências infere-se que o conjunto de regras vigentes nas escolhas públicas é substancialmente complexo. Ao mesmo tempo, passamos por uma transição em que as regras do jogo se tornam mais ambíguas, contextuais e *open-ended*, o que impõe um padrão aos objetivos dos participantes, às suas estratégias, bem como aos resultados do jogo. Nenhum exemplo é mais significativo do que a concentração no uso de MPs, como mostrado na tabela 1, caracterizando uma ordem predominantemente de regulação administrativa. Não obstante os métodos de controle dessa ordem (revisão judicial, prerrogativas da legislatura e participação política, entre outros), tal delegação à esfera executiva induz a que o conjunto das regras se torne mais denso, técnico, institucionalmente diferenciado, indeterminado, para usar a tipologia Schuck.[121]

Percebe-se, assim, que a obtenção de qualquer avanço na qualidade de regras e processos formais observado em um dado nível das escolhas públicas estará circunscrita à ordem institucional mais ampla. O Plano Real é um exemplo didático de como os ganhos no *front* da gerência das políticas econômicas são sustentados por uma ordem legal que dissipa os valores mais fundamentais da democracia representativa. Aceitar aqueles ganhos implica também encampar a dissipação das instituições políticas.

Um estudo de caso (1): a correção do salário mínimo

Um ato avulso — a atualização do nível do salário mínimo (MP nº 2.019, de 23 de março de 2000) — tem significativas implicações para a análise da economia brasileira. Na visão apressada e triunfante de alguns articulistas da imprensa e de meios oficiais, a decisão de fixar um chão para o salário mínimo nacional e, ao

---

[120] A MP nº 1.984 e suas reedições servem de veículo à construção constitucional, incorporando a visão de mundo dos burocratas quanto à presteza e propriedade com que devem ocorrer as privatizações, especialmente quando se trata de uma das "jóias da coroa", como o Banespa. Tal qual a MP nº 1.819-1 (30 de abril de 1999), que também invade a fronteira Executivo-Judiciário, no caso da privatização de outra "jóia", Furnas.

[121] Essa tipologia é apresentada no cap. 1.

mesmo tempo, induzir um adicional inteiramente fixado por governo estadual (PLC nº 133, de 23 de março de 2000) consagraria uma "brilhante" estratégia dos *policy-makers* federais. E prossegue essa linha de raciocínio: o presidente da República agora poderá estimular os governadores a demonstrarem a generosidade que sempre demandaram do governo federal na fixação do novo nível do salário mínimo.

No entanto, isso mostra o reduzido grau em que se tem em consideração a Constituição:

- ▸ não se pode aceitar o argumento debochado de que, ao assim proceder, o governo federal estaria "prestigiando o pacto federativo".

Em um quadro institucional de forte tutela da União sobre as demais jurisdições de governo, em que medida criar mais essa indução reforça a Federação? De todo modo, 2000 é um ano em que tanto o presidente da República quanto os governadores têm expressivos interesses no resultado das eleições municipais. É, portanto, irrelevante a restrição do parágrafo único do citado PLC nº 133, ao eliminar a possibilidade de que o adicional possa ser autorizado em anos de eleição de governadores e deputados estaduais. Igualmente, como ficará o comprometimento com o ajuste nas contas públicas, contratualmente acertado com a comunidade financeira internacional, se a possibilidade agora criada levar a um relaxamento da disciplina fiscal, como sinalizado por propostas de se ter salário mínimo de R$180 (Bahia) e de R$400 (Rio de Janeiro), por exemplo? Já é danoso que os governadores simplesmente se manifestem predispostos a promover reajustes em tais níveis;

- ▸ nunca é demais lembrar que assegurar o recebimento de uma remuneração mínima é uma aspiração de promover justiça social através da lei.

A atitude de reajustar o nível do salário mínimo de forma unilateral (pois que foi adotado por MP) transfere aos burocratas da administração federal uma incumbência que acaba dominada por critérios de tesouraria;[122]

---

[122] Quanto à pretensão de algumas lideranças partidárias de corrigir para cima o chão de R$151 fixado na MP nº 2.019 — e assim retaliar a ação do Executivo —, ficará sendo isso mesmo: uma pretensão. Como de outras vezes, o Executivo cuidará para que essa MP não seja alvo de apreciação pela comissão legislativa regulamentar ou, quando muito, que ela não chegue ao plenário. Ou, ainda, o que vier a ser votado poderá ser um *híbrido* sem credibilidade no longo prazo, de vez que ancorado na troca pela aprovação imediata do projeto orçamentário para 2000. Nessa ocasião, especula-se que há um cronograma de recuperação do valor real do salário mínimo, vinculado a uma mistura de inflação anual com taxa de crescimento do PIB. Outra vez, tal construção já foi creditada à renovada sagacidade da alta gerência econômica do Executivo.

- como a não deixar prosperar a esperança de que haja algum cuidado em preservar o mais precioso dos contratos de nossa democracia representativa, atribui-se (26 de março de 2000) ao ministro do Planejamento ter optado pelo valor de R$151 pura e simplesmente porque a soma dos três algarismos é o "cabalístico número sete"...

De toda essa iniciativa, provavelmente restará o exemplo do agravamento da ambição do governo federal. Em verdade, o maior problema da atualização do nível do salário mínimo decorre do formato com que tal decisão foi institucionalizada: por meio da edição de uma MP. Tivesse o Executivo submetido ao Congresso um projeto de lei tratando do tema, as capacidades de negociação do presidente da República, de seus ministros e das variadas lideranças partidárias poderiam ser ativadas,[123] e não ocorreria o perigoso jogo de ambições eleitorais que muito concorrem para ofuscar o sentido mais objetivo com que uma questão dessas poderia ser tratada. Estaria muito mais em evidência a fundamentação do ato do que a acomodação a um fato consumado, para o qual as justificativas tornam-se inócuas.

A questão do salário mínimo herda, assim, propriedades do mecanismo das MPs, uma vez que:

- é uma manifestação quanto a um preceito constitucional que é apresentada à sociedade como mera decorrência de necessidades de sustentar a política de estabilização econômica;
- como tal, predominam os critérios da gerência do plano antiinflacionário e de suas vicissitudes conjunturais, quase sempre sustentados na informação privada detida pelos burocratas;
- como um fato consumado, torna-se muito mais difícil que o governo venha a aceitar retratar-se, seja por iniciativa própria, seja por ter sua decisão contestada ou, na pior das hipóteses, revogada pela legislatura, possibilidade sempre rara na vida das MPs;
- com todo o discricionarismo administrativo que viceja em torno das MPs, o governo usa estratégias de compensação igualmente contundentes.[124]

---

[123] Nessa mesma linha de argumentação, observe o leitor a seguinte conjectura: o fato de que, a partir de 2003, o novo governo se destaca pelo exercício de uma intensa capacidade de negociação no Congresso não se deve propriamente à ideologia desse governo, mas ao fato de que ele não dispõe, comparativamente ao ocorrido em 1994-2001, do recurso de ação unilateral das MPs, sob o regime anterior à EC nº 32.

[124] A generalizada não aceitação das condições que levaram o governo federal a fixar o nível de R$151 induz a que se transfira o ônus político de eventuais majorações nesse nível para a jurisdição decisória dos governadores dos estados, o que transforma uma questão localizada em um amplo e perigoso confronto de vaidades, justo em um ano eleitoral.

82 LIÇÕES DE ECONOMIA CONSTITUCIONAL BRASILEIRA

De resto, essa decisão enquadra-se no deteriorado ambiente institucional-constitucional da economia brasileira, no qual:

- se verifica a emissão mensal recorde de 119 MPs em março de 1999, decorrente de uma propriedade desse mecanismo legal: ao sabor das preferências de quem a emite, a MP poderá ter sua vida prorrogada *ad infinitum*, de sorte que, por vezes, ocorre que um mesmo lote de MPs deva ser reeditado em um único mês.[125] Por outro lado, a quantidade mensal de MPs em unidades médias de leis aprovadas no Congresso (exclusive as leis de conversão) alcançou em março a proporção de 8,7:1;[126]
- 2000 é mais um ano em que se escamoteia à sociedade o conhecimento dos números referentes a prioridades e custos da ação do governo. Já transcorrido mais de 1/4 do ano, o governo pôde atuar livre de um controle ditado pela norma orçamentária aprovada pelos representantes eleitos pela sociedade.[127]

Esses dois fatos, somados ao mecanismo da Desvinculação de Receitas da União (DRU), tornam realmente muito ampla a autonomia dos burocratas relativamente à emissão de MPs.[128]

---

[125] Foi o que ocorreu, mais uma vez, em março de 1999: 39 MPs aparecem duplamente nesse período. Excluí-las da contagem? É um procedimento discutível, de vez que a escolha de se atribuir *status* de MP a uma dada decisão ou mesmo de renovar esse *status*, preferentemente a tê-la sob o formato de lei de conversão aprovada pelo Congresso, é parte intrínseca desse poder de propor.

[126] Muito influencia esse resultado a virtual paralisação dos trabalhos da legislatura em decorrência sobretudo do impasse criado exatamente pela emissão da citada MP nº 2.019. O confronto, antes referido, trancou a pauta das reuniões da legislatura, contaminando o encaminhamento de outros itens de extrema relevância constitucional, como a aprovação da Proposta do Orçamento da União para 2000. Há evidências de que as duas votações foram "casadas", como parte de uma estratégia que tenta levar o governo a transigir na questão da revisão do nível dos R$151.

[127] A Proposta do Orçamento da União para 2000 é enfim aprovada em condições deploráveis, considerando a seriedade que uma tal decisão assume na democracia constitucional. Na madrugada de 13 de abril, assuntos "sérios" viraram moeda de troca apenas para que se obtivesse a decisão de aprovar a proposta. Simultaneamente, essa ocorrência teria ficado vinculada, ainda que vagamente, à seguinte votação da MP do salário mínimo. O leitor poderá ter uma visão compacta dessas ocorrências no noticiário da *Gazeta Mercantil* (14-16 abr. 2000. A12) e de *O Estado de S. Paulo* (12 abr. 2000. A16).

[128] Um curioso paralelo pode ser feito entre a decisão judicial americana, ao julgar a aplicação da legislação antitruste à Microsoft, e a situação aqui descrita quanto ao uso de MPs. Em comentário no <slate.msn.com>, em 4 de abril de 2000, o articulista J.Gleick argumenta quanto à "bolha" da Microsoft: "Fora da bolha, sabe-se agora de variados comportamentos da Microsoft, tentando minar a concorrência no mercado de software. Internamente, a justifi-

Um estudo de caso (2): outra vez, a renovação da CPMF

O entendimento da produtividade tributária no Brasil não se completa sem que se leve em conta os processos pelos quais tem sido possível sancionar junto à sociedade tamanha transferência de renda privada para o governo.

O episódio da promulgação da EC nº 37 (12 de junho de 2002), reativando a cobrança da CPMF, é um caso didático a ilustrar esse ponto de vista:

- qualquer consideração quanto ao *status* constitucional da decisão é deixada de lado, na medida em que o argumento dominante é a necessidade pura e simples de renovar o prazo de vigência de uma contribuição social, como se isso fosse um alvará para que os representantes eleitos se dispensassem de refletir mais detidamente quanto à oportunidade de se prosseguir com essa cobrança, ainda vigorando em caráter provisório;
- a virtual unanimidade com que a classe política encampou a proposta dos burocratas foi obtida por meio de uma perigosa mistura de oportunismos. Poder contar com mais essa fonte de receita compulsória torna-se a motivação mais relevante para as oposições, em face da possibilidade de vitória nas eleições gerais do final do ano: deputados e senadores tornam-se cativos, diante da barganha orçamentária em torno da liberação de recursos para seus projetos eleitoralmente mais significativos;

---

cativa era e continua sendo: promover a iniciativa e a criatividade. Todavia, raramente se ouve a palavra lei (...). A Microsoft nunca disse algo parecido com: nós compreendemos a lei antitruste; nós assumimos com seriedade nossa responsabilidade perante a lei; nós [nos dedicamos] a educar o nosso *staff* sobre os limites da lei ao comportamento empresarial; e nós asseguramos que a lei seja obedecida". De modo análogo, a partir de meados de 1993, sempre ouvimos referência ao uso intenso de MPs como uma necessidade para controlar a avaria representada pelo moroso e nem sempre confiável comportamento do Congresso. Igualmente, sempre ouvimos, de lideranças na Câmara e no Senado, que essa era uma situação insustentável, a merecer correção. Todavia, nada se disse quanto à dissipação que tal prática promove na componente mais fundamental da arquitetura de nossa democracia representativa, o sistema de separação de poderes, ou na própria credibilidade do texto constitucional. Por outro lado, tecem-se grandes louvores à atitude do governo por recorrer a um processo decisório tão expedito, sobretudo porque ultrapassa o pensamento convencional e o senso comum. Porém, em economia, muitas das características de novidade, surpresa, e não-convencionalismo devem ser olhadas com suspeição. Trata-se, em verdade, de uma *condenação do brilhantismo* (Farber, 1986). Boa parte desses argumentos baseia-se em alguma noção do consentimento dos governados, seja pela tácita aquiescência institucional, seja por algum tipo de teoria de contrato social. Afinal, uma teoria *brilhante* é, por definição, aquela que não ocorreria à maior parte das pessoas...

84   LIÇÕES DE ECONOMIA CONSTITUCIONAL BRASILEIRA

▶ a oportunidade da crise econômica fornece uma dupla vantagem ao governo. primeiro, torna-se o ingrediente adicional à retórica da "ingovernabilidade", caso a cobrança da CPMF venha a sofrer algum atraso em sua efetivação; segundo permite a construção de uma estratégia eleitoral que disfarça mais esse aumento na carga de impostos em sustentação da responsabilidade fiscal, que seria um direito patenteado da burocracia do Executivo;[129]

▶ com o fácil descomprometimento com as regras do jogo, mesmo na instância constitucional, não se poderia esperar maior preocupação quanto à estabilidade de procedimentos internos do Congresso;[130]

▶ outro fator dissuasório decorre da antecipação do condicionamento a que o Judiciário se impõe em conjunturas de crise. O Judiciário "esquiva-se" de interferir (Kelley, 2001), senão nas ações notoriamente inconstitucionais do Executivo e do Legislativo, ao menos naquilo que não seja tão notoriamente constitucional.

Diante dessas peculiaridades institucionais, o cidadão-contribuinte-eleitor confronta-se com substanciais custos de informação e de reação, daí sua revelada apatia. Não é de todo improvável que chegue mesmo a endossar tais comportamentos dos políticos. Ainda assim, o episódio revela a imposição de uma razoável perda de liberdades econômicas e políticas aos cidadãos.

Acaso pode-se entender essa ocorrência como circunscrita a um dado ponto do tempo, isto é, seriam tais ônus recuperáveis a médio e longo prazo?[131] Possivelmente, não

Para tanto, tome-se por referência a relevância universal de certos princípios constitucionais, entre eles (Ordeshook, 2002):

▶ para que uma Constituição se torne um bem-sucedido mecanismo de coordenação, o *nexus* de instituições que ela busca coordenar deve ser, ele próprio, um equilíbrio compatível em incentivo, isto é, ao se avaliar uma Constituição é necessário levar em consideração se algum dos "jogadores" detém o poder e o incentivo de contornar unilateralmente quaisquer das provisões constitucionais

---

[129] Em verdade, esse é um apelo exagerado e unilateral a tal padrão de austeridade. Afinal por que não cortar mais gastos públicos, enquanto se discute a reintrodução da CPMF?

[130] Desse modo, a aprovação da decisão também requer o atalho de variadas adaptações re gimentais na Câmara dos Deputados e no Senado Federal. Habilita-se, desse modo, um peculiar *fast track* legislativo.

[131] Na medida em que esse caso define a consolidação de um padrão de comportamento que contamina o próprio processo eleitoral, amplia-se ainda mais a vantagem estratégica do governo incumbente, tanto quanto se insula o exercício de poder de governar, relativamen te aos controles da sociedade. Desmandos ocorridos em quaisquer dos departamentos de governo acabam sendo simplesmente reconhecidos como pequenos deslizes, quando tal vez pudessem ser tomados por sinais de uma dissipação das instituições representativas.

todas as partes de uma Constituição são interconectadas. Não se pode pretender aferir as conseqüências de um segmento (o sistema tributário nacional, por exemplo) desconsiderando o significado de todas as demais partes (aí incluídos os limites que definem o poder de governar); se um segmento for alterado, então ficará comprometida a habilidade dos demais segmentos da Constituição em coordenar a sociedade na direção de uma ordem social que seja compatível em incentivo.

A longa e bem-sucedida trajetória do Plano Real ao promover a estabilidade de preços apresenta um custo social de grandes proporções e que se traduz pelo condicionamento das regras constitucionais ao sabor das pressões conjunturais exercidas por forças políticas e grupos de interesses preferenciais. As regras constitucionais transformaram-se, de fato, em meras "barreiras de papel" cujas provisões se sustentam por questões totalmente exógenas (Ordeshhok, 2002:4).

A EC nº 37 surgiu precisamente dispensando ou deixando ao largo a restrição imposta pela Constituição à vigência da cobrança de contribuições sociais do tipo da CPMF. À argüição de que o art. 195 (§6º) define uma liberdade econômica do cidadão contrapôs-se o poder da alta gerência econômica para defender o ajuste fiscal exclusivamente pelo aumento da arrecadação da receita de impostos, em especial porque em ano eleitoral o corte de gastos públicos seria no mínimo uma inconveniência. Uma inconveniência que o governo prefere usar como ameaça, na disciplina dos legisladores, com o mesmo fundamento eleitoral. E pior: o sucesso nesse tipo de empreitada fortalece o incentivo a que, diante de novas necessidades na implementação da política econômica, o governo persevere na mesma estratégia institucional.

Como esse tipo de prática de reformulação é intermitente e alcança variados segmentos da Constituição, irreparáveis são os danos promovidos no *design* constitucional. A Constituição fica desabilitada como mecanismo sinalizador de expectativas e de coordenação de estratégias.

Construções constitucionais

Uma decorrência não antecipada do longo processo de reformas que acompanha a política de estabilização econômica é o enfraquecimento de uma discussão essencial: qual a configuração da totalidade do texto constitucional? Até aqui (outubro de 2003) as iniciativas, bem ou malsucedidas, têm ficado concentradas em propostas de emenda específicas. Pouco a pouco, a Constituição foi assumindo uma característica híbrida, em que é difusa a extensão em que a concepção original de 1988 mistura-se às novas realidades que motivam os diversos blocos de emendas: "econômica", "administrativa", "previdenciária", "política" e "tributária". E o todo do contrato social? Que permite ligar essas incursões avulsas em um conjunto coerente em inspiração, ideologia e operacionalização? Ou, mais especificamente, como ficam afetados sistemas como o bicameralismo, o federalismo, a separação de poderes e a independência do Judiciário? (Monteiro, 2003b.)

É provável que a Constituição que emergirá, após serem aprovadas todas as reformas, torne-se um documento não-implementável, tanto quanto se argumenta ser esse um defeito de sua configuração original. O custo social dessa estratégia pedaço-a-pedaço torna-se, pois, evidente.

É também muito provável que ainda esteja longe o dia em que se alcance a estabilidade constitucional, quando a configuração da Constituição for robusta o suficiente para dissuadir uma maioria qualificada (3/5) da sociedade a tentar alterá-la. Essa mesma questão deve ocupar os proponentes das reformas, de vez que, aprovadas as correspondentes emendas, sua validade deve ser preservada por um bom tempo.[132] Será sensato ou mesmo possível permanecer fiel a um contrato social escrito em 1988, que tem tido muitas de suas cláusulas direta ou indiretamente alteradas por força das prioridades de política econômica? Em que medida há uma continuidade entre o texto efetivamente em vigor e o texto original?

Com a profunda mudança do ambiente econômico, e em face da sucessão de crises externas observadas a partir de 1995, a idéia de uma "Constituição viva" que acompanhe os eventos em bases correntes tem prosperado na retórica das recentes administrações federais.

Enfim, há espaço para ser fiel à Constituição? A resposta não é tão elementar quanto poderia parecer.

Talvez seja necessário ampliar o âmbito dessa discussão para que se tenha um entendimento mais completo dos comprometimentos constitucionais contemporâneos (Friedman e Smith, 1998). A fidelidade à Constituição propriamente dita não se confunde necessariamente com a fidelidade à ideologia em que está imerso o texto de 1988. Esse texto define práticas que são complementadas por decisões judiciais (STF), na legislação do Congresso Nacional e, por certo, na avassaladora ordem legal construída pela emissão de MPs, especialmente nos anos 1990.

Todas essas decisões, leis, práticas e comprometimentos tornaram-se uma rocha sob nossos pés, consolidada pela passagem do tempo. Na significativa metáfora do professor Lawrence Tribe (1995), essa rocha sedimentar em que nos situamos é efetivamente a Constituição em vigor. A metáfora da Constituição sedimentar pode ser mais bem compreendida. Suponhamos que a variedade de cláusulas constitucionais seja espalhada em um tabuleiro: o art. 62 da emissão

---

[132] Percebe-se a armadilha que significa a adoção de um rito simplificado para se promover mudanças constitucionais e assim acelerar o cronograma dessas reformas.

de MPs está aqui, o art. 14 que trata da eleição dos chefes de Executivo está ali, e as limitações ao poder de tributar (art. 150), mais adiante, entre outros exemplos. Agora, por cima de cada uma dessas cláusulas, coloquemos as respectivas emendas constitucionais (ECs) aprovadas pelo Congresso e que envolvam uma ou mais dimensões dessas cláusulas: EC nº 6-95, EC nº 7-95 e o art. 62; EC nº 16-97 e o art. 14; EC nº 3-93 e o art. 150, e assim por diante.[133]

Tem-se, pois, uma figura que se modifica de duas para três dimensões, com o tabuleiro transformando-se numa *topografia* (Tribe, 1995). Certas cláusulas — por exemplo, aquelas incluídas na reforma da previdência ou na reforma econômica — são "montanhas", com sucessivas camadas de inovações institucionais. Outras, que ficaram por longo tempo intocadas — a limitação das taxas de juros em 12% ao ano (art. 192, §3º), por exemplo —, são "vales" nessa topografia.

A importante lição a que nos leva a interpretação sedimentar é a de um roteiro para a retomada e renovação do debate institucional-constitucional no Brasil:

- qual o grau de comprometimento que a Constituição pode ter, relativamente às preferências reveladas pelos que correntemente exercem o poder de governar? Ou, dito de outro modo, como relacionar o que está na base e no topo da topografia constitucional?[134]
- como se pode querer que os novos valores constitucionais propostos pelo governo sejam de fato encampados duradoura e trivialmente pela sociedade, em um ambiente em que os comprometimentos constitucionais se encontram sob permanente contestação?
- que espaço há para a competência judicial, quando o quadro constitucional esbarra em complexos problemas de identificação dos próprios valores mais fundamentais na sociedade?

Por outro lado, as regras constitucionais operam em variados níveis de deliberação (Whittington, 1999b):

- *formulação da política econômica*, quando a Constituição é um pressuposto nas decisões governamentais. Nesse nível são estabelecidas as ações políticas mais imediatas, assim como é definida a governabilidade. Um plano de estabilização de preços, por exemplo, pode traduzir, por meio das ações do governo, uma promessa constitucional; porém, por si mesma a política econômica não altera o significado da Constituição. Muito menos promove a sua reforma!

---

[133] Esse é o "desenvolvimento interpretativo" da Constituição (Friedman e Smith, 1998).

[134] Especialmente quando as camadas do topo têm a determinante de manifestações pouco autônomas do Congresso, de vez que as prioridades foram sendo substancialmente consolidadas na ordem legal das MPs.

- *interpretação* ou elaboração da Constituição, sob um modelo *jurisprudencial*, com a ratificação, por reconhecimento do Judiciário (STF), dos resultados das ações de governo;
- *construção*, em que se avaliam princípios políticos fundamentais e estrutura-se a prática política. É a elaboração da Constituição sob um modelo *político*. Essa é uma ocorrência típica de momentos de conflitos de interpretação, dando lugar a novos padrões de conduta de agentes públicos, antecipando descobertas de significados novos para o texto constitucional.

Diferentemente da interpretação, a construção caracteriza-se por um elevado grau de criatividade, na tentativa de preencher os claros do texto formal da Constituição, onde seja impraticável reduzir essas indeterminações às regras legais de um modo fiel e exaustivo (Whittington, 1999b:5). Reconhece-se nessa deliberação a pertinência do papel desempenhado por agentes não-judiciais na construção do significado das regras constitucionais. Todavia, isso não implica oportunismo eleitoral ou aceitação de se incorrer deliberadamente em pesados custos sociais futuros, como tem sido a prática da construção constitucional brasileira — na qual se destaca, em anos recentes, a conturbada trajetória da cobrança da CPMF;[135]

- *criação*, quando ocorre alguma mudança formal no texto corrente de regras constitucionais,[136] definem-se novos padrões de comportamento nas escolhas coletivas e, enfim, busca-se estabilizar o significado dessas regras.

A *construção* constitucional deriva sua autoridade, como nível em que se definem as regras do jogo, menos de sua inatacável sintonia com imperativos do texto constitucional que de sua capacidade para dar significado prático às preocupações constitucionais (Whittington, 1999b:8).

É nessa tênue linha divisória que se sustenta o desempenho da economia brasileira: primeiro, as preocupações constitucionais são reinterpretadas pela alta gerência do Executivo federal ao sabor de suas preferências, para, depois, se enfatizar quão adequada é a proposta de alteração nesse ou naquele mecanismo constitucional. Outra vez, o caso da CPMF bem ilustra essa estratégia.

O governo sempre argumentou que o período de três meses (arts. 195, §6º, e 74, §4º, do ADCT) estabelecido na Constituição para que uma contribuição entre em vigor, sob um novo regime de cobrança, não teria o sentido de proteção aos inte-

---

[135] O *caso* da CPMF é sumariado em Rezende e Cunha (2002, cap. 2, quadro 5).

[136] A menos de sua substituição integral por um novo texto, como ocorreria por uma decisão *constituinte*.

JORGE VIANNA MONTEIRO

resses do contribuinte, pois ele não se importará em seguir pagando compulsoriamente o que há longo tempo já lhe é exigido, tanto quanto esse mesmo contribuinte prefere que o governo não seja prejudicado em seu esforço de ajuste nas contas públicas, ao mesmo tempo em que tenha os recursos para alocação em projetos sociais (0,08% da movimentação financeira custeia o combate à pobreza).[137] Portanto, deve o governo ser exonerado de observar o citado prazo de carência.[138]

Em face da tipologia Whittington, constata-se que o mal que assola a economia política brasileira é expresso pela inobservância dos diversos níveis de validação constitucional. Ao formular e implementar a política econômica, pressupõe-se o que, em verdade, somente se verificaria na *interpretação* (atribuindo-se aos burocratas o papel de agentes judiciais), na *construção* (pressupondo simultaneamente quais devem ser os princípios políticos fundamentais a vigorar) ou na *criação* (com o pré-requisito da alteração do texto constitucional vigente).

Por fim, vale lembrar outra frente em que o comportamento aqui resenhado pode vir a ser lamentado no futuro. De certo modo, a estratégia de deliberadamente comprometer a credibilidade da Constituição fecha o *caminho de volta*, ou seja, imagine-se que se tente transferir para o texto da Constituição uma regra que correntemente é tratada na legislação ordinária ou complementar. Nesse caso, em face da baixa credibilidade da Constituição, o efeito desejado teria sido frustrado.[139]

Percebe-se, portanto, a falta que faz uma Constituição estável. É dessa estabilidade que se alimenta a estabilidade dos demais conjuntos de regras no jogo de políticas públicas. Em um clima de generalizada instabilidade institucional é pouco provável que se possa garantir a estabilidade da própria política econômica.

A fronteira das prerrogativas constitucionais

Outra importante perspectiva de análise acomoda a Constituição *por dentro* do processo político (Whittington, 1999a, 1999b). Há uma posição intermediária entre as formulações legais da interpretação e a determinação prática de política econômica que é caracterizada por uma forma peculiar de debate e tomada de decisão.

O moderno constitucionalismo pressupõe que a Constituição se apresenta em duas faces (Whittington, 1999a):

---

[137] Ou cerca de 21% da arrecadação da CPMF, no Orçamento de 2002. Outra vez, em 2003, com a PEC nº 41-03, a reforma tributária trata a CPMF em um intervalo que vai da renovação de sua vigência por mais quatro anos até a sua adoção como um imposto permanente.

[138] Afinal, a EC nº 37, de 12 de agosto de 2002, acabou por não refletir a citada limitação do art. 195.

[139] Para um tratamento mais detalhado do fenômeno da credibilidade, ver cap. 5.

90 LIÇÕES DE ECONOMIA CONSTITUCIONAL BRASILEIRA

- tipicamente, trata-se de um conjunto de regras que pode ser implementado externamente pelo STF e instâncias judiciárias menores, qualificando a ação dos agentes não-judiciais, especialmente políticos e burocratas, por meio da *interpretação* constitucional;
- todavia, a Constituição embaralha-se com a própria política, dando-lhe forma — *de dentro para fora* — e condicionando seus resultados. É essa a Constituição que efetivamente orienta e restringe os políticos no jogo de política econômica. A Constituição depende das decisões dos políticos que "formulam requisitos constitucionais e implementam os acordos fundamentais" (Kahn, 2000:183). Tal é a *construção* constitucional.

Ao empreender as reformas que acompanham a trajetória do Plano Real, o Executivo rejeita a dicotomia conceitual da separação de poderes e, portanto, o entendimento específico da divisão de papéis institucionais que essa dicotomia deveria reforçar. Em última instância, os que advogam a *construção* do poder de legislar por MP rejeitam a noção de que responsabilidade e capacidade de resposta são virtudes separadas e mutuamente exclusivas. O raciocínio é que, de todos os políticos, apenas o presidente da República pode estar acima de interesses preferenciais e pressões políticas, de modo a tomar decisões responsáveis porque independentes. Ainda que as escolhas coletivas na legislatura melhor representem essa variedade de forças políticas, donde sua melhor sintonia de resposta.

Por certo que a deliberação constitucional envolve a participação de agentes não-judiciais, pois, afinal, "o papel do Judiciário define-se em um contexto de demandas competitivas quanto à autoridade constitucional e a visões alternativas do sentido constitucional apropriado" (Whittington, 1999b:209). Todavia, vivemos uma situação anômala em que há uma hegemonia da alta gerência do Executivo na determinação das escolhas públicas, isto é, forma e conteúdo do resultado final do jogo decorrem da substancial ponderação atribuída às preferências do Executivo, ainda que a tramitação ocorra com a participação nominal dos demais agentes de decisão.

Enfim, essa linha de contribuição traduz-se no seguinte rol de atributos (Whittington, 1999b; Kahn, 2000):

- agentes políticos (ou não-judiciais) envolvem-se em entendimentos e deliberações constitucionais — o que nem sempre será condizente com os padrões de jurisprudência na interpretação constitucional;
- o papel do STF é fundamentalmente acolher argüições quanto ao exercício de autoridade constitucional;
- igualmente, os agentes políticos enfatizam princípios políticos exógenos, objetivos de política econômica e interesses políticos, enquanto o texto constitucional

é usado como "capa" para influenciar o processo de construção constitucional;

▸ a vontade política e o partidarismo — e não a doutrina judicial ou a objetividade — podem servir para sustentar essa construção;

▸ os que defendem as construções que buscam perpetuar o *status quo* argumentam que elas são legalmente necessárias à Constituição, enquanto os que advogam a mudança enfatizam a natureza contingente de princípios e regras constitucionais — de modo que ambos os lados se identificam com o verdadeiro e necessário sentido da Constituição;

▸ como as construções políticas contam para a determinação dos resultados constitucionais, elas não devem ser excluídas de uma teoria constitucional.

"Como fonte de poder, a Constituição provê um sentido positivo para que se preencha o espaço vazio, alavancado pelas restrições constitucionais. Dentro desse intervalo permissível de ação governamental, os agentes políticos devem determinar os objetivos específicos a serem perseguidos e os meios pelos quais eles possam ser alcançados" (Whittington, 1999b:207). O sentido de uma Constituição para as escolhas públicas estaria, sem dúvida, relacionado aos habituais instrumentos de interpretação técnica, tais como texto, estrutura, intenção original e precedente. Porém, essas "modalidades elucidam apenas uma parcela do significado da Constituição (...) [que deve ser] construído a partir da compatibilidade do documento com interesses e princípios exógenos. Essa tarefa criativa não expõe uma fraqueza do *design* constitucional; ela representa um sistema constitucional operacional" (Whittington, 1999b:1).

No ambiente de intensa instabilidade institucional em que opera a economia brasileira, questiona-se, portanto, se o Congresso tem sido verdadeiramente um agente de decisão constitucional. Ao ser permissivo em relação a iniciativas nascidas na burocracia e que buscam ampliar o poder público em uma dada jurisdição de governo, pode-se conjecturar se o Congresso efetivamente atua à luz das limitações constitucionais.

Quando o STF se dispensa de manifestar-se, presume-se que o Congresso legisla constitucionalmente ao não dimensionar o impacto de soluções tópicas (tais como os recorrentes "avanços tributários" da União, estados, e municípios nos últimos anos) sobre as liberdades econômicas do cidadão.

De todo modo, esse é um complexo campo analítico em que se mapeia a fronteira entre o Legislativo e o Judiciário, *por suas prerrogativas constitucionais*[140] (Tushnet, 2001; Young, 2000).

---

[140] Essa atribuição do Legislativo pode ser reconhecida à margem da autoridade que ele também exerce na formulação de políticas. Para uma ocorrência que envolve o deslocamento de decisões legislativas do tipo A para o tipo B (figura 8), no caso da PEC nº 53-91 e a decorrente EC nº 40, ver "Problemas de delegação legislativa", no cap. 3.

Figura 8
Congresso Nacional e Constituição

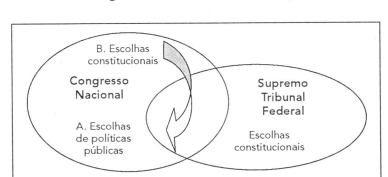

Na figura 8, o Congresso é didaticamente caracterizado por sua capacidade habitual de decidir questões de políticas públicas, tanto quanto por suas prerrogativas de decidir sobre regras constitucionais.[141] É nesta última classe de decisões que se pode identificar a superposição de capacidades do Congresso e do STF, de modo que o STF estabelece suas decisões (Should, 2003):

- no pressuposto de que uma decisão da legislatura contemporânea é constitucionalmente permissível, na medida em que uma decisão contrária do STF possa ter conseqüências políticas e sociais substancialmente negativas.
- acatando decisões de legislaturas anteriores que, assim, se tornam precedentes constitucionais.

Em qualquer das duas circunstâncias, o Congresso é tido como capaz de interpretar as regras constitucionais.

Tal ambiente analítico é muito relevante, uma vez que parcela substancial da capacidade decisória de políticas públicas, como exercitada pelos legisladores, apresenta-se inseparável de mudanças em regras constitucionais ou ocorre sob intensos questionamentos quanto a sua legitimidade constitucional.[142]

Segundo outra corrente de pensamento (Tushnet, 1999a, 1999b, 2001), no entanto, o Congresso também é peculiarmente qualificado nessa prerrogativa, na

---

[141] Para uma implicação relevante da estratégia de tornar intercambiáveis escolhas constitucionais supermajoritárias e escolhas legislativas majoritárias, ver mais adiante "Oportunismos de governo".

[142] Nesta última hipótese, ver a prática da emissão de medidas provisórias por parte do Executivo e o esvaziamento da agenda legislativa do Congresso ao longo da década de 1990, estendendo-se até meados de 2001. Ver cap. 3.

JORGE VIANNA MONTEIRO

medida em que é um processo decisório coletivo empreendido por representantes eleitos diretamente pelos cidadãos.

Contudo, há limitações para a aceitação desse ponto de vista:

▸ afinal, a trajetória do Congresso, em termos de deliberação quanto a propostas de emenda constitucional, revela surpreendente falta de princípios;[143]
▸ a decisão legislativa não é imune à manipulação por parte de um determinado grupo de deputados e senadores que, assim, pode "viciar" a escolha final.[144]

Em julho de 2003, a pressão de membros do Judiciário e do Ministério Público, em prol de suas demandas quanto à reforma previdenciária (PEC nº 40-03), torna-se intensa, havendo mesmo a ameaça de uma inusitada — e, por isso mesmo, improvável — greve de juízes. Porém, há uma sinalização mais efetiva para o condicionamento do comportamento do Executivo e Legislativo e que envolve uma atitude menos transigente da parte do STF em relação à proposta oficial de emenda à Constituição, como ilustrada pelo seguinte comentário de que a reforma da Previdência Social envolve temas que estão em aberto "e possíveis inconstitucionalidades serão afastadas pelos deputados e senadores que votarão as emendas. De qualquer forma, a última palavra será do Supremo (...)".[145]

Além das implicações políticas e orçamentárias desse contencioso que envolve os três poderes, o episódio sinaliza a aceitação, por parte do STF, da competência dos legisladores para decidir sobre questões constitucionais. Tanto maior será esse trunfo para o Executivo quanto mais facilmente se puder convencer a opinião pública em geral da essencialidade de se ter aprovada a PEC nº 40-03 sem qualquer modificação. Muito menos a que contempla dar tratamento diferenciado ao Judiciário. A tolerância do Judiciário em face da aprovação da PEC nº 40-03 toma a forma de uma "linha de resistência" (Young, 2000) por parte do STF. Assim, a PEC nº 40-03 significaria a aceitação de uma política pública, dependendo do empenho do Executivo em defendê-la, do grau de apoio institucional que o Judiciário possa

---

[143] Para tanto, lembro ao leitor a ocorrência da EC nº 16, de 4 de junho de 1997, que instituiu o segundo mandato eletivo de presidente da República. Mesmo porque os legisladores muitas vezes comportam-se como mera extensão do Executivo, muito mais do que atuam com autonomia decisória.

[144] De fato, a reforma tributária (PEC nº 41-03) pode ser de tal magnitude que acaba por desembocar em uma virtual "porta giratória" (Farber e Frickey, 1991:39), sem indicação de qual seja a saída — o que acabará por transformar a reforma em um resultado transitório, a ter seqüência mais adiante, quando as contas públicas revelarem novos desequilíbrios. Essa é uma conclusão que está relacionada a rótulos codificados, tais como "teorema de Arrow", e "paradoxo de Condorcet" (Shepsle e Bonchek, 1997).

[145] Entrevista do ministro do STF, Marco Aurélio Mello (*Jornal do Brasil*, 28 jul. 2003).

94 LIÇÕES DE ECONOMIA CONSTITUCIONAL BRASILEIRA

arregimentar em torno de suas reivindicações específicas ou da clareza de propósitos que o Congresso venha a expressar ao longo da votação da PEC.

Percebe-se, pois, que o resultado final da trajetória da PEC nº 40-03 acabará sendo arbitrado pelo poder unilateral exercido por esta ou aquela facção de votantes no Congresso, daí porque é tão essencial entender como se dá a construção das estratégias dos principais grupos de interesses representados no Congresso.

Vale assinalar que a questão das remunerações e aposentadorias dos juízes tem grande relevância para as finanças estaduais, daí o comportamento do colegiado de governadores em relação ao tema: sua estratégia é tentar obter vantagens políticas ao impor restrições à remuneração dos membros do Judiciário estadual por via da Constituição Federal — o que, em um ambiente de ajuste fiscal, não chega a conflitar com os interesses do governo.

Marcação de agenda

De todo modo, desde meados dos anos 1990, convive-se com uma atitude constitucional que é, por todos os motivos, muito preocupante: o Executivo federal e, por extensão, os formuladores da política econômica persistem em tomar a Constituição como um entrave a ser removido, nem que para tanto se recorra a caminhos sinuosos ou mesmo ardilosos. Em 2003, esse tipo de ocorrência é exemplificado com as propostas de novos sistemas previdenciário e tributário. Para tanto, cria-se uma complexa instância decisória *ad hoc*, preliminar, formada tanto pelo colegiado dos 27 governadores quanto por um Conselho de Desenvolvimento Econômico e Social (CDES)[146] que congrega cerca de 90 participantes, 82 dos quais representando variados interesses da sociedade civil.

O recurso de obter a sanção prévia de propostas de políticas constitucionais junto ao colegiado de governadores e ao CDES é um expressivo custo de decisão coletiva em que o governo se predispõe a incorrer. Diretamente, porque viabiliza uma troca de apoios em dimensões que possivelmente o governo não estará disposto a usar como moeda de troca; indiretamente, porque esse estágio da negociação política acaba impondo um rumo incerto e sem controle às barganhas na legislatura.[147] Ademais, todo esse período adicional de discussão predispõe a que se antecipe uma variedade de propostas de políticas de substancial originalidade e envergadura, sob pena de que a frustração dessa expectativa possa levar a imobilismo ainda maior.

Na aparência, a instância dos colegiados *ad hoc* é uma cópia de experimentos análogos em uma variedade de outras economias, desenvolvidas e emergen-

---

[146] Originado da MP nº 103, de 1º de janeiro de 2003, convertida na Lei nº 10.683, de 28 de maio de 2003.

[147] Em agosto de 2003, as dificuldades internas à coalizão governista e a ampliação dessa coalizão, com a admissão do PMDB, indicam essa possibilidade.

tes. Todavia, na atualidade brasileira, tanto quanto o colegiado dos governadores, é inequívoco o sentido do CDES como um marcador da agenda do Congresso. Quando as matérias constitucionais chegarem ao Congresso, com o encaminhamento formal do presidente da República, elas terão o peso de refletirem algum grau de concordância significativa dos governadores e dos membros do CDES.[148]

Efetivamente se estará marcando a agenda dos legisladores, o que funcionará como um substancial condicionamento do conjunto de escolhas de deputados e senadores. Em alguma extensão, esse regime decisório é, por igual, um *bypass* efetivo ao sistema da separação de poderes. O constrangimento da legislatura poderá ser o de se confrontar com virtuais fatos consumados junto à opinião pública, tornando o seu processo decisório uma simples homologação — no que é coadjuvado pela eventual ampla maioria que a coalizão governista possa ter no plenário do Congresso.[149]

Alterações constitucionais

Não obstante a relevância e intensidade da seqüência de emendas à Constituição, a estratégia oficial observada desde meados de 1994 é circunscrever cada emenda ao seu domínio intrínseco e às necessidades conjunturais da política econômica. O paradoxo que acompanha essa estratégia é que, ao fim e ao cabo, todo o texto constitucional possa apresentar-se sem uniformidade ou com uma *sedimentação* (Tribe, 1995) muito irregular, reforçando as chances de que haja novas rodadas de emendas.[150] Toda essa transformação institucional-constitucional pode ser mais bem entendida quando distribuída pelas seguintes variedades (Levinson, 1995):

▸ por *interpretação* judicial do que já seja imanente ao texto constitucional e, de resto, à ordem legal em vigor. Possivelmente, o exemplo mais notório é o parecer contrário do STF quanto à tentativa dos burocratas de estender a reforma fiscal à cobrança previdenciária sobre os ganhos dos inativos do serviço público;

---

[148] Complementarmente, ver adiante " O significado de uma reforma", neste capítulo.

[149] O esforço do governo em trazer o PMDB para integrar essa coalizão é coerente com essa leitura dos acontecimentos.

[150] Com isso, a credibilidade do contrato social estará ainda mais abalada. Afinal, as mudanças propostas na Constituição podem ser entendidas pelos agentes privados e pela sociedade em geral como um sinal de que a ordem política e seus valores mais fundamentais estão em permanente disfunção — o que pode fazer com que parte desses agentes se volte contra o próprio sucesso das reformas intencionadas pelo governo. Ver, no cap. 7, "Riscos presumidos e reforma".

96   LIÇÕES DE ECONOMIA CONSTITUCIONAL BRASILEIRA

- também por interpretação judicial, porém no que afeta o constitucionalmente *permissível*, dados os poderes atribuídos à legislatura e ao Executivo. Esse é o caso de boa parcela da emissão de MPs. Reprova-se o seu uso qualitativo e quantitativo, porém o mecanismo do art. 62 nunca não foi julgado inconstitucional;[151]
- não se configurando como imanentes à ordem legal-constitucional preestabelecida ou permitidas no uso de poderes atribuídos pela Constituição aos participantes das escolhas públicas mudanças relativamente pacíficas (ou consensuais) que possam ser descritas como *emendas*;
- também como um caso mais brando de emenda tem-se a mudança por *revisão*, que esteve concentrada no período outubro de 1993 a março de 1994;[152]
- a mudança de um aspecto fundamental — porque grandemente distinto de qualquer concepção da ordem imanente — e, portanto, legitimado por algum tipo de prática extraconstitucional.[153]

Na economia brasileira, a linha divisória entre essas classes é, muitas vezes, pouco precisa, em função da dissipação do sistema de separação de poderes. A substancial e longamente sustentada emissão de MPs acabou por promover adaptações na ordem legal vigente, de modo que, mais adiante, suas decorrências cumulativas acabam incorporadas nas próprias emendas constitucionais.

A tentativa de modelar o processo de emenda constitucional pode levar à proposição (Lutz, 1995) de que, tanto maior o número médio de emendas aprovadas por ano (taxa de emenda), desde que a Constituição entrou em vigor:

- menos provável que a Constituição seja tida como uma lei maior;
- menos provável é a distinção entre matérias constitucionais e legislação ordinária;
- tanto mais provável que a Constituição seja tomada por um código;
- tanto mais provável que o processo formal de emendas seja dominado pela manifestação do Legislativo.

O caso brasileiro parece se ajustar razoavelmente a essa projeção, muito embora ofereça qualificações importantes.

---

[151] Ver, por exemplo, o despacho (RE-239286/PR, de 9 de novembro de 1999, STF) do ministro José Celso de Mello Filho.

[152] Todavia, desde 1995 esse caminho para a mudança institucional está inviabilizado pelos próprios dispositivos constitucionais: a determinação do período de revisão é uma disposição transitória da Constituição.

[153] A recorrente argüição de inconstitucionalidade que ronda alguns tipos de decisão do Executivo pode servir de exemplo virtual dessa classe de mudança institucional.

A baixa credibilidade da Constituição resulta da recorrência com que o governo tenta adaptá-lo às suas necessidades conjunturais — econômicas e políticas —, especialmente ao viciar os procedimentos que promovem tais emendas. Dois casos,[154] ambos relacionados à reforma da Previdência Social, ilustram esse ponto de vista: após ver sua proposta de emenda original derrotada na Câmara dos Deputados em 1999, o governo truncou a trajetória legislativa da PEC para recomeçá-la a partir do Senado Federal, casa em que a maioria governista se mostrava, na ocasião, mais previsível. Sinalizava, assim, com a extensão de seu poder discricionário aos domínios da decisão constitucional. Mais adiante, e outra vez em função da resistência do Congresso à adoção de idade mínima para a aposentadoria no setor privado, optou-se por voltar ao tema por via indireta, com o chamado fator previdenciário.[155]

O segundo item da proposição, a turva fronteira entre Constituição e legislação ordinária, tem especial significado pelo reforço da via indireta na alteração constitucional. Pode-se mesmo perguntar se na economia brasileira é de todo relevante o processo de emenda, nos termos do art. 60 da Constituição.

Na prática, a Constituição é alterada de várias maneiras, nem sempre porque uma supermaioria de 3/5, em duas votações em cada casa legislativa, toma uma decisão discreta, de caso pensado, quanto a emendar uma regra constitucional. Ao contrário, as forças que fazem a mudança constitucional atuam quase que independentemente de se e quando o texto da Constituição é alterado (Strauss, 1999). Nessa ordem de considerações, vale refletir sobre a polêmica proposição quanto à importância do processo de emendas no Brasil contemporâneo: sujeito a umas poucas qualificações, nosso sistema constitucional teria mais ou menos a mesma configuração, mesmo que o art. 60 nunca tivesse sido adotado e a Constituição não contivesse qualquer provisão para emenda formal.

De fato, em um ambiente em que se pode contar com um mecanismo legislativo como a emissão de MPs, as emendas não representam um meio autônomo relevante de mudança da ordem constitucional. Além do mais, elas configuram um papel meramente nominal para o Legislativo, o que qualifica o quarto item da proposição antes mencionada.

Por tudo isso é que talvez tenha uma expressiva atualidade a questão levantada por Strauss (1999): as emendas constitucionais de fato contam? Não serão elas mera fachada a robustecer escolhas públicas não-consensuais, cujas conseqüências, de todo modo, já estariam vigorando e induzindo a que a ordem constitucional formal acabe por incorporá-las?

---

[154] Para um terceiro caso, ver "(Des)constitucionalização da política econômica", no cap. 7.

[155] No que o governo foi, enfim, bem-sucedido: a economista autora da idéia técnica foi muito elogiada, e a sociedade brasileira ficou um pouco mais à deriva em sua referência constitucional.

98   LIÇÕES DE ECONOMIA CONSTITUCIONAL BRASILEIRA

Essas são questões complexas que mereceriam toda a atenção do analista. Uma resposta mais objetiva deve levar em conta as diferentes qualificações impostas ao processo de emendas à Constituição em uma economia em que se promovem amplas e profundas reformas econômicas:

▶ princípios e sistemas constitucionais podem mudar, ainda que o texto da Constituição não se altere.

Ao longo dos anos 1990, diminuiu sensivelmente o poder decisório do Congresso nas escolhas públicas, mesmo quando o mecanismo dessa perda de poder — uma interpretação bastante frouxa do art. 62 da Constituição — pudesse ser generalizadamente considerado indevido. Igualmente, o arranjo federativo sofre inúmeros condicionamentos, por força da política fiscal associada ao esforço de estabilização econômica;[156]

▶ algumas mudanças constitucionais acabam ocorrendo, mesmo quando uma emenda que as tivesse provocado tenha sido explicitamente rejeitada.

O exemplo mais flagrante dessa classe de ocorrências é dado pela reforma previdenciária. A recusa do Congresso, por mais de uma vez, a aceitar a imposição de idade mínima para aposentadoria no setor privado não foi impedimento para que o INSS passasse a atuar no sentido de criar obstáculos administrativos à tramitação de pedidos de aposentadoria que não se enquadrassem nos limites originariamente pretendidos pela reforma da Previdência Social, nem para que, mais adiante, no segundo semestre de 1999, a questão ressurgisse e acabasse aprovada, sob o já mencionado disfarce de "fator previdenciário";

▶ quando emendas são adotadas, elas quase sempre não são mais do que a ratificação de mudanças já ocorridas na economia sem a ajuda da emenda, ou seja, a causalidade mais relevante é: mudanças na economia ⟶ emenda ⟶ mudanças na economia.

Toda a implementação da política fiscal associada ao Plano Real acaba por gerar condições efetivas para que o governo robusteça sua argumentação, de modo a obter a aprovação de emendas, no âmbito das reformas. Complementarmente, o instrumento das MPs é fundamental no deslocamento do *status quo* legal e econômico, promovendo conseqüências virtualmente irreversíveis;

---

[156] As idas e vindas da reforma tributária (PEC nº 41-03) ao longo de 2003 são um exemplo didático do sentido muito peculiar que as lideranças políticas (nacionais e estaduais) atribuem à sustentação do arranjo federativo.

▶ quando emendas são adotadas, e não tendo os agentes econômicos alterado seus comportamentos e suas atitudes, essas emendas acabam sendo sistematicamente evadidas. Elas têm pouco efeito até que esses agentes percebam o comprometimento do governo com o curso de ação que elas retratam.

Esse é o cenário geral de instabilidade institucional em que opera a economia brasileira, com o baixo custo político de o governo "dar o dito pelo não dito". Paradoxalmente, observa-se que um dos elementos mais fortes na determinação dos custos de transação na aprovação, no Congresso, de emendas constitucionais que visam em última análise a melhoria da qualidade do gasto público é a concessão de favorecimentos políticos por ocasião das votações das emendas.[157]

Pode-se, pois, concluir que a análise das escolhas públicas no Brasil requer sustentação em uma teoria de emendas. Em larga escala, o governo tem optado por uma estratégia que vicia o processo do art. 60, quando apenas enfatiza o caminho que tenha por término a aprovação da PEC. Ficam em segundo plano a obtenção de amplo e autônomo consenso — ainda que, por caminhos tortuosos, algumas PECs tenham nominalmente obtido esse amplo consenso — e, portanto, a presumida durabilidade da nova ordem constitucional. Por que isso?

Entre outras razões estão (Griffin, 1995):

▶ a dificuldade de chegar a um acordo quanto ao texto de uma emenda, mesmo no âmbito do Executivo, como freqüentemente ocorre com as posições opostas entre um ministério da área substantiva (por exemplo, Saúde) e a econômica (Ministério da Fazenda e Banco Central). A solução do impasse seria a aceitação de um texto de uma PEC suficientemente "frouxo" ou genérico. Porém, com ele há o risco de efeitos imprevistos ou de ter que promover posteriores reparos, logo a seguir;

▶ a PEC ainda estará sujeita à revisão judicial (STF). Outra vez, se muito ampla em seus comprometimentos, aumenta a probabilidade de ser qualificada por decisão judicial; se muito específica, ao sinalizar ao Judiciário com a maior precisão de seu intento básico, o governo fica restrito no uso que venha dar aos novos poderes ali definidos;

▶ o processo de emendas é muito complexo e demorado. Não obstante o sucesso do governo em seus esforços de estabilização econômica, isso não é garantia suficiente para a obtenção do consenso requerido na votação no Congresso. O Executivo acaba tutelando as sessões de votação na legislatura, o que contribui para deformar, em uma segunda etapa, o próprio arranjo constitucional.

---

[157] A tramitação da PEC do segundo mandato, entre o final de 1996 e meados de 1997, é o exemplo mais expressivo da falta de comprometimento do governo relativamente ao ajuste fiscal (Monteiro, 1997, 2002).

100 LIÇÕES DE ECONOMIA CONSTITUCIONAL BRASILEIRA

O significado de uma reforma

Na medida em que as regras do jogo condicionam as escolhas públicas, os cidadãos têm preferências quanto a essas mesmas regras. Por outro lado, tais regras surgem como resultado de escolhas pregressas de todos os participantes do jogo, que anteciparam, sob vários graus de incerteza, os impactos de suas escolhas institucionais sobre as políticas econômicas e seus resultados finais (Knight, 1992). O quadro 7 resume esse ponto de vista.

Todavia, não há como observar diretamente essa decomposição (Bottom et al., 2002), como ilustram os seguintes exemplos:

- ▸ o montante do déficit nas contas públicas será menor por causa da reforma previdenciária ou porque os cidadãos-eleitores-contribuintes preferem tanto orçamentos públicos mais equilibrados quanto um novo regime previdenciário?
- ▸ os participantes do jogo de política econômica revelam preferências quanto aos efeitos de um regime de Banco Central independente sobre a taxa de inflação, ou têm eles preferências simultaneamente quanto à redução da inflação e à maior independência da política monetária?

Quadro 7
Dois momentos constitucionais

t_{n-1}		t_n	
Escolhas constitucionais ⟶	Instituições políticas	Operacionalização do jogo ⟶	Resultados finais
Regras constitucionais	Regras de decisão coletiva	Escolhas de estratégias de agentes públicos e privados	Impactos na realidade socioeconômica

Segundo essa ordem de considerações, a reforma previdenciária, que é um dos temas dominantes em 2003, tem importantes desdobramentos processuais, tais como:

- ▸ ao longo dos anos, o tema da previdência social foi sendo desalojado da ambientação mais ampla dos atendimentos sociais para ser acomodado sob a referência mais específica do ajuste fiscal, *sem que para tanto um novo regime constitucional tenha sido estabelecido*.

Uma decorrência dessa transposição é que o tempo de aferição dos resultados da política de previdência social foi encurtado, ao mesmo tempo em que missão, objetivos e estratégias da política de previdência tornaram-se subalternos à missão, aos objetivos e às estratégias de combate à inflação. Percebe-se, por exemplo, que o resultado final da nova política de previdência certamente virá acoplado a uma carga tributária mais elevada — o que é tanto mais grave quando se antecipa que, diante de um reduzido crescimento do PIB, o governo tem poderes para se compensar quanto a potenciais quedas de arrecadação;[158]

▸ em 2003, o processo de mudança constitucional tem, adicionalmente, um peculiar elemento de marcação da agenda legislativa.

Peculiar porque se sobrepõe à estrutura decisória constitucional formal. Com efeito, previamente ao encaminhamento da proposta de emenda constitucional ao Congresso, o Executivo promove intensa conclamação à opinião pública ("privilégios precisam acabar"; a "quebra" do sistema previdenciário, a serem mantidas suas bases atuais de financiamento; a vinculação dos juros altos ao desequilíbrio das contas previdenciárias) e, mais especialmente, a formação de dois *locus* decisórios *ad hoc*: o colegiado de governadores e o Conselho de Desenvolvimento Econômico e Social.[159]

O efeito mais notável dessa marcação de agenda é que ela, a princípio, reduz a instabilidade da decisão constitucional no Congresso, ao limitar de modo tão *sui generis* a formação de certas coalizões decisivas na legislatura:

▸ o efeito condicionador da campanha publicitária anunciada pela Secretaria de Comunicação de Governo e Gestão Estratégica[160] pode reforçar a efetividade desses mecanismos de marcação de agenda, desencorajando aqueles segmentos na legislatura que se disporiam a atuar contrariamente a dispositivos específicos da PEC nº 40-03, especialmente o decorrente aumento de carga tributária;

▸ portanto, essa iniciativa do governo virtualmente nega a possibilidade de que certas coalizões de 3/5 de deputados e senadores sequer proponham algumas de suas preferências de política de previdência social.

Mais abstratamente: se uma maioria de 3/5 dos legisladores prefere a configuração Y para a PEC, em contraposição ao formato X preferido pelo governo, por meio do condicionamento prévio da opinião pública e por força da pressão dos governadores sobre as bancadas de seus estados, Y não será proposta, e assim X torna-se um resultado constitucional mais estável.

---

[158] Em tais circunstâncias, em meados de 2003 ressurgem os habituais balões-de-ensaio da não-correção da tabela de descontos — e mesmo da criação de novas alíquotas — do imposto de renda e da elevação da alíquota de outros impostos, como a CPMF e a Cofins.

[159] Ver "Questões fundamentais" no cap. 6.

[160] *Valor Econômico*, 16 abr. 2003. A7.

102   LIÇÕES DE ECONOMIA CONSTITUCIONAL BRASILEIRA

Todavia, um efeito colateral desse procedimento é viciar não apenas o processo de alteração das regras constitucionais (art. 60), mas também o sistema de separação de poderes.

A reforma tributária

Desde os anos 1990, o aperto fiscal imposto ao cidadão-contribuinte-eleitor ocorre tanto por via da contenção e mesmo do corte nos gastos públicos, como por via da ampliação da carga tributária. Em razão de peculiaridades institucionais, tem sido mais viável promover a elevação dos impostos do que o corte de gastos.[161] Ao mesmo tempo, o enquadramento que o governo adota para as suas escolhas fiscais também serve para obscurecer a percepção do cidadão quanto a esses custos que o processo político lhe impõe. A ambientação institucional da reforma tributária (PEC nº 41-03) fornece um exemplo didático dessa ocorrência (Buchanan, 1985, cap. 15).

O quadro 8 sumaria esse ponto de vista.

Quadro 8
Conceitos de imposto

Foco	Arrecadação	
	Determinação constitucional	Condicionante do limite máximo
A. Preço pago pelos benefícios do atendimento público	Exógena	Preferências e demandas dos cidadãos
B. Contrapartida aos gastos públicos	Exógena	Necessidades de tesouraria do governo
C. Encargos alocados pelos politicamente fortes aos politicamente fracos	Exógena	Preferências e demandas da coalizão política majoritária
D. Transferências compatíveis com um padrão de distribuição de renda politicamente negociado	Endógena	Regras do contrato constitucional

---

[161] Por exemplo, é mais fácil para os políticos dissiparem o ônus tributário por trás de um sistema que combina uma grande variedade de impostos e alíquotas que se superpõem uns aos outros, têm poucas e frouxas vinculações, seguem regras (constituição fiscal) mutantes e operam com uma incidência que oculta a carga do imposto no preço final dos bens e serviços. Em decorrência, são elevados os custos de informação a que o cidadão está submetido quando interage com esse sistema, de modo a amortecer-lhe a percepção do quanto ele paga efetivamente pela provisão pública de bens e serviços. E mais: dada a elevada *folga* com que opera a burocracia do Executivo relativamente aos controles dos legisladores, são também muito altos os custos de reação a que ele fica sujeito.

À margem dessa evidência, entende-se que o governo tenta acomodar em uma ambientação de maior envergadura (linha **D**) a sua solução (linha **B**) para o problema de definição muito restrita — e que se vincula à política de estabilização de preços — sem se dar conta de que provavelmente **B** não se contém em **D**. Porém, vale também notar que na estratégia oficial foi dado um encaminhamento simultâneo a ambas as reformas (PEC nº 40-03 e PEC nº 41-03). Em certa medida, a visão de tesouraria (foco **B**) tem por corolário que os novos recursos orçamentários que não puderem afluir por via do novo sistema da previdência social virão de um sistema tributário graduado mais acima, com alíquotas mais elevadas e que terá embutida pelo menos tanta flexibilidade de operação, por parte da autoridade fiscal, quanto o sistema em sua configuração atual.[162]

Essa é mais uma ocasião em que o pano de fundo para a tramitação de reformas econômicas deveria ser a relevância das regras constitucionais na operação de nossa democracia representativa. Ter ou não ter esta ou aquela restrição inscrita no texto constitucional torna-se uma questão operacional com que se confronta o *policymaker*. Por conseqüência, são as regras constitucionais que acabam por se amoldar às preferências e aos objetivos do governo.

O próprio texto da mensagem de encaminhamento da PEC nº 41-03 ao Congresso[163] não deixa dúvidas quanto a isso. A visão de tesouraria, já referida, é apenas o exemplo mais concreto dessa percepção do papel subalterno que a Constituição desempenha nas escolhas públicas. Mesmo a referência que a EMI nº 84 faz ao "fortalecimento federativo" é episódica, voltada pura e simplesmente para viabilizar a polêmica redefinição da cobrança do ICMS, em que a questão financeira reaparece no cabo-de-guerra e no intenso *lobbying* dos governadores dos estados.[164]

---

[162] Sob este último aspecto, note-se mais uma transformação do que originariamente seria um arranjo temporário em uma regra definitiva: na PEC nº 41-03, a DRU, mecanismo que desvincula de órgão, fundo ou despesa 20% da arrecadação de receitas compulsórias da União, fica revigorada até 2007.

[163] EMI nº 84/MF/C. Civil, de 30 de abril de 2003.

[164] No passado (Monteiro, 1997), houve tentativas mais explícitas do que então se rotulava de "desconstitucionalização" dos impostos, vale dizer, a degradação da constituição fiscal para um *status* de legislação complementar, ordinária, ou mesmo de ato administrativo. Na iniciativa de 2003, no entanto, o governo busca alcançar esse mesmo objetivo por meio de estratégia mais complexa, que confronta a sociedade com elevados custos de informação, e reforçada por intensa pressão que o Executivo exerce sobre o Congresso. De fato, a *novidade* da agenda de políticas em 2003 está nesse complemento: o governo exercita uma inusitada e *pesada* sutileza no encaminhamento de seus pleitos no Congresso.

As propostas de reforma tributária no Brasil estão fadadas a serem rotuladas de *minirreforma*. Entenda-se: em face das dificuldades políticas para se ter vigorando o sistema tributário dos sonhos dos burocratas (maior concentração de poder decisório na União, quebra de sigilo bancário por decisão administrativa e maior autonomia para revisar o sistema),[165] o governo, a cada vez, contenta-se em aprovar *alguma coisa*, quase sempre ainda antes de uma data eleitoral. A versão oficial é que essa é uma estratégia de desmembramento "para se obter o consenso",[166] acompanhada de uma promessa de reduzida credibilidade: extinguir a superposição de incidências dos impostos, um dos mecanismos a justificar tanta arrecadação.

A proposta de reforma tributária — retomada na reabertura dos trabalhos do Congresso em 1º de agosto de 2000 — é um desses exemplos. Ela oferece um vasto repertório de equívocos, sendo o principal deles o de que tudo o que de mais relevante o governo pretende fazer nesse campo já teria sido posto a vigorar, desde meados de 1993, em diferentes etapas.[167]

Uma reforma tributária acaba por traduzir-se na quantidade de impostos, no tamanho e variedade de suas alíquotas, e na amplitude da base de arrecadação. Nesse sentido, pode-se pensar em três classes de reformas:[168]

▸ modelo I (tradicional) — limitar o crescimento dos impostos ou da própria despesa pública, relacionando-os ao crescimento de renda pessoal, população ou inflação;
▸ modelo II (anuência do eleitor) — em alguma instância submeter a proposta da reforma (aumento de impostos já existentes ou criação de novos impostos) a um referendo popular;[169]
▸ modelo III (requisito mais abrangente para aprovação) — somente por uma supermaioria (por exemplo, 3/5) do voto legislativo é possível promover uma reformulação no sistema tributário que altere a incidência de impostos.

---

[165] O eufemismo da *desconstitucionalização* tributária.

[166] Líder do PFL na Câmara dos Deputados, 21 de junho de 2000.

[167] Provavelmente essa é a razão pela qual o governo pôde protelar a tramitação de uma versão definitiva dessa reforma. No período pré-eleitoral de 2000, não apenas em preparo para as eleições municipais daquele ano, mas também para a eleição presidencial de 2002, essa é uma estratégia para ganhar tempo. Basta ver o "manifesto" dos empresários ligados ao CNI e o "manifesto" dos 14 governadores, ambos tidos por um singular desagravo ao presidente da República. Essa é uma retórica *balbuciante* (Matthews, 1989): nem informativa, nem persuasiva.

[168] É bastante didático conectar essa tipologia com a utilizada no quadro 8.

[169] As justificativas aqui devem ser necessariamente robustas; não bastará emitir uma "nota técnica" interministerial — o que foi feito — a pretexto de dar satisfações públicas e que merecerá a atenção da mídia no *timing* que os burocratas escolherem.

A literatura econômica difere da lógica do consenso do líder do PFL, vista anteriormente, em pelo menos duas frentes: a exigência de uma supermaioria na decisão legislativa reforça o poder de barganha da coalizão minoritária (Kenyon e Benker, 1984), enquanto, ao mesmo tempo, ela inevitavelmente faz com que as lideranças políticas (sobretudo as governistas) tenham maior zelo na construção de uma decisão consensual (Rafool, 1996).

Portanto, a opção por um formato de minirreforma não é trivial. Se, por um lado, o recurso é defensável em nome da eficiência da gerência pública, por outro, ela corrompe o sentido mais profundo que se possa dar a uma mudança na Constituição. Talvez esse seja mesmo o apreço que se tem pela Constituição: é um contrato que se desdobra em retalhos e incursões oportunistas, em que mesmo a busca da decisão consensual é costurada por arranjos *ad hoc*.

Oportunismos de governo

A facilidade com que o governo consegue aprofundar a austeridade nas finanças públicas gera um ambiente institucional em que o poder discricionário dos agentes públicos aumenta. Paradoxalmente, em decorrência disso, o governo acaba por ser incentivado a ampliar sua influência na economia nacional.

Um exemplo dessa ocorrência é dado pela ação governista desenvolvida no Congresso. Qualquer manifestação contrária a prorrogações de vigência de mecanismos fiscais que mantenham a carga tributária em seu nível alcançado em 2002 terá fôlego curto, como se pode notar nas habituais manobras em torno da não correção da tabela de descontos do imposto de renda da pessoa física, da renovação das cobranças da CPMF e da alíquota suplementar de 10% no IRPF.[170]

Toda a ação é, ademais, embalada em uma retórica de "reforma", com o que se pretende *amaciar* a classe política. Uma implicação do paradoxo antes referido é que — a menos que o governo se comprometa com credibilidade quanto a não recorrer a tais estratégias — os agentes privados terão tacitamente reduzidas as suas chances no jogo de política econômica; eles antecipam que seus próprios ganhos no resultado mais eficiente da economia nacional estarão sendo reduzidos pelo oportunismo do comportamento dos agentes públicos.

Esse é, em verdade, o dilema constitucional brasileiro: há que ter as escolhas públicas ocorrendo sob regras que restrinjam essencialmente a capacidade do

---

[170] Esta última, com vida útil até dezembro de 2003, tem a sua extensão considerada na versão mais atual de reforma tributária (PEC nº 41-03), em curso no Senado Federal, em outubro de 2003. Quanto à correção da tabela do IRPF, em 2002 o governo acabou por voltar atrás, embora se evidencie que o tema, como é habitual, voltará a ser considerado sob outros formatos — o que logo adiante (outubro de 2003) se evidencia, com o ministro da Fazenda manifestando-se pela não correção dessa tabela.

governo para renegar os mecanismos de promoção de eficiência que ele próprio põe a vigorar, em nome da estabilização econômica.

Estudos recentes (Falaschetti e Miller, 2001) reforçam uma possível atenuação para tal dilema, com a autoridade decisória pública tornando-se menos concentrada:[171]

- uma atuação mais autônoma do Congresso pode contribuir para reduzir o potencial do governo para expropriar os ganhos dos cidadãos-contribuintes-eleitores, no esforço de estabilização econômica. O Congresso pode limitar o incentivo a que o Executivo está sujeito ao adotar estratégias oportunistas. Conclui-se que uma economia pode sustentar resultados eficientes, se para tanto conseguir restringir o governo em sua capacidade de promover seus próprios interesses (Falaschetti e Miller, 2001:402);[172]
- ademais, com o deslocamento da formulação de políticas públicas para o eixo Executivo-Legislativo, se estará fazendo valer as regras constitucionais — o que potencialmente promove a credibilidade com que o governo se compromete a honrar contratos em geral, especialmente aqueles de vigência mais duradoura.

Mas, afinal, o que impedirá o Congresso, ou a coalizão no poder, de dar o dito pelo não dito, com efeitos igualmente perversos sobre a eficiência econômica? De fato, nada impede que isso ocorra, mas o incentivo ficará atenuado, e os agentes privados, agindo sob essa percepção, contribuirão com o esforço necessário para sustentar um melhor desempenho coletivo.

É precisamente aí que o *design* constitucional desempenha um papel relevante, de vez que é na Constituição que se define o sistema da separação de poderes, complementado com a prática legislativa bicameral e com o arranjo federativo — todos operando para tornar mais difuso o poder decisório público. Ao tornar tão substanciais os custos de coordenar e organizar a estratégia para que o governo capture, para si ou para os grupos que o apóiam, as oportunidades promovidas pelos maiores ganhos em eficiência econômica, é esse arranjo constitucional que induz a que os agentes públicos enfatizem menos as suas estratégias oportunistas.

---

[171] Para uma caracterização do grau de concentração decisória no Executivo Federal, ver cap. 3.

[172] Esse temor também pode ser estendido aos legisladores: afinal, por que não seriam deputados e senadores levados a usar estratégias oportunistas? Ocorre que o grau de exposição do Congresso às cobranças dos cidadãos é maior, de vez que o processo decisório legislativo é mais visível e mais influenciável pelos diferentes pontos de vista presentes em um dado tema de política pública.

A passagem legislativa da PEC nº 41-03, centro da formação de política econômica em 2003, é um caso didático a evidenciar o oportunismo do governo, não apenas por tratar-se da reforma tributária, mas porque põe em evidência — como talvez poucas propostas de emenda até então o fizeram — o significado integral de se promover mudanças na Constituição.

Essa ocorrência envolve os seguintes aspectos:

- renovações de vigência — ou mesmo atribuição de *status* permanente — para mecanismos criados originariamente para fazer face a conjunturas de emergência: a cobrança da CPMF, a alíquota adicional de 10% no imposto de renda e a DRU (Desvinculação de Receitas da União);

- a equiparação de provisão constitucional, estabelecida por via do mecanismo de emenda (art. 60), à emissão de MP (art. 62). Esse é o caso específico da implementação do repasse de 25% aos estados da receita da Cide, e da MP nº 135, de 30 de outubro de 2003, que elimina a cumulatividade da Cofins.[173]

Por MP, a decisão poderá ser mais específica, atendendo melhor a interesses da liderança do colegiado de governadores; diretamente por emenda, o interesse geral tenderia a ser mais bem atendido. Ademais, a aprovação por MP (mesmo quando convertida em lei) pode assegurar um mero apoio de maioria, enquanto a supermaioria constitucional pode bloquear essa decisão. Se assim for, esse é um caso de "legislação marginal" (McGinnis e Rappaport, 2002:731), podendo a supermaioria aumentar a qualidade da legislação, sobretudo se a MP produzir efeitos que reduzam o bem-estar geral;

- tentativas de repartir a PEC, originariamente aprovada na Câmara, em segmentos definidos pelas necessidades das tesourarias da União e dos estados e municípios. Por extensão, tais necessidades estão associadas a pressões que se exercem sobre os partidos para que acumulem capital político, tendo em vista as eleições de 2004 e 2006;

- a emenda que enfim resultar da passagem no Congresso servirá de balizamento para questões deixadas em aberto, muito embora tenham sido originariamente pensadas como centrais à reforma tributária. Tal é o caso do regime de cobrança do ICMS: estado produtor *versus* estado consumidor. Com esse *status*, a emenda assim aprovada terá, acoplada, uma poderosa *moeda de troca*, de uso na composição de alianças políticas futuras, com enorme potencial eleitoral;

- ao anular, retroativamente, os efeitos da estratégia dos governadores que criaram (até o final de setembro de 2003) esquemas de incentivos para preservar a competitividade fiscal de seus estados, a proposta em curso (outubro de 2003) no Senado regula *ad hoc* o arranjo federativo.

---

[173] Ver "A delicada consolidação constitucional", no cap. 7.

O fato é que a igualdade política que aparentemente vigora no centro da decisão constitucional no Congresso não se reflete na realidade, de modo que alguns cidadãos (e seus representantes na Câmara, no Senado e no colegiado de governadores) têm mais informação e influência — e têm mais a perder — do que outros, relativamente aos vários temas tributários.

Os tropeços nas decisões constitucionais na economia brasileira neutralizam, adicionalmente, a propriedade de "filtragem" que a regra de 3/5 viabiliza (McGinnis e Rappaport, 2002). Do ponto de vista do controle para a sustentação do ajuste fiscal, o repasse de 25% da arrecadação da Cide pode ser indesejável. Como tal, a proposta de tratar esse tema por emissão de MP tanto decorre da presteza com que esses recursos possam ser usados pelos estados recipientes quanto é um expediente legal que contorna possíveis oposições aos critérios do rateio dessa verba.

Se assim for, a decisão por MP é indesejável, e portanto seria significativo que ela fosse filtrada por uma supermaioria constitucional. A filtragem é um efeito que ocorre quando a legislação que pode assegurar maior percentagem de votos é, na média, superior à decisão que assegure menor percentagem de apoio; a supermaioria *filtra* a legislação indesejável que, não obstante, seria selecionada por uma maioria simples.

Conquanto se possa argumentar que nem sempre a filtragem por supermaioria será uma condição de suficiência para a melhoria da qualidade da legislação, no caso em discussão o recurso à emissão de MP reforça o argumento antes apresentado, especialmente porque a decisão (legislação) assim estabelecida pode gerar fatos consumados imediatos que se manterão por até quatro meses, quando o Congresso votar a lei de conversão da MP.[174]

Feitas essas ressalvas que são peculiares ao caso da economia brasileira, a argumentação analítica em torno do efeito de filtragem promovido pela supermaioria constitucional pode ainda ser relacionada a dois fatores (McGinnis e Rappaport, 2002):

▸ tanto mais polêmica for a passagem legislativa, sob o *quorum* de maioria simples, tanto mais indesejável a legislação marginal. Não parece haver disputa quanto à questão de o rateio da Cide envolver comprometimentos duvidosos, relativamente aos termos em que, por exemplo, tais recursos sejam transferidos aos estados, sem regulações mais estritas sobre o seu uso na recuperação de rodovias;

▸ se apoiada por uma regra constitucional, quão melhor será a legislação de recuperação da malha rodoviária estadual, no referido exemplo da Cide, compa-

---

[174] Adicionalmente, a supermaioria constitucional no Brasil opera em quatro votações sucessivas.

rativamente a um comprometimento regido por um acordo de maioria? Quão intensa é a filtragem?

Por certo que tanto mais intensa será a filtragem, isto é, tanto melhor será a lei supermajoritária quanto menor a qualidade da legislação majoritária. Essas qualificações à filtragem constitucional podem ser assim ilustradas:

Intensidade da filtragem por supermaioria ⟶ grau de melhoria

Menor	Maior
Alta	Baixa

Qualidade da legislação majoritária ⟶ provisão desejável

Intensidade de filtragem legislativa e melhoria de qualidade da legislação são aspectos intimamente associados ao atendimento de interesses preferenciais. Tal percepção é importante no caso da PEC nº 41-03, em razão do *rent seeking* promovido tanto por grupos privados que buscam obter vantagens tributárias (a desoneração total das exportações, por exemplo) quanto por governadores e prefeitos (maiores recursos tributários próprios e de transferências da União).

Toda essa construção analítica tem aplicação ainda mais interessante na contraposição da legislação por MP com a votação de projeto de lei. Outra vez, o filtro da apreciação do projeto de lei pode melhorar a qualidade da legislação por MP. Esta reflete muito mais a percepção e as preferências dos burocratas, enquanto a legislação majoritária agrega a manifestação de uma variedade de segmentos sociais, tal como representados no Congresso.

Por fim, vale notar que, mesmo em um ambiente institucional em que a capacidade de emissão de MP está razoavelmente contida, por força da EC nº 32, de 11 de setembro de 2001, as MPs prosseguem esgueirando-se no processo de feitura de leis, tanto quanto na questão constitucional, como o atestam o sugerido tratamento alternativo para o rateio da Cide, conforme proposto pelo governador de Minas Gerais, e as polêmicas MPs nº 131, de 25 de setembro de 2003 (que trata de um tema localizado, a regulação da safra de soja de 2004), e nº 135, de 30 de outubro de 2003 (que em seus robustos 69 artigos elimina a incidência cumulativa da Cofins).[175]

---

[175] Para uma outra propriedade dessa MP, ver "A delicada consolidação constitucional", no cap. 7.

3 Concentração de poder

Burocratas e formação de políticas

A prática instituída pela delegação do art. 62 da Constituição altera substancialmente o processo de escolhas típico de governo representativo: a política pública expressa em uma medida provisória somente pode ser alterada quando o próprio Executivo se dispõe a fazê-lo ou, muito improvável, quando o Congresso Nacional traz à votação a MP, para aprová-la, com ou sem emendas, ou então rejeitá-la.[176] Nesse contexto, o Executivo e, por extensão, os burocratas federais têm a vantagem do *first mover* (Ferejohn e Shipan, 1990): a proposta de mudança no *status quo* induz as preferências dos legisladores quanto ao resultado final do jogo.

Essa é a caracterização do poder discricionário com que se implementa a política de estabilização econômica, especialmente no período de julho de 1993 a meados do segundo semestre de 2001: o Executivo opta por uma das alternativas entre um conjunto de políticas, ativando minimamente a legislação produzida no processo decisório do Congresso.[177] Tal é o tipo de equilíbrio macroeconômico a que se pode chegar.[178] Como nem sempre é possível obter um acordo legislativo, o Executivo dispõe de ampla margem de escolhas estratégicas, de modo que:

---

[176] Cabendo, ainda, a eventual incidência de veto presidencial.

[177] Observe o leitor a concentração das emissões de MPs até dezembro de 1997: 87,8% do total emitido desde outubro de 1988 situa-se no período iniciado em julho de 1993; 79,6%, a partir de julho de 1994; e 69,1%, desde janeiro de 1995.

[178] Essa ordem macroeconômica, sustentada por tão substancial hipertrofia de poder decisório público, é verdadeiramente um *equilíbrio no vórtice do Executivo* (Monteiro, 1998). O termo *vórtice* é usado por James Madison no *Federalist*, n. 48.

- a alta gerência econômica acaba sendo o único participante ativo do jogo de políticas. Por exemplo, ela emite uma MP, ou promove a alteração de uma MP ou mesmo de uma lei já em vigor, de modo que nesse equilíbrio pouca ou nenhuma ação da legislatura será observada;
- mais genericamente, a política que é implementada nesse equilíbrio não decorre propriamente das preferências do Executivo, mas das preferências de quem detém o efetivo poder de legislar. Ainda que nem todos os futuros cursos de ação possam ser antecipados, uma política é, enfim, escolhida, e esta não será mudada, numa etapa subseqüente do jogo, a menos que os burocratas assim o desejem.

Em suma: não é nem a falta de informação nem a falta de vontade da legislatura de rever as decisões do Executivo, mas a incapacidade de chegar a um acordo constitucional que acaba por dar ao Executivo a oportunidade de selecionar políticas que estão mais próximas da escolha ideal dos burocratas. Tal é o fenômeno da "folga burocrática" (Shepsle, 1992).

No modelo de governo representativo, essa folga é atribuída (Niskanen, 1971) à assimetria de informação que dá ao burocrata (o agente) uma vantagem comparativa sobre seu patrocinador (os políticos na legislatura). Assim, o agente poderá implementar a política y segundo suas próprias preferências, e não necessariamente de acordo com a política x aprovada *ex ante* em decisão majoritária na Câmara dos Deputados e no Senado Federal.

No ambiente em que os burocratas detêm variada e intensa autonomia legislativa, pode-se decompor a produção total de leis (L) pelo Congresso em duas parcelas:

- L^*, a produção derivada de projetos de lei de iniciativa do Executivo ou da própria legislatura;
- $L_1 = \Phi(MP)$, a produção de projetos de lei que resultam da conversão de medidas provisórias.

Desse modo:

$$L = L^* + L_1 \tag{10}$$

ou, considerando que $L = L^* + \Phi(MP)$, tem-se que:

$$L^* = L - \Phi(MP) \tag{11}$$

é a produção autônoma de leis pelo Congresso, no sentido de que esse seria o contingente de legislação produzido sob instituições representativas, com a prevalência do sistema constitucional de separação de poderes.[179]

---

[179] Ou na ausência de um mecanismo como o das MPs.

A tabela 2 mostra a proporção **L*/L**, ao longo de diversos subperíodos entre julho de 1994 a dezembro de 1999. Isso significa, por exemplo, que de todos os projetos de lei que entraram em vigor nesse período, cerca de 16% decorreram diretamente de MP trazidas a voto no Congresso.

Tabela 2
Fator de correção da produção legislativa
do Congresso Nacional
1994-99

Período	L*/L
1994	0,52
1995	0,79
1996	0,98
1997	0,83
1998	0,80
Jul. 1994[1] a dez. 1999	0,84
Jan. 1995 a dez. 1999[2]	0,85

Fonte: *DOU*, Seção I.
Obs.: Valores médios no período calculados levando em conta as datas de emissão das leis.
[1] Introdução do real.
[2] Governo FHC, primeiro e segundo mandatos.

No entanto, essa evidência não capta a extensão em que o processo legislativo originado na burocracia atua na marcação da agenda do Congresso. De fato, uma das vantagens do *status* de *first mover* do Executivo é reduzir o conjunto de escolhas da legislatura, o que pode ser promovido:

▸ *ex post* — quando uma MP torna obsoleta iniciativa análoga, que seria viabilizada por meio de projeto de lei;[180]
▸ *ex ante* — por um efeito de dissuasão similar ao que ocorre no uso do poder de veto presidencial, a legislatura acaba por desconsiderar certas classes de estratégias de seu conjunto de escolhas.

---

[180] Por exemplo: em 4 de dezembro de 1996, a MP nº 1.526 foi convertida e aprovada como um projeto de lei, dentro do prazo regulamentar de 30 dias de sua data de emissão. Essa MP estabelece um novo regime fiscal para as microempresas. Em verdade, a iniciativa da maioria governista tornou ocioso um projeto de lei análogo que já tramitava no Senado.

A variável $MP_t/(L^*)_m$[181] ou, alternativamente, $MP_t/[L - \Phi(MP)]_m$, mostrada na figura 9, é uma medida sintética mais apta a sinalizar tal ocorrência. A trajetória dessa variável mede a efetiva transferência do poder de legislar dos políticos na direção do processo administrativo da burocracia.[182] Ao longo dos 60 meses transcorridos desde a mudança do padrão monetário até o final de 1999, a dissipação do sistema de separação de poderes flutua entre um índice de 1,8 MP por unidade média de leis (abril de 1995) e 6,5:1, em junho de 1999.[183] Observe-se, igualmente, que esse é um padrão de intervenção que se apresenta sustentado por longo tempo e oscila segundo conveniências de ordem gerencial e política.

Figura 9
**Medidas provisórias por média de leis do Congresso Nacional
(jan. 1995–dez. 1999)**

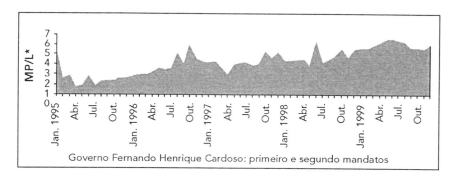

Governo Fernando Henrique Cardoso: primeiro e segundo mandatos

---

[181] Esse procedimento difere das estimativas em Monteiro (1997), em que representações gráficas análogas à figura 9 tomam por base de comparação a totalidade da produção legislativa, L, sem a utilização de fatores de correção como os exibidos na tabela 2. As variáveis MP e L* são computadas por suas respectivas datas de emissão. A utilização do fluxo de leis por sua quantidade média (L^*_m) no período neutraliza a notória sazonalidade da produção legislativa (Monteiro, 2002, apêndice C).

[182] Especialmente no âmbito do Ministério da Fazenda, do Banco Central e do Ministério do Planejamento.

[183] Na verdade, na evidência empírica aqui apresentada estão excluídas 85 MPs editadas em 29 de junho de 1999, as quais, se computadas, elevariam substancialmente o número de MPs editadas no mês de junho: de 92 para 177. A decisão de excluí-las decorre do fato de que todas essas 85 MPs simultaneamente revogam um número equivalente de outras MPs também editadas em junho. A inclusão distorceria fortemente a trajetória no período considerado. Obviamente, esse bloco de MPs tumultuou a numeração das MPs: criou-se um novo número de ordem (xxxx), porém acoplado com um número seqüencial (k) positivo, indicando mais uma reedição. Por outro lado, em termos qualitativos, essa ocorrência é muito expressiva, de vez que reforça o sentido de *experimentação* que se pode dar a esse tipo de legislação.

A acentuada mudança nessa desproporção observada em alguns períodos, como entre novembro e dezembro de 1997, não decorre propriamente de novas emissões de MPs, mas ilustra mais uma propriedade intrínseca ao mecanismo de MP: com a restrição de sua validade máxima de 30 dias, pode ocorrer que um mesmo conjunto de MPs acabe sendo reeditado duas vezes em um mesmo mês.[184]

Porém, toda a evidência empírica aqui mostrada não distingue o aspecto qualitativo envolvido na folga burocrática, vale dizer, não afere a amplitude da intervenção governamental que pode ser habilitada pela mera emissão de uma MP. Tal é o caso da reação ao agravamento de crises econômicas.[185]

A poderosa MP nº 1.602

A MP nº 1.602, de 14 de novembro de 1997, é um caso digno de escrutínio analítico. Antes de ser um ato jurídico, essa MP representa uma formidável intervenção regulatória em virtualmente todos os segmentos fundamentais da economia. Alguns indicadores desse diversificado regime de potencial majoração da carga tributária confirmam tal percepção:

- são 73 artigos acoplados a datas de início de incidência diferenciadas: a partir de 17 de novembro de 1997 e 1º de janeiro de 1998;[186]
- estabelece novas regras para *quatro* impostos federais (renda, produtos industrializados, importação e operações financeiras), com diferenciação de regime para cada caso, e as mudanças no imposto de renda se subdividem em *15* tipos de regras de incidência, declaração e cobrança;
- diretamente revoga, em parte ou em sua totalidade, dispositivos de *15* leis e nove decretos-leis em vigor e com data de emissão entre 1943 e 1997;
- impõe variados condicionamentos à aplicação de *29* outras leis e *11* outros decretos-leis em vigor, e mesmo diretamente a dispositivo constitucional (art. 150, inciso VI, alínea *c*).

---

[184] Os fundamentos que justificam computar a emissão de MPs por seu conceito *bruto*, ou seja, incluindo as reedições, estão expostos em Monteiro (1997, apêndice A).

[185] Ver cap. 4.

[186] Esse é mais um procedimento que inova o recurso à emissão de MPs. A legislatura é confrontada com um ato que condiciona diferenciadamente o seu conjunto de escolhas: com relação a uma parte da MP, a capacidade da legislatura para emendá-la ou revogá-la é muito restrita, de vez que há fatos já consumados pela vigência imediata da MP. Já quanto a uma segunda parte — com artigos que vigoram a partir de uma data futura —, há alguma margem para negociação. Todavia, por tratar-se de ato legal único, mesmo essa possibilidade de revisão acaba sendo também muito restrita ou concentrada em aspectos menos essenciais da decisão do Executivo.

Esse acontecimento ganha o rótulo impressionista de "pacote" de decisões contra os efeitos da crise asiática na conjuntura nacional.[187] Positivamente, essa é a moldura conceitual e analítica equivocada na avaliação das proporções do fenômeno que a MP n° 1.602 promove na economia. A MP n° 1.602 é expressivo exemplo de uma classe de ocorrência institucional em que seções inteiras da Constituição que, direta ou indiretamente, tratam dos poderes do governo e dos direitos econômicos do cidadão são afetadas, ainda que para tanto não ocorra qualquer emenda formal com esse propósito. Talvez por acreditar no velho adágio "se o Congresso aprovar, é constitucional", é que o governo se apressa — diferentemente do que ocorre com a quase totalidade das MPs — em promover a conversão em lei da MP n° 1.602.[188]

Todavia, há outro paradoxo envolvido nessa questão. O conjunto de medidas fiscais e monetárias (aí incluída a duplicação da taxa de juros) parece contradizer a noção de que, em época eleitoral, os políticos têm a racionalidade de evitar o seu comprometimento com ações que possam ser percebidas pelos eleitores como tendo impactos negativos em seu bem-estar. A validação dessa MP pela legislatura tem, no entanto, um significado estratégico para os interesses da reeleição presidencial:

- primeiramente, por acrescentar *artificialmente* ao procedimento de emissão da MP uma etapa de discussão amplamente visível para a sociedade, estimulando-se a busca de alternativas (como, por exemplo, a proposta de obter novas fontes de receita que não impliquem aumento do IR da pessoa física). Com isso atenua-se o custo político da MP e das demais medidas econômicas;[189]
- em segundo lugar, por permitir ao governo reafirmar seu comprometimento com a estabilização econômica e assim promover a um custo de informação tão baixo a divulgação de sua imagem de detentor único da confiança da sociedade na sustentação do Plano Real.

O cabo-de-guerra da MP n° 107

O novo regime de emissão de MP (EC n° 32, de 11 de setembro de 2001) introduz no processo político um efeito não antecipado, isto é, o eventual bloqueio da agenda legislativa que pode perdurar por semanas, agravando a mo-

---

[187] Ou, ainda, é apresentado em contraponto ao ilusionismo político de um dilema: recorrer ou não recorrer à ajuda compensatória do FMI, como fez a Coréia do Sul no final de novembro de 1997.

[188] O que, enfim, se dá em sessão noturna do Congresso Nacional em 1° de dezembro de 1997.

[189] Ao fim e ao cabo, nada de significativo é alterado na estratégia macroeconômica já estabelecida pelos burocratas.

JORGE VIANNA MONTEIRO

rosidade e a procrastinação nas atividades do Congresso.[190] Um caso muito peculiar nesse trancamento relaciona-se originariamente a uma MP que, de fato, já não existe mais porque foi rejeitada pelo Congresso em 18 de dezembro de 2002: a MP nº 75, de 24 de outubro de 2002.

Essa MP envolve benefícios potenciais a grupos de interesses de grande influência no Congresso, uma vez que seu texto reformula a legislação tributária e, mais especialmente, o Sistema Integrado de Pagamento de Impostos e Contribuições das Microempresas e Empresas de Pequeno Porte (Simples) e o Programa de Recuperação Fiscal (Refis). Nesse emaranhado legal, há dois outros elos: a MP nº 66 (29 de agosto de 2002), convertida na Lei nº 10.637 (30 de dezembro de 2002), e os vetos a ela apostos, ainda no governo anterior (MP nº 1.243, 30 de dezembro de 2002), bem como a MP nº 107 (10 de fevereiro de 2003), que integra o lote que, no começo de junho de 2003, bloqueia a agenda da Câmara. Em decorrência de negociações mais amplas empreendidas pelo Executivo no Congresso, a intenção é acomodar as demandas de atendimento preferencial no Refis e no Simples em um novo texto de MP, isto é, na correspondente lei de conversão.[191]

A envergadura do que está em causa nessa negociação pode ser resumida por duas classes de decisão tomadas nessa votação:

▸ um aumento de 160% na alíquota da Contribuição Social sobre o Lucro Líquido (CSLL), que incide sobre a receita bruta das empresas prestadoras de serviços em geral, e de 33% na alíquota da Cofins;

▸ a recomposição do parcelamento de débitos com a União (Refis) torna-se alvo de intensas pressões por parte dos que podem ser alcançados pelo benefício.[192]

---

[190] Ao mesmo tempo, a EC nº 32 apenas limita a variedade de temas em que o Executivo exerce sua capacidade de apresentar um fato consumado ao Congresso. Todavia, não se deve subestimar essa capacidade: o bloqueio da agenda legislativa pode servir aos interesses do Executivo, muito mais do que aos dos legisladores, e portanto viabilizar novas classes de estratégias para a emissão de MPs. Observe-se, a respeito, os freqüentes e críticos bloqueios de agenda ocorridos simultaneamente à trajetória das PECs das reformas tributária e previdenciária em 2003.

[191] Os custos de decisão envolvidos na aprovação legislativa das iniciativas constitucionais (PEC nº 40-03 e PEC nº 41-03) tornam-se, pois, substancialmente elevados. Isso pode ser notado na votação (6 de maio de 2003), na Câmara, de destaques (emendas) ao projeto de lei de conversão da MP nº 107.

[192] Originariamente entendido como um programa emergencial (tanto que essa recomposição havia sido encerrada em 2000), os destaques votados incluem mesmo os débitos que estivessem em processo judicial. Somente nessa extensão, estima-se uma cobertura adicional para o Refis de 90 mil empresas, com o acréscimo na renegociação de dívidas de algumas dezenas de bilhões de reais.

Esse é um emaranhado de decisões que acomoda tanto trocas cruzadas entre menor rigor na execução de dívidas fiscais e aumento de carga e receita tributárias — especialmente entre as emendas à conversão da MP nº 107 e o apoio às PECs nos 40-03 e 41-03, que na mesma ocasião iniciam sua tramitação no Congresso.

A esse avanço potencial de carga tributária, por via da CSLL e da Cofins, adiciona-se um novo e significativo componente, trazido pelo novo *status* que a reforma tributária (PEC nº 41-03) prevê para a CPMF:

- sua vigência deixa de ter um prazo terminal, e ela se incorpora em definitivo ao rol de receitas tributárias da União, onde responde por cerca de R$23 bilhões anuais;
- sua alíquota seria estabelecida sob o guarda-chuva de projeto de lei, isto é, não será mais definida na regra constitucional. Isso significa que todos os truques gerenciais e legais com que nos habituamos a ver tratada a incidência de impostos passam a ser estendidos à CPMF.

Cabe ainda notar que, em 4 de junho de 2003, as lideranças na Câmara exultam por terem, enfim, "limpado a pauta" das MPs que bloqueavam o processo decisório daquela casa. Genuíno motivo de júbilo?[193] Talvez não: o Congresso vai aos poucos dando prioridade à limpeza da pauta, para depois, se for o caso, discutir, apreciar e votar uma lei pelos méritos da política pública nela definida.[194]

A medida provisória como investimento

Desenvolvimentos recentes na teoria econômica de investimentos têm sido estendidos à feitura das leis, oferecendo uma nova perspectiva à consideração do mecanismo das MPs.

Primeiro, pelo fato de que o governo controla a ocasião da intervenção legal (original e por reedição), tendo a possibilidade de obter informação adicional sobre custos e benefícios esperados com essa intervenção. Adicionalmente, o investimento na feitura de uma MP é, de certo modo, irreversível, o que torna irrecuperáveis os custos aí incorridos, uma vez que, mais adiante, a MP poderá ser reeditada ou convertida em lei, com alterações. Tais custos podem ser decompostos em quatro classes (Parisi e Ghei, 2001):

---

[193] Outro exemplo de trancamento de agenda legislativa por MP é o das MPs nos 125-03 e 126-03, que em setembro de 2003 criam dificuldades à passagem da PEC nº 41-03 na Câmara. Para uma evidência das intensas repercussões desse acontecimento, ver a reportagem "Ameaça de cortar ponto" (*Jornal do Brasil*, 12 set. 2003).

[194] Ver, a propósito, "A derrota das medidas provisórias" (*Jornal do Brasil*, 7 jun. 2003. A3).

JORGE VIANNA MONTEIRO

- custos legislativos e políticos, e custos de publicação e divulgação da intervenção legal. No caso das MPs — que, até 11 de setembro de 2001, podem dispensar por tempo indeterminado a manifestação da legislatura —, por certo que tais custos não serão tão expressivos quanto os de uma lei produzida diretamente pelo Congresso. Igualmente, pela tradição com que o recurso à emissão de MP integra o processo das escolhas públicas, os custos de negociação política têm sido pequenos, diante da amplitude de muitas dessas MPs;
- custos de aprendizado por parte dos agentes judiciais (tribunais, unidades de implementação, advogados) e do público em geral. Tal aprendizado terá sido de valor limitado, uma vez que a lei venha a ser neutralizada ou revogada. No caso da lei como MP, esse tem sido um custo substancial.[195] Com uma vigência incerta, o texto de uma dada MP pode ser alterado, substancial ou superficialmente, por acréscimo ou redução, tornando potencialmente volátil a ordem legal que sustenta o funcionamento da economia;[196]
- alterações em titularidades legais em vigor, dado o desequilíbrio promovido pela MP. Ao longo dos últimos experimentos de estabilização de preços, esses têm sido custos substanciais que os burocratas se esmeram em ocultar ou transferir para segmentos politicamente fracos, quando não bloqueiam eventuais reações contrárias;[197]
- custos institucionais decorrentes de mudanças na regra legal, tais como o valor que se perde com a especialização de funções, e de mecanismos operacionais que são estabelecidos em torno da lei que sofre descontinuidade. No caso da economia brasileira, esse é, sem dúvida, o custo mais substancial entre todas essas quatro classes, especialmente porque a emissão tão intensa e variada de MPs acaba por desativar o princípio básico da especialização na democracia presidencial: a separação de poderes. Com isso, o vínculo do eleitor com o seu representante é enfraquecido ou de todo substituído pelo atendimento administrativo-gerencial.

Um pressuposto no uso tão farto e tolerado de MPs parece ser o de que há boas razões para acreditar que a alta gerência econômica do Executivo faz esco-

---

[195] De fato, é freqüente esse tipo de argumentação em manifestações de juristas sobre o uso e abuso da emissão de MPs.

[196] É oportuno lembrar que a EC nº 32, que limita a vida útil de uma MP em até 120 dias, não altera expressivamente essa classe de custos, sobretudo porque, atingido esse limite de vigência de um texto, não fica de todo inviabilizado o recurso da emissão do mesmo texto em uma outra MP (nova, ou já em vigor).

[197] Basta relembrar o popular tema dos "esqueletos no armário" criados sucessivamente desde o Plano Collor (1990) por meio de MPs que introduzem variadas formas de confisco.

lhas de políticas que são mais representativas das preferências dos eleitores que as feitas pelos legisladores no Congresso — o que sugere que uma estrita doutrina de não-delegação de poderes, recursos e funções (em prol das unidades de implementação de políticas) não torna as escolhas públicas necessariamente mais democráticas (Spence, 2001). Habitualmente, essa crença baseia-se nas vantagens de informação detidas pelos burocratas (agente), que assim melhor refletiriam, por suas intervenções na economia, as preferências dos cidadãos-eleitores e dos políticos (patrocinador). O argumento pode ser ainda reforçado no ambiente de crise externa, em que a rapidez da intervenção torna-se um atributo essencial na proteção e recuperação da economia nacional.

No entanto, a moderna visão da feitura das leis como um investimento qualifica de modo muito relevante tal pressuposto, tão freqüentemente defendido pelos que, entre nós, acreditam que as vantagens gerenciais da lei, sob o formato de MP, suplantam os seus custos sociais. A tipologia Parisi-Ghei é uma importante referência para se aferir os custos sociais das políticas associadas ao Plano Real, que tem nas MPs a sua âncora institucional.

Nova fonte geradora de instabilidade

Entre o final de 1997 e o início de 1998, com ou sem a aprovação das propostas de emenda constitucional agendadas, a elevada probabilidade de um segundo mandato para a administração federal incumbente, bem como de ampliação de sua base de apoio na legislatura, retira boa parte da estabilidade do que viria a ser decidido nas sessões extraordinárias do Congresso, porquanto:

- o que até então não houver sido decidido o será a partir de janeiro de 1999; o que for decidido insatisfatoriamente, ou seja, em desacordo com as preferências oficiais, poderá ser reexaminado sem maiores restrições. Afinal, esse é o custo social a pagar: a degradação de muitos anos de mudanças nas regras do contrato social, ao sabor dos interesses de quem porventura exerça o mando, só serviu para tornar a Constituição brasileira pouco escrupulosa;
- há a proposta (PEC nº 554-97)[198] que convoca uma Assembléia Nacional Constituinte, um dos itens da agenda extraordinária da Câmara dos Deputados, visando a retomada, a partir de fevereiro 1999, do processo de mudança da Constituição.

Desse modo, que credibilidade terá o produto da convocação extraordinária do Congresso, se a expectativa é que a sua vida útil não vá além de uns pou-

---

[198] Origem da EC nº 32, de 11 de setembro de 2001.

cos meses adiante, quando substancialmente seus temas poderão ser reavaliados, à luz de uma nova configuração de forças políticas que resulte das eleições de outubro de 1997? Como ignorar que o sentido dessa convocação possa ser o de simples manobra de diversão, de modo a aumentar o capital político da coalizão majoritária, na conjuntura eleitoral?;

▸ também com potenciais efeitos perturbadores para a estabilidade do processo de escolhas públicas, outra PEC que estará sendo discutida na Câmara é a chamada "Emenda Fogaça" (PEC nº 472-97), que, aprovada no Senado, regulamenta muito frouxamente o mecanismo de emissão de MPs.[199]

Esse é um caso que oferece importante ensinamento de natureza constitucional: atribui-se um tratamento pontual, localizado, ao que, de outro modo, é manifestação de um fenômeno de muito maior significado. Pode-se mesmo prognosticar que há duas racionalidades secundando a PEC nº 472-97: ou bem essa proposta será aprovada, de vez que seu impacto efetivo no funcionamento do mecanismo das MPs é residual e amplamente contornável, ou bem o governo recorrerá à estratégia — já testada com sucesso com as MPs do "pacote" de outubro-novembro de 1997 — de arregimentar o apoio de sua maioria para logo ter convertidas em projeto de lei as MPs, pelo que se dispensa de incorrer em reedições, o que é basicamente o alvo da emenda Fogaça;

▸ a instabilidade institucional gerada à margem de mais essa reavaliação constitucional terá um poderoso mecanismo coadjuvante, na medida em que os interesses dominantes na conjuntura acabarão delimitados pela pauta extraordinária da legislatura. Os grupos, dentro e fora do governo, precisam simplesmente estar a postos.

Um intenso *rent seeking* é empreendido em torno de ganhos ou perdas que as mudanças constitucionais possam trazer ao presidente da República e a governadores, prefeitos, burocratas, empresários nacionais e investidores estrangeiros, em decorrência de mecanismos a serem degradados de seu *status* constitucional.[200]

A institucionalização da presidência

O tratamento analítico do Executivo quase sempre confunde-se com a pessoa do presidente da República. Por força disso, muito do que se discute sobre o

---

[199] Para um enquadramento alternativo da questão da regulamentação do mecanismo das medidas provisórias, ver "Um padrão seqüencial de decisões", neste capítulo.

[200] Esse mesmo argumento pode ser percebido na contraposição de *quorum* majoritário *versus quorum* supermajoritário, como apresentado em "Oportunismos de governo", no cap. 2.

envolvimento do presidente na formulação de políticas está relacionado às características pessoais do chefe do Executivo federal. Todavia, essa perspectiva do "presidente como indivíduo" (Edwards, Kessel e Rockman, 1993) acaba por desconsiderar as sistemáticas similaridades que se possam observar segundo as diferentes administrações federais.

No Brasil dos anos 1990, o recurso da emissão de MP enquadra-se como a manifestação mais expressiva dessa similaridade, com o presidente tornando-se uma entidade social indispensável, exercitando uma forma única de conduzir as políticas públicas, e com uma vida própria. Tal é o sentido do que a literatura técnica rotula de fenômeno da "institucionalização da presidência". Esse conceito é uma construção analítica que pode ser examinada pela observação de seus mecanismos externos e internos (Ragsdale e Theis, 1997).

Um mecanismo *externo* dessa institucionalização traduz-se:

- ▸ pela independência ou discricionarismo dos burocratas do Executivo *vis-à-vis* outros grupos sociais — o que fica especialmente evidente no seu relacionamento com o Congresso Nacional;[201]
- ▸ pela trajetória dessa autonomia, sua sustentação ao longo dos anos, e as adaptações por que ela passa.[202]

De certo modo, ambos os atributos revelam a capacidade da administração federal para lidar com os desafios de seu meio externo, tanto quanto refletem as preferências dos que exercem o poder de governar. Ademais, o grande sucesso gerencial das MPs torna esse mecanismo virtualmente insubstituível no conjunto de recursos à disposição dos *policymakers*. Assim, era de se espe-

---

[201] No início de 1998, dois indicadores sumariam essa ocorrência na atualidade: o estoque de 60 MPs existente em fevereiro de 1998 tem a idade média de 20 meses, isto é, a vida útil de uma MP, antes de ser convertida em projeto de lei pelo Congresso, supera em 19 meses o prazo constitucional para a sua vigência; num período de 12 meses (março de 1997 a fevereiro de 1998), a proporção entre a quantidade mensal de MPs e o volume médio de leis produzido pela legislatura (já descontada a produção que tenha tido como origem uma MP) nesse período oscila entre 3,4:1 (abril de 1997) e 5,9:1 (outubro de 1997).

[202] Com efeito, a capacidade legislativa substancialmente autônoma do Executivo é um fenômeno que se acentua a partir do Plano Collor em 1990, fortalecendo-se e assumindo um crescente grau de sofisticação com o Plano Real. Para uma variedade de exemplos de inovações no uso desse mecanismo constitucional no período de 1993 a meados de 2000, ver Monteiro (1997, 2002). Algumas dessas inovações podem ser perversas, do ponto de vista dos agentes econômicos. Exemplos da prática de utilizar a ocasião de uma reedição de uma MP para nela introduzir matéria "estranha" ao seu tema básico são apresentados por Watanabe (1998).

rar que dificilmente tal mecanismo legislativo viesse a ser desativado no futuro, sem que fossem asseguradas compensações adequadas, de modo que os burocratas mantivessem as vantagens inerentes de serem *first-movers* no jogo de políticas.[203]

O crescente controle exercido pelo Executivo sobre o uso de recursos orçamentários apenas reforça essa autonomia. Veja-se o caso das sucessivas prorrogações do mecanismo constitucional do Fundo de Estabilização Fiscal (FEF), ampliado em sua vigência até janeiro de 1999.[204] Igualmente, o Congresso aprova em 11 de dezembro de 1997, no âmbito da Proposta de Orçamento da União para 1998, a duplicação — comparativamente ao que vigorou em 1997 — da capacidade do Executivo de remanejar discricionariamente os montantes das dotações orçamentárias, ou seja, remanejamentos de até 40% passam a ser promovidos por uma decisão puramente intramuros, por via administrativa, independentemente de concordância da legislatura.[205]

Quanto aos mecanismos *internos* dessa institucionalização, eles podem ser percebidos por duas dimensões:

▸ a diferenciação ou complexidade da organização governamental, com as variadas classes de recursos decisórios de que se lança mão e a maior qualificação técnica dos *policymakers*.

A trajetória do programa antiinflacionário iniciado em julho de 1993 com o Programa de Ação Imediata (PAI) mostra o refinamento dos instrumentos de política econômica, assim como o elevado grau de especialização alcançado na atuação regulatória governamental;[206]

---

[203] O que, de certo modo, ilustra o aforismo de que as instituições de governo *fazem* os presidentes, tanto quanto os presidentes *fazem* as instituições. No começo de 1998, há uma unanimidade tácita entre os políticos da oposição e da situação quanto à necessidade de se dispor de um recurso gerencial tão rápido e flexível quanto a MP. Talvez isso explique por que, por longo tempo, as propostas de emenda para regulamentar o mecanismo do art. 62 sempre foram apresentadas sem grande empenho. Possivelmente, porque todos se vêem, algum dia, na posição de vir a recorrer à emissão de MPs para resolver problemas de política pública. Somente com a EC nº 32 (11 de setembro de 2001) seriam adotadas restrições adicionais ao art. 62.

[204] A busca de mais autonomia levou o secretário da Receita Federal a reivindicar o *status* de autoridade fiscal independente para a sua agência (Monteiro, 2002, cap. 2).

[205] Com a reforma tributária (PEC nº 41-03), o mecanismo da DRU é renovado, no nível de 20%, até 2007.

[206] Percebe-se nesse aspecto a desvantagem comparativa do Congresso no jogo de políticas. A inerente deficiência de recursos humanos, em quantidade e qualidade, nos quadros técnicos do Legislativo apenas sanciona a posição desfavorável que, de longa data, o Congresso sustenta diante dos burocratas.

124 LIÇÕES DE ECONOMIA CONSTITUCIONAL BRASILEIRA

▸ a coerência da atuação governamental, no que diz respeito à alocação de tarefas na administração pública e aos métodos utilizados para lidar com a formulação e implementação de políticas.

A longa prevalência do esforço de estabilização econômica também contribui para que haja a predominância de critérios mais universais e para que o volume de tarefas na organização governamental seja mais coordenado na formulação de políticas. Daí a maior coerência observada nas ações do governo. O fato de dispor de critérios e ter as tarefas seguindo padrões técnicos e administrativos razoavelmente previsíveis aumenta "a estabilidade da organização, uma vez que [seus membros] sabem que, dia após dia, métodos, tarefas e o *output* resultante devem ser mantidos" (Ragsdale e Theis, 1997).

A dimensão dos *staffs* técnicos do Executivo, especialmente na alta gerência econômica, não chega a se refletir tão intensamente no indicador de coerência, de vez que ainda prevalece a prática de recrutamento eventual para cargos de DAS, no interesse de quem esteja no comando da unidade decisória. Assim, não se poderia endossar a tese de que a coerência de pessoal transcende às mudanças de orientação que porventura ocorram em face dos resultados eleitorais.

Uma decorrência relevante do padrão institucional aqui analisado é a internalização administrativa de boa parte da formação das escolhas públicas, elevando substancialmente os custos de transação (Twight, 1988) com que se defronta o cidadão-contribuinte-eleitor em sua tentativa de perceber os custos e benefícios da atuação do governo na sociedade.[207] Essa é, portanto, uma forma de se entender o elevado grau de transigência revelado pelo cidadão diante dos eventuais efeitos perversos que estão associados à institucionalização da Presidência.

Sob instituições representativas puras, que pode o presidente da República fazer quando discorda de uma lei já em vigor ou que possa vir a ser aprovada no Congresso? Essa é uma questão que não só é inerente ao funcionamento da separação de poderes, como está intimamente associada à questão da compatibilidade em incentivo, isto é, da auto-implementação da Constituição (Monteiro, 2003e).

Uma perspectiva analítica promissora para tratar essa questão é a diferenciação de contextos em que ocorre a interação Executivo-Legislativo (Tushnet, 1999a, cap. 5):

---

[207] O que torna improcedente pressupor que "Brasil, México e Argentina hoje em dia são percebidos como países que têm um nível de transparência de Primeiro Mundo. Países em que há processos muito semelhantes aos das principais economias do G-7 em termos de privatização, desregulamentação, estabilização etc." (entrevista do diretor de Assuntos Internacionais do Banco Central a *O Globo*, 28 dez. 1997).

JORGE VIANNA MONTEIRO

125

▸ C_1 — desconsiderar uma lei, pelo exercício de um "novo" poder. O presidente declina de exercer um tal poder, diante de sua potencial repercussão politicamente negativa — o que pressupõe uma participação ativa dos demais agentes nas escolhas públicas. Desse modo, os procedimentos constitucionais acabam sendo validados na prática governamental;

▸ C_2 — desconsiderar uma lei que o presidente acredita ser inconstitucional por condicionar o exercício de sua autoridade. Se o presidente pode contornar qualquer lei que é seu dever implementar, que significado tem atribuir-lhe um peculiar poder de legislar *ex post*, representado pela provisão de veto que a Constituição lhe assegura? Diante dessa situação paradoxal, é provável que o presidente se disponha a negociar a alteração ou revogação da lei, ouvindo a coalizão majoritária na legislatura;

▸ C_3 — desconsiderar uma lei porque o presidente discorda dela, em termos de política econômica. O presidente pode argumentar que suas prerrogativas constitucionais foram violadas. Em decorrência, ele veta o projeto de lei aprovado. Por seu turno, na avaliação do veto executivo, a legislatura vota por sua derrubada. Pode o presidente recusar-se a implementar a reversão estabelecida pela legislatura? Por estar fluindo o sistema de separação de poderes, pode-se dar que, mais uma vez, essa seqüência decisória no presidencialismo acabe sendo respeitada, levando à auto-restrição de ambas as partes envolvidas;[208]

▸ C_4 — desconsiderar uma lei porque o presidente discorda dela, em termos de política econômica (o caso da lei anacrônica). A tentativa de inovar as instituições econômicas esbarra na existência de um conjunto de leis em vigor, eventualmente estabelecido por legislaturas antecedentes. Os recursos à disposição do presidente são: solicitar à atual legislatura que revogue a lei ou de todo ignorá-la. O argumento do presidente possivelmente apóia-se no fato de que a atual configuração do eleitorado, refletida em sua eleição, tacitamente encampa sua posição. Isso pode fornecer o capital político apropriado para que se estabeleça um acordo entre Executivo e Legislativo.

Por certo que as circunstâncias são diversas na economia brasileira. Quanto a C_1, ao forçar os limites estabelecidos pelo art. 62 da Constituição, o presidente demonstra não ter preocupação com a distribuição de poder entre Executivo e Legislativo, ou com os valores mais fundamentais que sustentam a democracia representativa. De fato, na longa trajetória do Plano Real, entre 1994 e meados de 2001, poucas vezes se observou um ato presidencial de declinar de usar o recurso da MP por temer o custo político de sua emissão.

---

[208] Essa seqüência típica é apresentada na árvore de decisão na figura 11.

Relativamente a C_2, dispondo de uma capacidade autônoma de legislar, o caso brasileiro aponta para uma baixa predisposição à negociação política. O comprometimento para tanto não vai além do empenho retórico.[209]

Quanto a C_3, tal situação dispara uma *nova* seqüência de MPs, o que leva ao seguinte paradoxo: se assim é, por que atribuir ao Congresso o poder de apreciar o veto executivo ou mesmo de legislar, se o presidente pode acionar tal mecanismo tão pronta e abundantemente?[210]

No contexto C_4 ocorre o recurso imediato à via paralela da emissão de MP que, como lei que é, cancelará no todo ou em parte a lei que o Executivo venha a considerar ultrapassada ou um entrave ao fluxo corrente da política econômica.

A capacidade de mediar interesses

Uma análise ligeira da paralisação de caminhoneiros ocorrida em meados de 2000 pode limitar-se a antecipar altas nos preços, em decorrência de rupturas no abastecimento de gêneros alimentícios e derivados de petróleo. Igualmente, invasões rurais e urbanas promovidas pelo MST, como as que têm ocorrido com freqüência nos últimos anos, podem receber diagnósticos em que se desconsidera uma capacidade que tem escapado a instituições políticas tais como partidos, tribunais, Congresso Nacional e, sobretudo, ao presidente da República: a mediação de conflitos.

Em conseqüência, a estratégia do governo pode ser distinta, em um e outro caso: a demanda de menores custos, por parte dos caminhoneiros, teve um atendimento preferencial: a adoção do "vale pedágio" (MP nº 2.024, 2 de maio de 2000). Já o MST, em sua temporada de 2000, foi confrontado com o Decreto nº 3.448 (5 de maio de 2000), que cria um subsistema de inteligência de segurança pública, muita retórica ameaçadora, a promessa de fartos recursos aos pequenos agricultores da Contag e o balão-de-ensaio de que a reforma agrária passe a ter sua execução descentralizada pelos governadores dos estados.[211]

---

[209] É interessante notar que a partir de 2003, com a nova administração federal, essa predisposição à negociação torna-se intensa, e simultaneamente a emissão de MPs é bem mais contida, comparada à da administração anterior.

[210] Mesmo a lei orçamentária não está à margem desse tipo de ocorrência: a aprovação do Orçamento da União, pelo Congresso, cada vez mais é uma mera revelação de preferências dos legisladores, podendo o orçamento público ser executado com crescente autonomia pelos burocratas. Veja-se o caso da MP nº 2.028, de 20 de junho de 2000, que altera comprometimentos estabelecidos nas diretrizes orçamentárias (LDO): recursos de cerca de R$400 milhões do superávit financeiro apurado no Balanço Patrimonial da União em 1999 são redirecionados para o Fundo Nacional de Segurança Pública.

[211] Note o leitor que, mais uma vez, a alocação de tarefas na Federação é pensada a partir de conveniências conjunturais do governo federal. Ver, no caso do salário mínimo, o cap. 2.

JORGE VIANNA MONTEIRO   127

Ambas as ocorrências podem ser tratadas em associação, na tentativa de melhor compreender o funcionamento da moderna presidência (Fitts, 1996):

- o poder centralizado, ou a oportunidade de vir a utilizá-lo, concorre para melhorar a coordenação de políticas e programas no âmbito nacional, havendo portanto incentivo a buscar apoios para ações que atendam às necessidades gerais;
- tornando-se o presidente da República o único agente no foco de atuação do governo, o custo de informação e avaliação com que se confrontam os eleitores reduz-se substancialmente. Em decorrência, é sobre ele, como personificação do governo (ou a presidência unitária), que se voltam as ações de *lobbying* e litígio;[212]
- essa existência de poder concentrado viabiliza o exercício mais efetivo de uma função de coordenação política.

A dispersão do poder não apenas oneraria essa coordenação, como a afastaria de um padrão de otimização. Já o Congresso é uma instituição coletiva, mais complexa, que dificilmente reúne e transmite informação em um todo coerente, de vez que nela está refletida a diversidade dos mandatos eletivos de seus integrantes.

O presidente da República é, hoje em dia, substancialmente mais exposto ou visível, em relação ao que ocorria até poucos anos atrás. Ao mesmo tempo, detém enorme poder de atuar na economia: ele virtualmente fixa a agenda do debate público, além de desempenhar um papel significativo como "coordenador" desse debate, pois cabe a ele estabelecer o *foco* em torno da política econômica. Assim sendo, é de se esperar uma ampla *legitimização* de seus atos. Não é isso, porém, o que ocorre: tanta visibilidade e tanto individualismo não necessariamente têm reforçado sua habilidade para mediar conflitos, ou seja, superar custos de resolução de disputas redistributivas, levando-o a promover efetivas relações de troca entre os interesses envolvidos.

Esse é um paradoxo: há algo nesse exercício da presidência que acaba por *deslegitimizar* o exercício do poder (Fitts, 1996). Por outro lado, essa é a diferença entre poder e autoridade (Skowronek, 1997), isto é, entre dispor do acesso aos recursos que o presidente comanda[213] e as expectativas que cercam o exercício da presidência, num dado momento, e as percepções quanto ao uso apropriado de tais recursos.

Além dos já citados casos dos caminhoneiros e do MST, cabe lembrar as lutas de grupos de interesses em prol da obtenção de benefícios distributivos das políticas públicas (indústria automotiva, exportadores, indústria farmacêutica, ruralistas, entre outros), os litígios sobre regras ou leis (o caso da correção mo-

---

[212] No ambiente das instituições políticas brasileiras, com o reforço de o Executivo ser a fonte de grande parte da legislação, como ilustrado pela emissão de MPs.

[213] Ver cap. 1.

netária dos saldos das contas do FGTS), a fixação do nível do salário mínimo, ou os confrontos simbólicos, como os constantes choques do presidente da República com as lideranças no Congresso.

Diante desses fatos, a presidência, como ponto focal do governo e seu inerente papel de mediador de interesses contrários, envolve:

▶ as vantagens de comunicação com o público; em boa parte dos casos, dispor do controle da agenda, construir e operar uma coalizão majoritária formada por grupos inerentemente divergentes;
▶ esses mesmos fatores limitam a capacidade de o presidente tratar temas controversos e mediar conflitos, de vez que é sobre ele que passam a recair todas as responsabilidades.

Em razão disso, sua racionalidade eleitoral passa a assumir um significado que neutraliza as vantagens antes apontadas. A um comportamento mais incisivo, segue-se uma atitude mais vacilante, que o impele a recuar como mediador. Neste último caso, é exemplar a estratégia oblíqua adotada após as sucessivas manifestações do MST, como volta a ocorrer em meados de 2003.

O paradoxo antes referido — poder *versus* autoridade — é ainda mais peculiar quando se tem em conta a substancial arrecadação tributária, complementada por uma concentração dessa arrecadação na União estimada em cerca de 3/4 da totalidade de impostos, taxas e contribuições, retendo a União 3/5 desse total.[214]

Problemas de delegação legislativa

A participação dos burocratas na formulação de políticas torna-se mais notória e diversificada com os esforços para dar sustentação à política de estabilização de preços, especialmente a partir de meados de 1993. Nesse sentido, podem-se distinguir duas etapas que reforçam a participação do Executivo nas escolhas públicas:

▶ diretamente, pelo já mencionado recurso à emissão de atos legislativos unilaterais
  É interessante notar que isso se dá mesmo em atividades em que a Constituição confere poderes ao presidente da República. Tal é o caso da iniciativa no processo legislativo ou, mais concretamente, a vantagem do *first mover* (seção II, art 84, inciso III). O que poderia ser um mero ritual tornou-se, em verdade, a

---

[214] O que condiciona em termos bastante objetivos o precário arranjo federativo em que opera a economia nacional. Pense o leitor no significado desses fatos tributários à luz da LC nº 101 (4 de maio de 2000) da responsabilidade fiscal, que submete as jurisdições estaduais e municipais a regras do jogo ambientadas nas preferências dos burocratas do Executivo federal.

norma de ação, com o presidente e, por extensão, os burocratas virtualmente monopolizando as funções de legislador.

Essa é a essência da face processual da estabilização de preços, de vez que a emissão de uma MP traduz diretamente o sentido da política econômica que se quer implementar, serve de meio para que outros mecanismos institucionais já em vigor sofram as adaptações que essa política venha a requerer, e provê a moldura legal para que atos caracteristicamente administrativos (decretos, resoluções, portarias) possam vir a ser formalizados.

Um corolário dessa centralização é que a opinião pública acaba por direcionar mais fortemente suas expectativas para o Executivo e para o presidente da República e seus ministros, acentuando ainda mais a imagem pública do quanto um presidente ativo pode realizar.[215] Nesse ambiente, quaisquer que sejam as motivações dos burocratas, eles poderão explorar em causa própria o seu conhecimento das preferências de sua clientela, a privacidade dos detalhes de sua própria atividade produtiva e a passividade de seu patrocinador, a legislatura (Shepsle e Bonchek, 1997). Como é visto a seguir, isso é tanto mais verdadeiro quando se toma em consideração uma *segunda geração* de escolhas que é viabilizada por tão irrestrita delegação legislativa;

▶ a partir de 1997, com a emergência de *agências executivas* que passam a desempenhar um intenso e extenso papel regulatório.

A esse respeito, a trajetória da MP nº 1.531, que trata da privatização do setor elétrico, é um exemplo muito didático. Em sua décima sexta versão (5 de março de 1998), essa MP — que altera substancialmente o seu próprio texto de 30 dias antes — cria um complexo conjunto de instituições para o funcionamento do mercado de energia elétrica no país (arts. 12 a 15), no exclusivo atendimento das preferências reveladas pelos burocratas. Dispensou-se qualquer recurso ao processo político. A garantia de que essa é a decisão correta e oportuna, ditada exclusivamente por critérios de gerência pública.[216]

---

[215] De todo modo, esse é um processo muito singular, se levarmos em consideração o período imediatamente após outubro de 1988, em que é generalizada a crença de que a nova Constituição "engessa" a capacidade de ação do Executivo por conferir poderes excessivos ao Congresso.

[216] O Congresso terá sua chance de um dia se pronunciar a esse respeito, quando da **k**-ésima reedição da MP, porém até lá as novas regras terão frutificado e promovido fatos consumados, oferecendo, pois, um alto custo político para serem canceladas ou alteradas em algum aspecto mais significativo. No começo de 1997, essa oportunidade de o Congresso converter uma MP em lei se apresenta em média após 20 meses de vigência da MP. Com a EC nº 32 (11 de setembro de 2003), essa ocorrência persiste, embora atenuada, uma vez que desde então o valor máximo fixado para **k** é de 120 dias.

130 LIÇÕES DE ECONOMIA CONSTITUCIONAL BRASILEIR.

Um exemplo ainda mais expressivo de tal padrão de escolhas decorre di retamente do processo decisório dessas agências. Em 30 de março de 1998, ; Agência Nacional de Energia Elétrica (Aneel) estabeleceu mais um conjunt de regulações por meio de sua Resolução nº 94,[217] que encontra justificativ: na mesma MP nº 1.531-16, de 5 de março de 1998, que por seu turno eliminou qualquer obstáculo que pudesse ser representado por um ato anterior do Con gresso, a Lei nº 9.472, de 16 de julho de 1997.

Esse é um jogo em que a seguinte seqüência ilustra o cálculo de estratégia. que está disponível à Aneel:

$$r(t + 2) \longrightarrow m(t + 1) \longrightarrow l(t)$$

onde r = resolução; m = Medida Provisória; l = lei; e as setas significam "com pre cedência sobre". Para fazer o seu movimento r em (t + 2), a agência deverá pro vocar em (t + 1) a edição de uma MP xxxx − k, $k \geqslant 0$ que condicione ex post o mo vimento (aprovação de lei, l) feito pela legislatura no tempo t.

Com a expansão dos problemas econômicos e sociais, em número e complexi dade, aumenta a demanda de intervenção federal, e a legislatura não se limita ape nas a aprovar um maior número de leis que requerem mais execução. Ela tambén aprova leis que requerem a formulação de políticas em larga escala antes de seren executadas (Greene, 1994; Flaherty, 1996). Desse modo, tem-se a nova face da ex pansão da economia pública no Brasil, que se consolida no arranjo de agências executivas do gênero ANP, Anatel, e Aneel.

Por certo que a legislatura dispõe de meios para influenciar a conduta des sas agências. Todavia, diante da substancial extensão em que se estabelece a delegação de legislar ao Executivo, essa é uma possibilidade muito redu zida.[218]

Ao longo dos últimos anos, as iniciativas de promover, direta ou indireta mente, mudanças em regras constitucionais alcançam pelo menos três impor tantes sistemas: financeiro, previdenciário e tributário. Em 2003, o "truque" legislativo, concebido pelo Executivo e logo encampado pela Câmara dos De putados, consiste em alterar a redação do art. 192 da Constituição por meio da aprovação da PEC nº 53-99. Em seu curto texto, a PEC nº 53-99 substantivamente revoga incisos e parágrafos do art. 192 e abre a possibilidade de que, mais à

---

[217] Definindo variadas condições pelas quais se dará a participação dos agentes de geração e distribuição no mercado de energia elétrica.

[218] No início de 2003, esse arranjo institucional se apresentará sob intensa pressão. A esse respeito, ver a matéria "Regulação: governo recua e mantém estabilidade em agências", na *Folha de S. Paulo* (24 set. 2003. B3).

frente, o significado do art. 192 se traduza por leis complementares, quantas forem necessárias.[219]

Com a PEC nº 53-99, e a decorrente EC nº 40, o Congresso Nacional:

▶ vê reconfigurado o seu poder decisório, aumentando sua agenda de temas que demandam a formação de coalizões estritamente majoritárias, em detrimento dos que devem observar a vigência de maiorias qualificadas,[220] e ao mesmo tempo delega mais poder regulador à alta gerência econômica do Executivo;

▶ o procedimento de promover em duas etapas a mudança da constituição monetária desacredita o próprio ritual constitucional: a criação do Banco Central independente é sutilmente deslocada para o rol de temas que requerem *quorum* ordinário,[221] facilitando promover, mais adiante, outras alterações na mesma constituição monetária, *por meio de uma variedade de leis complementares*.

A figura 10 ilustra essa ocorrência. A EC nº 40 potencialmente contrai a área de decisão **A** (regras constitucionais) e expande as áreas **B** (decisões estatutárias) e — quase certamente e com mais intensidade — **C** (regulação econômica definida no Executivo).

Ocorrência análoga desenrola-se na esfera da legislação ordinária. Trata-se do "caso Anatel": o Decreto nº 4.635, de 21 de março de 2003, que restringe a independência administrativa, e a não-subordinação hierárquica da agência reguladora do setor de telecomunicação (Anatel), como estabelecido na Lei nº 9.472, de 16 de julho de 1997.[222]

---

[219] A avassaladora votação na Câmara dos Deputados (2 de abril de 2003), com a formação de uma coalizão vencedora 26 pontos percentuais superior ao tamanho requerido, antes de ser um triunfo do esforço de coordenação parlamentar, representa, mais uma vez, uma distorção que se promove no processo de mudança constitucional. Em 29 de maio de 2003, o Senado Federal promulgou a emenda do sistema financeiro (EC nº 40). Os requisitos anteriormente listados no art. 192 poderão ser alvo de leis complementares para as quais prevalece o critério de aprovação de maioria de "metade mais um". Assim, de modo indireto, será possível adotar um novo regime de autoridade monetária — o Banco Central independente —, com a dispensa de contentar uma maioria de 3/5. Em verdade, a novidade na nova redação é que, a partir de agora, as leis complementares poderão ser numerosas — e não apenas uma, como vigorava no texto alterado. O pressuposto é que, assim, se torna muito maior a flexibilidade da burocracia para modelar o sistema financeiro.

[220] Em termos da figura 8, apresentada no cap. 2, trata-se de uma transferência de escolhas legislativas do tipo **B** para o tipo **A**.

[221] Para uma relevante implicação dessa alteração, ver o conceito de *filtragem* apresentado em "Oportunismos de governo", no cap. 2.

[222] Ver "O 'caso Anatel'", no cap. 5.

Figura 10
Hierarquia e articulação decisória

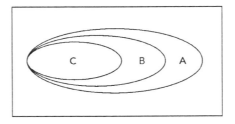

Em que os dois fatos[223] se interligam como ocorrências constitucionais?

O episódio Anatel pode ser reconstruído mais diretamente no modelo econômico de delegação (Aranson, Gellhorn e Robinson, 1997; Posner e Vermeule, 2002). Por meio de delegações, os legisladores autorizam a agência executiva a promover transferências de renda em seu nome, e ela o faz com garantias de autonomia decisória. Ao mesmo tempo, o cidadão-contribuinte-eleitor não tem poder de monitorar o comportamento dessas agências, na medida em que o processo decisório delas é bem mais opaco do que o que se observaria na decisão direta do Congresso. E mais: operando afastadas do processo político, elas estão igualmente fora de alcance da eventual punição eleitoral pelo cidadão.

Por outro lado, o "caso Anatel" expõe duas dimensões da delegação:

- por um lado, a Lei nº 9.472, que estabelece o mandato autônomo dessa agência, pode ser entendida como o meio pelo qual os políticos se asseguram de que as transferências de renda alcancem os grupos de interesses que se pretende contemplar, isto é, aqueles que exercem influência sobre uma coalizão majoritária no Congresso (Posner e Vermeule, 2002:1746);
- todavia, em face do continuado realismo tarifário que no começo de 2003 penaliza os consumidores de serviços de telefonia, mas também põe em risco a obtenção da meta oficial de inflação, o Congresso se vê diante de um conflito: contrapõe-se o desejo de transferir renda ao setor de telefonia à perda de capital político junto ao eleitorado.

Com isso, os legisladores podem ser vistos como delegando autoridade a agências, sem monitorá-las, criando desse modo uma "loteria regulatória" (Aranson, Gellhorn e Robinson, 1997:61).[224]

---

[223] A autonomia do Banco Central e a da Anatel.

[224] Paralelamente, o governo lança balões-de-ensaio quanto à necessidade de se adiar a atualização de tarifas dos serviços (o que parece ter ficado ultrapassado, no caso da energia elétrica, com o anúncio da entrada em vigor, em duas parcelas, de correções tarifárias que chegam a 30%) e, no longo prazo, rever todos os procedimentos contratuais dessas concessões, o que amplia a incerteza.

A delegação da DRU

O significado inequívoco da intenção de revalidar a Desvinculação de Receitas da União (DRU)[225] é expandir a margem de delegação com que opera a burocracia do Executivo, obtendo para tanto o aval da legislatura por via do projeto de Lei de Diretrizes Orçamentárias, devido ao Congresso, até o final de abril do ano precedente ao da validade da LDO, e, eventualmente, por mais uma alteração no texto constitucional.[226]

Teoricamente (Aranson, Gellhorn e Robinson, 1997), o atrativo para os legisladores em consentir nessa vaga delegação de autoridade discricionária aos burocratas pode ser previsto, em razão de que:

▸ deputados e senadores reconhecem que uma dada legislação provavelmente beneficiará um segmento da sociedade, ao mesmo tempo em que imporá custos substanciais a outros segmentos. Para recolher o crédito pelo benefício junto ao primeiro segmento de cidadãos-eleitores-contribuintes — mas mantendo-se à margem da potencial oposição do segundo segmento —, os legisladores aprovam a delegação ampla. Assim sendo, eles podem ter o apoio dos que integram o primeiro segmento, enquanto transferem as responsabilidades por eventuais repercussões negativas à implementação de decisões pelos burocratas;

▸ quando todos os grupos são potencialmente prejudicados pela legislação e preferem alterar o *status quo*, porém são incapazes de optar por um curso de ação, a decisão dos legisladores por uma ampla delegação ao Executivo cria efetivamente uma *loteria* de política pública: por um lado, uma ação preferida por todos os grupos opositores; por outro, nenhuma ação.

Outra vez, a distribuição de ganhos e perdas por esses segmentos competidores corre por conta das decisões que a alta gerência econômica venha a tomar.

Justo em uma conjuntura em que é acentuada a demanda de programas sociais, os custos de oportunidade com que se defrontam os legisladores, caso optem por não delegar mais essa fatia de poder decisório aos burocratas, possivelmente excedem os custos de oportunidade de, ao invés, delegar essa parcela de poder. Pode-se conjeturar que maiores fatias de delegação serão aprovadas, com menores graus de especificidade — o que, ao reduzir o custo de legislar para os

---

[225] Para a cronologia da DRU até 2002, ver Rezende e Cunha (2002, cap. 2, quadro 5).

[226] Foi o que ocorreu em 2003, quando simultaneamente à revalidação da DRU lança-se o balão-de-ensaio de que o percentual dessa desvinculação possa ser aumentado acima de seu nível de 20%, bem como ter ampliada a sua vigência. Na Proposta Orçamentária da União de 2003, o total de recursos da DRU é da ordem de R\$40 bilhões, enquanto na PEC nº 41-03 sua vigência é estendida até 2007.

congressistas, acabará por não estimular a produção de legislação promotora de bem-estar social (Aranson, Gellhorn e Robinson, 1997; Mashaw, 1997:142).

Delegações suficientemente amplas do tipo da DRU são efetivas (Mashaw, 1997:141-147):

- para reduzir o grau de responsabilização dos que implementam as políticas públicas;
- por condicionar complexas barganhas políticas com grupos de interesses;
- ao apresentar aos legisladores a chance de prover informação seletivamente a seus redutos eleitorais, legislar sem alcançar consenso quanto a detalhes de políticas públicas e ocultar posições ideológicas ou programáticas inconsistentes.

Por outro lado, a DRU pode ser considerada na perspectiva do presidente da República. Temas de âmbito nacional (combate à pobreza, fome e desemprego, por exemplo) estão associados mais restritamente ao prestígio do deputado ou senador, e muito mais ao do presidente, de modo que delegações amplas, como a DRU, teriam um significado mais direto no atendimento às preferências eleitorais dos cidadãos em eleições presidenciais. Assim sendo, ao ampliar o uso de poder discricionário na operacionalização de políticas públicas, a DRU torna-se um mecanismo de inestimável peso na formação do capital político do governo.

Ao mesmo tempo, a DRU é uma tentativa de criar um ambiente em que o gasto público doméstico se apóia nas operações internas da burocracia do Executivo, de vez que boa parte do Orçamento da União é tomada por pagamentos de transferências estabelecidos como titularidades constitucionais e, assim, obrigatórias.

Sob essas titularidades, o gasto público fica no "piloto automático" (Patashnik, 2001:734), a menos que, por meio de reformas constitucionais, a burocracia retome o seu controle. Afinal, mesmo que a orçamentação implique uma escolha discricionária entre propósitos concorrentes, ainda assim as titularidades têm precedência, ficando fora de alcance do controle fiscal ordinário.

Essa é uma perspectiva que tem escapado à discussão sobre a reforma da Previdência Social, por exemplo: sua viabilização traz associada a retomada de controle por parte dos burocratas sobre uma fatia considerável dos recursos públicos.

Desse modo, melhor se percebem a economia política da alocação de recursos públicos e o cabo-de-guerra que se estabelece entre legisladores e burocratas em torno da aprovação de reformas ou mesmo da renovação da vigência de um mecanismo como a DRU.

No centro dessa visão analítica está a noção de que sempre existirá um orçamento que irá prevalecer por *default*, caso a barganha entre políticos e burocratas não chegue a bom termo — esse é o "ponto de reversão" do jogo orçamentário (King, 2000):

com o domínio da decisão dos burocratas sobre um dado tipo de apropriação, por certo que essa reversão será zero, sendo descontinuado o programa, o fundo ou a política;

- com a elevação desse programa à condição de uma titularidade, o ponto de reversão passa a ser determinado pelo contingente de cidadãos — e o decorrente nível de suas necessidades — que é alcançado pela aplicação da regra constitucional; uma terceira possibilidade, que resulta da meta de geração de superávit primário nas contas públicas, é que esse ponto de reversão é dado pelo teto definido pela política de austeridade fiscal.

Nessa ordem de considerações, as mudanças no ponto de reversão das titularidades não eliminam o conflito quanto ao gasto público, e sim determinam como os agentes escolhem suas ações no jogo de políticas (King, 2000).

O argumento Landes-Posner no mundo das MPs

Em termos de *design* institucional, um Judiciário pode ser viabilizado: como um arranjo do tipo de uma burocracia, em que seus membros são selecionados e promovidos exclusivamente de acordo com padrões de desempenho; por indicação política; ou por um mandato de duração muito longa ou mesmo vitalícia, assim eliminando elos com o poder político-partidário que originou a indicação dos juízes (Cooter, 2000).

Em seu celebrado estudo sobre a economia da decisão judicial, Landes e Posner (1975) mostram como um Judiciário independente pode viabilizar um processo governamental que enfatize a participação de grupos de interesses especiais na formação das políticas públicas. Fazendo prevalecer leis que tenham sido licitamente aprovadas no Legislativo (ainda que em legislaturas anteriores), o Judiciário assegura a vigência do processo constitucional ao impor custos substancialmente elevados à "compra" de interesse público a partir de decisões judiciais. Por conseqüência, o argumento Landes-Posner sustenta que os grupos de interesses não demandarão determinadas políticas públicas, caso antecipem que seus níveis desejados para essas políticas não serão providos duradouramente. Na ausência de um contrato que seja efetivamente implementável e estabelecido na relação entre esse segmento organizado do eleitorado e o provedor da lei (uma maioria na legislatura), alguma outra instância de poder deve dar essa garantia.

A configuração da lei como medida provisória enseja uma interessante adaptação dessa visão analítica:

- como a instância que converte a MP em lei ou contemporiza com a prorrogação do *status* da lei como MP — o Congresso Nacional —, atua virtualmente como um agente do Executivo, este pode providenciar, a um custo reduzido, que a legislatura não reescreva a MP, bloqueando sua capacidade de criar e redefinir direitos;

- se o Congresso fosse independente e interpretasse as MPs de acordo com os interesses políticos nele representados, então os legisladores interfeririam com a "compra" de legislação pelos grupos de interesses junto à alta gerência econômica.[227]

Por outro lado, a aquiescência do Congresso à legislação produzida pelo Executivo não pode ser explicada inteiramente pelos mesmos fatores que comumente os críticos da teoria de Landes-Posner apresentam para qualificar a alegada independência do Judiciário diante do Legislativo: dependência da apropriação de fundos por outros poderes; expansão do número de integrantes do Judiciário; e redefinição das próprias regras que regem a revisão judicial.

É certo que as disfunções que foram se acumulando no processo orçamentário da União acabaram por tornar a tramitação legislativa da proposta orçamentária outra pequena farsa, sendo os legisladores previamente induzidos[228] a se mostrarem complacentes com um resultado legislativo que não irá guardar qualquer semelhança com o que será de fato implementado.[229]

As implicações do argumento de Landes-Posner podem ser levadas ainda mais adiante, em uma outra direção. Um Legislativo "dependente" torna muito pouco provável a contestação ou anulação de barganhas políticas e administrativas estabelecidas entre o Executivo e os grupos de interesses especiais, em uma eventual passagem da MP pelo processo decisório de deputados e senadores. Desse modo, a adjudicação administrativa torna-se muito consistente ao longo do tempo, tal qual esperaríamos, caso a revisão judicial fosse protegida das mudanças político-partidárias.

Igualmente, com base nos modelos de *rent seeking*, pode-se dizer algo quanto à *forma* de legislação que os grupos de interesses demandam. Com uma legislatura não autônoma, tais grupos "compram" legislação do Congresso, de mais curto prazo de validade. Isso porque, não fossem as MPs, os "ganhos especiais" (*rents*) que

---

[227] Anteriormente à EC nº 32 (11 de setembro de 2001), ao se ater aos preceitos constitucionais (art. 62) de "urgência" e "relevância" dessa classe de ato legislativo, o Congresso pode impor elevados custos ao rejeitar uma dada MP por ela não ter urgência e/ou relevância, ou alterá-la de modo a reduzir os ganhos do grupo que é atendido pela MP.

[228] Havendo maior predisposição dos burocratas para acolherem no projeto orçamentário público os projetos *paroquiais* dos legisladores.

[229] Ou seja, com os cortes de verbas nesses mesmos projetos, em face de um revés político do Executivo no Congresso, como já mencionado. Tal é o significado que habitualmente se atribui ao "orçamento não-impositivo".

JORGE VIANNA MONTEIRO

estivessem associados a fundos orçamentários, por exemplo, seriam rapidamente dissipados, de vez que a cada novo período orçamentário — ou a cada nova legislatura — seria necessário recompor o *lobbying* em apoio às políticas favoráveis ao grupo, com pesados custos a serem deduzidos do valor presente dos benefícios promovidos por essas políticas públicas.

As MPs fornecem um guarda-chuva sob o qual se define a durabilidade desse atendimento. O *lobbying* é redirecionado diretamente para os burocratas, ou para legisladores que estarão atentos ao que têm a perder por entrar em confronto com a ordem legal das MPs.[230]

Um padrão seqüencial de decisões

Comparativamente à formação típica de uma política em um ambiente de instituições representativas,[231] o recurso à emissão de MPs acarreta relevantes mudanças na forma extensiva do jogo de política econômica. A figura 11 resume esse ponto de vista.

Especialmente entre 1990 e meados de 2001, identificam-se duas variantes em que as medidas provisórias (**m**) compõem o conjunto de estratégias do presidente da República (**P**):

▸ diretamente, em substituição ao encaminhamento de um projeto de lei ao Congresso: **P** decide $m \neq x$, e o jogo termina em z_{t+n}, $n \geqslant 0$;[232]
▸ estendendo o jogo, pela adição de um ou mais pontos de decisão na árvore de decisão e assim virtualmente neutralizando o poder da legislatura para rejeitar (**r**), o veto executivo (**v**),[233] com o jogo terminando em z_{t+n}, $n \geqslant 0$.

Em face de toda a evidência empírica na tabela 2 e da figura 10, o equilíbrio da economia pública é determinado fundamentalmente por essas duas variantes do jogo, com a qualificação adicional de que esse equilíbrio estará refletindo interesses e preferências do presidente da República e dos burocratas do Executivo.

Uma decorrência desse padrão seqüencial nas escolhas públicas é que a decisão quanto ao tamanho e à forma da expansão estatal é ditada por critérios em

---

[230] Observe o leitor o sentido das setas que, na figura 4 (cap. 1), partem dos grupos de interesses.

[231] Essa formação típica fica ilustrada pela mesma árvore de decisão da figura 11, eliminando-se nessa representação gráfica o recurso **m**, por parte do presidente da República.

[232] Com a EC nº 32, de 11 de setembro de 2003, **n** passa a ser quatro meses.

[233] Que ocorre em decorrência de a legislatura emendar **x**, como proposto por **P**, para **y(x)**.

relação aos quais a manifestação da sociedade é restrita, bem como pela pura e simples conveniência desses mesmos burocratas. Dois exemplos didáticos desse tipo de ocorrência são:

- a conversão em lei da MP nº 1.531-18 (29 de abril de 1998), que promove a reestruturação da Eletrobrás e de suas subsidiárias, com vistas à sua privatização;[234]
- para dar por concluída a reforma administrativa, o governo lança mão, uma vez mais, do mecanismo das MPs, calibrando-o em um grau de discricionarismo ainda mais elevado do que o observado até então. O fato é que, em 18 de maio de 1998, emite-se a MP nº 1.660, criando uma gratificação de desempenho para ocupantes de cargos na carreira de gestão, planejamento e infra-estrutura em ciência e tecnologia.

Figura 11
Interação Executivo-Legislativo: o caso das medidas provisórias

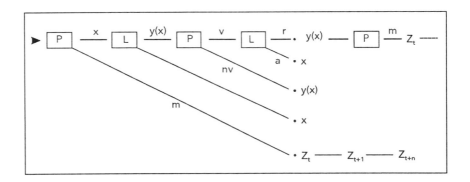

Oito dias depois, cuida-se que esse *status* transitório de MP seja consolidado em um *status* de lei, com o Congresso aprovando a correspondente conversão (Lei nº 9.647, de 26 de maio de 1998) em tempo hábil para que se dê a aprovação da citada reforma. O significado desse fato decorre de ficar nele evidenciado que a mudança de regras constitucionais pode seguir um caminho muito peculiar, em que se começa por uma decisão virtualmente administrativa (a MP) para, em seguida, vê-la assumir o formato de um ato "autônomo" do Congresso, com a pres-

---

[234] O leitor ficará atônito lendo a reportagem do jornalista F. Casagrande ("Uma noite insone na era da TV a cabo". *Gazeta Mercantil*, 15 maio 1998), descrevendo os acontecimentos na sessão do Congresso Nacional em que se deu a aprovação do citado projeto de lei de conversão.

JORGE VIANNA MONTEIRO

teza que melhor atenda às preferências dos burocratas. Simultaneamente à discussão da proposta de emenda no Congresso, ainda sobram graus de liberdade para que o Executivo possa formalizar, por meio de MP, a adição de mais alguns incentivos salariais na reforma.

Tal é o padrão de envolvimento dos representantes eleitos pela sociedade na tarefa de alterar a Constituição.[235]

Inibindo a folga da burocracia[236]

Um tipo de solução para impedir ou atenuar a folga burocrática no jogo de políticas consiste em dotar a legislatura de mecanismos institucionais que lhe permitam atuar tanto *ex ante* como *ex post* (Shepsle, 1992; Moe, 1990) à concretização do ato legislativo do Executivo.

Um arranjo que se tem notabilizado em acordos comerciais de grande porte como o North American Free Trade Agreement (Nafta) serve de ponto de partida para se promover uma regulamentação tal que restrinja a legislação por MP, com uma cessão de poder definitiva, abrangente e ilimitada, tacitamente promovida pelo Congresso. Trata-se da prerrogativa presidencial do *fast track* norte-americano.

A cessão de autoridade implícita no *fast track* (Kahane, 1996) habilita o presidente a negociar acordos de comércio, com a realização subseqüente de uma votação do tipo "sim, não" no Senado e a definição mais rápida das respectivas leis complementares. Há, pois, substancial diferença entre a delegação das MPs e a que é inerente ao regime do *fast track*, a saber:

▶ o objetivo no caso norte-americano é estabelecer uma autorização (lei) que obtenha um genuíno apoio legislativo; portanto, essa expansão do poder presidencial pressupõe negociações políticas *ex ante*, além da sanção *ex post* dos resultados dos acordos comerciais assim obtidos.

Entre nós, ocorre justo o oposto: a emissão de uma MP consolida um padrão de *fast track* que não deixa alternativa ao Congresso senão aprová-la nos termos postos pelo Executivo;[237]

---

[235] Algo similar já fora observado no final de maio de 1998, quando da conversão de cerca de uma dezena de MPs com variados prazos de vigência ou reedição, de modo a atender a aspectos legais da aprovação da PEC da Previdência Social.

[236] Em 11 de setembro de 2001, com a promulgação da EC nº 32, adota-se enfim um novo conjunto de regras para a emissão de MPs. Aqui, no entanto, explora-se uma vertente alternativa àquela adotada na EC nº 32.

[237] Embora de modo mais atenuado, isso ainda ocorre, mesmo no regime da EC nº 32. Ver, por exemplo, a discussão (*O Globo*, 24 set. 2003. p. 12) quanto à regulação do plantio de soja geneticamente modificada, por meio da emissão da polêmica MP nº 131, de 25 se setembro de 2003.

- a base para uma tal delegação legislativa é especificada em torno de três objetivos básicos: abrir os mercados às exportações americanas; promover o atendimento de certos padrões trabalhistas e de direitos humanos; e induzir a comportamentos de proteção ambiental nas economias com as quais se estabeleçam os acordos comerciais.

  Portanto, não se trata de obter da legislatura um salvo-conduto para agir diante de uma vaga circunstância de "relevância e urgência", como é a prática brasileira de emissão de MPs, especialmente até meados de 2001;
- o *timing* da negociação com a legislatura depende das regras internas da decisão coletiva na Câmara e no Senado, porém a expectativa do Executivo é que isso ocorra muito rapidamente. Não obstante, há um valor maior na ordem constitucional a ser preservado e que regula a interação Legislativo-Executivo: o sistema da separação de poderes;[238]
- a autorização especial do *fast track* americano não é indefinida. A cautela procede: há que acompanhar a produtividade desse instrumento.[239]

A sociedade tem, pois, a visibilidade e a oportunidade para atuar na questão da expansão da autoridade de governar. Um esquema do tipo *fast track* aplicado às MPs é uma classe de regulamentação do art. 62 que possibilitaria ao Congresso participar de sua operacionalização tanto *ex ante* como *ex post*, porquanto:

- a intenção de emitir uma dada MP atenderia a um mandato previamente obtido da legislatura, com validade temporal predeterminada e com incidência de temas de políticas públicas igualmente preestabelecidas;
- uma vez emitida a MP, a legislatura deve sancioná-la num curto espaço de tempo, por voto fechado (sim, não), sem possibilidade de emendas, tal qual no processo de apreciação de um veto presidencial. Isso induz o Executivo a ter cautela redobrada em sua opção por emitir uma MP, preferentemente ao encaminhamento de um projeto de lei.

---

[238] O caso brasileiro é um perverso contra-exemplo dessa prática típica da democracia deliberativa, com o Executivo interferindo na determinação do resultado legislativo. Diretamente, pela presença de seus membros em sessões de votação no plenário do Congresso, como tem ocorrido por ocasião de votações mais críticas, em especial de PECs. Indiretamente, pelo patrocínio de alterações em dispositivos regimentais da legislatura — por exemplo, com a adoção de procedimentos *ad hoc* na votação de destaques.

[239] Em 1993, o Nafta deixou de produzir o *boom* econômico esperado, além de não ter conseguido fazer prevalecer certas cláusulas auxiliares, relativamente às condições trabalhistas e ambientais na economia mexicana.

Contudo, é ingenuidade pensar que uma tal adaptação do regime do *fast track* possa ser efetiva no quadro de tamanha instabilidade institucional que, de longa data, vigora nas escolhas públicas no Brasil.[240]

Uma nova personalidade constitucional para o Congresso?

Evidências do processo de aprovação do projeto de lei de diretrizes orçamentárias (LDO) para 2003, concluído em 2 de julho de 2002, indicam o que pode significar a reconfiguração do sistema de separação de poderes, tal como promovida pela EC nº 32, de 11 de setembro de 2001.

Diversas decisões tomadas por deputados e senadores no âmbito da Comissão Mista de Planos, Orçamentos Públicos e Fiscalização (CMO), e confirmadas pelo plenário do Congresso Nacional, sinalizam um padrão de escolhas públicas com que talvez nos devamos acostumar não apenas em um ano eleitoral, mas certamente a partir de janeiro de 2003:

► o Executivo só poderá solicitar créditos adicionais ao Congresso em maio e outubro, e não mais a qualquer momento, em atendimento às preferências dos burocratas;
► a liberação de verbas associadas às emendas dos parlamentares terá de ser igualitária, e seu bloqueio deverá ser acompanhado por justificativas ao Congresso;
► o Congresso será notificado previamente às alterações que se promovam na lista dos projetos prioritários do governo;
► qualquer corte ou contingenciamento no Orçamento da União terá de ser explicado ao Congresso.

Por certo que cabe ainda ao presidente da República o poder de veto a esse tipo de iniciativa. De todo modo, trata-se de ocorrências que, no auge da implementação do Plano Real, no final dos anos 1990, não chegariam a prosperar, mesmo no foro mais limitado da CMO. Independentemente de sua efetiva motivação, será que todas essas evidências escapam à percepção dos agentes econômicos mais sofisticados? Não seria essa mesma percepção o que os faz apostar em uma deterioração econômica continuada, na medida em que antecipam uma significativa inflexão nas escolhas públicas, com a recuperação de poder decisório pelo Congresso?

---

[240] Seria incorrer no mesmo erro daqueles que defendem a transposição para o Brasil do voto distrital, do regime de uma autoridade monetária independente, ou de um segundo mandato presidencial, por simples emulação do que ocorre em alguns países do Primeiro Mundo. Isso nada mais é do que tentar recriar um mecanismo institucional — e suas virtudes — *fora* de seu contexto: o Estado constitucional.

Considerados nessa perspectiva de processos, e não mais de *resultados* macroeconômicos finais, entende-se que são mesmo muito instáveis os fundamentos da economia brasileira em meados de 2002.

Assim como em outras ocasiões, as incertezas antevistas em 2002 quanto à trajetória da economia a partir de janeiro de 2003 alimentam dois tipos de estratégias dos políticos:

▸ cada facção tenta criar limitações operacionais para a outra, no pressuposto de que possa vir a ser derrotada na futura eleição presidencial. Trata-se de algo comparável a um investimento em uma apólice de seguro.

Outra vez, a tramitação da LDO de 2003 revela tal predisposição: as oposições (aí incluídos segmentos do PFL e PMDB) apoiaram um aumento de 20% no salário mínimo, a partir de abril de 2003. Desse modo, o Congresso aumentou de R$4 bilhões para R$5 bilhões a reserva de contingência no Orçamento, cuja utilização atende a esse propósito de recompor o nível do salário mínimo;[241]

▸ todos antecipam que no Brasil *nada é para sempre*; assim sendo, em caso de vitória eleitoral, sempre se poderá tentar alterar as regras do jogo ao sabor das preferências de quem detiver o comando da máquina governamental.

Nem mesmo as regras constitucionais estarão imunes a mudanças. Afinal, é reconhecidamente reduzida a credibilidade dessas regras. Uma limitação como a estabelecida na EC nº 32, restringindo a emissão de MPs, poderá vir a ser atenuada sob o argumento de garantir a governabilidade em uma conjuntura de agravamento de crise.[242]

Em toda essa análise é relevante pensar a política econômica como resultando de um jogo em que as regras mais fundamentais são definidas na Constituição.[243] Essas são regras que:

▸ prevalecem, caso haja colisão com qualquer outra regra;
▸ definem os elementos fundamentais do que é o "governo";
▸ têm uma relativa estabilidade, comparativamente às demais regras.

---

[241] Por seu turno, operações com títulos da dívida pública, empreendidas em meados de 2002, transferem ônus para os meses iniciais da futura administração, limitando os graus de liberdade com que se poderão conduzir as políticas públicas a partir de 2003.

[242] Não se deve esquecer que, na crise cambial do início de 1999, o exercício de um poder decisório tão fortemente concentrado nas mãos dos burocratas — e que se apoiava no arsenal de MPs — foi fundamental para a recuperação da economia. Dito de outro modo, são esses fundamentos institucionais que explicam, em grande parte, a saída tão rápida de uma crise tão intensa.

[243] A figura 4 (cap. 1) é a síntese gráfica dessa estilização.

Contudo, há que lembrar que o texto formal da Constituição não é a única fonte válida de regras constitucionais: elas necessariamente se apóiam nas práticas de sua aceitação (Fallon, 2001:112-13), o que não significa que tais práticas necessariamente anulem a Constituição formal; elas igualmente são viabilizadas por meio da interpretação judicial e da operacionalização a que estão sujeitas nas ações de políticos e burocratas.

Nessa linha de considerações, a conclusão relevante a que se chega é que não se pode entender a ocorrência da política econômica tomando por referência apenas a Constituição escrita. Há que se levar em conta também a Constituição *não escrita* (Fallon, 2001). A implementação do Plano Real é uma complexa evidência a ilustrar tal afirmação.

A presença do governo na economia

Os fatos institucionais aqui apresentados evidenciam um paradoxo: o apego à ideologia econômica liberal, com as decorrentes medidas de redução do tamanho *físico* do Estado, não necessariamente resulta em um Estado menos intervencionista. Para melhor entendimento desse paradoxo, deve-se reconhecer que a economia pública se apresenta sob variadas dimensões.

Primeiramente, o governo atua como uma unidade orçamentária. Esse é o sentido habitual em que se mensura o tamanho da intervenção estatal, com o uso de indicadores sumários, tais como os gastos públicos, a arrecadação de impostos ou, ainda, o déficit público, tomados como fração do PIB.

Em outra instância, o governo pode ser visto pelo fluxo de sua produção de bens e serviços, como trivialmente captado pelo número de unidades produtivas (empresas estatais) ou mesmo pelo volume do emprego público.

Nesses dois casos, há limites perceptíveis à expansão estatal. Afinal, não se imagina que o déficit público será mantido por longo tempo em um patamar muito elevado. O comprometimento com a estabilidade de preços perderia muito de sua credibilidade junto aos agentes econômicos. Assim, por exemplo, após as eleições de 1998, o ajuste necessário ocorreria na intensidade em que — antes dessa data eleitoral — seria impensável.[244] De igual modo, a partir dos anos 1990 ocorre o substancial avanço das privatizações e o setor público contrai-se como fonte de absorção de mão-de-obra. Também aí observa-se um teto para a sustentação ou o avanço da atividade estatal, mesmo porque sempre haveria pressões para que o país ofereça a contrapartida de um programa de

---

[244] Por certo que a maior ou menor presteza na adoção de medidas restritivas ao desequilíbrio nas contas públicas também será ditada pelo desenrolar da competição eleitoral, como revelado nas intenções de voto dos eleitores (ver cap. 6).

desestatização, em apoio às suas demandas, junto a entidades como o FMI e o Banco Mundial.[245]

Contudo, o fenômeno da expansão da economia pública tem uma peculiaridade especialmente relevante: de maneira diversa do Estado-orçamentário ou do Estado-produtor, o governo opera como uma grande unidade de controle, estabelecendo regras e procedimentos aos quais os agentes privados devem se adequar. É o Estado-regulador. Nessa dimensão, o governo não está sujeito a qualquer limite ou teto previsível.

Levando em consideração essas três dimensões da economia pública, quais são os mecanismos institucionais que mantêm a fronteira dessa economia sistematicamente pressionada para que se expanda?

A especificação apresentada no primeiro capítulo permite identificar três classes de mecanismos geradores dessa expansão:

- M_1 — a racionalidade dos políticos.

  Os políticos atuam fundamentalmente movidos pela necessidade de sinalizar com benefícios líquidos a seus redutos eleitorais — o que acaba por se materializar em rubricas e montantes de verbas no orçamento público, tanto quanto através de regulações que protejam ou incentivem atividades ou setores de real significado nesses redutos;

- M_2 — a racionalidade dos burocratas.

  Diferentemente dos políticos, os burocratas não detêm mandato eletivo. Eles buscam maximizar poder, influência, prestígio, permanência no posto, bem como suas chances de ascender na hierarquia governamental. Desse modo, exercer controle autônomo sobre fatias crescentes de recursos públicos, ou sobre diversificados e complexos conjuntos de regras, é o denominador comum na construção de sua estratégia.

  Tanto M_1 quanto M_2 são engrenagens *internas* à economia pública, as quais, em certo sentido, concorrem para sustentar ou mesmo fazer avançar a fronteira do setor público;

- M_3 — a racionalidade dos grupos de interesses especiais.

  Na atualidade brasileira, o potencial de ganhos implícito nas políticas públicas — regulatórias ou não — é substancial. Veja-se o caso das vendas de concessões no setor de telecomunicações, que superaram em muito o volume total de recursos financeiros obtidos com as vendas de estatais realizadas em todo o período de 1991 a 1997. Ao mesmo tempo, agências autônomas, tais como ANP,

---

[245] Esse ideário econômico quanto ao papel do Estado, na perspectiva da comunidade financeira internacional, está bem expresso no excelente relatório do Banco Mundial (1997).

Anatel e Aneel, são fontes de regulações específicas nos mercados de bens e serviços — privatizados e a serem privatizados —, as quais oferecem amplas oportunidades para disparar o *rent seeking* por parte dos agentes que operam nesses mercados. M_3 é, portanto, um mecanismo que viabiliza atendimentos preferenciais junto às variadas unidades decisórias públicas, elevando significativamente os custos da retirada do governo de um dado segmento da economia, além de pressionar para que novos direitos exclusivos sejam criados.

A figura 12 estiliza esses três mecanismos básicos pelos quais se dá o potencial deslocamento da fronteira da economia pública:[246]

Figura 12
Dinâmica da fronteira da economia pública

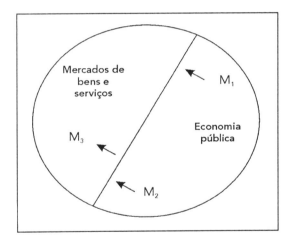

---

[246] Na linguagem do cap. 1 ("Uma economia nacional"), o potencial condicionamento do mercado privado, diante das manifestações do processo político.

4 Conjunturas de crise

Primeiros sinais: 1998/99

Desde o final de outubro de 1997, com o início do que se convencionou rotular de "crise asiática", a crença de que *fundamentalmente* a economia brasileira e a política de estabilização de preços estariam em uma trajetória correta tem sido alvo de revisionismo. A economia internacional passou por mais dois momentos de renovação: em maio de 1998, com epicentro na economia russa; a partir de agosto desse mesmo ano, com um padrão mais generalizado, que acabou por alcançar a economia brasileira numa intensidade que não havia sido experimentada nas duas ocasiões anteriores.

No final de 1998, as principais vertentes da estratégia macroeconômica são a manutenção de um elevado patamar de juros — significativamente acima da inflação, não obstante as reduções promovidas pelo Banco Central em pelo menos duas oportunidades ao longo de 1998 —, a queda no crescimento do produto[247] e o avanço regulatório e tributário do governo. Revive-se o antigo dilema de monetarismo *versus* desenvolvimentismo, com a Fiesp liderando o movimento em prol do crescimento econômico (Monteiro, 2002, cap. 3).

Igualmente, ao se preparar para o início de seu segundo mandato eletivo, o presidente da República promove uma reorganização na administração federal,[248] sob a forma de mais um ato legislativo unilateral — a MP nº 1.795, de 1º de janeiro de 1999 —, não obstante o presidente ostensivamente encampar um peculiar

---

[247] Com uma redução na taxa de crescimento do PIB em 1998 projetada em 73% do desempenho observado em 1997. Quanto a 1999, as previsões apontam para uma queda ainda mais acentuada: o PIB decresceria a 1%.

[248] Cujas características essenciais são anunciadas em 23 de dezembro de 1998.

148 LIÇÕES DE ECONOMIA CONSTITUCIONAL BRASILEIRA

conceito de fidelidade partidária que decorre da obediência da coalizão majoritária no Legislativo aos comandos do Executivo.[249]

De todo modo, essa é uma estratégia do tipo *cheap talk* (Baird, Gertner e Picker, 1995), isto é, introduz na barganha política uma manifestação que não envolve custos para ser apresentada pelo presidente da República,[250] o grau de comprometimento com que poderá ser acionada não é passível de verificação direta,[251] e ela não é limitativa, pois acomoda amplas variações no comportamento das partes envolvidas no jogo. Ainda assim, ela é informativa, ao sinalizar como o comportamento dos políticos e partidos da coalizão majoritária poderá vir a ser remunerado.[252]

Em todo o esquema organizacional e decisório anunciado e formalizado na MP nº 1.795, volta-se ao passado (mais especialmente, ao período Geisel), sendo os arranjos de coordenação ignorados ou ingenuamente transferidos para a figura presidencial, em seu envolvimento no dia-a-dia da administração pública.[253] Até mesmo o velho debate sobre a função do planejamento governamental volta à cena, com a criação de uma Secretaria de Estado de Planejamento, em adição a

---

[249] Mais estranho ainda é o fato de que destacados membros do Congresso Nacional acatem essa ambientação para tão importante característica institucional, sob a alegação de que "a ameaça de demitir ministros será eficaz contra dissidentes" (*Jornal do Brasil*, 25 dez. 1998).

[250] Quando o custo de ficar exposto por não punir a dissidência for suficientemente elevado — relativamente ao valor de manter a coalizão governista —, o presidente será levado a demitir ministros, e os políticos da coalizão levarão a sério a ameaça. Contudo, há inúmeras alternativas para evitar que se chegue a esse ponto. E todos os participantes do jogo antecipam isso!

[251] É informação privada do presidente da República.

[252] Uma circunstância que se delineia nessa ocasião é a posição de desafio ao governo federal adotada pelo recém-eleito governador de Minas Gerais, do PMDB, partido que integra a coalizão majoritária. Esse desafio se manifesta na demanda de uma renegociação do acordo de pagamento das dívidas estaduais com a União (sob a ameaça velada de moratória unilateral), na questão da privatização da Cemig e na eventual venda de Furnas. Como reagirão as bancadas do PMDB a esses comandos? Em que medida o presidente da República fará cumprir sua ameaça de expurgar os ministros do PMDB, caso esse tipo de manifestação prospere no comportamento das bancadas no Legislativo, quando o Congresso opera em convocação extraordinária (Mensagem nº 1.543, de 14 de dezembro de 1998), no período de 4 a 29 de janeiro de 1999, para deliberar sobre extensa pauta de proposições de grande relevância para a implementação do Programa de Estabilidade Fiscal, incluindo diversas PECs?

[253] Uma pitada adicional de *déjà vu* e inconseqüência é a também prometida criação de uma instância consultiva avulsa (um Conselho de Empresários), na órbita do novo Ministério do Desenvolvimento.

um organograma que inclui, entre outras, unidades decisórias de orçamento, privatizações (com o BNDES na esfera do novo Ministério do Desenvolvimento, Indústria e Comércio), telecomunicações (área em que a atuação regulatória se torna intensa), o programa "Brasil em Ação" (que ficaria no Ministério do Orçamento e Gestão)[254] e estabilização de preços.[255]

Essa mudança organizacional prenuncia mais uma onda de intervenção governamental, não apenas pelo menor grau de anonimato com que o governo passará a definir suas ações na economia, mas também pela maior diversidade de interesses especiais que está se predispondo a atender. Em paralelo, o governo e a maioria dos analistas insistem que, sendo os "fundamentos" da economia brasileira tão diferentes dos que se observam na economia russa e mesmo nas economias dos "Tigres asiáticos" e no Japão, o Brasil não está tão exposto à crise: ela será breve, e a nossa capacidade de produzir políticas compensatórias, bem desenvolvida e efetiva.[256] Mais ou menos no mesmo tom, a proposta orçamentária da União que chegou ao Congresso em 31 de agosto de 1998 embute uma taxa anual de crescimento do PIB de 4% em 1999, virtualmente o dobro do que em geral se prevê para 1998.[257]

O governo, no entanto, começa a dar sinais de que a nova onda da crise poderá ser mais forte e terá, por certo, implicações que passarão a condicionar a estratégia da reeleição presidencial. Nessa seqüência, observa-se que:

▸ a decisão de rebaixar o IOF e o IR incidentes sobre as aplicações de capital externo no país e o aumento dos juros internos de longo prazo (o primeiro passo na reação via política monetária, dado por uma decisão do Copom), por exemplo, sinalizam aos agentes econômicos que a falta de comprometimento com o

---

[254] Na medida em que o Ministério do Orçamento e Gestão tem a seu cargo, entre outras funções, "a elaboração, acompanhamento e avaliação do plano plurianual e de projetos especiais de desenvolvimento" (MP nº 1.795, de 1º de janeiro de 1999, art. 14, XV, f).

[255] Será muito útil para o leitor reexaminar a organização governamental dos tempos da crise da década de 1970, para refletir sobre as sérias disfunções ali ocorridas, precisamente por não se ter dado atenção explícita à interligação de tantos níveis decisórios e suas correspondentes unidades de decisão de política econômica (Monteiro, 1983).

[256] Há mesmo quem argumente que, tivessem os *policymakers* japoneses tido a sagacidade dos *policymakers* brasileiros, eles há muito poderiam ter posto em prática um Proer, de tal modo que a insolvência bancária japonesa, lastro da crise naquela economia, teria sido evitada (Monteiro, 2002, cap. 3).

[257] Algumas projeções dão idéia da ordem de magnitude do impacto da crise esperado na atividade econômica brasileira ainda em 1998: 0,5% (Banco Mundial, material de divulgação, 24-9-1998) e 1% (*Carta de Conjuntura do Ipea*, set. 1998).

ajuste no déficit público continua, ou que, após as eleições de outubro de 1998, esse ajuste ocorrerá em *dose dupla*, por assim dizer. Some-se a isso o provável impacto na programação dos leilões de privatização, pelo temor de que mais do que nunca falte dinheiro para sustentar um preço mínimo de venda defensável desses ativos;

▶ por outro lado, os agentes econômicos sofisticados antecipam que o governo está diante de um dos dilemas que a mudança nas regras eleitorais introduz na formulação de políticas: a melhor solução de combate imediato à crise poderá ser a pior estratégia a adotar no jogo da reeleição. Os custos de uma ação contracíclica poderão tornar-se notoriamente mais elevados aos olhos dos eleitores, de modo que é grande o risco de ter a oposição com maior peso na disputa eleitoral.

Mesmo ao divulgar (3 de setembro de 1998) o seu programa de políticas públicas para 1999-2002, o governo mantém o tom eleitoral, conclamando à mobilização em torno de um pacto fiscal, apelido muito freqüentemente utilizado no Brasil para designar o aumento puro e simples da carga tributária. De todo modo, um pacto social é sempre uma construção de longo prazo e de pouco significado operacional no curto prazo, em razão de sua reduzida credibilidade em tempos de uma eleição tão polarizada.[258]

Ao final de setembro de 1998, o governo já admite volumosa perda nas reservas cambiais,[259] bem como a perda de controle em sua estratégia de manter o déficit público global em um nível transitório de 6% do PIB. Passa-se a falar abertamente no recurso a linhas de crédito de emergência, e revelam-se as negociações com o FMI e outras instâncias das finanças internacionais. Em 4 de outubro, realizam-se as eleições, e o presidente da República é reeleito no primeiro turno de votações, renovando igualmente sua confortável maioria no Senado Federal e preservando sua posição na Câmara dos Deputados e junto aos governadores dos estados.

Tem início, enfim, a reação à crise.

---

[258] Nessa mesma linha de argumentação, é sempre um despropósito a analogia que se faz do sugerido pacto fiscal com o entendimento político ocorrido nos EUA em 1997 e que acabou por viabilizar a meta de obter o equilíbrio no orçamento federal americano até 2002. A parte espúria da comparação está em que no ambiente institucional brasileiro as políticas públicas são formuladas *à margem* da interação do Executivo com o Legislativo.

[259] Próximo de US$35 bilhões, em um curto espaço de seis a oito semanas, entre agosto e setembro.

Desdobramentos internos

Na medida em que uma economia é exposta a pressões que se transmitem através do comportamento de outras economias nacionais, ressurge um tipo de mercantilismo, ou seja, o Estado intervém entre a economia nacional e a internacional. Essa é a conjectura Cameron, que esteve muito em voga na literatura econômica dos anos 1980, nas análises do crescimento da economia pública (Cameron, 1978, 1982; Rodrik, 1996). O governo atuaria como um *built-in stabilizer* no sistema econômico, permitindo aos formuladores de políticas atenuar "picos" e "vales" dos ciclos.

Há dois contextos em que se pode ambientar tal conjectura: pura e simplesmente, as pressões das demandas decorrentes do elevado grau de exposição da economia brasileira à economia internacional é que levariam o governo a extrair e alocar uma maior fatia do PIB, assim como condicionar os agentes privados a doses elevadas e variadas de regulação. Contudo, uma perspectiva mais complexa é que essa exposição não terá sido obtida sem a contrapartida de uma razoável capacidade regulatória já exercitada pelos *policymakers*, de modo que, na circunstância de uma crise, essa capacidade não apenas será sustentada, como poderá até mesmo ser ampliada. O custo político a que se sujeita o governo por exercer tão forte controle sobre o conjunto de escolhas dos agentes privados estará, assim, sendo minimizado.

A renovação da crise asiática, na primeira quinzena de junho de 1998, por certo que demanda não apenas "frieza" da parte do governo brasileiro,[260] mas igualmente enorme capacidade de intervenção na economia. Capacidade essa que o governo já detém e exercita em elevado grau há longo tempo.[261] Uma síntese dessa capacidade na condução da política econômica entre janeiro de 1995 e maio de 1998 é exibida na trajetória da variável **MP/L***, em que **MP** representa a quantidade mensal de medidas provisórias, e **L***, a média da produção legislativa do Congresso Nacional nesse período:[262] o valor médio de **MP/L*** situa-se em 3,5:1.

---

[260] Como resume o ministro da Fazenda em sua entrevista à *Folha de S. Paulo* (13 jun. 1998).

[261] Para uma variedade de evidências quanto a isso no período 1993-96, ver Monteiro (1997).

[262] Já descontadas as leis de conversão, isto é, aquelas originadas de MPs. Esse é um indicador mais correlacionado com a autonomia decisória da legislatura. Ver "O descontrolado crescimento do governo", neste capítulo.

Essa evidência pode ser avaliada por duas perspectivas:

▶ ela acentua importante diferença qualitativa entre a intervenção orçamentária e a regulatória, na medida em que o papel que tem sido reservado ao Congresso é pouco relevante na produção de regulações;[263]
▶ um tão elevado valor de MP/L*, aliado à sustentação dessa característica decisória das escolhas públicas por tão longo tempo, torna a reversão do fenômeno da hipertrofia do Executivo muito improvável num futuro próximo.[264]

Percebe-se como é inaceitável o argumento, tão em voga nos anos 1990, de não ser essa uma crise brasileira, mas uma crise mundial. Sua origem certamente é externa, porém o seu processamento na economia nacional atende às nossas peculiaridades institucionais. Peculiaridades essas que estão na intimidade do esforço de estabilização iniciado em julho de 1993 com o Programa de Ação Imediata (PAI), e é precisamente desse ponto de vista que se pode sempre projetar novos e mais elevados patamares de poder discricionário governamental.

Como qualquer outra organização, a burocracia pública (Niskanen, 1971, 1994) recorrerá a estratégias de maior concentração de poder decisório, em sua reação à nova onda da crise.

Esse diagnóstico pressupõe que é tanto mais fácil para o governo viabilizar tal concentração de poder, na medida em que a ocorrência da crise eleva os custos de percepção e de reação do cidadão, tornando-o mais transigente (Twight, 1988) com a forma e o conteúdo das intervenções que venham a ser promovidas na economia.[265] Por um tal raciocínio pode-se avaliar o significado da afirmação (4 de setembro de 1998) do diretor de Política Monetária do Banco Central quanto a ser a reação do governo, ao aumentar a taxa de juros, "a forma mais barata de consolidar a estabilidade da economia". Afinal, as formas politicamente mais onerosas para o governo incumbente em busca de renovação de seu mandato poderão ser configuradas no período pós-eleitoral.

---

[263] Pode-se mesmo conjecturar que os grupos de interesses preferenciais direcionam suas demandas de regulação com muito mais eficiência junto aos burocratas das diversas unidades decisórias do Executivo do que junto aos legisladores. Ver figura 4 (cap. 1).

[264] Mesmo porque o custo político de desativar uma tal flexibilidade decisória no exercício do poder de governar é incomensurável. Afinal, associado à prorrogação do mandato (emenda da reeleição), é esse mecanismo constitucional que gera a credibilidade do Plano Real, em boa parte de sua implementação. Ver o cap. 5 e também Monteiro (1997, 2002). Enfim, em setembro de 2001, a negociação política viabiliza a restrição ao uso de MPs, com a EC nº 32.

[265] Com efeito, os elevados custos de informação e a manipulação estratégica de informação politicamente relevante são centrais para que se entenda a ação ou inação do governo ao longo do período de agosto de 1997 a outubro de 1999, por exemplo.

O poder do governo pode ser usado para promover o interesse geral ou coletivo (como seria o caso da produção eficiente de bens públicos); ou o interesse preferencial ou privado (tal como na provisão ineficiente de bens públicos ou transferência de renda e riqueza para segmentos bem delimitados da sociedade). No ambiente da democracia representativa, por certo que esse poder nunca deveria ser utilizado para fins privados. Todavia, o controle do governo pela sociedade é sempre muito imperfeito. O monitoramento direto ou indireto é ainda mais precário em tempos eleitorais.[266]

O escrutínio de diferentes tipos de ações empreendidas simultaneamente pelo governo requer um conhecimento especializado e não-transferível de uma área de atuação para outra (Sutter, 1998). A detecção da baixa qualidade do gasto público em saúde, por exemplo, talvez requeira um conhecimento da formação de custos nos hospitais públicos e das variadas formas de atenuá-los, *expertise* que não é prontamente transferível para considerar, digamos, a generosidade do governo na área do financiamento agrícola. E mais ainda: uma ampliação no leque de intervenções na economia requer a aquisição do nova *expertise* para monitorar as novas políticas públicas.

Quanto ao monitoramento indireto que se processaria através da legislatura, ele acaba sendo afetado pela desativação do sistema da separação de poderes promovida pelo recorrente e intenso peso dos burocratas nas escolhas públicas.[267] Os sinais de um reforço nessa capacidade são inequívocos ao longo dos períodos de crise econômica: a retórica oficial enfatiza o eventual recurso a "medidas administrativas" e "aperfeiçoamentos operacionais".

O complemento institucional

Simultaneamente, lança-se o balão-de-ensaio de que é importante acelerar a passagem legislativa das reformas tributária e previdenciária, e desse modo propõe-se uma simplificação processual.[268] Em verdade, esse é um esforço que não visa aperfeiçoar as instituições políticas em si mesmas, mas tão-somente atender às preferências dos burocratas quanto ao equilíbrio das contas públicas. Ao final da década de 1990, a iniciativa desdobra-se em duas frentes:

---

[266] Adicionando uma crise de proporções da que se presencia no segundo semestre de 1998, esses são de fato tempos em que predomina a expectativa de que o governo deva "fazer alguma coisa", o que acaba por se transformar em uma revalidação e ampliação do salvo-conduto com que se dá o exercício do poder de governar, sobretudo nos anos 1990.

[267] Ver "O descontrolado crescimento do governo", neste capítulo.

[268] Essa mesma classe de iniciativa se reapresenta em 2003, com as PECs nos 40-03 (sistema previdenciário) e 41-03 (sistema tributário).

154 LIÇÕES DE ECONOMIA CONSTITUCIONAL BRASILEIRA

▸ fazer aprovar um mecanismo de fidelidade partidária que poderá vir a reduzir substancialmente os custos de transação nas escolhas legislativas de interesse do Executivo, de vez que as negociações políticas estarão restritas às lideranças dos partidos da base governista;
▸ reunir uma Assembléia Nacional revisora, em moldes semelhantes aos de um projeto em tramitação na Câmara dos Deputados.[269]

O custo representado por essa iniciativa decorre do *afrouxamento* que elas promovem na ordem social, seja pela redução da credibilidade das regras constitucionais, seja pelo aumento do poder discricionário dos burocratas e o decorrente enfraquecimento do sistema de separação de poderes. Em verdade, qualquer nova iniciativa dos burocratas que faça apelo à anuência da legislatura é destituída de credibilidade,[270] de vez que em todos os estágios já decorridos da estabilização de preços o Congresso sempre foi posto a desempenhar um papel decorativo, sendo criteriosamente mantido à margem da implementação das principais medidas econômicas. Para tanto, o mecanismo da emissão de MPs nunca foi evitado, como corroboram os seguintes indicadores do período de janeiro de 1995 a outubro de 1998:

▸ localizam-se aí 3/4 de toda a produção de MPs decorrida desde outubro de 1988;
▸ a relação média entre a quantidade de MPs e a produção de leis pelo Congresso[271] alcança a proporção de 3,8:1, mas em julho de 1998 observa-se a relação mais elevada: 6 MPs para cada lei;
▸ a decisão do Executivo de manter em vigor uma MP, com a dispensa da concordância da legislatura, pode ser estimada em um período de vigência autônoma que em média alcança 16 meses para o estoque de MPs existente em setembro de 1998.[272]

---

[269] Tal proposta tem a virtude gerencial de criar *atalhos* para se chegar à mudança da Constituição: por decisão unicameral (em oposição ao habitual sistema de dois pontos de veto) e por uma regra de votação de "metade mais um" de votos (dispensando a exigência de supermaioria de 3/5). Sobre este último aspecto, ver o conceito de *filtragem* apresentado no cap. 2.

[270] Fica igualmente prejudicado o alegado comprometimento de ter a política anticrise sancionada por ampla e livre manifestação da sociedade.

[271] Estatística sumária definida a partir da comparação entre a quantidade mensal de MPs e a produção média de leis originadas no Congresso (apurada nos 46 meses do período considerado), excluídas aquelas que tiveram origem por conversão de uma MP. Para mais detalhes sobre esse procedimento, ver cap. 3 e também Monteiro (2002, apêndice A).

[272] Até a EC nº 32, de 11 de setembro de 2001, essa vigência é fixada em 30 dias (art. 62).

Assim sendo, não basta reconhecer que o avanço que a economia brasileira exibe é uma trajetória em que estamos indo do "mal para o menos mal", de acordo com a linguagem irônica usada pelo então presidente da República. É imperioso relacionar os atributos institucionais dessa trajetória aos resultados finais da economia; mesmo porque os seus *processos* vão de *mal a pior*.

Tal discussão traz de volta uma velha questão da literatura de desenvolvimento econômico de meados da década de 1960. Por essa ocasião, um debate extremamente interessante tratava da estratégia de "alcançar e ultrapassar", que então era muito considerada pelos planejadores das economias de comando, como União Soviética e China (Rosovsky, 1966).

Não basta reconhecer que avançamos, mesmo porque tal avanço pode ser insuficiente para atender às reais necessidades da sociedade. As décadas de 1980 e 90, por exemplo, apresentam um crescimento médio do PIB de 2,9 e 1,8%, respectivamente. Por certo que é irrelevante batizar uma e outra década como "perdidas". Muito mais importante é que não se perca de vista que o acúmulo de tanto atraso está a exigir não apenas que a economia retome o passo, mas que o faça mais aceleradamente do que o faríamos, caso não tivéssemos tido um pífio desempenho em 1980-99.

Outra vez, a moldura em que cabe discutir a estratégia de crescimento nos próximos anos é a de *alcançar e ultrapassar* o padrão de desenvolvimento que uma economia do Primeiro Mundo pode ostentar nos dias de hoje.

Seja a figura 13, em que as taxas de crescimento da economia emergente, A, são indicadas pela trajetória {A(t), A(t + 1), A(t + n)}, sob a curva da trajetória de uma outra economia desenvolvida, B, com níveis do PIB de {B(t − 1), B(t), e B(t + n)}.

Figura 13
A estratégia de alcançar e ultrapassar

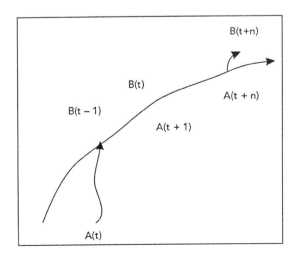

Portanto, as gradações de *resultados* do tipo "de mal a pior" *versus* "de mal a menos mal" são mero apelo retórico. O que se requer é muito mais ter o *design* institucional que permita sustentar a estratégia macroeconômica que coloque a economia nacional na trajetória que lhe permita alcançar e ultrapassar o desempenho de uma economia de Primeiro Mundo no menor espaço de tempo possível.

O Programa de Estabilidade Fiscal

A concretização da reação à crise se dá em 28 de outubro de 1998, com o anúncio do Programa de Estabilidade Fiscal (PEF). O PEF pode ser avaliado sob duas metodologias:

▸ por seu conteúdo em termos de objetivos, metas, *inputs* de informação, tecnologia econômica e recursos orçamentários a ele associados;

▸ por seus regimes, na medida em que sua concepção se define a partir de uma escolha de arranjos institucionais e organizacionais.

Até o começo de novembro de 1998, a primeira perspectiva predomina no debate que se instalou desde a divulgação do programa. As análises focalizam não apenas a consistência interna de seus números (projeções da evolução do déficit das contas públicas *versus* a intensidade do corte nos gastos públicos e do aumento da capacidade tributária, tanto quanto suas repercussões potenciais sobre a taxa de variação do PIB, o nível de emprego e as taxas de juros). Contudo, uma política econômica da envergadura de uma *reforma* (Marschak,1973) certamente não se contém na trajetória de indicadores macroeconômicos convencionais.

O governo reincide na estratégia de querer tão-somente ver aprovado e implementado o PEF, não obstante se tratar de uma política de tão amplo espectro. O argumento frouxo apresentado em defesa dessa estratégia varia entre argüir a intensidade da crise e a necessidade de rebaixar as taxas de juros. O primeiro caso não chega a ser convincente, por desprezar a nova arquitetura da ordem financeira internacional que vai sendo posta em prática e em que se enquadram os substanciais recursos compensatórios postos à disposição das economias em desequilíbrio, tanto quanto a rapidez e a ação coordenada do processo decisório de organismos internacionais e mesmo de governos do Primeiro Mundo. No segundo caso porque, após as crises mexicana (dezembro de 1994) e asiática (outubro de 1997), o Banco Central trouxe as taxas de juros de volta a seus níveis de antes da crise, passados apenas seis meses, sem que para isso tivesse ocorrido um "ajuste fiscal". Erro de estratégia ou não, estava disponível uma janela de oportunidade (Kingdom, 1995) por onde se pudesse empurrar uma ação como o PEF? Afinal, é antevéspera de eleições, o presidente da República tenta a renovação de seu mandato. Não há muita indução a correr o risco de perder capital político.

JORGE VIANNA MONTEIRO

Esse tipo de consideração é relevante, pois ressalta a questão central do PEF: o seu reduzido grau de credibilidade.[273]

Em certa medida já se tentou algo na mesma classe de iniciativa: o Programa de Saneamento Financeiro e Ajuste Fiscal, de agosto de 1991, no governo Collor (Monteiro, 1991). Tal qual o PEF, embutia-se uma ampla mudança constitucional em um conjunto de medidas de política econômica. Mesmo a linguagem técnica da macroeconomia usada em seus documentos básicos é análoga, com desprezo para com a dimensão da economia política da reforma que se propõe empreender. Com isso, incorre-se em uma subversão conceitual e analítica: colocar em uma moldura de curto prazo o que essencialmente é uma iniciativa de largo alcance, que demanda um genuíno consenso e portanto induz a sua durabilidade. O *quorum* de supermaioria de 3/5 requerido para que o Congresso venha a aprovar diversos aspectos definidos no PEF não deve ser entendido como uma exigência meramente aritmética: se o governo obtiver tal maioria, estamos conversados. Afinal, por quanto tempo se imagina que resistirá uma ordem constitucional estabelecida à base do atendimento de necessidades conjunturais? Que ganha a sociedade com esse padrão de intensa instabilidade institucional?

Por outro lado, os comprometimentos na área fiscal-orçamentária têm sido seguidamente renegados pelo governo. Veja-se o caso da CPMF (antigo IPMF) e do FEF (ex-FSE). O *status* transitório desses mecanismos sempre esteve sujeito a prorrogações, extensões e reforços, como, mais uma vez, volta a ocorrer com o PEF.[274] Em verdade, este mal disfarça a incompatibilidade de obter consenso em um ambiente institucional em que a desativação do sistema de separação de poderes e o fortalecimento do Estado unitário vão moldando o exercício do poder de governar.

Com a transferência de boa parte das escolhas fiscais de governadores e prefeitos para a jurisdição federal, atenua-se o arranjo federativo.[275] Tal é o sentido inequívoco da reforma tributária associada ao PEF, ao compor um novo imposto

---

[273] Diferentemente da credibilidade nas relações interpessoais, a credibilidade de uma política econômica e de um governo é gerada nos mecanismos institucionais. Ver cap. 5.

[274] Sem maior surpresa, tanto a vigência da CPMF quanto da DRU (novo rótulo do FEF) ainda seriam moedas de troca nas negociações políticas em meados de 2003.

[275] Ambientada em uma nova versão da chamada "Lei de Finanças Públicas" (Lei nº 4.320, de 1964), que de longa data tramita no Legislativo, associada a uma regulamentação do extenso art. 165 da Constituição. Mais adiante, essa legislação surge como a LC nº 101, de 4 de maio de 2000, denominada "Lei de Responsabilidade Fiscal". Em 2003, a passagem legislativa das PECs nºs 40-03 e 41-03 repõe no cenário político a luta de governadores e prefeitos por um maior quinhão de recursos tributários da União, especialmente da Cide e da CPMF (Monteiro, 2003c). Ver também "Um processo a mais", no cap. 7.

federal, o IVA, com a supressão do ICMS e do ISS, e a compensação aos estados e municípios ocorrendo por transferências diretas de recursos financeiros administradas pelo governo federal. Nada mais lesivo aos interesses do cidadão: alonga-se a cadeia de controle da sociedade sobre os formuladores de políticas públicas.

Possivelmente, o PEF não é senão um grande e complexo *biombo* a ocultar o que de fato interessa ao governo promover ao final de 1998: concentrar ainda mais poder discricionário nas escolhas públicas. Aí, sim, em um segundo momento, redefinir integralmente e com maior grau de precisão e coerência a ordem social. Por ora as chances de sucesso do PEF são exatamente as de empreendimentos análogos nos últimos anos. O habitual *tumulto coordenado* ocorrerá nas votações legislativas, quando o *logrolling* será intenso. As coalizões com vistas às eleições municipais de 2000 e a ameaça de restabelecer o mandato único para governadores e prefeitos[276] desempenhariam o seu papel na definição das estratégias, tanto na base governista quanto na oposição.

O elemento novo é que nessa conjuntura há um acordo internacional que dá sustentação aos propósitos do PEF. Porém, tanto o governo quanto organizações multilaterais bem compreendem que já será bastante satisfatório se a economia brasileira permanecer economicamente saudável, de modo a manter sua imensa atração para o investimento internacional. As linhas de crédito suplementares tacitamente garantidas pelo FMI, o Banco Mundial e o Tesouro americano já cumprem seu papel de desestimular apostas contra o real. Afinal, e diferentemente do que afirmava o então ministro da Fazenda, o tempo do gradualismo não acabou.

Verticalização da separação de poderes

Momentos de crise são ocasiões de expansão da economia pública, todavia deve-se perceber que a tentativa de avançar na dimensão tributária é apenas a

---

[276] O presidente do Senado Federal (em meados de setembro de 1998) recorre a uma retórica de valor essencialmente ético para argumentar que "o uso do público a serviço do privado não aconselha a continuidade da norma [da reeleição] em vigor" ("Levantando acampamento". *Jornal do Brasil*, 10 set. 1998. p. 2). Por certo, essa é uma *segunda* fase da estratégia de estender a reeleição a governadores e prefeitos. O primeiro momento dessa estratégia foi transigir com essa extensão, de modo a ter a *cola* para obter a supermaioria necessária à mudança na regra do §5º do art. 14 da Constituição na votação final em 4 de junho de 1997. Alguns comentaristas ingenuamente parecem não perceber o potencial desdobramento dessa estratégia como moeda de troca nas próximas negociações em torno da reforma tributária dos sonhos dos burocratas federais, quando governadores e prefeitos e suas bancadas no Congresso poderão ser confrontados com o dilema: manter inalterada a regra da reeleição *versus* perder poder nas escolhas fiscais.

ilustração de um movimento mais amplo: consolidar maior autonomia de ação relativamente aos controles que possam ser exercidos pela sociedade. Uma indicação mais imediata dessa tendência também pode ser observada no final de 2000, quando o Executivo federal tenta recuperar a prerrogativa de remanejar unilateralmente uma fatia de 20% dos recursos orçamentários, isto é, sem necessitar de anuência da legislatura.[277]

Contudo, mais do que uma ingenuidade, é um erro metodológico grave descolar essa seqüência de iniciativas e eventos da ordem institucional em que todo o poder de governar é exercitado. Ao longo dos últimos anos da década de 1990, as escolhas públicas são determinadas em um ambiente assemelhado a um cartel político.[278] De fato, com a desativação do sistema da separação de poderes, tem-se de imediato duas conseqüências (Cooter, 2000:211):

- a cooperação entre uma variedade de agentes, diferenciados pela função que desempenham nesse sistema, é substituída por um virtual monopólio na decisão pública, especialmente na feitura das leis;
- a própria conduta do governo se altera, uma vez que a separação de poderes transforma subordinados em iguais e substitui ordens por negociações, isto é, o Executivo deixa de ditar as regras do jogo (medidas provisórias) para negociar em torno de projetos de lei.[279]

Como em toda tentativa de desestabilizar um cartel, uma política antitruste em um tal ambiente consiste na expansão do número de participantes que atuam no mercado político,[280] com o que aumentarão as chances de ocorrerem visões diferenciadas dos procedimentos e dos resultados obtidos nas escolhas públicas. Correspondentemente, haverá um aumento dos custos de transação, com a maior interação entre Legislativo e Executivo

---

[277] Em 2003, esse mecanismo (DRU) teria sua vigência estendida até 2007.

[278] Uma evidência sintética do peso desse cartel relaciona a quantidade mensal de medidas provisórias emitida entre janeiro de 1995 e novembro de 2000 à quantidade média de leis aprovadas no Congresso, em igual período. Tal concentração de poder flutua entre 1,8 MP (abril de 1995) e 9,6 MPs (junho de 2000) por unidade de lei que entrou em vigor. Em novembro de 2000, o estoque é de 85 MPs, sendo que o coeficiente de concentração é de 6,4:1.

[279] É oportuno contrapor essa ambientação à conjuntura que se observa na administração federal no início de 2003. A maior propensão do governo à negociação não decorreria tanto de sua ideologia de esquerda, mas do fato de que o novo governo se vê diante das maiores limitações para uso do mecanismo das MPs.

[280] Lembro ao leitor que alguns atributos desse mercado são relacionados no cap. 1 (quadro 1).

160 LIÇÕES DE ECONOMIA CONSTITUCIONAL BRASILEIRA

levando a uma produção mais lenta de leis e mesmo reduzindo a demanda de leis.[281]

Em um exercício de *soul searching*, o presidente da República alega que seu objetivo ao buscar a reeleição foi mudar o país de forma "irreversível", de tal modo que o Estado "não seja apenas um Estado clientelista, corporativista, da incompetência, que no dia de hoje dá algum e no dia de amanhã arruína a todos".[282] Em face da análise aqui desenvolvida, é possível argumentar justo o oposto: convivemos em um ambiente de instituições toscas, provisórias, que viabilizam um atendimento a baixo custo de transação, ativando um intenso *rent seeking*.[283]

Um outro fato marcante nessa mesma época é a venda (20 de novembro de 2000) do Banespa por uma soma inesperada em valor e procedência: cerca de U$3,7 bilhões, saindo vencedor do leilão um banco estrangeiro. Talvez a questão mais relevante envolvendo esse acontecimento seja: como é possível que se viabilize uma tal soma de recursos orçamentários extraordinários sem que diretamente o Congresso Nacional participe de tal decisão, deixando-se meramente condicionar — em plena tramitação legislativa da Proposta de Orçamento da União para 2001 e da execução orçamentária de 2000 — por um suplemento tão substancial de recursos?[284]

Será que todo esse acontecimento é acolhido na margem de delegação de formular políticas públicas que tem estado implícita na transferência de poder de decisão do Legislativo para o Executivo?[285] A emissão de MPs serve de ilustração desse ponto de vista: ou bem um tema de política pública é diretamente tratado por MP, ou bem a mudança da ordem institucional causada por tantas MPs habilita o Executivo a ampliar o seu conjunto de escolhas, sem que necessariamente esteja incorrendo em ato de usurpação de poderes.

---

[281] É sobre um princípio análogo a esse que se assenta a legislação restritiva do *lobbying* adotada na economia norte-americana (PL nº 104-65, de 19 de dezembro de 1995): a tentativa de obter do processo político uma transferência de renda a seu favor leva a que os grupos de interesses preferenciais se confrontem com custos de transação mais elevados, o que eventualmente atua como fator de dissuasão dessa demanda. Ver cap. 1.

[282] *Folha de S. Paulo*, 7 nov. 2000.

[283] Temo que a citada declaração presidencial não leve em conta que, "de todos os monopólios, o monopólio da força que é exercido pelo Estado é o mais lucrativo de se controlar" (Cooter, 2000:211).

[284] Em meio a discussões de enorme impacto social, tais como a recuperação de perdas acumuladas no nível do salário mínimo e no patrimônio do FGTS, é surpreendente o silêncio do Congresso quanto à repercussão desse fato novo em seu conjunto de decisões.

[285] Essa questão volta a ser abordada em " O descontrolado crescimento do governo", neste capítulo.

No caso da privatização do Banespa, tanto é válido lembrar que o Programa Nacional de Desestatização (PND) originou-se de uma MP quanto sua operacionalização em períodos subseqüentes foi facilitada pela ampliação do poder de agências como o BNDES e o Banco Central, acolhida por uma ordem institucional mais flexível e autônoma relativamente à anuência da legislatura. Mesmo a execução orçamentária exibe essa flexibilidade e autonomia, o que pode explicar, por exemplo, que um volume de US$3,7 bilhões encontre sua destinação no poder discricionário exercido pela alta gerência econômica do Executivo.

A transferência do centro de poder legislativo do Congresso para os burocratas não é relevante pelo baralhamento ou incerteza que traz para a definição "funcional" do Legislativo e do Executivo. Essa transferência promove riscos e incentivos para que os agentes públicos possam silenciar uma maioria ou oprimir uma minoria. É o enfoque *vertical* do poder político (Nourse, 1999).

Se, como diz o texto constitucional, os compartimentos do governo são criados por diversas relações políticas — por votação, por representação, por indicação —, devemos então dar atenção a tais relações ao considerarmos as alterações de poder. Mudando o poder de legislar do Congresso para o Executivo, alteram-se as relações políticas tanto quanto as tarefas. Isso significativamente enfraquece o poder do cidadão de decidir que tipo de legislação ele prefere ter.

O argumento de Nourse estabelece que o perigo constitucional de alterar funções está nos silêncios e amplificações dos cidadãos, ao atribuir poder a certos segmentos da sociedade em detrimento de outros. Por exemplo, o problema de se decidir por MP o confisco de correção monetária nos saldos das contas do FGTS não está propriamente na imprecisão descritiva entre a função econômica e a legislativa, mas no silêncio de toda a sociedade quanto a um tema tão relevante: fez-se um confisco de patrimônio privado sem a anuência da população. Com essa mudança da idéia de poder político de categórico para relacional, a questão não é que poder trocou de mãos, a quem ele pertence, ou se ele se alterou muito, mas quem atribuiu essa autoridade e que riscos comparativos — que se deslocam com o tomador de decisão — se apresentam para a relação entre cidadão e governo (Nourse, 1999). No caso das MPs, uma transferência de poder para um formulador de decisões não eleito (o burocrata), a partir de um que esteja ligado a um reduto eleitoral (o político), cria riscos de que redutos eleitorais sejam silenciados. Uma elite passa a agir em nome desses eleitorados.

No final das contas, a separação de poderes é uma questão de quem governa, e o "quem" se refere aos cidadãos reunidos em segmentos constitucionalmente estabelecidos. Nesse sentido, o sistema da separação de poderes não é apenas uma separação de deveres, poderes ou funções constitucionais, mas também uma separação de relações políticas entre o governo e a sociedade, englobando a relação do representante eleito com a sociedade.

162   LIÇÕES DE ECONOMIA CONSTITUCIONAL BRASILEIRA

Sob este último aspecto, vale lembrar a prática brasileira de deputados e senadores se transferirem para postos na alta gerência do Executivo, sem que para tanto percam seu mandato eletivo. Essa ocorrência pode ser tratada sob o argumento de Nourse, na medida em que o mandato legislativo é inegociável sem a anuência do eleitor. O mandato é implicitamente dado ao político por suas supostas habilidades de legislador. A passagem do legislador para o posto na burocracia é, portanto, uma renegação do comprometimento tácito assumido pelo político junto a seu eleitorado.[286]

O significado da nova âncora da estabilização econômica

Os episódios que transcorrem a partir do final de 1998 — culminando com a crise de 12 e 13 de janeiro de 1999 — estão sujeitos a variados diagnósticos analíticos. Todavia, parece interessante explorar uma vertente relacionada a certa classe de modelos de grupos de interesses (Becker, 1983, 1985). Nessa ocasião, a política de estabilização econômica estaria na confluência de duas forças:

- a pressão política exercida por segmentos da sociedade que conseguem se organizar, configurando-se como grupos de interesses;[287]
- os demais segmentos não organizados da sociedade, que representam o interesse geral ou coletivo. A relativa passividade desse segmento deve-se sobretudo aos elevados custos de organizar e coordenar suas ações (custos de transação).

Uma condição de equilíbrio é que, sob instituições representativas, uma política pública se sustentará na medida em que as produtividades das influências que se exerçam no processo político favoráveis e contrárias a essa política sejam pelo menos equivalentes, com a tendência a que aquelas suplantem estas últimas. Ou, mais tecnicamente, a política econômica que esteve em vigor até 12 de janeiro de 1999 traz impactos distributivos: negativos para alguns segmentos ("perdedores", p) e positivos para outros ("ganhadores", g). A influência política (I_p e I_g) de uns e outros se traduz por:

---

[286] Na Constituição norte-americana, a cláusula de incompatibilidade impede um membro do Congresso de servir no Executivo ou no Judiciário. Visto por outro ângulo, as regras de elegibilidade pertencem à classe de regras de conflito de interesses (Vermeule, 2001): pelo voto do legislador no Congresso, os poderes (ou os ganhos) do burocrata podem ser ampliados, o que — feita a transição entre os poderes — permitiria ao político colher benefícios diretos e pessoais sem que ocorra a perda de mandato.

[287] Sobretudo industriais paulistas (Fiesp) e exportadores (AEB) vinham desempenhando um papel notório nessa dimensão. Vale assinalar a intensificação dessa pressão, com a campanha da Fiesp, desde dezembro de 1998, em prol do desenvolvimentismo e contra o monetarismo.

- pressões (Π_p e Π_g) exercidas em diferentes graus de formalização indireta (via mídia) e mesmo diretamente junto aos partidos políticos, às suas lideranças, ao presidente da República e à burocracia;[288]
- crescente desproporção entre o tamanho dos segmentos da atividade econômica que perdem e ganham (n_p/n_g);[289]
- diversas variáveis (x)[290] que exercem poderoso efeito sobre essas influências pró e contra a política econômica.

De sorte que, na transição de 1998 para 1999, passou a prevalecer a condição:

$$I_p > I_g \qquad (12)$$

sendo $I_p = I_p (\Pi_p, \Pi_g; n_p/n_g; x)$ e $I_g = I_g (\Pi_p, \Pi_g; n_p/n_g; x)$.

Vale dizer, a influência política dos que perdem passa a suplantar a influência dos que ganham com a política econômica em vigor. Na medida em que Π_p supere Π_g (lembro ao leitor a inusitada desenvoltura do então novo comando da Fiesp); com a relação n_p/n_g a crescer acentuadamente nos últimos meses de 1998 (e as demissões na indústria automobilística dramatizando o desemprego); e com x a influenciar complexamente a estratégia macroeconômica (digamos que as forças aí congregadas empurram o governo a rever suas prioridades e, mais especialmente, a caminhar para a solicitação de, no mínimo, um *waiver* junto ao FMI), torna-se inevitável a reversão da desigualdade (12), de modo a recompor a condição do equilíbrio:

$$I_g \geqslant I_p \qquad (13)$$

em que as produtividades dessas duas forças exercidas sobre o governo pelo menos se igualam.

---

[288] Cabe lembrar o freqüente e intenso engajamento, nessas ações, dos serviços de consultores nacionais e internacionais, com a tarefa de vocalizar, com sua autoridade técnica e acadêmica, este ou aquele ponto de vista, contrário ou favorável a aspectos relevantes da conjuntura.

[289] Como já mencionado, incluem-se no primeiro caso os exportadores, e no segundo, os importadores, em face da política de sobrevalorização do real até então praticada. O avanço do desemprego na indústria, por outro lado, torna-se, nas últimas semanas de 1998, uma dimensão expressiva desse fator. Especialmente com os movimentos de protesto dos trabalhadores da indústria automobilística em São Paulo, que encontram enorme repercussão na mídia.

[290] Mais ou menos fora do controle do governo e de comportamento de difícil previsão em seu efeito agregado; entre outras, a necessidade de atender ao contrato com o FMI; o início de mandato eletivo, não apenas na jurisdição federal, como também nos estados; o comportamento dos mercados internacionais; a necessidade de definir em bases mais duradouras a sustentação do governo na legislatura que se conclui em janeiro de 1998 e na que se inaugura em fevereiro de 1999.

164 LIÇÕES DE ECONOMIA CONSTITUCIONAL BRASILEIRA

Com a ruptura da âncora cambial, que sempre foi a jóia da coroa do Plano Real, a pretensão é que esse equilíbrio político possa ter sido reestabelecido ao menos temporariamente.

Se um grupo torna-se mais eficiente em pressionar o governo, como supostamente teria sido o caso da indústria paulista e dos exportadores no começo de 1999, o nível ótimo de pressão que exerce será mais elevado, relativamente a todos os níveis de pressão dos demais grupos. Pura e simplesmente, é essa maior eficiência em produzir pressão política que teria contribuído para que o governo trocasse a paridade cambial por um regime de bandas de variação. O importante não é a efetividade política absoluta de determinados grupos, como os já mencionados, mas a sua eficiência relativa em face dos demais grupos.[291]

Quão irrestrita e duradoura será a liberalização do câmbio?

Prevalecerá uma espécie de "tirania do *status quo*" (Becker, 1983): o processo político não deverá interferir na distribuição de renda e riqueza privada decorrente da desvalorização, mesmo que os grupos beneficiados por essa interferência (digamos, o setor industrial exportador) possam se revelar mais bem organizados politicamente do que os grupos que venham a perder (o setor comercial importador, por exemplo), na medida em que estes não se revelem tão fortemente organizados. No entanto, a importância do *status quo* na era pós-liberação cambial não significa necessariamente que o governo se torna refém dos setores privilegiados e poderosos.

A desvalorização do câmbio pode aumentar os ganhos dos exportadores, possivelmente muito mais do que prejudica as importações. Em decorrência, pode-se seguir uma redução de alíquotas do imposto de importação, de modo a compensar o segmento importador pela perda em eficiência.[292]

Conclui-se, pois, que o comportamento do governo ante a crise de janeiro de 1999 pode ser explicado em termos do exercício de poder de grupos de interesses,[293] muito mais do que de reação a falhas de mercado.

---

[291] Tal raciocínio também vale para o novo regime cambial.

[292] Mesmo porque essa é uma medida potencialmente recomendável, na hipótese de que os custos cambiais sejam repassados aos preços finais no mercado interno. Como é também provável que o governo tente se apropriar de parte dos ganhos extraordinários que afluam para os setores em razão da expressiva queda do real diante do dólar nas primeiras semanas que se seguem à liberalização do câmbio. A revogação ou atenuação da chamada Lei Kandir, tanto quanto o balão-de-ensaio de tributar as exportações de *commodities* agrícolas (*Folha de S. Paulo*, 11 fev. 1999) são providências nessa direção.

[293] Sobre as várias perspectivas em que a atuação dos grupos de interesses pode ser conceituada, ver cap. 1.

Por que são tão peculiares as instituições políticas?

A necessidade de integrar variáveis institucionais ao diagnóstico das escolhas públicas é mais fácil de ser proclamada do que empreendida. Lin e Nugent (1995) antecipam variadas dificuldades com que se defronta o cientista social ao abordar questões como:

- por que as instituições são diferentes, especialmente em economias do Primeiro Mundo e economias como a brasileira?
- por que elas se apresentam tal como são, e por que assumiram essa configuração?
- como e em que medida elas explicam a diferença de produtividade entre uma economia e outra?
- como e por que um arranjo institucional ineficiente por vezes se perpetua?
- de todas as diferenças institucionais que se observam, quais as que efetivamente importam?
- como e em que medida as instituições podem ser alteradas na direção desejável?

Esse é um roteiro muito apropriado para analisar a conjuntura da economia. O traço fundamental das instituições políticas no Brasil foi-se alterando cada vez mais nos anos 1990, no rastro da implementação de planos de estabilização de preços e, mais acentuadamente, a partir de julho de 1993, com o Programa de Ação Imediata (PAI). Assim sendo, as duas primeiras questões propostas encontram sua resposta comum no esforço empreendido para combater a inflação, o qual acabou por seguir um caminho heterodoxo, se comparado às práticas nas economias desenvolvidas. No caso brasileiro, o arsenal de medidas antiinflacionárias concentra-se na mudança de regras das escolhas públicas, que, em conseqüência, passam a apresentar grande instabilidade.[294]

A produtividade das políticas é lastreada por substancial concentração decisória no Executivo, que, tirando vantagem de restrições constitucionais tão fluidas, pode acionar com presteza e vigor uma classe própria de legislação que virtualmente dispensa homologação pelo Congresso.[295] Em decorrência, a geração dos resultados finais dessas políticas é estabelecida em condições sujeitas à boa margem de controle por parte da alta gerência econômica.[296]

Contudo, esse processo decisório mostra-se vulnerável em duas frentes:

---

[294] É certo que a condição essencial dessa instabilidade decorre da fragilidade da Constituição, que deixa amplos espaços de indefinição para o exercício do poder de governar.

[295] Ver "O descontrolado crescimento do governo", neste capítulo. Ver também cap. 3.

[296] O que garante o sucesso tão expressivo da política antiinflacionária, especialmente no período de julho de 1993 a dezembro de 1996.

- a própria expansão do poder discricionário do governo passa a gerar uma demanda de maior expansão;[297]
- os choques externos, sobretudo por sua recorrência e menor duração e espaçamento mostram igualmente a necessidade de o governo ampliar sua intervenção.[298]

A quarta questão, formulada anteriormente, é mais fácil de ser apreciada quando se percebe que o *modus operandi* do Executivo tem o notório atrativo de transformar a economia e a sociedade em um vasto campo de experimentação, em decorrência da intervenção administrativa com validade de lei representado pelo mecanismo de emissão de MPs. Ademais, com a possibilidade da reeleição presidencial e a ameaça de crise externa, entende-se que esse arranjo institucional não apenas tende a se perpetuar, como também não levanta maiores resistências da coalizão legislativa minoritária: afinal, a oposição antecipa suas chances de sucesso nesse ambiente político-institucional, bem como almeja exercer igual extensão de poder.[299]

As duas últimas questões na relação de Lin e Nugent põem em relevo a importância de se revitalizar o sistema da separação de poderes. Em todo o esforço de mudança constitucional que se processa desde o final de 1993, nunca foi singularizada a necessidade de se reforçar esse fundamento da democracia representativa no Brasil. As reformas temáticas vão sendo aprovadas sem que se dê conta de suas repercussões potenciais sobre o sistema tricameral de escolhas públicas.[300]

A essência de uma AMI

Em face da livre flutuação do câmbio, a preocupação central com a estabilização de preços cede lugar à tarefa de domar a intensa desvalorização do real,

---

[297] É essa tendência à auto-expansão que leva, por exemplo, o governo a fazer aprovar, em meados de 1997, a proposta de emenda à Constituição instituindo o segundo mandato presidencial em interesse próprio.

[298] Ou, dito de outro modo, construindo uma segunda camada de poderes discricionários, combinando o avanço regulatório com maior tolerância às conjunturas recessivas, ao aumento de carga tributária e à maior freqüência da mudança nas regras do jogo. O que é notório na reação à crise russa, de agosto de 1998, com a adoção do Programa de Estabilidade Fiscal e o recurso ao FMI. Ver a conjectura Cameron, apresentada em "Desdobramentos internos", neste capítulo.

[299] Uma evidência objetiva quanto a essa predisposição à transigência por parte das forças da oposição é dada pela escassa presença, no debate eleitoral, do tema das MPs; pela virtual ausência de reação contrária de políticos e partidos no Congresso, a qual se daria com a apresentação de PEC a dispositivos que objetivam regulamentar a emissão de MPs; e pela discreta resistência que se ofereceu à introdução da regra constitucional do segundo mandato executivo e mesmo à sua manutenção.

[300] Em 2003, as intensas negociações políticas em torno das reformas previdenciária (PEC nº 40-03) e tributária (PEC nº 41-03) ocorrem, igualmente, sem que se destaque a preocupação de recuperar ou preservar esse sistema (Monteiro, 2003e).

JORGE VIANNA MONTEIRO

após tanto tempo de sustentação da paridade cambial. Visto por outro lado, o governo, ainda ao final da primeira quinzena de fevereiro de 1999, tenta deslocar essa sustentação da estabilização econômica para a política monetária, como forma não apenas de secundar a liberalização do câmbio, como também restabelecer o combate à inflação.[301] Assim sendo, era de se prever que voltasse ao debate nacional a antiga discussão quanto à concessão de maior autonomia ao processo decisório de política monetária ou, mais especificamente, a criação de uma autoridade monetária independente (AMI).[302]

A solução, também conhecida como *currency board*, implica fundamentalmente que a AMI se ocupe exclusivamente da emissão e recompra da moeda doméstica, a uma paridade fixa com um ativo de reserva (US\$), e que essas operações ocorram com base em um lastro marginal de reservas de 100%. De modo que a quantidade de moeda em circulação será determinada pela demanda do dólar, com a AMI fazendo face às trocas.[303]

É igualmente notório que a constituição monetária de economias de Primeiro Mundo exerça grande fascínio sobre a adoção da independência do Banco Central no Brasil. Todavia, esse é mais um atributo que se tenta transpor de um contexto institucional bem especificado e estável para um ambiente em que as regras do jogo são imprecisas, desarticuladas entre si, estando em permanente revisão, o que lhes dá um caráter de intensa transitoriedade.[304]

---

[301] Para tanto, a taxa de juros é mantida em um patamar de 38 a 40% a.a.

[302] Já em agosto de 1993, esse é um dos temas que domina as discussões de conjuntura. Ver, a propósito, Monteiro (1997: 63-65). A iniciativa faz parte de uma estratégia mais ampla de reordenar todo o processo decisório público, bem como de incorporar à solução brasileira um pouco da experiência argentina, que envolve uma variante de AMI.

[303] Operações como as de *open market* ficam excluídas do mandato da AMI, o que põe fim às emissões de moeda para o financiamento de déficits nas contas públicas. Por outro lado, a solução da AMI pressupõe uma confortável situação em termos de balanço de pagamentos, de vez que é por aí que se originam as reservas adicionais a serem compradas pelo *currency board*: via entrada de capitais estrangeiros, formação de superávits comerciais ou mesmo recursos para tanto disponíveis na ajuda multilateral. Ver cap. 5.

[304] Em duas outras ocasiões relevantes, incorreu-se nesse tipo de cópia arbitrária. Primeiramente, há o caso da ampliação da autonomia legislativa do Executivo, sob o formato da emissão de MPs. Uma prática típica no parlamentarismo europeu e que foi acoplada à Constituição brasileira em 1988, sem se dar atenção às repercussões de como um tal mecanismo poderia vir a operar sob instituições presidencialistas e federativas. Um segundo exemplo desse tipo de transposição *fora de contexto* é a opção de um segundo mandato presidencial, sem a atenção devida ao elevado poder discricionário que o Executivo federal já detinha nas escolhas públicas. Tampouco se deu atenção às potenciais distorções políticas provocadas pela extensão dessa benesse a governadores e prefeitos.

A primeira qualificação relevante no caso norte-americano é que o relacionamento da AMI com o governo ocorre em pleno funcionamento da separação de poderes. Assim, ainda que a constituição monetária possa garantir fortes poderes ao governo, em face da AMI, para se exercitarem tais prerrogativas é necessário acionar um esforço unificado desses poderes. Somente quando ocorrem crises monetárias que venham a provocar amplo descontentamento na legislatura é que se torna viável explorar sentimentos mais populistas para formar uma maioria legislativa contrária a interesses e preferências da AMI.[305]

Relativamente a esse tema da interação de presidente e AMI, podem-se construir duas conjecturas distintas (Johnson, 1998):

▸ a AMI influenciaria a política monetária de curto prazo, mas no longo prazo o Executivo é dominante, na medida em que ele venha a lançar mão das habilidades políticas do presidente da República, com o aconselhamento e consentimento do Senado, para indicar e endossar os nomes que compõem a direção da AMI; para exercer sua autoridade nas políticas de tributação e gastos públicos; e, sobretudo, como detentor do posto eletivo mais elevado no país, sua habilidade em propor e fazer *lobby* por certas classes de legislação que venham a afetar significativamente a AMI ou a política monetária;[306]
▸ mesmo no curto prazo, pode ocorrer intensa pressão sobre a AMI, por parte do Executivo, para aumentar o capital eleitoral do presidente da República e de seu partido.[307]

O debate quanto à criação da AMI no Brasil talvez fique mais bem referenciado se notarmos que, de longa data, um segmento do Executivo — a alta gerência econômica[308] — concentra substancial autonomia, por seu poder de propor e executar políticas. Com efeito, pelo comando exercido no processo de escolhas orçamentárias e no processo de legislar por via administrativa, pratica-se, de longa

---

[305] Ainda assim, isso só assumirá uma forma efetiva quando também ocorrer o apoio do presidente da República, cuja preocupação com outros assuntos de Estado quase sempre faz predominar o seu interesse pelos assuntos econômicos domésticos (Johnson, 1998:129).

[306] Ver cap. 3.

[307] Um segundo mandato eletivo acentua ainda mais essa conjectura. Ao longo de 1998, por exemplo, o presidente da República fez uso freqüente da retórica de que os juros deveriam baixar, ao mesmo tempo em que endossava críticas de igual teor, feitas por políticos integrantes da coalizão majoritária no Congresso.

[308] Ministros e técnicos que preponderantemente ocupam cargos de DAS na cúpula do Ministério da Fazenda, do Banco Central e, eventualmente, do Ministério do Orçamento e Gestão, e do próprio Palácio do Planalto (Casa Civil).

data, uma variante da AMI, o que poderíamos rotular de autoridade econômica independente (AEI).[309]

Em 1999, certas ocorrências ampliam a dimensão dessa peculiaridade institucional:

▸ o Congresso se reúne em período extraordinário (4 a 29 de janeiro de 1999), fundamentalmente para secundar a política de estabilização econômica. Essas decisões legislativas, no entanto, pouco se relacionam com a discussão independente ou o aperfeiçoamento institucional das escolhas públicas. Nesse período, a atenção volta-se para a homologação dos projetos do Executivo, alterando a própria ordem constitucional ou meramente convertendo MPs (metade dos projetos de lei aprovados decorre de conversões), ao mesmo tempo em que são emitidas 78 MPs;

▸ promove-se (28 de janeiro de 1999) uma bizarra autoconvocação da nova legislatura: suas sessões, entre 3 e 13 de fevereiro de 1999, são efetivas *apenas para o tema do aumento da CPMF*; no mais, é uma legislatura virtual.

Tal alheamento da classe política ocorre, ainda quando se ultima no Executivo, no âmbito das conversações quanto à revisão dos termos do contrato com o FMI, substancial mudança da estratégia macroeconômica, o que trivialmente envolve significativas opções sociais.

Diante de tal evidência, pode-se estabelecer que a criação de uma AMI dará lugar a uma das seguintes disfunções no padrão de escolhas públicas:

▸ confronto entre a AMI e os demais segmentos do Executivo, especialmente o que está aqui sendo caracterizado como AEI. Abrirá mão o governo do mecanismo de emissão de MPs ou o compartilhará com o novo Banco Central? Aceitará, enfim, ter esse poder atenuado pela adoção de dispositivos constitucionais que restrinjam sua utilização?[310]

▸ será necessário especificar o inter-relacionamento não mais entre três instâncias de poder, mas entre *quatro* instâncias.[311]

Com a intensificação da crise cambial, passa a predominar na conjuntura de 1999 a questão da recuperação da credibilidade das ações governamentais

---

[309] Evidência numérica quanto à AEI (ou ALE, como também referida mais adiante) é apresentada em "O descontrolado crescimento do governo", neste capítulo.

[310] Ver cap. 3.

[311] É pouco convincente supor que, após uma década de transigência do Congresso para com a progressiva e acentuada perda de seu poder decisório para os burocratas, os legisladores se empenhem em definir mecanismos eficazes de controle em face da AMI e da decorrente política monetária.

junto aos agentes econômicos e à sociedade em geral. No entanto, o próprio processo de geração dessas decisões transcorre sem qualquer apreço por construir essa credibilidade. No mais das vezes, o governo parece crer que credibilidade se constrói em torno dos proverbiais nomes a quem caberá reordenar a economia. Na segunda metade de fevereiro de 1999,[312] ainda predomina a noção de que um *especialista* à frente do Banco Central é condição necessária e suficiente para que a adversidade cambial se reverta. Em verdade, toda a discussão é apresentada como se credibilidade não fosse senão um subproduto desejável do equilíbrio macroeconômico, muito mais do que a sua própria justificativa.[313]

Igualmente, muito se fala em *inflation targeting*, ou seja, que o monetarismo deve se resumir ao comprometimento explícito do Banco Central com metas inflacionárias. No entanto, é pouco razoável pensar no sucesso de uma tal estratégia em separado de um comprometimento com um *constitutional targeting*, vale dizer, com um regime de escolhas públicas em que as regras do jogo sejam firmes e amplamente conhecidas e entendidas pela sociedade.[314] Afinal, a ampliação do papel estabilizador da autoridade monetária implica um novo inter-relacionamento de economia e democracia que ainda não é perfeitamente compreendido: é o cenário do *governo da moeda*, na apta síntese de Peter Johnson. O papel do Banco Central de ajustar-se aos problemas da competição ou à internacionalização sugere que mudanças de regime político e *expertise* monetária são inversamente relacionadas: quando o governo mostra-se incapaz de mobilizar eficientemente essa *expertise* para fazer frente aos novos problemas econômicos, o Estado pode incorrer no risco de promover dramáticas — e mesmo desestabilizadoras — mudanças de regime (Johnson, 1998).

Por fim, vale ressaltar que, de par com a discussão de se ter um especialista oriundo do mercado financeiro na direção da AMI, revive-se no debate nacional o projeto da "quarentena", isto é, que os ocupantes da direção da AMI passem por

---

[312] Uma situação muito curiosa se apresenta em relação à presidência do Banco Central: há um presidente (demitido) em férias; o seu sucessor, também demitido, e a quem caberá passar oficialmente o cargo adiante; outro no exercício interino da função; e mais outro indicado pelo presidente da República para ocupar o posto, mas pendente de aprovação de seu nome no Senado Federal, o que ocorreria somente em março de 1999.

[313] Ver cap. 5.

[314] Nesse sentido, são alentadores os termos da entrevista do presidente mundial do BankBoston, ao insistir em afirmar que "a confiança nas regras do jogo é que vai estabilizar a taxa de câmbio" (*Folha de S. Paulo*, 25 jan. 1999).

um período de distanciamento *ex post*, afastados formalmente de qualquer posto no setor financeiro privado.[315]

Outra vez, tenta-se acomodar na intensa instabilidade da ordem institucional-constitucional em vigor um dispositivo legal que copia práticas de economias de Primeiro Mundo.[316] Ora, talvez fizéssemos melhor em prestar atenção a segmentos correlatos do problema da quarentena dos homens públicos no Brasil, tais como o aprimoramento de uma legislação reveladora das atividades de *lobbying*, uma legislação eleitoral menos transitória e, enfim, o reforço de toda a arquitetura constitucional. Afinal, de que adianta cercar de tantos escrúpulos o comportamento futuro de um ex-integrante da AMI, se nada similar se fará com um ex-burocrata da AEI, tal como definida anteriormente?

AMI e ALE

A extensão em que uma alteração formal no *status* da autoridade monetária e a adoção de um regime de metas inflacionárias podem estar relacionadas a mudanças de política monetária é o tema em Muscatelli, Tirelli e Trecroci (2002). Assim, por exemplo, tais mudanças teriam ocorrido nos EUA e no Japão apenas nos anos 1990, com as metas de inflação implícitas em agregados intermediários, tais como meios de pagamento e base monetária. Já nos casos de Suécia, Nova Zelândia, Inglaterra e Canadá, observam-se variadas configurações da constituição monetária e seus impactos contemporâneos nas respostas de política monetária.

Em resumo: o fenômeno da inflação é suficientemente complexo para desafiar diagnósticos triviais do gênero: *se adotarmos o figurino do Banco Central independente, segue-se uma bem-sucedida política monetária que limita as expectativas inflacionárias*.

Isso não ocorrerá em todos os casos, bem como tal limitação pode se materializar sob arranjos que não incluam a independência do Banco Central. Neste úl-

---

[315] Um projeto desse teor já desde há muito foi aprovado pelo Senado e posto em discussão na Comissão de Finanças e Tributação da Câmara dos Deputados. Uma idéia bizarra, no entanto, circula ao final de 2002: a quarentena poderia ser expandida para o caso *ex ante*, isto é, não haveria a possibilidade de uma transferência imediata de um participante do mercado financeiro para um posto de direção na autoridade monetária. Outra vez, parece que se incorre no erro de orientar a legislação econômica para atender a uma variedade de situações *ad hoc*. Nessa perspectiva, algo como o Lobbying Disclosure Act de 1995, nos EUA, parece ser o contexto mais adequado para se tratar ocorrências na classe de "tráfico de influências". No Brasil, o Código de Conduta da Alta Administração Federal, em vigor desde agosto de 2000, acabou por acolher a regra de quarentena *ex post*. Ver cap. 1 (quadro 4).

[316] A imagem que figurativamente o leitor poderá fazer da iniciativa é a de que se tenta polir um vaso de prata que decora um salão em escombros, empoeirado e com todo seu mobiliário quebrado ou remendado.

172 LIÇÕES DE ECONOMIA CONSTITUCIONAL BRASILEIRA

timo caso, tem-se a construção de credibilidade em torno das ações dos *policy-makers*. A economia brasileira no período que vai de meados de 1993 até meados de 1995 é um exemplo didático de que é possível dominar as expectativas inflacionárias, com resultados equiparáveis ao caso hipotético em que as respostas de política monetária pudessem ser obtidas sob a independência decisória do Banco Central. Parece repetir-se nesse episódio a abordagem de variadas regras constitucionais com que temos convivido desde os anos 1990: a alteração de poderes governamentais de um modo localizado, sem levar em conta o conjunto de funções e recursos de que já dispõem os burocratas.

A questão levantada no citado estudo (que tem por foco as economias européias) desaconselha o uso de um modelo de política monetária que não pressuponha a variedade de restrições sob as quais o banqueiro central possa atuar.

No Brasil, é ainda incerta a fronteira que separa ações empreendidas diretamente pela alta gerência econômica de decisões votadas no Congresso e mesmo de decisões do Judiciário. A cultura das MPs prolongou-se por muito tempo e mostrou-se abrangente demais para que se possa pensar que tudo tenha acabado.[317]

Uma qualificação fundamental à adoção da AMI é que ela, em geral, pressupõe que o poder discricionário do banqueiro central é determinado por questões exógenas. Contudo, são essas mesmas forças que demandam maior poder de intervenção governamental — instrumentado por um Banco Central autônomo — que produzem as condições institucionais que facilitam tal acréscimo de poder (Peltzman, 1998:194). Isso ajuda a entender a *tentação* de vincular esse maior poder a fatos discretos, como a retomada das expectativas inflacionárias, a crise cambial etc. Outra dificuldade decorre da superficialidade com que se trata no modelo de AMI a relação entre políticos e burocratas. No caso brasileiro, há que relacionar esse *status* de independência decisória à ampla autoridade legal do Executivo (ALE) (Carey e Shugart, 1998:5). A ALE pode ser observada em duas classes de poder de legislar:[318]

---

[317] A dificuldade promovida com o trancamento do processo decisório da Câmara e do Senado, como observado no final de 2002, é apenas a manifestação de um mecanismo institucional-constitucional ainda operante e que se mostra impropriamente disciplinado pela EC nº 32. Outra evidência mais recente dessa *cultura* é a sugestão, apresentada em agosto de 2003, de antecipar aspectos inclusos na PEC nº 41-03 (reforma tributária) por meio da emissão de uma medida provisória. Ver cap. 2.

[318] O conceito de AEI, anteriormente utilizado, é mais específico que o de ALE. Contudo, penso que a *intensidade* com que a AEI é exercida no caso brasileiro, ao longo da década de 1990, suplanta substancialmente o que pressupõem Carey e Shugart.

- reativo — o *status quo* é a situação que resulta, caso o Executivo se dispense de atuar, por exemplo, não emitindo uma MP ou deixando de renovar a vigência de uma MP já em curso.

  É interessante notar que tal atitude do Executivo se estabelece ainda que uma maioria de membros do Congresso prefira um resultado de política diferente, o que equivale ao Executivo bloquear uma iniciativa do Congresso. O veto presidencial é o exemplo tradicional de poder reativo. Contudo, na economia brasileira, a sofisticação do mecanismo das MPs tornou secundário esse instrumento decisório do presidente da República (Monteiro, 2002:293). A simples possibilidade de o presidente e, por extensão, a alta gerência econômica do governo lançarem mão da emissão de MPs tem sido suficiente para esvaziar a agenda do Congresso. Após a EC nº 32, o trancamento da pauta legislativa que pode resultar de uma MP não convertida pelo Congresso é apenas uma das formas desse condicionamento exercido pela ALE;
- proativo — são exemplos os poderes de legislar e de agenda. O primeiro é exercido quando a ALE é implementada em substituição à legislação produzida no Congresso.[319] Já o poder de agenda é a autoridade de restringir, seja o conjunto de alternativas de políticas públicas em que o Congresso faz suas escolhas, seja o cronograma em que essas escolhas de políticas devem ser feitas, ou ambos (Carey e Shugart, 1998:6).

Lições da experiência

Por meio da emissão de uma MP, o governo passa a dar sinais quanto ao alcance de "aperfeiçoamentos operacionais" na política econômica em vigor. Assim é que a MP nº 1.716, de 8 de setembro de 1998, estabelece um Programa de Ajuste Fiscal que tem por meta obter entre 1999 e 2001 uma redução pela metade do coeficiente déficit/PIB, a qual alcançaria o nível de 3 a 3,5%. Trata-se, portanto, de um objetivo vigoroso e de custos sociais potencialmente elevados, não apenas em termos de contração da atividade econômica, mas de exercício de poder discricionário pelos burocratas.

Em paralelo, o referido ajuste é sustentado pela decisão gerencial (Comissão de Controle e Gestão Fiscal) de proceder a cortes já na execução orçamentária de 1998. A valer o reduzido espaço de manobra habitualmente disponível para a

---

[319] Dito de outra forma, o *status quo* pode ser alterado sem o consentimento prévio do Congresso. Com ou sem a alteração da EC nº 32, o art. 62 da Constituição acolhe essa autoridade. Veja-se a polêmica MP nº 131, de 25 de setembro de 2003, que regula o plantio de soja transgênica.

legislatura nas escolhas orçamentárias, quando da tramitação da LDO e mesmo da proposta orçamentária da União, é previsível que o Congresso pouco possa influir na definição ou no aprimoramento de uma iniciativa do Executivo, que segue um rito decisório típico de conjuntura de crise.[320]

Igualmente, os cortes no gasto público parecem atender às recomendações da teoria macroeconômica, tanto quanto às evidências de consolidações fiscais promovidas ao longo dos anos em diversas economias européias (Perotti, 1998; Giavazzi e Pagano, 1990). A lição da experiência é que:

▸ os programas bem-sucedidos enfatizaram os cortes de gastos, muito mais do que o aumento de impostos;

▸ é a *composição* do corte nos gastos (especialmente em transferências e custeio/pessoal, por oposição à redução nos investimentos), muito mais do que o *tamanho* do corte, que seria o determinante básico para o sucesso de um tal esforço de consolidação fiscal.

Tabela 3
Consolidações fiscais

Taxas de variação	Casos de sucesso (%)	Casos de insucesso (%)
Gastos/PIB	−2,20	−0,49
Transferências/PIB	−0,54	−0,02
Custeio/PIB	−0,58	−0,07
Aumento de impostos	+0,44	+1,28
Déficit/PIB	−2,70	−2,20

Fonte: Perotti (1998).

A tabela 3 oferece o sentido geral dessa classe de conclusões, em uma amostra de 20 experimentos de consolidação fiscal em economias européias entre 1960 e 1992.

Toda essa evidência deve, no entanto, ser transposta com enorme cautela para o cenário da economia brasileira. Afinal, vivemos em um ambiente institucional

---

[320] Não é fortuito que a iniciativa preliminar de anunciar um Programa de Ajuste Fiscal tenha assumido o formato de MP: o comprometimento com uma consolidação de metas tão vigorosas como as anunciadas atende exclusivamente às preferências dos burocratas. O presidente do Congresso pode mesmo insistir em afirmar (*Jornal do Brasil*, 9 set. 1998) que caberá ao Congresso decidir quanto aos cortes, porém todo o procedimento prosseguirá inexoravelmente centrado no poder de propor (Baron e Ferejohn, 1989), representado pela emissão de MPs.

muito instável e de enorme concentração do poder decisório nas escolhas públicas, de modo que a capacidade de o governo impor à sociedade uma consolidação fiscal de maiores proporções, e em ritmo mais acelerado, não tem qualquer ponto de comparação com esforços análogos empreendidos em economias do Primeiro Mundo.

No âmbito dos principais resultados da macroeconomia brasileira, as perspectivas para 1999 apresentam-se mais promissoras, em função da disciplina trazida pelo acordo com o FMI. Contudo:

- a mudança organizacional promovida na economia pública é originariamente defeituosa, por ter sido orientada para garantir sustentação mais imediata dos pleitos do Executivo junto ao Congresso, sobretudo no período de sua convocação extraordinária;[321]
- o ambiente institucional pouco é afetado, permanecendo a substancial concentração de poder dos burocratas que se sobrepõe a qualquer outra característica da economia política nacional.[322]

Essa é possivelmente uma adaptação muito peculiar do que já foi referido como "o trilema da integração" (Summers, 1999), ou seja, a necessidade de acomodar simultaneamente os objetivos de maior integração econômica interna e externa, um gerenciamento econômico público adequado e a soberania nacional. No Brasil do final de 1998, o trilema é redefinido em termos de conciliar a obtenção de resultados macroeconômicos mais balanceados, um gerenciamento público mais eficiente e a preservação ou mesmo recomposição de uma vasta gama de liberdades econômicas que foram sendo erodidas ao longo dos anos 1990.

O descontrolado crescimento do governo

Com os novos poderes que lhe são atribuídos por meio da reformulação do Código Tributário Nacional (Lei Complementar nº 104, de 10 de janeiro de 2001) e da quebra do sigilo das operações de instituições financeiras (Lei Complementar nº 105, de 10 de janeiro de 2001, Lei nº 10.174, de 9 de janeiro de 2001, e De-

---

[321] Com a inauguração da nova legislatura logo adiante, em fevereiro, e com a generalização de manifestações de oposição por parte de novos governadores, cedo esse *loteamento político* do poder mostrar-se-á inócuo.

[322] É mesmo provável que, em face das dificuldades que possa encontrar no jogo com o Legislativo, o Executivo venha a se compensar aumentando seu comportamento discricionário.

creto nº 3.724, de 10 de janeiro de 2001), o poder discricionário da autoridade fiscal está mais amplo e menos anônimo[323] a partir de 2001.

Para o observador mais desatento, parecerá que esse avanço ocorre em um quadro institucional perfeitamente delineado e estável, tal qual o de uma economia de Primeiro Mundo. Essa classe de argumentos é encampada por variados analistas da conjuntura, quando acentuam que nos EUA ou na União Européia o poder fiscal do Estado também engloba o componente da quebra de sigilo. Fica subentendido nessa comparação que os custos de transação (Twight 1988; Epstein e O'Halloran, 1999) a que estão sujeitos os cidadãos-contribuintes brasileiros equivalem aos que vigoram nessas outras economias.[324] Todavia há que lembrar:

- ▸ tal extensão de poderes ocorre em um contexto ilusório, isto é, um acordo das lideranças políticas viabiliza a provisão de recursos para elevar o salário mínimo de R$151 para R$180. A aquisição de mais poder pelos burocratas é, assim, argüida em nome da austeridade fiscal e da sustentação da estabilidade econômica;
- ▸ mais relevante ainda, todo esse novo poder público é adicionado a um processo decisório que opera à margem do sistema constitucional da separação de poderes, vale dizer, com a definição e a execução das regras do jogo concentradas no Executivo e, por extensão, refletindo as preferências da alta gerência econômica.

A figura 14 é uma evidência consolidada dessa longa e sustentada desativação do Congresso Nacional como peça essencial na feitura das leis. A variável **MP/L*** descreve a quantidade bruta (novas e reedições) de MPs emitidas, mês a mês, em unidades da quantidade média de leis aprovadas no Congresso — já descontadas as que decorreram, por conversão, de MPs — entre janeiro de 1995 e dezembro de 2000.[325]

---

[323] O anonimato é uma propriedade da informação nessa interação, quando (Hurwicz, 1960) ela não diferencia as fontes de emissão; a resposta à informação recebida depende somente de seu conteúdo, e não de sua origem ou de seu emissor.

[324] Ao final de 2000, o ministro-chefe da Casa Civil da Presidência da República tem a candura de avisar que, não obstante o avanço de poder discricionário representado pela viabilização da "quebra do sigilo bancário", tal recurso "não será utilizado por questões políticas ou de qualquer outra motivação que não seja estritamente a busca daqueles que não pagam impostos, como a maioria da população brasileira faz" (*Folha de S. Paulo*, 22 dez. 2000).

[325] Em dezembro de 2000, para cada lei que entrou em vigor nesse período foram emitidas cerca de sete MPs; em todo o período considerado, essa relação média é de 4,4:1. Por outro lado, nesse mesmo mês, as MPs excederam em média em 29 meses o prazo constitucional de sua apreciação pela legislatura.

Figura 14
Definição e implementação das regras das escolhas públicas:
a transferência de poder decisório do Legislativo para o Executivo
(jan. 1995–dez. 2000)

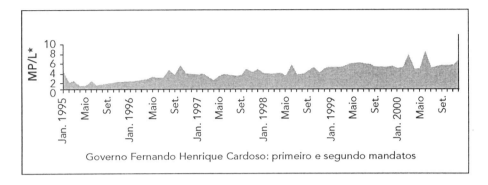

Contudo, esse é um fenômeno institucional de enorme complexidade para ser associado simplesmente à sua trajetória numérica. Tal percepção nem sempre é embrada nas discussões sobre o fenômeno das MPs: os prós e os contras ficam restritos às estatísticas de emissão de novas MPs e suas reedições, ou a alocar os contingentes de MPs segundo as diferentes administrações federais, tendo por norma implícita que esse ou aquele presidente da República terá sido o recordista dessas emissões.

Os aspectos qualitativos são indicadores muito relevantes para melhor compreender a submissão do processo político ao processo administrativo-gerencial público. O mês de dezembro de 2000 apresenta uma dessas peculiaridades qualitativas que se refletem na dimensão quantitativa ilustrada na figura 14: em 27 de dezembro de 2000 foram emitidas 68 MPs que simplesmente substituem 18 MPs emitidas dias antes (14 de dezembro de 2000) e 50 outras emitidas em 21 de dezembro de 2000.[326]

Outro exemplo mais específico desse padrão da definição das regras do jogo é dado pela curta sucessão de MPs que introduz o controle de preços na indústria farmacêutica:

---

[326] Para atenuar o impacto dessa substituição, é arbitrado na figura 14 não incluir 50 dessas MPs. Igualmente, observe o leitor que a estatística oficial do estoque de MPs ao final do mês oculta por completo esse tipo de acontecimento. Uma vez que se entenda que a MP é uma legislação que reflete critérios, preferências e necessidades da gerência pública, ela acaba sendo editada e reeditada com qualquer propósito que se queira tornar mais aparente, seguindo qualquer periodicidade, seqüência ou numeração — o que, incidentalmente, torna a emissão *bruta* de MPs a dimensão mais precisa desse fenômeno. Por certo que essas peculiaridades ficam atenuadas a partir da EC nº 32, de 11 de setembro de 2001.

178 LIÇÕES DE ECONOMIA CONSTITUCIONAL BRASILEIR

- a MP nº 2.130-1 é editada em 27 de dezembro de 2000 e reeditada no dia seguinte com um acréscimo de conteúdo fiscal, assumindo, em substituição, o número 2.138-2;
- por seu turno, a MP original dessa seqüência (MP nº 2.063) precede as duas outra em nove e 10 dias, respectivamente.

A substituição em 27 de dezembro de 2000 se justificaria pelo fato de que sua va lidade regulamentar de 30 dias expiraria em 17 de janeiro de 2001, em meio ao re cesso parlamentar e com a primeira manifestação formal do Legislativo (por uma co missão especial) ocorrendo no período (também regulamentar) de cinco dias, fora por tanto do período de convocação extraordinária do Congresso Nacional (29 de janeirc a 14 de fevereiro de 2001).

Ao final de 2000, a passividade dos legisladores ante essas ocorrências não é uma atitude que decorre mecanicamente dos processos de escolhas majoritárias, com as oposições representando a minoria. A estratégia do governo é confrontar deputados e senadores com atendimentos virtualmente irrecusáveis, no intenso *logrolling* que é promovido a cada votação. Não é por outra razão, por exemplo, que 354 atos de renovação, prorrogação e concessão de exploração de serviços de radiodifusão e TV são apresentados pelo Executivo à legislatura entre 17 de outubro de 2000 e 29 de dezembro de 2000. Matéria-prima por excelência para a sinalização dos legislado- res a seus redutos eleitorais, tais atos são a *cola* que pode consolidar uma coalizão vencedora em torno de projetos legislativos de maior interesse do governo.

Mesmo a proposta de restringir a emissão de MPs[327] está sujeita a esse con- dicionamento irresistível da decisão dos legisladores. A aprovação dessa inicia- tiva mais adiante, em 11 de setembro de 2001 (EC nº 32), merece, pois, uma cui- dadosa interpretação.[328]

O Congresso vê-se diante de uma situação em que a dimensão mais expressi- va de suas atribuições — definir direitos — aparece nos atos de quem tem a in- cumbência de executá-los, e não defini-los em primeira instância. Um caso de atuação "executiva legislativa". Um oxímoro?

O significado desses fatos para a análise econômica é inquestionável, de vez que essa tem sido a instrumentação que acompanha desde cedo a política de es- tabilização de preços: 90% das MPs emitidas até dezembro de 2000 concentram- se no período que se inicia com a introdução do real (julho de 1994). Não obstante toda essa relevância, pretende-se que em um rito sumário de 17 dias de trabalhos conturbados pelo clima da disputa pelo comando das mesas das duas casas se

---

[327] Um dos temas adicionados no Ato Convocatório do período de sessões extraordinárias do Congresso. É obscura a motivação das mesas das duas casas legislativas ao incluir essa PEC na agenda dessas sessões, de vez que, nas palavras do líder do governo no Congresso, o presidente da República vê a aprovação dessa emenda como gerando o "caos" na econo- mia (*Folha de S. Paulo*, 5 fev. 2001).

[328] Ver cap. 3.

ORGE VIANNA MONTEIRO 179

iscuta e aprove competentemente matéria tão fundamental. Ainda mais levan-
o-se em consideração a importância e a variedade dos temas de política trata-
os nessas MPs, e o significado deles, tomados em seu conjunto.

Gerencialmente, a pauta dos trabalhos legislativos poderá ser até "limpa", mas
om isso se retira um pouco mais de credibilidade da Constituição.

Um tal acontecimento na vida de uma economia haveria de ter um significa-
o muito expressivo; afinal, segundo as regras do jogo, o Congresso pode alterar,
nular ou simplesmente trocar o *status* formal desses atos, como se atos do Con-
resso eles fossem. Todavia, há que ter os *olhos educados* para notar que a estra-
égia do Executivo, ao fazer a convocação e limitá-la tão-somente à apreciação
las MPs, é de um alcance muito maior e mais complexo:

> o sentido desse tipo de convocação extraordinária é atender a "caso de urgência
> ou interesse público relevante", de acordo com uma das regras do jogo (art. 57,
> §6º, II, da Constituição Federal). Contudo, é difícil explicar tal critério de deci-
> são, quando se observa que esse conjunto de MPs já alcança uma vida média de
> cerca de 30 meses além do prazo regulamentar (30 dias) estipulado por outra
> regra do jogo (art. 62, parágrafo único). Seria melhor recorrer a um outro
> oxímoro: trata-se de uma "lenta urgência". Ademais, as próprias MPs também
> são editadas e reeditadas sob o argumento de sua urgência (art. 62);
> os presidentes do Senado e da Câmara decidem ampliar essa agenda, introdu-
> zindo a notória proposta de emenda constitucional (PEC nº 472) que desde 1997
> se arrasta entre as duas casas e que nominalmente disciplina o uso de MPs.

Com o governo detendo a maioria em ambas as casas legislativas, e em razão do
intenso *logrolling* que se estabelece na moeda de troca do momento (a crítica eleição
das novas mesas diretoras para o biênio da eleição de 2002), essa é a outra parte de
ilusionismo da estratégia da convocação extraordinária. Incluí-la na agenda soará como
uma manifestação de independência, relembrando inclusive o ponto de vista já apresentado pelo candidato do PSDB à presidência da Câmara quanto a recuperar a autonomia legislativa do Congresso Nacional. Pode-se mesmo pensar que a intenção da
pauta tão especializada serve para obter uma trégua tácita dos que crêem nas virtudes
da PEC: o governo estaria se penitenciando do que fez e dando à legislatura a chance
de se pronunciar, ainda que de modo inócuo, quanto ao estoque vigente de 75 leis.[329]

---

[329] Mas há, igualmente, outra interpretação para a iniciativa. Sendo o sentido da restrição
incluído nessa PEC meramente formal (estende de 30 para 60 ou mesmo 120 dias a vigência de uma MP) — e poucos reconhecem que esse seja mais um oxímoro (uma "limitação
redundante") —, o governo poderá usar a ocasião para barganhar a eliminação de uma outra
regra, bem mais limitativa: o art. 246, que veda a regulamentação de emenda constitucional por MP. Enfim, o resultado final poderá ser uma "redução amplificadora" dos poderes
do governo... Mais um oxímoro!

O poder gerencial

O substancial grau de autonomia dos que detêm o poder de governar foi enfim, acrescido da realização de um antigo sonho dos burocratas: tornar ainda menos anônimo[330] e impessoal o fluxo de informações que interliga c contribuinte à autoridade fiscal. Tal fato, porém, tem uma referência analítica mais ampla: no ambiente de governo representativo puro, por que alguns temas de políticas são delegados pelo Legislativo ao Executivo? A resposta em voga na teoria macroeconômica associa essa opção à estrutura decisória que minimiza os custos de transação (Epstein e O'Halloran, 1999). Há custos decorrentes das ineficiências de um processo decisório majoritário, bicameral e por jurisdições em comissões, tanto quanto há notórios problemas de controle e monitoramento do agente (burocrata) por seu patrocinador (legislador).

É o *tradeoff* dessas duas classes de custos de transação que define a escolha entre um exercício do poder gerencial público mais ou menos elástico, sendo um pressuposto dessa linha de raciocínio que tais custos não sejam passíveis de manipulação. O caso brasileiro, no entanto, dificilmente pode ser visto nessa ótica. A própria base de atribuição de poderes e funções é imprecisa, estando sujeita a seguidas redefinições ao longo de toda a formação das escolhas públicas. Exemplos da conjuntura de final de 2000 ilustram o refinamento com que essa deliberada ampliação dos custos de transação (Twight, 1988) pode ocorrer:

▶ a simultaneidade das discussões sobre a correção do valor do salário mínimo, a aprovação da proposta orçamentária da União de 2001, a extensão da correção monetária dos saldos das contas do FGTS à totalidade dos correntistas (e não apenas ao universo alcançado por decisão do STF) e a criação de um Fundo de Erradicação da Pobreza.

Tal estratégia adiciona suficiente incerteza ao processo legislativo para inviabilizar o cálculo do benefício líquido que tais decisões possam trazer para os diferentes redutos eleitorais dos legisladores. Desse modo, o Congresso torna-se mais transigente em relação às soluções operacionais que são propostas para esse *bloco* de políticas. É importante notar que essa trajetória na realidade brasileira acaba por subverter o que seria uma ordem de movimentos no jogo de delegação: o pré-compromisso do presidente da República com um dado conjunto de preferências não ocorre sem que o Congresso atue primeiro (Epstein e O'Halloran, 1999:58). Em razão do mecanismo das MPs, o movimen-

---

[330] Para o conceito de anonimato do fluxo de informação, ver nota 323.

to da legislatura no jogo pode ser mesmo evitado ou colocado na ordem reversa;[331]

→ o Decreto nº 3.686, de 13 de dezembro de 2000, que define incentivos fiscais aos bens de informática (e de automação), esconde uma trilha sinuosa que pode interligar leis a MPs.

Sob o guarda-chuva do poder emissor de MPs, esse decreto habilita a burocracia fiscal a redefinir a estrutura tributária de um segmento fundamental da atividade econômica, seja em termos de uma típica mudança em alíquotas do IPI, seja pela alteração das vantagens competitivas regionais (com o choque de interesses da indústria paulista e da Zona Franca de Manaus).[332] Esse exemplo, na fronteira do que seria tecnicamente um uso permissível da MP, traduz-se na polêmica MP nº 2.037-24, de 23 de novembro de 2000. Em seu art. 32, a MP prorroga até 31 de dezembro de 2000 o prazo de vigência de incentivos fiscais para a área de informática definidos no art. 4 da Lei nº 8.248, de 23 de outubro de 1991. Todavia, o Supremo Tribunal Federal, por unanimidade, suspendeu (7 de dezembro de 2000) o citado art. 32 da MP. Todo esse episódio, que lança as bases de uma nova e disputadíssima "lei de informática", bem ilustra a sinuosidade decisória antes referida.[333]

A questão ajusta-se ao caso clássico de *rent seeking*, seja pelo vulto dos investimentos privados, com a revolução nas telecomunicações que vem se processando no Brasil, sobretudo após a privatização do setor, seja pelo antagonismo regional antes mencionado. Igualmente, veja o leitor mais um atributo do uso de MPs: elas ocasionam impasses jurídicos que, mais adiante, retardam a implementação de políticas; nessa ocasião, demanda-se um regime institucional de *fast track* —

---

[331] Nessas ocorrências está a propriedade das reedições de MPs: com base no estoque de MPs em novembro de 2000, esse auto-reparo das MPs prorroga a sua vida útil — sem que ela seja convertida por um ato formal do Congresso — em média por 29 meses contados a partir da data de sua emissão original.

[332] Ambos os segmentos têm sua atividade de *lobbying* reativada em 2003, em torno da reforma tributária (PEC nº 41-03).

[333] A Lei nº 8.248 (23 de outubro de 1991) concede benefícios fiscais até 30 de outubro de 1999. Expirado esse prazo, a MP nº 2.037-24 (23 de novembro de 2000) prorroga tais incentivos até 31 de dezembro de 2000, mas produzindo efeitos retroativos a partir de 1º de abril de 2000 (art. 52, inciso I). Com a liminar concedida pelo STF, a não-arrecadação de tributos entre novembro de 1999 e a data da decisão do STF (7 de dezembro de 2000) fica sob questionamento (à exceção de janeiro e fevereiro de 2000). O montante de imposto não arrecadado totalizaria R$800 milhões. Transitoriamente, o problema é contornado com a redução da incidência do IPI para bens de informática produzidos no país, por via do citado Decreto nº 3.686.

o que acaba sendo usado para justificar pressão adicional sobre o Legislativo e mais uma rodada de emissões de MPs.

Todavia, há nesse episódio uma segunda dimensão que também diz respeito às regras do jogo:

- a MP trata da revisão de um longo prazo de sete anos de isenção que havia sido concedido pela Lei nº 8.248, de 23 de outubro de 1991. Por que esse prazo não foi revisto anteriormente no Congresso? Haveria urgência a justificar a emissão ou reedição da MP?
- a extensão da vigência é concedida em 23 de novembro de 2000, para vigorar até 31 de dezembro de 2000 (art. 32 da MP), tornando exíguo o prazo para aferição da relevância do ato, seja diretamente pela legislatura, seja no caso de argüição de inconstitucionalidade junto ao STF.

5 Credibilidade

Fundamentos de uma economia

Com o passar do tempo, acostumamo-nos a aceitar, sem maior questionamento, o ponto de vista de que os "fundamentos" da economia brasileira são sólidos e, portanto, as disfunções que vez por outra se refletem em uma subida na taxa de juros, no câmbio ou mesmo na taxa de inflação seriam atribuíveis à especulação e a uma atitude defensiva de agentes privados — como, em 20 de abril de 2001, diagnosticava o presidente do Banco Central. Todavia, os fundamentos de uma economia não se limitam ao controle de suas contas públicas, ao volume de suas reservas cambiais ou ao conjunto de instrumentos de política disponíveis para uso da alta gerência do Executivo.

Todas essas dimensões apóiam-se em complexa teia de instituições políticas que definem o funcionamento de nossa democracia representativa. São esses os fundamentos originais de qualquer economia; é deles que *deriva* a sustentação das políticas fiscal, cambial e monetária. Ou, em outros termos, é necessário que se perceba que as instituições políticas moldam a política econômica. Mesmo porque são essas instituições que conciliam três classes de conflitos (Persson, 2001):

- variados segmentos da sociedade diferem quanto às suas demandas de benefícios, que se configuram por uma transferência de renda e riqueza agenciada pela atuação dos políticos;
- enquanto os eleitores preferem benefícios sob a forma de maiores gastos públicos ou menor carga de impostos, os políticos tentam direcionar esses recursos para consolidar e ampliar o uso desses ganhos em seu benefício privado — o que eventualmente encampa a prática de corrupção (Treisman, 2000);

184 LIÇÕES DE ECONOMIA CONSTITUCIONAL BRASILEIR

▸ a competição de políticos e partidos políticos pela apropriação desses ganhos.[33]

O ajuste fiscal que vem sendo praticado desde os anos 1990 apóia-se em arran jos cuja característica essencial é estabelecida na Constituição e que dizem respei to à "definição de direitos" quanto à formulação e à implementação de política públicas. Assim sendo, a política fiscal e, por extensão, a própria estabilização d preços podem ser tomadas como o equilíbrio desse jogo de delegação em que "pa trocinadores múltiplos — os eleitores — elegem representantes políticos, que po seu turno estabelecem políticas (públicas) que promovem seus próprios objetivo oportunistas (...) [sendo tais ganhos] quase sempre implícitos, de modo que a Cons tituição se torna um contrato incompleto, deixando os políticos com algum pode sob a forma de direitos de controle residuais" (Persson, 2001:5).

Embora seja essa uma estilização das instituições representativas, consider o leitor o significado dessa percepção para o caso brasileiro em anos recentes especialmente em razão de:

▸ nossa economia operar sob regras potencialmente voláteis, em que o sentido d contrato incompleto da Constituição é exacerbado pelas freqüentes intervençõe diretas nesse conjunto de regras (por via da aprovação de emendas) e indiretas (com o variado e intenso condicionamento da ordem legal que acompanha o dia a-dia da operacionalização das políticas, em que se destaca, por longo tempo, c uso do mecanismo da emissão de medidas provisórias);

▸ em uma fase eleitoral, a racionalidade dos políticos os induz a amplificar os custos de transação, tornando mais complexa a percepção que o eleitor possa ter quanto ao desempenho efetivo e potencial dos agentes públicos.[335]

Independentemente das evidências empíricas quanto ao funcionamento dos processos decisórios públicos dos quais resulta a política econômica, a discus são nacional pode ser amplamente arejada com a vertente da literatura macroeconômica que explora a interação de variáveis econômicas e institucionais. São resultados analíticos relevantes:

---

[334] É muito didático observar esse tipo de comportamento ao longo da negociação da pro posta orçamentária da União, ou na intensa troca de votos que é acionada sempre que al gum grande tema de interesse do Executivo é trazido à discussão em alguma instância do Congresso Nacional. A trajetória das PECs nº 40-03 (sistema previdenciário) e nº 41-03 (sis tema tributário) ao longo de 2003 é uma fonte inesgotável de ensinamentos a esse respei to. Ver "Oportunismos de governo", no cap. 2, e "Um retrocesso a mais", no cap. 7.

[335] Ao mesmo tempo, as vantagens da incumbência (representadas pelo término de oito anos consecutivos de mandato da coalizão dos três principais partidos, como observado em 2002) também se estendem à elevação desses custos.

JORGE VIANNA MONTEIRO

- a vinculação da incidência da corrupção a determinadas configurações do sistema eleitoral (Persson, Tabellini, e Trebbi, 2001);[336]
- as regras eleitorais podem estar associadas ao volume e à composição do gasto público (Milesi-Ferretti, Perotti, e Rostagno, 2001).[337]

Grandes polêmicas

Um preâmbulo para a discussão dos problemas econômicos nacionais é a extensão em que os resultados do jogo de políticas estão articulados às decisões sobre as regras que vigoram nesse jogo. Nesse sentido, uma questão relevante, e aparentemente óbvia, é: como a política afeta a economia?

Um simpósio promovido na Universidade de Chicago deu ensejo a que esse tema viesse à tona, especialmente em uma de suas sessões (McChesney, 1999). Por certo que alguns pontos de vista ali apresentados são muito atuais no ambiente institucional brasileiro. Como lembra o citado autor, a política inerentemente está presente nas decisões econômicas de governo, em razão de que elas são tomadas por indivíduos que ocupam postos de indicação política.[338] Assim sendo, como deixaria a política de influenciar a implementação dessa ou daquela linha de ação econômica?[339]

Economia *versus* política é um tema especialmente atraente no Brasil do início de 2003, como atestam pelo menos quatro ocorrências:

---

[336] Por exemplo, sob certas restrições, redutos eleitorais muito amplos — e, portanto, sob barreiras de entrada mais fracas — estariam associados a menor corrupção, tanto quanto regras eleitorais que induzam a um menor grau de responsabilização individual dos candidatos promoveriam maior corrupção.

[337] Sob regra de proporcionalidade, os políticos estariam mais propensos a promover redistribuições por transferências de renda e riqueza do que em processos majoritários, quando a preferência seria pelo benefício sob a forma de gastos em bens públicos.

[338] O que se aplica não apenas aos ocupantes de cargos no Executivo, mas também aos legisladores; afinal, as políticas públicas têm diferentes significados, do ponto de vista dos redutos eleitorais de deputados e senadores. E quanto ao Judiciário e ao Ministério Público, vale lembrar a indicação política de boa parte de seus agentes de decisão, que, ademais, podem vir a se interessar por uma futura atuação profissional privada, após a saída do posto oficial.

[339] Argumentando com a política antitruste, o professor McChesney lembra o debate em torno do caso Microsoft no Congresso norte-americano, quando os representantes do estado em que essa empresa tem sua sede foram francamente favoráveis à não aplicação das sanções legais à Microsoft, mas os que representam redutos em que se localizam os interesses contrariados (a Novell, por exemplo) colocaram-se na posição oposta.

- juros altos — a política monetária é resguardada de toda e qualquer influência política, independentemente do patamar em que os juros possam estar situados e da intensidade com que restringem a recuperação do PIB?
- câmbio aceitável — mais ou menos veladamente, burocratas e o próprio presidente da República sinalizam com preferências por uma taxa cambial "boa" ou "correta" que, atendendo à perspectiva dos interesses fortemente articulados do setor exportador, mantenha o saldo comercial em um patamar elevado;
- altas tarifas dos serviços públicos privatizados — tenta-se vedar à agência reguladora (por exemplo, a Anatel)[340] usar sua autonomia decisória para autorizar o repasse de custos para o preço final dos serviços das empresas concessionárias, como contratualmente estabelecido, na medida em que interesses mais amplos do governo devam ser contemplados;
- aceleração da votação de reformas — a passagem legislativa das propostas de emendas constitucionais da Previdência Social e do sistema tributário, com suas inexoráveis implicações para os interesses federativos.

Em tais exemplos, economia e política são muito mais substitutos do que complementares. A propósito, vale citar uma referência legal (McChesney, 1999:135) em um rumoroso caso da aplicação da política antitruste nos EUA (e que adapto ao caso brasileiro):

> Grandes polêmicas podem levar a más decisões de política econômica. Isso porque grandes [polêmicas] são ditas grandes não pela razão de sua real relevância para moldar a [política econômica do futuro], mas por causa de alguma [eventualidade] de desproporcional interesse imediato que toca os sentimentos e distorce o julgamento.

Conhece o leitor comentário mais isento — de vez que emitido em um ambiente distante e distinto da atualidade brasileira — e adequado para emoldurar a classe de debates por que passa a formulação de política econômica ao começo da nova administração federal inaugurada em 2003?

Por outro lado, o entendimento dessas "grandes polêmicas" é ainda mais necessário, de vez que está associado a aspectos centrais para o sucesso da estratégia de que o governo lança mão em suas propostas de mudança das regras constitucionais:

- como gerar credibilidade em torno do manifesto propósito de ampliar o *status* de independência do processo decisório da autoridade monetária (Monteiro, 2003d), uma vez que, então, as políticas cambial e monetária estarão ainda mais insuladas de interesses e preferências do governo?

---

[340] Ver "O 'caso Anatel'" neste capítulo.

- como evitar que o cidadão-contribuinte-eleitor associe as PECs que reformulam o sistema tributário e o previdenciário a uma significativa expansão dos poderes discricionários exercidos pelo governo na economia e na sociedade em geral, assim como por seu contágio das jurisdições dos governos estaduais e municipais?

Essas questões são propostas por seu sentido *positivo*, muito mais do que *normativo*, e chamam atenção para a fragilidade de diagnósticos pretensamente de pura técnica econômica que deixam de lado a ambientação institucional em que ocorrem as políticas públicas. O ponto de vista aqui apresentado é que, não obstante a reação de surpresa ou simples curiosidade em torno das citadas "polêmicas" que vão ocorrendo ao longo das intervenções governamentais, tais polêmicas são inerentes às escolhas públicas. Ao assim reconhecer os fatos, é importante que eles possam ser percebidos como estando incorporados à formulação de estratégia dos participantes desse jogo.

O cabo-de-guerra em torno da determinação da taxa de juros é, nesse sentido, uma dimensão didática do tema economia *versus* política, em que:

- do lado da burocracia do Executivo, especialmente a do Banco Central, a percepção é de que, sem qualquer dúvida, essa é uma questão econômica.

No quadro amorfo das instituições brasileiras, será surpreendente se esse ponto de vista vier a ser secundado formalmente por um arranjo decisório de Primeiro Mundo, com a autoridade monetária ganhando *status* de independência como o que a Lei Geral de Telecomunicações (Lei nº 9.472, de 16 de julho de 1997), por exemplo, garante a uma outra agência reguladora, a Anatel;

- já a coalizão política no comando do governo, essencialmente o PT, por certo está atenta ao significado eleitoral de se poder relacionar a manutenção de altas taxas de juros com a fraca expansão do produto real, o aumento do desemprego e a perda de poder aquisitivo dos salários.

O governo poderá recorrer a paliativos ou "remendos", como fez com a anunciada "agenda de desenvolvimento" (16 de junho de 2003), cujo propósito maior é sinalizar com uma posição ativista que serve como primeiro passo da estratégia eleitoral para 2004, uma vez que a oposição já ensaia os seus primeiros movimentos nesse jogo.[341] Subsidiariamente, essa "agenda" também é — como em outras oportunidades, sob outras administrações — parte de uma estratégia mais ampla de facilitar a aprovação das novas políticas constitucionais;

---

[341] Esse é o teor da propaganda oficial do PFL e da entrevista do ex-presidente da República no site do PSDB, ao final do primeiro semestre de 2003.

188 LIÇÕES DE ECONOMIA CONSTITUCIONAL BRASILEIRA

- para os grupos de interesses preferenciais,[342] o que está em disputa são ganhos substancialmente elevados, que somente poderão vir a ser habilitados se o governo acolher os seus pleitos.

Nesse sentido, é ingenuidade não perceber o arrocho que os salários continuam a experimentar em razão das políticas antiinflacionárias dos últimos anos; o substancial alargamento do mercado exportador que pode ser promovido por uma política cambial que sustente o dólar em um patamar em torno de R$3; ou os excepcionais ganhos obtidos tanto no mercado financeiro, em decorrência da manutenção de altas taxas de juros, como por um maior conteúdo de produtos privados que possa ser viabilizado no mercado previdenciário na vigência do novo regime a ser instituído com a aprovação da PEC nº 40-03.

O "caso Anatel"

Em 2003, um aumento de tarifas da telefonia fixa, variando entre 24 e 41,75% segundo o tipo de assinatura, é o bastante para que, tal qual a polêmica da taxa de juros, diferentes compartimentos do Executivo se manifestem publicamente sobre a impropriedade da decisão da agência reguladora, a Anatel. Em verdade, tem-se nesse caso uma regulação estabelecida por uma agência autônoma da esfera ministerial, mas que, não obstante, provocou uma forte interferência do ministro das Comunicações.[343] O argumento oficial contrário à decisão propõe que o reajuste seja protelado até que se redefinam as regras contratuais da concessão desse serviço, obtendo-se assim "tarifas justas e coerentes com o interesse público e com a política econômica em vigor".[344] A preocupação do governo com essa atualização de preços dos serviços de telefonia não parece decorrer propriamente de seu impacto nos índices de inflação. Afinal, em meados do primeiro semestre de 2003, tais índices continuadamente registram deflações, havendo mesmo a manifestação do Banco Central (1º de julho de 2003) de que seria preferível computar integralmente no índice de inflação esse aumento de tarifas a ter seu impacto captado por parcelas, o que formaria um *carryover* para os índices de 2004. A reação adversa decorreria de outros motivos:

---

[342] Centrais sindicais, associações e federações de produtores, exportadores e do mercado financeiro, entre outros.

[343] Ver "Problemas de delegação legislativa", no cap. 3.

[344] *Jornal do Brasil*, 27 jun. 2003. A7.

reforçar a centralização dos processos decisórios no nível ministerial, com o que — independentemente do *affair* Anatel[345] — o arranjo decisório em "agências executivas" (herdado da administração anterior) já estaria com sua extinção decretada;

ganhar o apoio da opinião pública — e do eleitorado, mais especificamente — considerando que outras ações de política econômica já comprometem de modo significativo a renda privada disponível.

A ocorrência pode ser entendida por uma moderna perspectiva analítica rotulada de "controvérsia do custo-benefício na regulação econômica", vale dizer, em que medida essas agências têm, em seu mandato, a necessidade de justificar suas decisões apoiando-se na relação de custo-benefício (Sunstein, 1996). Um corolário dessa questão é a observância de *full disclosure* por parte da agência executiva perante a legislatura, quando os custos da regulação forem significativos.[346]

Haveria um mecanismo — não necessariamente judicial — pelo qual a parte significativamente afetada pelos custos da regulação poderia tentar modificar ou de todo bloquear a regulação, na medida em que ficasse evidenciada a desproporção de seu impacto sobre um ou mais segmentos da sociedade. Os burocratas da Anatel têm preferências quanto a políticas que a agência possa implementar. Todavia, para traduzir preferências em ações efetivas eles incorrem em custos. No caso presente, andar na contramão da liderança política pode implicar que se dispare a reação adversa dos legisladores e mesmo do presidente da República. No longo prazo, isso poderá significar perda de *status* da agência na organização pública, corte de seus recursos orçamentários ou mesmo uma revisão das bases em que a autonomia lhe foi outorgada.

Desse modo, pode-se modelar o presente caso do aumento das tarifas de telefonia como um jogo de regulação em que (Johnston, 2002):

o benefício líquido da burocracia da Anatel, decorrente de sua decisão de autorizar o citado reajuste de tarifas, equivale à expressão (**B – D**). Dadas suas restrições orçamentárias, a direção da Anatel tenta maximizar esse benefício líqui-

---

[345] Em 29 de junho de 2003, o Tribunal de Justiça do Rio de Janeiro suspenderia, por meio de liminar, a decisão da Anatel. As firmas Telemar, Telefônica, Embratel, Vésper e Brasil Telecom representam os interesses privados mais diretamente contrariados por essa liminar.

[346] Por exemplo, quando excederem um determinado valor preestabelecido na legislação, ou quem sabe, no caso argüido pelo ministro das Comunicações, estiverem fora de sintonia com o "interesse público". Uma sugestão já proposta nos EUA é a criação de uma unidade decisória de *status* hierárquico superior ao das agências executivas, integrada por especialistas e incumbida de avaliar custos e benefícios dos riscos das principais regulações econômicas.

do, (B – D). B é o benefício que a Anatel obtém por atender às suas preferências por realismo tarifário, nas bases que decorrem dos contratos de venda das concessões de serviços de telefonia, enquanto D é o custo em que a agência incorre por seu *lobbying* junto à classe política e à alta administração federal, assim como por lidar com o *lobbying* das empresas de telefonia que a pressionam por aumento de tarifa;

▸ ao mesmo tempo, o *lobbying* da Anatel tenta minimizar os riscos de uma punição por parte do Congresso Nacional e do presidente da República, de vez que ambos podem ter, por exemplo, a iniciativa de rever as regras que, na citada Lei nº 9.472, definem o mandato da agência. Sendo L_a o esforço de *lobbying* empreendido pela Anatel, e L_f, o das firmas que operam no mercado de telefonia, tem-se que o custo político D pode ser expresso por $D = D(L_a, L_f)$. D varia na ordem inversa do esforço de *lobbying* da agência, enquanto o oposto ocorre com L_f, isto é, quanto mais as firmas concessionárias pressionem a Anatel (os legisladores e as demais instâncias do Executivo) pelo cumprimento do contrato de concessão, maior tende a ser o ônus político da Anatel;[347]

▸ se, como ocorrido em junho de 2003 no estado do Rio de Janeiro, houver o recurso ao Judiciário, então os participantes do jogo deverão incorrer em despesas adicionais com o litígio J_a e J_f, respectivamente, da agência e das firmas de telefonia.[348] Esse tipo de investimento define a maior ou menor probabilidade de que o Judiciário venha a reverter a atualização de tarifas, nas bases autorizadas pela Anatel;

▸ por igual, as firmas têm por objetivo estabelecer uma estratégia tal que minimize seu provável custo total, composto de três parcelas: custo de *lobbying*, custo do litígio no Judiciário e custo de implementar a regulação.[349]

Em face dessa argumentação, uma questão pendente é: por que o Congresso, quando aprovou a Lei Geral de Telecomunicações, não optou pelo "supermandato" (Sunstein, 1996:270), requerendo que as regulações estabelecidas pelas novas agências executivas deveriam ser justificadas com base na análise

---

[347] A propósito, sob o sugerido regime de custo-benefício, seja exigido por lei, seja requerido na instância judicial, pode-se esperar a intensificação da atividade de *lobbying* (Johnston, 2002:1354), de vez que aumenta o número de instâncias decisórias no jogo.

[348] Os interesses dos consumidores de serviços de telefonia poderiam ser incorporados em uma extensão desse jogo.

[349] Que, na atualidade, pode envolver maior inadimplência de consumidores e mesmo ficar sob a ameaça de que futuramente seus contratos de concessão possam ser renovados em bases menos favoráveis.

de custo-benefício? Uma interessante resposta a que o jogo antes esboçado nos conduz é que os legisladores preferirão não fazer tal tipo de exigência, ao menos em um primeiro momento, porque assim estarão preservando o controle futuro sobre extensões da autoridade regulatória e, portanto, permitindo ao Congresso maior flexibilidade ao reagir aos custos políticos da regulação (Johnston, 2002:1.355). Em conseqüência, leis mais simples, que omitam o lado da avaliação dos custos da regulação, maximizam o discricionarismo dos legisladores, quando estes forem chamados a intervir para reenquadrar a atividade de regulação econômica, com o que poderão ampliar o apoio que obtêm em seus redutos eleitorais.

A estratégia do faça o que você diz, diga o que você faz

Um dos temas da revolução na macroeconomia ocorrida ao início da década de 1980 é a discussão do fenômeno da credibilidade ou reputação de políticas e, por extensão, do governo representativo.[350] Crescentemente, o economista passa a ter a consciência de que a modelagem desse fenômeno não poderia prescindir de uma sólida especificação do funcionamento das instituições (Tabellini, 1987; Alesina e Tabellini, 1988). Assim posto, descarta-se a possibilidade de associar credibilidade a características individuais,[351] para então se deter nas propriedades das regras que vigoram na complexa interação de políticos, burocratas, grupos de interesses preferenciais e eleitores.

Curiosamente, esse é o tema mais em evidência na economia política nacional, com a inauguração do regime de metas que passa a instruir o esforço de estabilização econômica a partir do segundo semestre de 1999. Decorridos cinco anos após a introdução da nova moeda, o Plano Real chega ao limite de sua credibilidade. O novo regime de bandas — a ser aplicado a um objetivo de política, a taxa de inflação — define o intervalo da alta de preços em 6-10% para o IPCA (IBGE) em 1999, 4-8% em 2000 e 2-6% em 2001.

O regime de metas inflacionárias é um exemplo do que mais amplamente se reconhece como uma limitação que os *policymakers* se auto-impõem. E por que o fariam? (Quaglia, 2003):

▸ para amarrar as mãos dos demais agentes públicos, especialmente nas jurisdições dos estados e municípios. Induzindo-os a ter comportamentos mais con-

---

[350] Para uma definição de credibilidade ambientada na moderna teoria de escolhas sociais, ver "Sinalização estratégica", no cap. 6.

[351] Do presidente da República e dos principais burocratas (especialmente o ministro da Fazenda e o presidente do Banco Central).

servadores em termos fiscais, o Banco Central coloca-se em uma posição de ser visto como também pré-comprometido;

▸ para obter espaço de manobra, ou seja, é melhor ter as mãos amarradas, embora com uma corda frouxa. Isso viabiliza maiores graus de liberdade, comparativamente a "parecer estar livre porém, de fato, restringido" (Quaglia, 2003:237);

▸ sinalizar aos agentes privados internos, persuadindo-os a atuar de modo a viabilizar certos resultados econômicos, ou para que eles se sintam obrigados a fazer o que deve ser feito, uma vez que agora têm o incentivo para tanto.[352]

Essa nova fase do Plano Real, no entanto, ocorre simultaneamente com:

▸ a transigência do governo (aí incluído o próprio Banco Central) com a vigorosa atualização de preços regulados: remédios, planos de saúde, energia elétrica, telefonia, água e esgoto, e combustíveis.[353]

Ou bem — um tanto cinicamente — a largura da banda já acomoda essa transigência, ou bem a autoridade monetária não se dá conta de que um regime de bandas — seja de um instrumento, como foi, de início, o da taxa cambial, seja de um objetivo de política — só é efetivo quando o intervalo é *tenso*: sinalizando com clareza o desafio a que se propõe o governo. Adicionalmente, em um ato falho, o presidente do Banco Central argumenta (3 de julho de 1999) que a meta é de 8% na inflação do IPCA, "o que corresponde a 5,5% no índice de preços da Fipe".[354]

Se a própria AM utiliza indistintamente a referência da banda no índice oficial e nas suas várias alternativas disponíveis, essa prática só retira precisão, transparência e *accountability* ao regime. Ora, isso é tudo o que se deseja evitar. Ademais, uma degradação inesperada no *status* do regime monetário é que o citado memorando não trata as metas de inflação como critério de desempenho central; as metas não seriam senão "um instrumento de política monetária" (ponto 17 do memorando);

---

[352] Cabe acrescentar o propósito do pré-comprometimento do Banco Central em sinalizar ao mercado financeiro mundial com uma estratégia de política monetária e fiscal que incorpora as três citadas induções. Note-se, igualmente, a semelhança dessa linha de argumentos com os critérios de Elster apresentados no cap. 2.

[353] Em alguns casos, como energia elétrica e combustíveis, observa-se uma recorrência de aumentos praticados em nome de uma "correção" para o cumprimento da meta do superávit primário do setor público em 1999 (ponto 9 do "Memorando de política econômica: terceira avaliação do acordo com o FMI", 5 de julho de 1999).

[354] No memorando há, igualmente, a referência a uma taxa de inflação que, pelo final de 1999, "deve se reduzir para cerca de 5%", no conceito do IGP-DI.

a renovada incerteza quanto ao ajuste fiscal, a partir de uma sinalização *trêmula*: a reação à iniciativa do Senado Federal na questão da rolagem e emissão de dívidas de estados e municípios[355] em um montante global que poderia alcançar R$18 bilhões; o ritmo lento com que se executa o cronograma de privatização em 1999;[356] a anunciada intenção de conceder isenção de impostos, por cinco anos, aos produtores nacionais de equipamentos para exploração e produção de petróleo e gás natural.[357]

Um fator de agravamento dessa incerteza — e tanto faz que os exemplos mencionados sejam comprometimentos efetivos ou meros balões-de-ensaio — é a

---

[355] Quase simultaneamente era assinado o memorando, reafirmando que o governo "tem continuado a fazer valer o cumprimento pelos estados do pagamento do serviço da dívida reestruturada. Este fato, aliado aos limites rigorosos aprovados pelo Senado para o acesso dos estados a novos financiamentos (...)" (ponto 9 do memorando). O governo já anunciara em 22 de junho de 1999 que refinanciaria, com o aval do Ministério da Fazenda, um volume de dívida estadual (Pernambuco, Santa Catarina e Alagoas) e municipal (Campinas, Guarulhos e Osasco) de aproximadamente R$2,5 bilhões. O refinanciamento junto à União é em até 120 parcelas, desde que os estados e municípios emissores comprovem a tomada de iniciativas judiciais para serem ressarcidos. Mesmo porque essas emissões haviam sido consideradas fraudulentas. Adicionalmente, esse é um exemplo do lema "nada é para sempre" que define a ordem institucional em que opera a economia brasileira: decisão anterior do próprio Senado (Resolução nº 78-98) havia cancelado a negociação desse tipo de título (se emitido após 13 de dezembro de 1995) que decorre do pagamento de precatórios, isto é, troca-se um impedimento visível e objetivo por uma *condicionalidade* de interpretação relativa e amplamente negociável nessa época de notória barganha eleitoral.

[356] Na primeira revisão do acordo com o FMI (8 de março de 1999), as receitas da privatização em 1999 são estimadas em R$27,8 bilhões, dos quais R$24,2 bilhões na jurisdição federal. Todavia, na segunda revisão do memorando, apenas admite-se "um possível adiamento para o início do ano 2000 de algumas privatizações originalmente previstas para o último trimestre de 1999" (ponto 5). O memorando é omisso quanto a números para as privatizações — o que pode sinalizar dificuldades de se retomar, no curto prazo, esse programa.

[357] O que contamina a jurisdição estadual, como exemplificado pela decisão (5 de julho de 1999) do estado do Rio de Janeiro de conceder incentivos de ICMS à construção de navios e plataformas de petróleo. Em um outro capítulo do "nada é para sempre", há o episódio envolvendo a MP nº 1.740-32 (2 de junho de 1999): por ocasião de sua conversão em projeto de lei, reabriu-se o prazo, já encerrado em 31 de maio de 1997, de concessão de incentivos fiscais federais à atividade automotiva nas regiões Norte, Nordeste e Centro-Oeste. Trata-se do projeto de instalação da fábrica da Ford, na Bahia, o qual, na ocasião, é justificado pelo volume do investimento a ser realizado: US$1,3 bilhão. Contudo, há uma outra implicação de grande significado em mais essa potencial redução de receitas públicas: deteriora-se o arranjo federativo, com o acirramento da "guerra fiscal" entre estados.

194 LIÇÕES DE ECONOMIA CONSTITUCIONAL BRASILEIRA

precocidade com que as estratégias de políticos e partidos políticos vão sendo apresentadas no jogo eleitoral de 2000 e 2002;[358]

▸ as expectativas quanto à recuperação da atividade econômica, com o PIB em 1999 reduzindo-se a uma taxa bem menor do que os 3,5-4% previstos ainda em março daquele ano.[359]

Com tal redefinição, pioram as chances de recuperação do balanço comercial. O que já era temido pelo lado das exportações, que reagem fracamente ao incentivo da desvalorização cambial,[360] é reforçado pela expectativa de que as importações caiam menos do que seria desejável.

Diante da notória mudança de patamar dos problemas econômicos no começo de 1999, é natural que o enquadramento analítico da estabilização de preços acabasse por refletir alguma inovação metodológica. Afinal, não é só o Brasil que se confronta com a necessidade de ter um esforço antiinflacionário que promova a transparência da política monetária, a responsabilização dos *policymakers* e a credibilidade do Banco Central (Wynne, 1999; Kahn e Parrish, 1998).

A política de ajuste prossegue, com o recurso ao regime de metas inflacionárias, em voga na literatura macroeconômica da segunda metade dos anos 1990 e praticada em algumas economias que substituíram os "Tigres asiáticos" no altar da admiração dos economistas nacionais: Nova Zelândia, Canadá e Inglaterra.[361]

---

[358] Implícita nessa estratégia está a segunda reforma ministerial do segundo mandato presidencial, anunciada em 16 de julho de 1999. Outro exemplo do grau de complexidade dessas estratégias é a retomada (20 de junho de 1999) da questão da reeleição de prefeitos: propostas de emenda constitucional poderão progredir em sua tramitação no Congresso, dificultando ou até impedindo essa reeleição. Dessa vez, haveria a exigência de desincompatibilização seis meses antes da eleição. Pela EC nº 4, de 1993, é vedado alterar o processo eleitoral com antecedência menor do que 12 meses da data eleitoral. Como dificilmente se produziria a alteração pretendida antes de outubro de 1999, já se argumenta que a regra do art. 16 da Constituição (originada dessa EC) não se aplica às propostas de emenda. Nesse cenário, os prefeitos defrontam-se com escolhas incômodas — por exemplo, aceitarem, no âmbito da reforma tributária (em tramitação no Congresso no segundo semestre de 2003), a limitação de seu poder de tributar *versus* terem seus planos de reeleição alterados ou mesmo abortados.

[359] A nova previsão (ponto 2 do memorando) é de uma queda de 1%.

[360] E, em muitos casos, enfrentando a queda de preços nos mercados externos.

[361] Também há o fascínio quanto à experiência do recém-inaugurado (1º de julho de 1998) Banco Central Europeu, que passou a conduzir a política monetária do euro em 1º de janeiro de 1999. Esse é um caso extremamente didático porque envolve um banco central que não tem história passada — e, portanto, tem zero de reputação institucional e não se sustenta em um apoio consistente de uma coalizão política.

ORGE VIANNA MONTEIRO   195

Jm balão-de-ensaio do *inflation targeting* foi lançado (22 de fevereiro de 1999)
elo então ministro da Fazenda, ao propor para o último trimestre de 1999 uma
nflação mensal máxima de 0,6%.[362]

Essa *nouvelle vague* macroeconômica apresenta-se em dois níveis de consi-
erações estratégicas que acabam por se sobrepor uma à outra (Wynne, 1999):

tornar explícita a responsabilidade do Banco Central por aquelas ações e seus
desdobramentos que mais diretamente estejam sob o seu controle.

Para tanto, há que anunciar uma meta quantitativa para a inflação (uma taxa
pontual ou um intervalo de variação); dispor de um procedimento operacional
de projeção da inflação; e contar com um substancial grau de transparência e
de alocação de responsabilidades. Em certo sentido, essa parte da estratégia conduz à discussão da necessidade de se ter uma autoridade monetária independente
(AMI) e o decorrente grau de responsabilização a que estará sujeito o banqueiro central. Em uma democracia representativa, o *quid pro quo* da AMI é que haveria conseqüências adversas para a AMI, caso ocorra o insucesso na obtenção
das metas de política;[363]

caracterizar a estabilidade de preços como sendo responsabilidade do Banco
Central — o que seria um meio de mais rapidamente gerar credibilidade em face
do comprometimento de combater a inflação.

Porém, será que uma tal prática no Brasil assegura, de fato, a responsabilização
lo Banco Central? Com um passado de propor e implementar metas tão
diossincráticas,[364] é provável que o Banco Central prefira preservar sua reputação
a um menor custo ou risco, sob um processo decisório mais opaco, como, de resto, transcorre já há longo tempo a formulação de política econômica.

A grande restrição da estratégia de *targeting* é a dificuldade de projetar a inflação no horizonte de tempo relevante. Na medida em que a política monetária

---

[362] Por certo que essa sinalização é muito mais um balão-de-ensaio do que efetivamente uma
meta a ser utilizada na formulação da política monetária, de vez que a defasagem para que
essa política produza seus efeitos integrais sobre a trajetória da taxa de inflação é habitualmente estimada na literatura macroeconômica entre 12 a 24 meses. Foi basicamente
esse o horizonte que o presidente do Banco Central mencionou, ao informar (29 de março
de 1999) que a implementação da metodologia de metas inflacionárias se daria até o final
do primeiro semestre de 1999.

[363] À época, a prática na Nova Zelândia, por exemplo, era que o desempenho do presidente
do Banco Central seria avaliado pelo Board of Directors, seu cargo ficando a prêmio caso a
inflação saísse do intervalo de zero a 3%.

[364] Como no caso da sustentação da âncora cambial.

exerce um impacto defasado sobre a inflação, ter uma previsão acurada para um longo período à frente torna-se crucial ao sucesso dessa estratégia. Assim, são questões fundamentais nessa opção (Artis, Mizen e Kontolemis, 1998):

- que índice de inflação será utilizado como meta e como se dá essa mensuração?
- que horizonte de tempo considerar? O último trimestre de 1999, como na citada sugestão do ministro da Fazenda?
- o Banco Central necessita gozar de independência para fixar objetivos e também para manobrar os instrumentos de política?[365] Nesse caso, não haveria um conflito de interesses na determinação da responsabilização do Banco Central? A valer esse raciocínio, o já tão concentrado processo decisório na economia pública brasileira corre o risco de se tornar ainda mais distante da percepção e do controle da sociedade. Transparência e responsabilização serão qualificações meramente formais do novo regime monetário;
- pode o *inflation targeting* provocar uma mudança no comportamento da própria inflação?[366]

Falácias e AMI

Em 2003, há várias leituras quanto à adoção de um regime de autonomia para a autoridade monetária:

- sutilmente, o governo alimenta o debate em torno da idéia de criar a AMI, embora seu propósito final seja mesmo manter inalterado o regime monetário. A prevalecer a dissonância que se observa em outros temas polêmicos, quando a manifestação desencontrada de ministros é a tônica, essa é uma percepção pouco substantiva. A estratégia de deliberadamente sustentar o que se antecipa virá a ser renegada mais adiante — ou algo como *verdade privada que se apóia em mentira pública* (Kuran, 1995) — requer um esforço de coordenação que não parece ser apropriado existir no processo decisório do novo governo;
- a nova administração federal opta por seguir adiante com um projeto da administração anterior, quanto mais não seja porque pretende "atender ao mercado". Se assim é, o significado dessa estratégia é ainda mais ambíguo, uma vez que se

---

[365] A escolha e calibração dos instrumentos de política fornecem o sentido habitual dessa independência.

[366] Quanto mais longo for o período em que se conviva com a pressão cambial que mantenha o câmbio acima da marca da então anunciada e desejada relação 1,7R$:1US$, mais irresistíveis serão as pressões para que se compensem as perdas no salário real.

está escolhendo dar prioridade decisória ao tema monetário em um ambiente em que a prioridade de política pública é o atendimento das *necessidades básicas* da sociedade (combate à fome, geração de emprego, entre outras). Ademais, o PT estaria deixando a vantagem comparativa da AMI com o presidente do Banco Central, isto é, o ocupante do posto de *status* ministerial de indicação mais polêmica para os ativistas do partido;

- trata-se de uma "falha intelectual" — o governo acredita ser o arranjo da AMI a condição necessária e suficiente para manter sob controle as expectativas inflacionárias.

Estaria assim se repetindo a pretensão da administração anterior: querer operar sob uma constituição monetária sem definir sua adequação ao restante da Constituição.[367] O que torna contraditória a empreitada é que se está sinalizando com a estabilidade de regras monetárias, não obstante as demais regras constitucionais exibirem generalizada volatilidade e imprecisão. Essa talvez seja a percepção mais próxima do que efetivamente move o governo — o que, por certo, não exclui as duas outras classes de interpretação tratadas antes.

Se assim é, torna-se importante refletir sobre os desdobramentos dessa falha intelectual que é inerente à tentativa de se transplantar um regime decisório, típico de economia de Primeiro Mundo, para um ambiente em que as regras do jogo são instáveis.

Para tanto, vale adaptar à presente discussão certos deslizes metodológicos fundamentais — ou "falácias" — habitualmente cometidos na argumentação econômica (Stearns, 1997):

- a errônea comparação de instituições do mundo real com alguma instituição abstrata ou ideal, mesmo que a instituição ideal não tenha nunca existido ou seja difícil de ser viabilizada em um quadro constitucional tão peculiar.

Essa *falácia do nirvana* "difere consideravelmente de uma abordagem institucional comparada, em que a escolha relevante ocorre entre arranjos institucionais reais alternativos. (...) Os que adotam esse ponto de vista buscam descobrir discrepâncias entre o ideal e o real, e se discrepâncias são encontradas, deduz-se que o caso real é ineficiente" (Demsetz, 1969:1).

O reconhecimento desse exagero permite colocar a discussão sobre a AMI em uma perspectiva menos radical: é provável que, sob determinadas condições, a proposta da AMI seja menos eficiente relativamente a outras opções, no propósito de alcançar as metas monetárias;

---

[367] Esse tema reaparece em "A hierarquia necessária", neste capítulo.

198   LIÇÕES DE ECONOMIA CONSTITUCIONAL BRASILEIR

- a *falácia do isolamento* tem especial relevância para o caso brasileiro, de vez qu esse vício metodológico envolve considerar as propriedades do arranjo da AM independentemente do ambiente institucional-constitucional em que ele opera

  Em outras palavras, trata-se de discutir as virtudes de um dado arranj decisório, separadamente das demais instâncias decisórias das escolhas públi cas, à margem, portanto, do fato de que as políticas públicas são ocorrência inerentemente complementares umas às outras, não sendo a política monetá ria exceção a isso. Quanto mais não seja, pela própria retórica do novo banqueir central: "Queremos alto crescimento econômico, inflação baixa, câmbio está vel, reservas internacionais elevadas, baixo déficit externo, juros baixos, crédi to abundante e boa distribuição de renda. Essas são, certamente, metas do go verno e da sociedade".[368]

- a proposta da AMI também exibe uma *falácia da composição*, quando deixa d reconhecer que um outro arranjo decisório do Banco Central — ainda que ine rentemente não tenha a virtude de promover a estabilidade monetária — poss; ter um desempenho mais harmônico no todo da organização governamental.

Por que as instâncias técnica (BC) e política (Congresso Nacional), no con texto de estabelecer possíveis regras de barganha em torno das políticas públi cas, não operam em isolamento uma da outra, e por que a classe política não reage a certos fenômenos do mesmo modo que o banqueiro central, isso não sig nifica que necessariamente ambos os arranjos decisórios não possam operar vir tuosamente em conjunto.[369]

Embora semelhantes, é relevante qualificar que o vício de isolar a solução da AMI e o de tratá-la como necessariamente não-integrável ao centro da representa ção política (especialmente à legislatura) são distintos: por um lado, é habitual a defesa da AMI, no pressuposto de que a influência política seria nociva ao comba te à inflação; por outro, minimiza-se o argumento de que a obtenção de maior con senso político ajuda a sustentar uma política econômica mais vigorosa.

Em duas outras frentes, o governo vai sofrendo fortes pressões para que vol te atrás em comprometimentos que lhe são muito relevantes:

- alterações promovidas no texto original da MP n° 66 (29 de agosto de 2002), quan do de sua conversão no Congresso (Lei n° 10.637, de 30 de dezembro de 2002) — e sobre as quais incidiram extensos vetos do presidente da República

---

[368] *Jornal do Brasil*, 8 jan. 2003. A8.

[369] Ou, utilizando uma terminologia técnica, com origem na teoria de jogos (Stearns, 1997:316): múltiplas instituições de decisão coletiva poderiam ter um efeito superaditivo na promoção de uma política monetária virtuosa.

(MSG nº 1.243, de 30 de dezembro de 2002) —, são alvo de intenso *lobbying*, especialmente por parte da Federação das Indústrias do Estado de São Paulo (Fiesp). Essa ocorrência é duplamente significativa: primeiro, porque tais vetos teriam sido dados em comum acordo com a nova administração federal; segundo, porque alguns vetos bloqueiam a ampliação de benefícios por meio da reabertura de prazo de adesão ao Programa de Recuperação Fiscal (Refis) e da extensão da lista de empresas no mecanismo de redução de impostos do Sistema Integrado de Pagamentos de Impostos e Contribuições das Microempresas e das Empresas de Pequeno Porte (Simples).[370] A eventual derrubada desses vetos seria uma sinalização inoportuna, seja pelo precedente de atenuação do conservadorismo fiscal que se quer manter prioritário (a extensão do Simples traria perda anual de arrecadação de R$1,4 bilhão), seja pelo embate legislativo em si mesmo, que nesse início de mandato pode inviabilizar a unidade da coalizão governista em formação.

▸ os percalços da "responsabilidade fiscal"— que se vão materializando em barganhas quanto à construção da maioria parlamentar, tendo por moeda de troca as dívidas dos estados junto à União (veja-se o freqüente balão-de-ensaio da redução na vinculação das receitas estaduais ao pagamento dessas dívidas) —, agravados pelo "foro especial" (Lei nº 10.628, de 24-12-2002) que, extensivo a governadores, restringe as investigações dos procuradores da República,[371] em razão da centralização judicial.

Misture o leitor essas duas ordens de fatores e tente visualizar o *nirvana* em que está ambientada a proposta de se ter uma AMI em pleno funcionamento na economia brasileira.

O mecanismo maior

Contudo, há uma classe de ocorrências que impõe substancial restrição à tentativa de fazer vigorar no Brasil a prática do *inflation targeting*, nos moldes sempre citados de outras economias do Primeiro Mundo.

Como alerta — com deliciosa ironia — um renomado autor da área monetária ao refletir sobre a nova experiência européia de AMI, é inadmissível que se queira praticar um tal regime de escolhas em uma democracia representativa, com a autoridade monetária adotando uma atitude do gênero "papai trás o *bacon* para casa, porém mamãe e as crianças não devem perguntar como ele o

---

[370] Ver "O cabo-de-guerra da MP nº 107", no cap. 3.

[371] *Valor Econômico*, 10 jan. 2003.

200   LIÇÕES DE ECONOMIA CONSTITUCIONAL BRASILEIRA

conseguiu" (Buiter, 1999). Qual seria a reação do professor Buiter ao contemplar o nosso ambiente institucional, em que tudo conspira contra a transparência e *accountability* dos propósitos de um governo que promove avassaladora regulação econômica?

O condicionamento institucional do *targeting*, assim como a questão da criação da AMI talvez fiquem melhor referenciados se notarmos que um segmento do Executivo concentra substancial autonomia, tanto por seu poder de propor quanto de executar políticas. Pelo comando que exerce no processo de escolhas orçamentárias e no processo de legislar por via administrativa, praticou-se, por longo tempo, uma variante da AMI que poderíamos rotular autoridade econômica independente (AEI).

Uma medida sintética dessa AEI é mostrada na tabela 4. Tal evidência, válida para o final dos anos 1990, mostra a crescente desproporção entre a quantidade de legislação originada no Executivo e no Congresso e o intervalo cada vez mais amplo em que flutua a variável **MP/L***, dando às escolhas públicas um padrão fortemente discricionário. Em face dos mencionados pressupostos para o sucesso da AMI, há que se levar em conta o funcionamento da AEI.

Tabela 4

Emissão mensal de medidas provisórias (MP) pela quantidade média de leis (L*) produzidas nos últimos 12 meses terminados em:

	Out. 1998	Nov. 1998	Dez. 1998	Jan. 1999	Fev. 1999	Mar. 1999
Valor médio	4,5	4,6	4,8	6,4	6,7	6,9
Amplitude*	2,4	2,4	3,1	4,1	4,2	4,2

* Diferença entre o valor máximo e mínimo de MP/L*. MP é a quantidade mensal de medidas provisórias, e L*, a quantidade média de leis autonomamente aprovadas no Congresso Nacional.

Compensará ao governo — e mesmo aos *policymakers* da área monetária — substituir uma intervenção tão mais intensa e de tão ampla dispersão pelo arranjo da AMI? E que dizer da ingênua noção de "quarentena" para dirigentes da AMI que se incorporou ao Código de Conduta da Alta Administração Federal? Ela também se estenderá a todo aquele que detém o poder de mobilizar MPs?

Com efeito, a leitura de qualquer texto sobre o regime de metas inflacionárias vai pouco a pouco deixando a impressão de que se está discorrendo sobre procedimentos que pressupõem uma razoável estabilidade constitucional, vale dizer, limites bem definidos para a atuação dos burocratas, razoável grau de autonomia da legislatura e canais bem fluidos na articulação governo-sociedade.[372]

Senão, vejamos. Kahn e Parrish (1998) sumariam as características comuns a boa parte dos regimes de metas inflacionárias que permitem ao Banco Central mobilizar uma política monetária transparente, com responsabilização e credibilidade:

▸ apoio em projeções que serviriam de base para um contrato formal a ser estabelecido entre o ramo político do governo (o Ministério da Fazenda) e o Banco Central. O alvo dessas projeções poderá ser um índice do "núcleo" da inflação — que na Nova Zelândia exclui do IPC grandes mudanças em componentes de taxas de juros, certas iniciativas de políticas públicas e altas no preço do petróleo. Perceba o leitor os riscos dessa depuração, quando praticada no ambiente político-administrativo tão discricionário em que opera a economia brasileira;[373]

▸ uso de relatórios de desempenho periódicos, que devem explicar à sociedade a implementação consistente da política monetária, divulgando as trajetórias futuras esperadas das principais variáveis macroeconômicas.

Se tomarmos como referência o papel desempenhado pela Comissão de Assuntos Econômicos do Senado Federal em funções análogas nas escolhas públicas em vigor, essa prestação de contas se mostra naturalmente viciada: ou os membros do Executivo recusam-se a comparecer por lá, ou, quando o fazem, a agenda é inconseqüente. Os comportamentos no processo orçamentário da União também servem de alerta para o rumo que possa vir a tomar a nova prática monetária. É provável que se acredite que transparência, responsabilização e credibilidade sejam fenômenos institucionais *fatoráveis*, podendo assim vigorar exclusivamente na política monetária.

Quão longe estamos do cenário ideal: por um transparente regime de metas, os ajustes necessários poderiam ser promovidos na economia monetária do país

---

[372] A sustentação dada por esse tipo de legislação unilateral, opaca e preparada em sigilo, recomenda muita cautela quanto à transposição de experimentos de política econômica que ocorram em um ambiente institucional tão diverso. Por muito menos, o mesmo professor Buiter, em suas críticas às práticas do Banco Central europeu, lembra que a tradição das economias européias continentais é a da lei estatutária, enquanto no caso inglês (que ele favorece) prevalece a *common law*, que induz a um *design* institucional pragmático que leva à abertura e à transparência nos arranjos monetários.

[373] A lição do passado é pouco recomendável: abre-se uma larga avenida para que o governo acabe por transformar o *targeting* em uma via auxiliar de uma política de rendas.

202   LIÇÕES DE ECONOMIA CONSTITUCIONAL BRASILEIRA

pelo simples comunicado de intenções do Banco Central, dispensando-se uma intervenção direta no mercado (McCallum, 1996);

▸ um grau de flexibilidade que permita aceitar desvios da meta, atribuindo-os a choques fora do controle do Banco Central.

O contrato em vigor na Nova Zelândia desde 1º de dezembro de 1997 (Policy Targets Agreement) ignora, na mensuração do índice oficial de inflação, o impacto das taxas de juros e dos choques de oferta, entre outros, as mudanças nos impostos indiretos e as mudanças significativas na política pública que afetem diretamente os preços.[374]

Os novos zealots

A nova metodologia do Banco Central vai sendo percebida como um novo tipo de alheamento que se pretende imprimir ao exercício da autoridade monetária. Discute-se o *inflation targeting* como se as regras em vigor nas escolhas públicas fossem as mais propícias a promover instituições de governo representativo ao estilo inglês, canadense ou neozelandês. Acena-se, por exemplo, com um surto de transparência nas decisões do Comitê de Política Monetária (Copom): as atas de suas reuniões são de livre acesso, transcorridos alguns dias. Há mesmo a promessa de que o índice de preços que servirá de medida da meta não sofrerá qualquer depuração, como ocorre naquelas economias.[375]

No entanto, quando a propensão redistributiva do governo aumenta, as instituições monetárias tendem a se modificar, eventualmente tornando-se mais complexas, de modo a fornecer a quantidade apropriada de camuflagem (Havrilesky, 1990) que o governo necessita para atender aos seus próprios objetivos.

---

[374] Em que medida essa prática estaria fora das considerações futuras do Banco Central brasileiro?

[375] Em 1999, esse sentido tão pouco estratégico que se atribui à necessidade de gerar transparência em torno da nova metodologia monetária foi descrito por um membro da direção do Banco Central como incluindo um *road-show* pelo Brasil afora para explicar a *independência* do Banco Central e suas novas práticas a empresários, intelectuais e lideranças de todo tipo de comunidade, assim como a publicação, no site oficial do Banco Central na internet, de uma página com explicações de igual teor. O grande equívoco talvez seja não perceber que o sucesso do regime de metas inflacionárias nas economias do Primeiro Mundo apóia-se na geração *institucional* de transparência e responsabilização (*accountability*), isto é, com a utilização dos canais de representação política formalmente estabelecidos, com um papel a ser desempenhado pelo Legislativo. As sugestões referidas anteriormente sustentam essa transparência e responsabilização por via administrativa ou gerencial, o que é um caso que repete a sustentação típica do mecanismo das MPs.

Em 1967, em seu celebrado estudo sobre a burocracia, o professor Anthony Downs usou o termo *zealot* para caracterizar o burocrata comprometido com o resultado de sua organização, atuando assim sob o incentivo de disciplinar a ineficiência e expandir ao máximo sua produção. No ambiente de tanto atendimento público preferencial que se viabiliza no Estado administrativo em que vivemos, os novos *zealots* do Banco Central poderão acabar frustrados.

Em uma macroeconomia em que prevalece o império da lei ou a estabilidade das regras, um tema sempre em foco é o aforismo "regras preferentemente a discricionarismo". As regras são necessárias, especialmente para assegurar os direitos individuais e econômicos dos cidadãos. No Brasil dos anos 1990, no entanto, as escolhas públicas estão centralizadas no recurso à emissão de MPs que, como exemplificado, podem cortar as vias de escape do cidadão para fugir à coerção que ele julgue que a ação do governo impropriamente lhe impõe. Desse modo, o regime de metas inflacionárias apresenta um paradoxo: enquanto o Banco Central propõe-se a caminhar na direção do mencionado aforismo, os demais segmentos do governo movimentam-se para longe das regras e na direção do discricionarismo. Em verdade, isso não ocorreria se as nossas instituições políticas, especialmente a Constituição, enfatizassem os limites ao exercício arbitrário de poder pelo governo (Hetzel, 1993).

Portanto, são questões relevantes a serem respondidas pelos proponentes e praticantes da inovação monetária:

▸ a quem caberá estabelecer a *nova* constituição monetária? Ao mesmo Congresso que por tanto tempo conviveu com a sólida, crescente e adversa relação entre a quantidade emitida de MPs e a sua própria produção de leis?

▸ como serão estabelecidas as regras da interação desse segmento do governo que define e implementa as demais variedades de política econômica e do Banco Central independente?

▸ a faculdade de emissão de MPs será vedada aos burocratas do novo Banco Central?

▸ ou, ainda, em tempos em que é revigorado o otimismo de que não mais teremos em 1999 uma recessão de 4,5%, mas de 1-2%, como conciliar os objetivos desenvolvimentistas do governo com a disciplina monetária tutelada pelas metas inflacionárias?[376]

De todo modo, a estratégia do governo não se restringe à operação da política monetária, com o avanço das fronteiras da economia pública ocorrendo subs-

---

[376] Tema que reaparece ciclicamente no Brasil em 2003, em face da política de juros altos praticada pelo Banco Central e da intenção do governo de promover "o espetáculo do crescimento", como anunciado pelo presidente da República em julho do mesmo ano.

204 LIÇÕES DE ECONOMIA CONSTITUCIONAL BRASILEIRA

tancialmente na área fiscal. Tome-se o exemplo do financiamento da despesa que decorre de necessidades extraordinárias (novo nível do salário mínimo, reposição dos saldos das contas do FGTS), o qual envolve aumento de impostos e outras restrições às liberdades econômicas do cidadão.

Ao final de 2000, no primeiro caso estão as sugestões de se elevar de 0,30 para 0,38% a alíquota da CPMF e de tributar os rendimentos dos servidores públicos inativos e dos fundos de pensão. No segundo caso, reaparece com maior ênfase a charmosa questão do combate à sonegação tratada em dois projetos de lei aprovados na Câmara dos Deputados em 6 de dezembro de 2000: a quebra de sigilo — por via administrativa — da movimentação de contas bancárias (PLP nº 220-98) e a adoção de maiores limitações (PLP nº 77-99) às estratégias que permitam ao contribuinte (pessoa física ou jurídica) atenuar os impactos da pesada carga fiscal por recurso a decisões judiciais.[377]

Nessa ordem de considerações, percebe-se o quão pouco trivial é o argumento oficial quanto ao deslocamento da questão do salário mínimo da esfera do atendimento puramente social para o âmbito puramente do equilíbrio financeiro da economia pública.

O que se quer não é propriamente resolver a questão do salário mínimo, mas colocá-la na perspectiva preferida pelos burocratas e a partir daí habilitar estratégias que estavam fora de consideração no jogo de política econômica.[378]

Para elevar o nível da discussão e da apreciação legislativa, seria muito mais edificante alertar a sociedade para os efetivos termos de troca que lhe estão sendo propostos:

---

[377] Pouco importa que ambos os casos sejam projetos de lei complementar, pois já prospera a idéia de que MP também se equipara a lei complementar, como é exemplo o voto em separado do deputado Jutahy Júnior ao substitutivo do Senado à PEC nº 472-97, na CCJ da Câmara dos Deputados. Assim sendo, reforços ao instrumento ora posto à disposição da autoridade fiscal poderão ser obtidos de MP adicionais.

[378] Igualmente, não é distinta a atitude da mídia: em geral especula-se quanto às decorrências dos diferentes percentuais de reajuste, mantendo o debate no patamar em que a autoridade governamental o colocou. Qualquer atitude mais inovadora e questionadora do tipo "mas o problema não é esse" fica excluída. O que me lembra a opinião de um jornalista norte-americano quanto à profissão ser dominada por uma "vocação de taquígrafo", quando se trata de veicular a ação do poder público. Mesmo a reação de algumas lideranças partidárias e de aspirantes ao comando das mesas da Câmara e do Senado é desabonadora da classe política. Apesar de suas profundas implicações para as liberdades econômicas dos cidadãos, ambos os citados PLPs foram aprovados por maiorias redundantes nas votações que até aqui ocorreram. É o clientelismo da preservação de emendas orçamentárias sobrepondo-se à consideração do interesse geral, graças ao intenso *logrolling* conduzido pelo Executivo no plenário do Congresso e tendo por pano de fundo uma questão interna do Legislativo: a futura eleição das mesas das duas casas.

JORGE VIANNA MONTEIRO

- maiores impostos *versus* menor renda pessoal disponível;
- mais poder discricionário dos burocratas federais *versus* menor liberdade econômica do cidadão-contribuinte;
- maior eficiência econômica *versus* menor atenção autônoma às injustiças sociais.

Todo esse episódio reforça, por outro lado, a falta de convicção dos políticos quanto à necessidade de se dar maior ênfase às chamadas políticas sociais, uma vez tenhamos alcançado um patamar de estabilidade de preços razoavelmente sólido.[379] Mesmo porque, a valer a inflexão da estratégia macroeconômica sugerida no episódio da correção do salário mínimo, outros atendimentos de escasso impacto social porém de enorme sentido redistributivo — tais como isenções seletivas de incidência de tributos sobre setores, atividades produtivas ou bens e serviços — também deveriam ser recusados, sob o argumento da necessidade de sustentar o ajuste fiscal. Essa, no entanto, não parece ser a predisposição do governo diante do habitual esforço de *lobbying* de exportadores, aplicadores no mercado financeiro e agricultores, entre outros.

A cláusula do "tudo mais constante"

Esses avanços do poder público pressupõem a introdução de mais penalidades que o governo possa impor ao cidadão, *tudo mais constante*. Contudo, essa alteração ocorre em um ambiente de contrato incompleto. A partir da ampliação de poder discricionário da autoridade fiscal, os agentes econômicos, públicos e privados, confrontam-se com um novo conjunto de informações, de modo que a cláusula do "tudo mais constante" também se altera (Gneezy e Rustichini, 2000). A partir de então, não apenas os contribuintes poderão buscar mais, e não menos, o recurso à evasão fiscal, como os *zealots* poderão mostrar maior desenvoltura em seu avanço sobre as liberdades dos cidadãos — o que poderá exceder em muito a dimensão meramente fiscal dessas liberdades.

Desse modo, e para usar uma analogia técnica, estamos diante de um jogo de múltiplos equilíbrios. Por exemplo, em um equilíbrio, como todos agora são equiparados a sonegadores, cada contribuinte terá maior propensão a evadir o pagamento de tributos. Isso alimentará o exercício de mais poder discricionário por parte do governo. Em outro equilíbrio, poucos se evadem e, como o custo da evasão é alto, a evasão pode diminuir — o que não implica que, dadas as urgências conjunturais do governo, os burocratas não venham a optar por mais uma extensão em seu poder discricionário.

---

[379] Um articulista da imprensa e ex-ministro argumenta (*Folha de S. Paulo*, 2 dez. 2000) não ter o governo sequer um plano que possa orientar uma política de crescimento econômico.

Enfim, os participantes do jogo de política econômica não têm simplesmente preferências e crenças; eles também agem segundo suas percepções da situação estratégica com que se confrontam (Gneezy e Rustichini, 2000:15).

Ainda na mesma direção do comprometimento da credibilidade, o ministro-chefe da Casa Civil faz a promessa de que o Palácio do Planalto estará "mudando de tática":[380] em vez de persistir na intensa emissão de MPs (art. 62), o governo deverá optar por projetos de lei com a cláusula de urgência constitucional (art. 64, §1º, §2º). Argumenta o ministro: o pedido de urgência funciona melhor do que as MPs porque imediatamente criam regras legais permanentes.[381] As MPs, ao contrário, deixam o governo envolto num quadro de incertezas, porque o Congresso demora a apreciá-las.

Esse é um clássico exemplo de *cheap talk*: posição assumida a custo político zero, não verificável pelos demais participantes, não limitativa para quem faz o anúncio, mas, não obstante, sinalizando alguma informação (Baird, Gertner, e Picker, 1995). Em uma conjuntura em que o tema das MPs se torna protocolarmente notório (proximidade da eleição das mesas da Câmara e do Senado), e em face da possibilidade de se adotar uma nova e fraca regra que restringe a validade de uma MP por no máximo quatro meses (PEC nº 472-97)[382] e, por outro lado, retirar da Constituição uma regra mais restritiva ao uso de MPs (art. 246),[383] o *cheap talk* é um recurso que pode ser efetivo para promover a coordenação de estratégias entre o Executivo e o Legislativo. Pelos motivos já arrolados, pode haver interesses de ambas as partes em "resolver" o problema das MPs; a questão, no entanto, é escolher a estratégia pela qual se dará essa coordenação no interesse mútuo (Morrow, 1994). O comprometimento do ministro da Casa Civil pode, assim, ser apropriadamente interpretado contra esse pano de fundo.[384]

---

[380] *Gazeta Mercantil*, 22 dez. 2000.

[381] Para uma comparação mais detalhada desses dois regimes constitucionais, ver cap. 6.

[382] Em 2001, essa PEC se transformaria na EC nº 32. Na ocasião, permanece obscura a motivação das mesas das duas casas legislativas pela inclusão dessa PEC na agenda extraordinária do Congresso, de vez que, nas palavras de um líder do governo, o presidente da República vê a aprovação dessa emenda como gerando o "caos" na economia (*Folha de S. Paulo*, 5 fev. 2001). Em verdade, apenas em setembro de 2001 essa PEC seria efetivamente promulgada. Ver cap. 3.

[383] No formato do substitutivo Brant, disponível desde abril de 2000.

[384] Porém, não se deve de todo descartar uma outra possibilidade: o governo já estaria pondo em marcha uma classe de estratégias de mais largo alcance, de modo que a oposição, caso venha a assumir o comando da máquina governamental em 2003, encontre desativado o mecanismo das MPs. A argüição de urgência constitucional para projetos de lei, em vez da pura e simples emissão de MPs, pode criar condições institucionais, dadas as maiores chances de vitória eleitoral da oposição, para se disciplinar ou mesmo remover o art. 62 da Constituição.

Ainda há outras surpresas na forma com que as MPs são usadas na feitura de leis. Tome-se a polêmica MP nº 2.088-35 (27 de dezembro de 2000); essa MP em duas peculiaridades notáveis para o entendimento de como transcorrem as escolhas públicas:

trata-se da reedição de uma MP de 21 de dezembro de 2000, ou, mais objetivamente, ela incorpora e expande o teor da MP nº 1.964-34;[385]

por seu extenso art. 5º, essa MP cria novas e inquietantes regras que, ao mesmo tempo em que disciplinam a ação do Ministério Público, tornam ainda mais insulado o já tão protegido poder de mando do governante.[386]

Todos esses casos institucionais têm uma característica comum: a deterioração do sistema da separação de poderes, seja diretamente pela transferência de competências do Legislativo para o Executivo, seja indiretamente pela desqualificação do Congresso e mesmo de instâncias do Judiciário, por sua atuação em temas de grande significado para a formulação e implementação de políticas.[387]

A hierarquia necessária

Uma perspectiva relevante para se localizar o regime de metas inflacionárias nas escolhas públicas é mostrada na figura 15. Implicitamente, tal prática ocorre em economias que apresentem estabilidade constitucional, inclusive no âmbito da constituição monetária. De resto, esse é o pressuposto institucional em que se discute o "lado da engenharia" (Haldane, 1998) do *targeting*. Conceitualmente, esse é apenas um caso particular de uma metodologia de política econômica em que se determinam os níveis ótimos de calibração de instrumentos (x) e

---

[85] Por esse exemplo, percebe-se como é sem sentido a observação tão freqüente de que reedições de MPs *não contam*. Por outro lado, o leitor arrolaria nas emissões de MPs do mês de dezembro de 2000 esses dois atos legislativos como sendo um único, como o faz a base de dados do Palácio do Planalto?

[86] Em sua reedição (MP nº 2.088-36, de 26 de janeiro de 2001), boa parte dessas restrições impostas à ação do Ministério Público foram atenuadas, se não de todo eliminadas.

[87] O término da tramitação legislativa da proposta orçamentária da União de 2001 bem ilustra essa desqualificação. Retalhado em sua discussão, pelo tratamento em projetos avulsos — quebra de sigilo bancário, fontes de financiamento de gastos extras (FGTS, salário mínimo), mudanças no Código Tributário —, o orçamento público acaba sendo aprovado de forma atabalhoada, e o Congresso consegue se sair pior do que o Executivo. Assim sendo, que importância faz se a lei orçamentária é ou não é "impositiva", em face de tanta falta de transparência no processo decisório público?

objetivos (y) de política, em torno de seus níveis preferidos ou ideais, x* e y*, res·pectivamente.[388]

Nessa ordem de idéias, percebe-se que tal regime se desenvolve em econo·mias do Primeiro Mundo, observados os limites do poder de governar (dita·dos pelas regras constitucionais), restritos, ademais, pela constituição mone·tária.[389]

Todavia, no ambiente institucional-constitucional em que opera a eco·nomia brasileira, é a política de estabilização (o Plano Real) que assume c papel de referência maior na definição dos poderes a serem exercidos pelc governo no jogo de políticas, tornando-se mais inclusiva do que a própria Constituição. Em verdade, é o texto constitucional que vai sendo adaptadc às necessidades estabelecidas a partir das preferências conjunturais do*s policymakers.[390]

Não surpreende, pois, que uma escolha essencialmente da engenharia mo·netária acabe por dominar o debate econômico em 1999, sem que se perce·bam os custos sociais envolvidos em sua adoção. Associado a um sentidc geral de reformas que transferem à União boa parte da iniciativa tributária, a proposta de uma autoridade monetária independente tem implicações institucionais dúbias. Nominalmente, opta-se por procedimento que tem a virtude da simplicidade e transparência do conteúdo e das razões da políti·ca monetária. É a chamada "eficiência da engenharia" (Friedman, 1975) dessa política. Todavia, tudo isso pode não ser senão uma cortina de fumaça para que o discricionarismo gerencial e político do governo seja ajustado em um grau um pouco acima do que já vem sendo praticado na história do Planc Real.

---

[388] Fornecendo, portanto, uma regra de decisão. Em certa medida, a metodologia Tinbergen·Frisch-Theil (ou teoria quantitativa de política), que por tanto tempo dominou a conceituação do problema de decisão do *policymaker* (Monteiro, 1982, caps. 4 e 5), parece retornar à agenda do economista nos anos 1990.

[389] Que tipicamente (Lossani, Natale e Tirelli, 1998) estabelece: a (relativa) independência do Banco Central; as condições que garantem sua independência legal; e os procedimentos a serem seguidos nas indicações para seus postos de direção (presidência, diretorias, con·selhos).

[390] Possivelmente o caso mais explícito dessa inversão na hierarquia das regras do jogo ocor·re em agosto de 1991, no governo Collor, com o Programa de Saneamento Financeiro e Ajuste Fiscal (Monteiro, 1991). Por outro lado, essa disfunção torna as regras constitucionais ine·rentemente instáveis.

Figura 15
A hierarquia das escolhas de política monetária no governo representativo

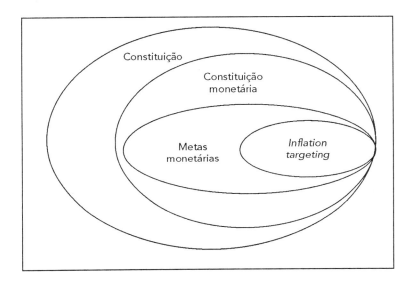

Em uma democracia constitucional, a hierarquia mostrada na figura 15 é trivial, na medida em que se pode afirmar (Hetzel, 1997) que o sentido das regras monetárias é restringir: o uso das receitas que o governo possa obter por sua conivência com a inflação (*seigniorage*); e o apelo ao imposto inflacionário.

No Brasil, essas fontes de benefícios para a coalizão no poder decerto transcendem em muito o fenômeno inflacionário. Argumentação e evidências apresentadas em Monteiro (1997, 2002) devem convencer o leitor da enorme amplitude do poder decisório que sempre acompanhou a implementação do Plano Real.[391]

De fato, a subversão da hierarquia mostrada na figura 15 permitiu que, após a tramitação e aprovação da PEC da reeleição presidencial — o que transcorreu basicamente entre o último trimestre de 1996 e o final do primeiro semestre de 1997 — e a subseqüente vitória eleitoral em outubro de 1998, o governo se dispusesse, em 1999, a promover as virtudes teóricas do *inflation targeting*.

---

[391] Ou talvez o leitor prefira dar especial relevância ao que declara o diretor-gerente do Fundo Monetário Internacional, M. Camdessus, em sua entrevista no *Les Echos* (18 de março de 1999): "a atual recessão brasileira é resultado de erros cometidos pelos dirigentes desse país no ano passado (...). [O preço que os brasileiros vão pagar será] muito elevado por suas tergiversações econômicas durante o período eleitoral e pós-eleitoral".

210 LIÇÕES DE ECONOMIA CONSTITUCIONAL BRASILEIRA

A credibilidade da política de estabilização econômica não deriva da retidão de intenções e do comportamento deste ou daquele *policymaker*, ou de uma suposta capacidade do governo para garantir alto grau de comprometimento em uma ou outra frente de sua ação na economia, cedendo, no entanto, em outras frentes. Afinal, credibilidade não é um bem divisível ou fatorável. Seu processo gerador está imerso nas instituições políticas,[392] isto é, a avaliação do uso de um dado instrumento de política econômica envolve a consideração das conseqüências políticas de ativar tal instrumento (Besley e Coate, 1999).

Por outro lado, a oferta de regulação econômica pode assumir diferentes formas, de vez que o governo atua amplamente desvinculado de controles que a sociedade lhe poderia impor: todo o jogo de políticas desenvolve-se sob regras frouxas e permissivas, em que o poder de governar vai sendo redefinido e ampliado no dia-a-dia. Já a demanda dessa regulação é exacerbada, com os agentes privados antecipando a crescente fragilidade dos comprometimentos do governo, sobretudo nas frentes do ajuste fiscal e das contas externas.[393] Não escapa à percepção desses agentes que estes são tempos de reformas em que a potencial mudança de *status* de certos mecanismos institucionais[394] cria oportunidades de elevados ganhos líquidos para os grupos que melhor conseguirem organizar e coordenar as suas ações nesse jogo.

Removendo mais um entrave[395]

A pretensão de promover uma reforma que alcance o art. 192 da Constituição, sob o argumento de criar a autoridade monetária independente, retorna à agenda do governo no primeiro trimestre de 2003.

Como essa regra constitucional refere-se à sua regulação por uma lei complementar que alcance os vários aspectos mencionados em seus oito incisos,[396] a estratégia do governo pressupõe que primeiro se aprove uma PEC viabilizando a emissão de

---

[392] Ver cap. 6 para uma análise da negociação de um novo acordo com o FMI em 2002 e das opções com que a oposição passa a se defrontar.

[393] Com o anúncio pelo presidente da República, em 19 de julho de 1999, de fazer saltar o volume das exportações de seu nível de US$51 bilhões em 1998 para US$100 bilhões em 2002, não resta dúvida quanto à força que assumirá, em futuro próximo, o *lobby* da AEB. Incidentalmente, com a reforma ministerial empreendida em 1999, o presidente da AEB tornou-se ministro da Agricultura e Abastecimento.

[394] Seja por sua integração ao texto da Constituição, tornando-o um dispositivo mais duradouro, seja por sua transformação de mecanismo constitucional em dispositivo regido por legislação ordinária, mais fácil e prontamente sujeita a alterações subseqüentes.

[395] Ver no cap. 3 "Problemas de delegação legislativa".

[396] Entre os quais a limitação da taxa de juros em 12% ao ano.

várias leis complementares,[397] uma das quais podendo restringir-se ao tema da AMI. A partir daí, os detalhes operacionais da AMI poderão ser acertados com uma maioria de metade mais um[398] dos legisladores, estabelecendo-se cada detalhe em um projeto de lei específico — o que se supõe ser mais vantajoso no atendimento das preferências dos burocratas. Adicionalmente, como a PEC nº 53-99 trata de um tema amplo e metodológico, isto é, trocar o singular pelo plural no texto então vigente do art. 192, não foi tão difícil formar no Congresso uma coalizão vencedora, favorável às pretensões oficiais. A parte substantiva da criação da AMI poderá, então, resultar da aprovação de uma lei complementar específica.[399]

De todo modo, esta não parece ser uma ocasião em que o Banco Central, em razão da efetividade da política monetária, possa agregar força ao pleito da AMI. O regime de metas inflacionárias, que sempre funcionou precariamente na administração anterior, segue fortemente desprestigiado no começo da nova administração. É o próprio banqueiro central quem afirma (21 de fevereiro de 2003) que a inflação vai demorar a ser contida e que é improvável que a meta de inflação em vigor venha a ser cumprida.[400] Em todo esse episódio, observa-se que:

- movido por pressões da conjuntura adversa sobre o regime do *inflation targeting*, o governo volta-se momentânea e oportunisticamente para uma reformulação na constituição monetária com a proposta da AMI, visando gerar credibilidade a seu favor e de seus atos;
- adota-se a *via rápida* na aprovação de emendas constitucionais, pouco importando que expedientes simplificadores na tramitação legislativa acabem por abalar a consolidação do amplo apoio que, por definição, se requer para a implementação de mudanças na Constituição.

Outra vez, é a Constituição tornando-se uma via auxiliar de interesses conjunturais, procedimento repetidamente acionado nos últimos anos e que só

---

[397] O que acaba por ocorrer em primeira votação na Câmara dos Deputados em 2 de março de 2003.

[398] Para a comparação do critério de supermaioria com o de maioria de metade mais um, ver "O significado de uma reforma", no cap. 2.

[399] Como de longa data a PEC nº 53-99 já tramitava na Câmara, a passagem torna-se mais rápida. Porém, as lideranças do PT parecem incertas quanto ao apoio dentro do próprio partido a mais essa reforma. Pesquisa da *Folha de S. Paulo* (20 fev. 2003) revela uma resistência de 42% de deputados e senadores do PT à idéia de votar favoravelmente qualquer proposta de AMI. Todavia, após o acordo informal obtido na bancada do PT em 1º de abril de 2003, a primeira votação da PEC do art. 192 foi uma vitória expressiva do governo: 442 votos favoráveis. Contudo, essa mesma receptividade pode não se verificar quando da discussão de lei complementar que crie o regime da AMI.

[400] O que, de resto, é coerente com a expectativa de vários agentes privados que no começo de 2003 situam a inflação anual em 40% acima dessa meta.

212   LIÇÕES DE ECONOMIA CONSTITUCIONAL BRASILEIRA

acentuou a fragilidade das próprias regras constitucionais (Monteiro, 2003e). Quanto a isso, vale realçar que a cópia que sempre se pretendeu fazer do arranjo da AMI, a partir da prática de economias do Primeiro Mundo, é tosca precisamente porque nessas outras economias o arranjo da AMI se insere em um contexto institucional-constitucional estável, o que não ocorre no caso brasileiro. Ademais, toda a PEC nº 53-99 é discutível, tendo-se em conta recentes reconsiderações analíticas (Hayo e Hefeker, 2002) em que se estabelece não ser o arranjo da AMI condição necessária ou suficiente para se alcançar a estabilidade monetária.

Otimismo de resultados versus pessimismo nos processos

Comparativamente às crises mexicana (dezembro de 1994) e asiática (outubro de 1997), a reação da economia brasileira à crise do final de 1998 acabou por surpreender a todos, até mesmo ao próprio governo. Os termos do contrato assinado com o FMI ("Memorando de política econômica", 8 de março de 1999), por exemplo, se desfocavam em seus fundamentos: a taxa de inflação e a capacidade de crescimento. Se antes previa-se um forte abalo na estabilidade de preços e uma recessão que poderia chegar a 4,5%, em termos do PIB de 1999, já em meados de 1999 havia a expectativa de uma inflação de um dígito (o que psicologicamente é virtuoso) e de uma recessão bem mais branda, talvez 50% abaixo da previsão feita poucas semanas antes.[401]

Diante desse quadro, não surpreende a rápida e contínua redução das taxas de juros reais, nem o reforço do fluxo de capital externo em 1999. Se é certo que a nova arquitetura da ordem financeira internacional explica muito desse movimento de capitais, a rápida recuperação das condições econômicas internas evitou que a credibilidade da política econômica continuasse a diminuir após o fiasco da mudança de regime cambial (janeiro de 1999). Porém, a economia começa a dar sinais de exaustão de suas instituições. O poder virtualmente ilimitado dos burocratas — que tanta sustentação deu à política de estabilização de preços em curso desde meados de 1993 — torna-se mais aparente e, assim, passa a sofrer fortes restrições de segmentos influentes da sociedade. São exemplos dessa tendência:

▸ no Congresso, o Banco Central é cada vez mais exposto como uma burocracia como outra qualquer: seus integrantes são guiados pelo objetivo de maximizar o seu poder discricionário.

O comportamento da burocracia deve ser aferido no contexto do mercado político específico em que ela provê os seus serviços. As evidências empíricas quanto a isso estão firmemente associadas ao aumento do gasto público (Niskanen, 1971, 1994), no sentido de que o atendimento supera o aumento da demanda co-

---

[401] Ainda que por um lado negativo, a reformulação das projeções quanto às contas externas é igualmente vigorosa: do superávit comercial previsto de US$11 bilhões, passa-se a antecipar um déficit de US$5-6 bilhões, para concluir 1999 com um déficit de US$1,2 bilhão.

letiva de tais serviços, além do que boa parte desse gasto é perdulária, vale dizer, atende aos interesses de quem supre os serviços, bem como os de seus patrocinadores políticos, sem necessariamente aumentar a disponibilidade desses serviços. Nos segmentos em que o desperdício se mantém há longo tempo — ou na medida em que se detecta que os deslizes se sucedem[402] — e é tolerado, sem provocar uma reação, pode-se pressupor que ele atende a alguma demanda política. Todavia, o desperdício que ainda não foi revelado ou que aparece sob condições traumáticas provavelmente decorre de disfunções na própria oferta de serviços pela burocracia do governo. O Banco Central não é exceção a tal classe de constatações;

▸ em depoimento na CPI do Judiciário (4 de maio de 1999), o presidente do Supremo Tribunal Federal argumenta que o excesso de reedições de MPs deverá levar o STF a limitar a validade das MPs a 30 dias (relembrando o caso italiano).[403]

A preocupação está longe de ser despropositada. Em abril de 1999 bate-se o recorde mensal de MPs: são 87 emissões, ou mais de 1/3 da média mensal observada em 1998. Para esse estoque, a vida média de uma MP, antes de chegar a ser efetivamente apreciada pelo Congresso, é de 16 meses, ou seja, o poder discricionário dos burocratas pode ser exercido sobre a trajetória de uma MP por 16 meses, sem que necessitem compartilhar com a legislatura a responsabilidade por sua emissão ou suas conseqüências. Todavia, essa durabilidade é um parâmetro sob estrito controle do burocrata: há uma MP que em abril de 1999 apresenta uma sobrevida de 65 meses!

▸ a Câmara dos Deputados retoma a PEC nº 472-97, originada no Senado Federal (a "emenda Fogaça"), e em 19 e 26 de maio de 1999 aprova uma limitação a esse poder de emissão de MPs.[404]

---

[402] Casos como os dos bancos Nacional, Econômico, Marka, FonteCindam, entre outros.

[403] Uma das fontes de inspiração desse mecanismo transplantado do ambiente parlamentar europeu para uma economia presidencialista dos trópicos.

[404] Os termos dessa limitação são, no entanto, muito frágeis, tendo em vista o vigor do mecanismo definido pelo art. 62 da Constituição. A idéia central da PEC é impor um *term limit*, quando o foco deveria ser o de restaurar o sistema de separação de poderes (Monteiro, 1997, 2002). Os burocratas continuarão a dispor basicamente de uma capacidade de legislar que terá preservado o seu atributo de gerar fatos consumados virtualmente irrecorríveis, para que se produza uma decisão *ex post* do Congresso. Para uma numeração típica de uma MP sendo $xxxx - k$, em que k é o seu número seqüencial, essa PEC estabelece, um tanto frouxamente, que, no futuro, $k \leqslant 1$. Todavia, a contagem de tempo que definirá a durabilidade da MP fica duplicada dos atuais 30 dias para 60 dias, com uma possível renovação. De modo que, efetivamente, k está sendo fixado em $k \leqslant 4$. Não obstante, o simples fato de que o principal mecanismo das escolhas públicas está sendo alvo de discussões e reparos no Congresso já é um passo para o aperfeiçoamento das instituições representativas. Ademais, a referida PEC vai além do art. 62 da Constituição, o qual regula diretamente o mecanismo das MPs: ela também alcança as "atribuições" do presidente da República (arts. 48 e 84).

214 LIÇÕES DE ECONOMIA CONSTITUCIONAL BRASILEIRA

Qualitativamente, o mecanismo das MPs ainda poderá manter-se com características fortemente discricionárias. Um caso recente ilustra essa possibilidade: na primeira reedição da MP nº 1.819 (30 de abril de 1999) fica ampliada a extensão em que essa MP altera a Lei nº 9.648 (27 de maio de 1998) — ela própria convertida de uma MP. O prazo de levantamento do balanço das empresas integrantes do Programa Nacional de Privatização fica prolongado dos 90 para os 120 dias antecedentes à incorporação, fusão ou cisão (art. 6º da Lei nº 9.648).[405]

A opção desenvolvimentista

Com a pressão pelo relaxamento da disciplina monetária, em 2003 o governo é levado a ponderar mais intensamente o objetivo do crescimento econômico em sua função de preferências. Ou, mais especificamente, se $P_t(\Pi,y)$ é uma função numérica que representa tais preferências:[406]

$$P_t(\Pi,y) = a(\Pi_t - \Pi^*)^2 - b(y_t - y^*) \qquad (14)$$

em que Π_t é a taxa de inflação, e $\Pi^* > 0$ é o seu nível preferível (ou ideal), na perspectiva dos *policymakers* ou da coalizão no poder; $b > 0$ é o peso atribuído aos desvios do crescimento do PIB (y_t), relativamente a seu valor desejado, $y^* > 0$.

A pressão desenvolvimentista traduz-se no aumento do coeficiente **b** na expressão (14); ou, ainda, caso se verifique a condição $b = 0$ em (14), em sua mudança para $b > 0$.[407]

---

[405] A causa da modificação? A manifestação do Judiciário ao acolher pleitos relativos à cisão de Furnas como passo prévio à privatização dessa empresa estatal, o que forçou o adiamento da assembléia geral da empresa e, por implicação, das etapas do cronograma de execução da privatização de Furnas. Independentemente dos méritos da presteza gerencial na implementação de um programa público, é importante reconhecer no fato a MP *condicionando uma ação do Judiciário*. À dissipação do sistema da separação de poderes que se apresenta tão substancial, acrescenta-se a que ocorre no eixo Executivo-Judiciário. Diretamente, é vedado alterar a Constituição por meio de MP, porém esse exemplo ilustra um refinado *gato* institucional. Ou, se assim preferir o leitor, uma autêntica *mestiçagem* na economia política nacional, para aderir ao estilo que um ex-presidente do Banco Central passou a adotar em suas análises na imprensa. A propósito, note o leitor que essa nova ocupação de um ex-dirigente de instituição financeira pública é uma qualificação importante ao ingênuo debate que se tem travado em torno da quarentena a que estaria sujeito todo *policymaker*, uma vez liberado de suas funções públicas. A mídia é utilizada para que se exponha o produto diferenciado que se tem — ou se terá — para *vender*, passada a quarentena.

[406] Em termos de perda em bem-estar.

[407] Na literatura que discute os efeitos da alternância de orientação econômica sobre o comportamento da coalizão no poder, habitualmente estiliza-se a função P_t da "esquerda" com uma representação da classe da expressão (14). Já uma coalizão de "direita" teria por função de perdas $P_t = \frac{1}{2}(\Pi_t)^2$, enfatizando sua tolerância zero como meta inflacionária, ou seja, $\Pi_t^* = 0$. Ver, a propósito, Alesina (1987).

Nos últimos anos, a cronologia dessa pressão pelo crescimento tem sido aproximadamente a seguinte:

▸ ela se inicia com a discussão sobre a destinação das receitas das privatizações do setor de telecomunicações no final de 1996 (Monteiro, 1997: 256). Especialmente o Banco Central e o Ministério da Fazenda defendem o uso dessas receitas extraordinárias no abatimento da dívida pública. A corrente desenvolvimentista,[408] por outro lado, acena com a necessidade de um programa de investimentos na infra-estrutura, o que eventualmente serviu de bandeira na "campanha do segundo mandato";

▸ a retomada da corrente do ativismo econômico ocorre com a crise externa do final de 1998. Fiesp, AEB (exportadores) e sindicatos de trabalhadores da indústria automotiva unem-se pela revisão da política cambial como instrumento dessa reativação (Monteiro, 1999);

▸ a reforma organizacional ocorrida no começo de 1999 (MP nº 1.795, de 1º de janeiro de 1999), que prepara o governo para uma era de prosperidade econômica, a coincidir com a inauguração do segundo mandato presidencial. Foi então criado o Ministério do Desenvolvimento;[409]

▸ uma quarta etapa desse jogo transcorre ao final da primeira quinzena de maio de 1999, em face da conjunção antes notada: câmbio flutuante, rápida recuperação da estabilidade de preços, baixa nas taxas de juros e perspectiva de uma recessão mais branda do que se antecipara em março do mesmo ano;[410]

▸ a mais recente onda desenvolvimentista ocorre no final do primeiro semestre de 2003, entrelaçada ao dilema de conciliar a política de juros altos com um "espetáculo de crescimento", segundo a retórica tão sugestiva do presidente da República.

---

[408] Então capitaneada pelo influente ministro das Comunicações e principal estrategista político do governo, Sérgio Motta.

[409] Ou bem o governo não suspeitava da crise externa que já se formava no eixo Rússia-Ásia (e que irá exigir redobrada cautela na condução das políticas monetária e fiscal), ou bem o planejamento foi mesmo de baixa qualidade. O fato é que a reforma centrada na criação de um "Ministério da Produção" prenunciava uma recomposição de pesos na função de utilidade do governo, isto é, um aumento na relação b/a na função $P_t(\Pi,y)$ na expressão (14).

[410] O novo vice-presidente do PSDB e ex-ministro das Comunicações, Mendonça de Barros, sinaliza o início das campanhas eleitorais de 2000 (municipal) e 2002 (presidencial) com a mensagem desenvolvimentista, recebendo a adesão da Fiesp e disparando uma reação eleitoral preventiva por parte do PFL e do PMDB, bem como dos estrategistas da estabilidade econômica. Estes últimos insistem que ainda não se consolidou a estabilidade de preços, de modo a acomodar o ativismo na infra-estrutura econômica e social.

Por esses fatos percebe-se que essa não é uma simples disputa de pontos de vista quanto à melhor estratégia na reação pós-crise. Uma vez mais, é a componente eleitoral que torna as forças políticas menos indiferentes à persistente e elevada taxa de desemprego. O Banco Central e o ministro da Fazenda podem até usar uma retórica conservadora, mas será sempre inevitável que o governo ceda, em alguma proporção, ao ativismo econômico.

6 Indução eleitoral

Questões fundamentais

Em uma democracia representativa, é inevitável que, em tempos eleitorais, mudem a qualidade e a quantidade das políticas públicas. O exemplo mais trivial apresentado na literatura econômica é o aumento do gasto público. Todavia, nem sempre esse é um mecanismo que opera tão abertamente, ainda mais sob o esforço de um ajuste fiscal monitorado pela comunidade financeira internacional. Porém, não sejamos ingênuos a ponto de supor que, em face de uma tal restrição, o governo não disponha de alternativas de ação com o propósito de acumular capital político e ainda vir a ter sucesso eleitoral.[411]

No começo de 2002, há espaço mesmo para que se digam banalidades do tipo "o que liga o processo eleitoral à inflação é o câmbio".[412] Possivelmente, o grande acontecimento é como será processada a agenda que o presidente da República acordou em reunião com todo o ministério. Este, sim, é um fator que pode ligar eleições e preços! Em verdade, 2002 é um período de teste da grande mudança institucional promulgada em setembro de 2001 com a aprovação da EC nº 32, que disciplina o uso do poder de legislar dos burocratas. Diante disso, algumas questões antigas permanecem relevantes, ainda que sem respostas convincentes:

► como o Executivo foi capaz de, por tantos anos, levar adiante uma agenda de políticas, mesmo quando maiorias legislativas no Congresso possivelmente tinham preferências distintas daquelas sustentadas pelos burocratas?

---

[411] Lembro ao leitor a significativa mudança de fase observada na condução do ajuste fiscal ao longo do primeiro semestre de 1997, quando tramitava no Congresso a emenda do segundo mandato. Ver Monteiro (2002, cap. 2).

[412] *O Globo*, 13 fev. 2002.

218   LIÇÕES DE ECONOMIA CONSTITUCIONAL BRASILEIRA

- por que o Congresso levou tanto tempo para agir, de modo a deter tanto poder discricionário?
- caso o presidente da República não edite uma medida provisória, por que deputados e senadores não apresentam um projeto de lei próprio, ainda mais quando têm os meios para fazê-lo?[413]
- tendo em conta os poderes que as regras constitucionais conferem explicitamente ao Congresso, será apropriado entender as MPs como *antecipações legislativas* que acabarão por satisfazer uma maioria no Congresso?

Contribuições como as de Staudt (1998), Spence e Cross (2000) e Kelley (2001) revelam importantes *janelas* para o enquadramento desse tipo de problema, assim possibilitando melhor conceituar e analisar as escolhas públicas no Brasil. A questão do novo regime de emissão de MPs e seu impacto no funcionamento do sistema da separação de poderes é um tema de grande atualidade,[414] especialmente quando associado ao grau de vulnerabilidade a que está sujeita a economia em tempos de crise mundial e eleições.

Um princípio subjacente a essas questões é o de que o Legislativo e o Judiciário foram levados a *evitar* considerá-las em toda a extensão, não obstante ocasionais e incisivas críticas apresentadas por políticos e juízes. Pressupõe-se tacitamente que, em tempos de crise, leituras constitucionais polêmicas não seriam permissíveis. Essa sempre foi uma tradicional norma de convivência mas, desde meados da década de 1990, tornou-se peça fundamental nos programas de estabilização econômica. Tal prática foi elevada a um papel central na construção das regras do jogo. Chamemos a isso o "cânone da evasiva" (Kelley, 2001).

Talvez seja esse um bom ponto de partida para tentar responder analiticamente ao conjunto de questões apresentado acima.

Um corolário desse modo de proceder é a sustentação, em forma latente, do sistema de separação de poderes, que portanto não teria sido inteiramente desativado (Monteiro, 2002). Igualmente, isso terá poupado a sociedade brasileira de incorrer em crises institucionais de maiores proporções. O regime da EC nº 32 e a expectativa quanto à nova administração federal em 2003 tornam esse cânone uma perspectiva ainda mais fundamental. No Brasil, o cânone da evasiva sempre foi mais enfatizado sob a ótica de Congresso *versus* Executivo, com a relação com o Judiciário aparecendo de forma mais velada.[415] Todavia, com a re-

---

[413] Essa é dominantemente a situação vigente, logo após setembro de 2001.

[414] Em outubro de 2003, esse destaque é ainda mais reforçado pela extraordinária revelação do vice-presidente do STF (ex-membro da Assembléia Nacional Constituinte e ex-ministro da Justiça) de que, entre outros, esse sistema não passou pelo procedimento regulamentar de votação, de modo a que se integrasse ao texto constitucional como seu art. 2º.

[415] Ver "A fronteira das prerrogativas constitucionais", no cap. 2.

cuperação potencial da separação de poderes, o cânone passa a ter um escopo mais amplo, abarcando simultaneamente os três compartimentos constitucionais.

Assim sendo, pode-se antever um conflito: por um lado, as regras introduzidas pela EC nº 32 contribuiriam para recuperar a separação de poderes; por outro, a persistência do citado padrão de julgamento das iniciativas do Executivo atua em direção oposta. Com efeito, a ordem legal vigente tem em sua base uma longa, intensa e sustentada emissão de MPs. Sem elas, a revisão judicial pode ser assim estilizada:

$$P \longrightarrow x \longrightarrow L \longrightarrow y(x) \longrightarrow B \longrightarrow y'(x) = ou = y(x)$$

onde P (presidente da República), L (uma maioria de legisladores), B (burocratas), J (revisão judicial), e x, y(x) e y'(x) são propostas alternativas de política econômica.

Quando o Judiciário se esquiva de dar sustentação à interpretação de um ato do Executivo (MP ou não), em nome de evitar a instalação de uma crise constitucional, o Judiciário (STF) potencialmente altera o papel que o Executivo desempenha na conjuntura. E não apenas isso: a ocorrência também contribui para descumprir os fins diferenciados das agendas do Congresso e do Executivo. Vale dizer, as interpretações das regras do jogo, de modo a evitar uma crise política, acabam por descartar o resultado que uma maioria de legisladores poderia ter antecipado ou pretendido que ocorresse no jogo.

Tal comportamento conduz a uma situação em que o Judiciário promove uma intrusão no conjunto de escolhas da legislatura, ainda que o propósito não fosse esse. Em resumo, a atitude consciente, especialmente do Judiciário — porém extensiva ao Legislativo —, de evitar o questionamento de atos legais do Executivo gera duas classes de conflitos (Kelley, 2001:835):

▶ um conflito efetivo e direto, na medida em que a atitude do Judiciário atenua o poder e o dever do Executivo de executar fielmente as leis aprovadas, em consonância com as preferências de uma maioria de representantes eleitos que têm assento no Congresso;[416]

▶ por seu turno, o conflito entre o Congresso e a revisão judicial, que o cânone se propõe evitar, é mais indireto e potencial.[417]

---

[416] Uma boa ilustração disso é o processo orçamentário da União.

[417] O que não impede que, na oportunidade em que se efetive, ele possa ser vigoroso, como se observou em 1994/95, com a decisão do Congresso de autorizar a cobrança da CPMF, ainda em 1994, e a subseqüente decisão do STF de anular essa vigência. Igualmente, em 2003, a PEC nº 40-03 provoca o confronto de Executivo e Judiciário.

220   LIÇÕES DE ECONOMIA CONSTITUCIONAL BRASILEIRA

Assim, ao longo de toda a implementação do Plano Real, tornou-se inconce-bível defender a tese de que a interpretação que os burocratas pudessem dar às regras do jogo permaneceria, ou não, por seus próprios méritos, isto é, por sua coerência com os padrões traduzidos pelas regras constitucionais vigentes no jogo.

O cânone limita o poder do Executivo de operar no vácuo de uma decisão ampla, tomada pelo Congresso, ao restringi-lo às circunstâncias de não levantar sérias dúvidas constitucionais ou não agravar a crise econômica. Além desse ponto, con-tudo, o cânone simplesmente libera a tomada de decisão do Executivo acerca de como executar a lei aprovada na legislatura. Por essa ótica, ao evitar fazer uma apreciação formal de um ato do Executivo, quanto ao seu amparo legal e constitu-cional, o Judiciário assim estaria agindo não porque o ato seja de todo inconsti-tucional, mas porque ele não é claramente constitucional (Kelley, 2001:868). Se assim é, a própria separação de poderes acaba ameaçada por essa prática.

Ciclo eleitoral e janela de política

Ao final de 2001, o governo procura demonstrar empenho e iniciativa, de modo a se livrar do peso morto da restrição do consumo de energia elétrica e, de modo geral, da *sina* do último quarto de mandato presidencial. Essa movimentação ocor-re em várias frentes:

▶ diante dos primeiros sinais da crise na economia argentina, é lançado um incisivo programa cambial acoplado a uma demonstração de força na política de juros;[418]
▶ a retomada de uma "reforma tributária" que reúne tópicos eleitoralmente explo-sivos — longa permanência da CPMF em sua elevada alíquota de 0,38%; mais uma tentativa de federalizar o ICMS e ISS; e atendimento ao intenso *rent seeking* dos exportadores (ressarcimento da Cofins e do PIS incidentes sobre as expor-tações: MP nº 2.202, 28 de junho de 2001);[419]

---

[418] Com a elevação de 1,5% nos juros, colocando a taxa oficial em 18,25% ao ano. Igualmente, uma complexa engenharia financeira é acionada em socorro a bancos federais — especial-mente Banco do Brasil e Caixa Econômica, totalizando dezenas de bilhões de reais —, na tentativa de resolver um antigo contencioso nas finanças públicas.

[419] Outro *lobbying* intenso — o dos investidores em bolsa, por isenção da CPMF — por essa ocasião ainda não fora atendido, não obstante a Resolução do CMN nº 2.786, de 18 de ou-tubro de 2000. De igual modo, mais uma vez posterga-se a criação de um imposto inciden-te sobre a venda de combustíveis. De igual modo — e especialmente com vistas à sustenta-ção de mudanças pretendidas na área tributária —, busca-se condicionar um pouco mais a independência do Judiciário com algum tipo de regra que limite a atuação do Judiciário fe-de al (decisões de juiz singular) na aceitação de questionamentos quanto a mudanças nas políticas que os burocratas pretendam operacionalizar.

a conclusão das negociações em torno de um novo contrato de US$15 bilhões com o FMI, com vigência até o fim de 2002.[420]

Não surpreende, portanto, o "fogo de barragem" que vai desde cândidas afirmações de que a administração federal "não deixará de governar", ou o discutível argumento da "guerra fiscal" entre estados a justificar a federalização do ICMS, até auto-elogios de que o Banco Central faz muito bem em não deixar sem resposta a especulação cambial — ainda que isso signifique recorrer à operação com o FMI e intervir em um mercado que já se alardeou ser puramente flutuante, mas que deve manter o preço do dólar não muito distante da cotação que o Banco Central julgue apropriada.[421]

O ritual da apresentação pública do contrato assinado com o FMI bem ilustra essa possibilidade. O esforço nas sucessivas apresentações também é efetivo, na tentativa de minimizar os custos políticos das contrapartidas oferecidas no documento. Por exemplo, o maior rigor fiscal requerido é aliviado pelo compromisso de que os cortes na programação de gastos em 2001 e 2002 não venham a incidir sobre gastos sociais e investimentos no setor energético.[422] A mídia começa a ser usada para progressivamente apresentar a opção que a estratégia do governo delineia: a continuidade do Plano Real (que seria monopólio da administração federal que o implementou); a respeitabilidade internacional do país (as comparações com a *via crucis* da Argentina para ser atendida por essa mesma comunidade financeira internacional são estimuladas); e o suposto sucesso administrativo da governadora candidata.[423]

Tais são os elementos que, ao final de 2001, compõem o ciclo político-eleitoral em formação no fluxo de políticas públicas.[424]

---

[420] Para alguns, uma atitude que se equipara à obtenção de uma *firewall* ou "blindagem" para a economia brasileira.

[421] Entre maio e agosto de 2003, esse tema retorna ao debate econômico nacional, com a peculiar manifestação pública de ministros e políticos e do próprio presidente da República, em prol de que a cotação do dólar se mantenha em um nível "adequado" ou "correto", de modo a sustentar o crescimento das exportações.

[422] Outra ponta dessa mesma estratégia parece ser a definitiva aliança do PSDB com o PFL, pela qual o PFL entraria para compor a chapa presidencial com o nome da governadora do Maranhão na vice-presidência, assim renunciando a uma candidatura presidencial própria.

[423] Mesmo os acidentes de percurso — como os episódios envolvendo em quebra de decoro e falta de ética dois líderes do PFL e PSDB, ou as acusações de peculato a um governador do PSDB — são prontamente colocados sob um "cordão sanitário", mantendo os dois partidos e a administração federal fora de associações e contágios negativos.

[424] Ver mais adiante uma discussão sobre outros ciclos político-eleitorais recentes na economia brasileira.

Todas essas iniciativas nas frentes política e econômica podem ser mais bem percebidas do ponto de vista de um conceito muito freqüente em textos de estratégia. Essa é uma *janela de política* (Kingdon, 1995). Uma janela de política é uma oportunidade que se abre para o governo levar adiante soluções já antevistas, ou ainda direcionar a atenção da sociedade para dimensões de problemas que ocupam lugar prioritário na agenda de grupos de interesses especiais e *policymakers*. Ambos aguardam que as questões se configurem, para que eles entrem com as soluções. Por vezes, essa é uma janela composta: simultaneamente tenta-se implementar variadas classes de soluções. Tal tipo de janela é muito especial, pois que ajuda a superar o problema da ordem na fila, isto é, como compatibilizar as diferentes prioridades dos vários tipos de soluções de política.

Analogamente a tantas ocasiões anteriores, tem-se um conjunto de intervenções econômicas que não surpreende senão pelo momento em que é posto em prática; essencialmente sua composição já era antecipada, de vez que se trata, em grandes linhas, de medidas que já haviam sido tentadas sem sucesso, quando da abertura de outras janelas.

A janela também oferece a possibilidade de que alternativas de elevado custo político sejam introduzidas a custo mais reduzido. Esse é o caso do acesso à linha de crédito do FMI: anteriormente, o governo já acenara com o término do contrato com o FMI.[425] A reviravolta ocorre em uma circunstância em que há menor percepção de que a expectativa da não reativação do contrato era um comprometimento da política de estabilização econômica.

As intervenções que o governo passa a promover podem ser vistas como ocorrências puramente acidentais. Todavia, elas têm uma dinâmica própria que decorre da imperiosa necessidade de o governo restabelecer a credibilidade da meta inflacionária em 2001 e ter um candidato às eleições de 2002 com efetivas chances de sucesso.

De todo modo, a indução político-eleitoral tende a dominar o comportamento do governo:

- mais adiante no calendário eleitoral, tais medidas seriam de difícil aceitação por legisladores (emendas à Constituição) e governadores (em exercício e aspirantes), em face da perda de autonomia decisória decorrente da eventual federalização do ICMS;[426]

---

[425] Talvez esse anúncio já fosse uma etapa incipiente da grande estratégia oficial montada para ter sucesso nas eleições de 2002.

[426] A propósito, por que as guerras fiscais entre estados não poderiam ser dirimidas no STF, preferentemente à decisão dos burocratas do Executivo? Por que centralizar ainda mais as escolhas públicas nas mãos de quem já detém tanto poder discricionário?

aproveita-se o inevitável desgaste a que já se expôs o governo com a crise de energia, na crença de que no futuro seus desdobramentos serão menos adversos.

O problema estratégico é reconhecido (a depreciação do governo, diante de uma crise), a solução já estava latente na alta gerência do Executivo, e o ambiente político-eleitoral oferece o momento certo para a mudança no programa de estabilização econômica. A avaliação é que as restrições impostas pela crise poderão não se revelar tão severas nos meses seguintes, ou, justo o oposto, um novo componente da crise (o problema argentino, por exemplo) pode fechar essa janela, reabrindo uma outra, de configuração diversa. Enfim, essa janela não ficará aberta por muito tempo.[427]

E por que a janela de oportunidade se fecharia, nessa conjuntura de final de 2001 e começo de 2002?

- o Banco Central pode ter a crença de que a substancial elevação na taxa de juros e a política cambial deram o resultado que se esperava;[428]
- os eventos que levaram à abertura da janela poderão se alterar, total ou parcialmente;[429]
- a sustentação legislativa do governo pode vir a sofrer um abalo, caso prosperem as propostas de renúncia do presidente licenciado do Senado Federal e a saída do PMDB dessa base de apoio.[430]

---

[427] Algo análogo ocorreu em janeiro de 1999, com o abandono do câmbio fixo (Monteiro, 2002, cap. 4).

[428] No entanto, um erro de cálculo poderá ser constatado, caso as pressões altistas no mercado do dólar persistam, e o Banco Central seja obrigado a fazer o que tenta evitar: freqüentes vendas de dólar ou de títulos públicos com correção cambial. Ou, visto por um outro ângulo, a janela pode se fechar porque se conclui que não há, no momento, opções efetivas de política econômica.

[429] Tal seria o caso, por exemplo, de uma nova componente ser introduzida, com uma intensa deterioração da economia da Argentina, ou o comprometimento do Governo quanto a não promover "apagões" ser abandonado, com o agravamento do abastecimento de energia elétrica. Ademais, como divulgado em pesquisas da CNT e CNI-Ibope, acentua-se a perda em prestígio e popularidade do governo.

[430] Muito embora o Congresso tenha um papel marginal, em boa parte da construção e operacionalização da estratégia macroeconômica, esse tipo de ocorrência pode alterar as expectativas dos agentes privados quanto às intenções do Governo, em perseverar, no tempo que lhe resta de mandato, em manter seu comprometimento com a estabilidade de preços. A recomposição desse apoio pode, por exemplo, inviabilizar as mudanças pretendidas na área tributária.

224   LIÇÕES DE ECONOMIA CONSTITUCIONAL BRASILEIRA

Contudo, o governo tem uma capacidade autônoma de prolongar a abertura de janelas de política, em razão de concentrar no Executivo substancial poder de legislar.[431] Por meio da emissão de MPs ele pode, por exemplo, consolidar certas oportunidades em uma dada janela, sob diferentes subterfúgios que reduzam o custo político das intervenções.

Que foi feito das medidas provisórias?

Em razão de terem sido as MPs o fundamento institucional da estabilização de preços, o seu novo regime operacional oferece a oportunidade para se indagar:

- ▸ será redundante a EC nº 32 (11 de setembro de 2001), que dá forma a esse novo regime?
- ▸ com essa mudança, o Congresso recupera substancialmente o seu poder decisório?
- ▸ em que medida os *policymakers* sentem-se tolhidos sob o novo regime de regras de decisão?

Essas são questões centrais a serem respondidas, especialmente porque, na transição para a administração federal e a legislatura que se inauguram em 2003, é provável que o tema reapareça.[432]

A importância das MPs é que se trata substancialmente de uma forma de os burocratas apresentarem propostas de política com credibilidade.[433] Entre outros critérios para aferir tal propriedade, um comprometimento de política precisa ativar algum processo causal *externo* à decisão legislativa e que opere como um mecanismo de implementação dessas propostas (Elster, 1979), isto é, o governo não poderia simplesmente comprometer-se a "promover no futuro" o ajuste fiscal, digamos. Seria necessário que um processo externo se estabelecesse, de modo que os políticos pouco ou nada interviessem. Caso contrário, tudo não passaria de um cerimonial. As MPs seriam esse processo externo, ao atribuir a técnicos em assuntos econômicos e financeiros a tarefa de interpretar complicadas regras fiscais, monetárias e cambiais, definindo e implementando metas, revendo sua execução e viabilizando a estabilidade de preços e o equilíbrio orçamentário como

---

[431] Para uma quantificação dessa característica institucional, ver "Mais um ciclo político-eleitoral" neste capítulo.

[432] No início de 2002, o rompimento da base de sustentação do governo, com a retirada do PFL, mostra que uma estratégia oposicionista pode ser a provocação deliberada de bloqueios de pauta, pela não-votação de MPs que atinjam seu prazo de validade.

[433] Para uma ocorrência muito peculiar de recurso à emissão de MPs — em alternativa à aprovação de regra constitucional específica — no âmbito da reforma tributária em 2003, ver "O significado de uma reforma", no cap. 2.

um valor que se sobrepõe aos interesses eleitorais dos legisladores (Staudt, 1998; Seto, 1997).[434]

Desde meados de 1993, os legisladores usufruem o benefício de poder negar com credibilidade que controlavam a formulação e implementação de políticas. Em decorrência, a responsabilidade pela recessão e o desemprego pôde ser facilmente atribuída ao Executivo, não obstante o Congresso pouco ter feito, nesse período, para alterar o *status quo* decisório. O Congresso teria acatado a independência dos burocratas, de vez que os legisladores não poderiam encampar alguns dos resultados dessa política a um custo político suportável (Shaviro, 1997).

Contudo, talvez seja ainda prematuro para se observar um padrão estabilizado no funcionamento do novo regime do art. 62 da Constituição. O fluxo de MPs foi, por certo, reduzido substancialmente. No começo de 2002, apenas 33 MPs haviam sido emitidas desde a adoção das novas regras da EC nº 32, das quais sete foram convertidas em lei. No final do primeiro trimestre de 2002, o estoque de legislação vigorando com *status* de MP é indicado na tabela 5.

Tabela 5
Emissão de medidas provisórias
(11 set. 2001–2 abr. 2002)

Período ou regime de emissão	Quantidade de MPs
Anterior a 11-9-2001	66
Novo regime*	24
Saldo líquido atual	90

*Total em 2-4-2002, exclusive MPs convertidas em lei.

A importância das MPs, no entanto, transcende a tal evidência numérica, uma vez que a base de 66 MPs pode ser *atualizada* por meio das novas MPs.[435] Tal é o caso da *nova* MP nº 25 (23 de janeiro de 2002), que trata da tributação de programas de benefícios previdenciários e que altera a remanescente MP nº 2.222 (4 de setembro de 2001).[436]

---

[434] Esse é um arranjo análogo ao que está subjacente às recorrentes propostas de se criar formalmente uma autoridade monetária independente, só que muito mais amplo, extensível a uma autoridade *econômica* independente. Ver cap. 5.

[435] Ver "A delicada consolidação constitucional", no cap. 7.

[436] Ademais, a propriedade de que uma MP gera conseqüências imediatas e, portanto, confronta os legisladores com fatos consumados, em vigor por até 120 dias, prossegue tendo um efeito inibidor na predisposição de uma maioria de legisladores para promover alterações significativas no texto de uma MP ou, muito menos ainda, para rejeitá-la. Por outro lado, cerca de 2/5 dessas novas emissões de MPs estão vinculados à ocorrência de even-

A política tributária, no entanto, prossegue sendo um tema em que uma única MP pode fazer toda a diferença. Tal é o caso da MP nº 22 (8 de janeiro de 2002), que altera impostos e tem características surpreendentemente análogas às dos "velhos tempos". Essa MP foi emitida dois dias *antes* de ser efetivado o veto presidencial ao projeto da lei orçamentária de 2002 e inclui a manutenção indefinida do adicional de 10% na incidência do imposto de renda — o que habitualmente tem sido alvo de votação específica no Congresso e cuja revalidação essa MP antecipa.

É igualmente interessante notar que, no caso específico do ajuste fiscal, a percepção do Executivo quanto à Lei de Responsabilidade Fiscal (LC nº 101, de 4 de maio de 2000) pode estar relacionada à EC nº 32, por uma das três seguintes razões:

- pura e simplesmente, a LC nº 101 perderá efetividade, de vez que os legisladores terão recuperado poder decisório, num sentido mais amplo. Desse modo, seria uma questão de tempo, até que se proponha uma reformulação na LC nº 101;[437]
- trata-se de uma sinalização específica adicional, voltada muito mais para as jurisdições estadual e municipal e a comunidade financeira internacional;
- ou, ainda, a LC nº 101 atuou como uma estratégia de antecipação, para quando, enfim, fosse impraticável resistir a uma emenda constitucional que viesse a limitar o poder de emissão de MPs.

Nessa perspectiva de análise, mais cedo ou mais tarde as lideranças políticas talvez devam se dedicar a tornar as regras constitucionais menos ambíguas, especialmente as novas regras do art. 62, por serem elas essenciais à sustentação da credibilidade de todo o esforço de reforma econômica que se pretende empreender.[438]

---

tos como terrorismo, criminalidade, abastecimento de energia elétrica, epidemias e greves, assim como à abertura de créditos extraordinários na programação orçamentária.

[437] No primeiro semestre de 2003, lança-se um balão-de-ensaio quanto a essa necessidade, sob o argumento de que os governos municipais estariam por demais *engessados* pela LC nº 101.

[438] Nesse sentido, é inconseqüente, por exemplo, a manifestação (19 de fevereiro de 2002) do presidente da Câmara dos Deputados ao diagnosticar que a rejeição, pela Câmara, da MP nº 10 (13 de novembro de 2001), que trata da contratação temporária no serviço público federal, formalizaria pela primeira vez a preocupação dos legisladores com a análise do mérito da urgência e relevância na apreciação de uma MP. Ora, essa MP surgiu em meio a uma persistente greve de funcionários e professores das universidades federais, quando foi uma arma de dissuasão a que o governo recorreu. Em uma conjuntura eleitoral em que o próprio governo já havia definido o seu candidato à sucessão presidencial, a MP trata de um tema que já não interessa a ninguém. Não obstante, o presidente da Câmara apresenta uma boa estratégia a ser usada no jogo com o Executivo, de modo a evitar o emperramento das votações legislativas: antecipar as negociações entre as duas partes, quando da intenção do Executivo de emitir uma MP. Porém, levando-se em conta a trajetória do Plano Real, essa é uma estratégia ingênua: por que razão os burocratas passariam a aceitar compartilhar o seu poder decisório?

JORGE VIANNA MONTEIRO

Dois regimes de urgência: os arts. 62 e 64

Por trás da trajetória legislativa do PL nº 5.483-01, aprovado em 4 de dezembro de 2001 na Câmara, e tratando do relaxamento da CLT, está uma ocorrência significativa: testa-se um novo regime de escolhas públicas que pretende manter a hegemonia dos burocratas, agora que a emissão de MPs opera sob as novas restrições.

Porém, a adesão do governo a essas novas regras revela-se muito superficial — o que era de se esperar, uma vez que a aceitação, pela coalizão no poder, dos termos dessas restrições é um paradoxo, pois que, justo quando se avoluma a incerteza e entra-se em um período eleitoral, os *policymakers* consentem em ficar restritos ao uso de um mecanismo institucional que sabidamente é mais lento, compartilhado e transparente do que a emissão de MP.[439]

A prática observada com o PL nº 5.483-01 é que os burocratas talvez pretendam utilizar uma outra regra (art. 64) a seu favor, preferentemente a acatar uma participação mais autônoma da legislatura no jogo de políticas. Esse artigo estabelece um *fast track* no Congresso, na medida em que a pressão para se obter a decisão legislativa é dada pelo trancamento da agenda, vale dizer, o projeto tramitando sob "urgência" — condição que pode ser requerida irrestritamente pelo presidente da República para projetos de lei de sua iniciativa — torna-se preferência absoluta na agenda da casa legislativa em que ocorre a sua apreciação. Dependendo da época do ano e do calendário eleitoral, pode-se exercer uma pressão irresistível, tanto pelo que o Executivo tenha a oferecer em troca da transigência de deputados e senadores, quanto pelo risco a que se expõe o político perante a sua base de representação. Adicione-se a isso o recurso a uma variedade de expedientes regimentais e intenso *logrolling*, e tem-se um episódio que tende a desgastar muito mais a imagem do Legislativo que a do Executivo, reduzindo assim os graus de liberdade com que os legisladores possam exercer sua autonomia decisória.

A utilização dessa estratégia é institucionalmente factível, e há pelo menos dois vínculos que dão sustentação a esse ponto de vista:

- ao mesmo tempo em que o cidadão-eleitor confronta-se com custos de informação deliberadamente aumentados, com o recurso a complexos procedimentos regimentais na Câmara, ele fica sujeito a um custo de reação também elevado, de vez que no Senado — próximo estágio da tramitação do PL nº 5.483-01— a maioria pode ser mais confiável para bloquear qualquer reação contrária às pre-

---

[439] O regime das MPs — tal como instituído em 1988, e a permissividade com que foi sendo utilizado ao longo dos anos 1990 — tinha na desativação do sistema da separação de poderes sua característica mais essencial. Qualquer mudança significativa nesse regime teria que necessariamente restabelecer o equilíbrio de forças na interação Legislativo-Executivo.

228   LIÇÕES DE ECONOMIA CONSTITUCIONAL BRASILEIRA

ferências do governo, tanto quanto o recurso ao Judiciário pode se revelar inócuo;[440]

▸ uma variável-chave a determinar a possibilidade de cooperação é a taxa de desconto dos agentes envolvidos no jogo: quanto mais intensamente se desconte o futuro, menos provável é que o agente se disponha a abrir mão de benefícios imediatos e capturáveis no período corrente, em favor de benefícios futuros que resultem dessa cooperação (Posner, 2000a). Vale dizer, os agentes no jogo diferem por sua valoração do futuro.[441]

A literatura de normas sociais (Posner, 2000a) dá fundamentação a que se perceba que um agente do "mal", que planeja renegar a cooperação, buscará interagir com agentes do "bem", pois tanto maiores serão os seus benefícios imediatos em decorrência da renegação de seus comprometimentos, caso o outro agente coopere. Assim, esse é um jogo em que todos estarão sempre buscando interagir com quem esteja propenso a cooperar, ou seja, quem tem baixas taxas de desconto.

Para bem entender as implicações de uma iniciativa como o PL nº 5.483-01 e sua acompanhante cláusula de urgência, deve-se perceber o uso de uma estratégia em que o governo "mascara" sua proposta de política em uma retórica de bem-estar social. A sinalização que isso promove induz uma maioria de legisladores a votar a favor da proposta, independentemente de o governo se predispor a aprimorar o sistema de separação de poderes, por exemplo. Terá valido a pena parecer estar jogando em uma perspectiva de longo alcance, se o resultado final for a aprovação do projeto que atenda às preferências conjunturais dos burocratas.

Em verdade, em 2000, esse é um comportamento alarmante, porquanto se aproxima a transição para uma nova administração federal que herdará um quadro institucional que sanciona substancial poder de propor (Baron e Ferejohn, 1989) do Executivo, com o contraponto de o Congresso decidir diante de virtuais fatos consumados. O que mudou?

---

[440] Sob este último aspecto, ver o Decreto nº 4.010 (12 de novembro de 2001), que centraliza na Presidência da República o comando da liberação de pagamentos aos servidores públicos federais, como instrumento de pressão por ocasião da já mencionada greve de professores federais. Mesmo tendo o STJ decidido pelo pronto depósito do pagamento dos grevistas, o Executivo continuou a argumentar — e não foi substancialmente contestado — que o citado decreto tinha precedência sobre a decisão judicial. E mais ainda: o STF confirmou a decisão do STJ.

[441] Os do "mal" terão uma alta taxa de desconto e poderão sempre renegar comprometimentos de cooperação; os do "bem" — os de baixa taxa de desconto — usam algum tipo de estratégia de cooperação condicional. Ver mais adiante "Sinalização estratégica".

- no regime das MPs pré-setembro de 2001, a legislatura confronta-se com fatos consumados, que decorrem de um aparato legal em que o Congresso é passivo. Sua capacidade de alterar uma MP esbarra no substancial custo político de reverter ações como o Proer, a adoção da nova moeda ou a superindexação pela URV, por exemplo;
- com a cláusula de urgência, a legislatura perde graus de liberdade não só em relação à definição de sua agenda (uma opção *isto ou nada*) em um dado ponto do tempo, mas também quanto às opções disponíveis, dada essa agenda: a urgência implica enfatizar junto ao eleitorado a relevância da proposta presidencial e, portanto, coloca deputados e senadores em desvantagem na negociação política, se de todo eles pretenderem reformular em larga escala a proposta original ou mesmo rejeitá-la.

Todavia, há pontos de contato entre um e outro regime decisório. A urgência referida no art. 64, por exemplo, é tão substancialmente vaga quanto a que é mencionada no art. 62. Os burocratas têm, portanto, preservado o seu poder de interpretar a necessidade de legislar na conjuntura, controlando o *timing* da decisão legislativa. Até 2001, com as MPs, esse controle é nominalmente mais significativo, de vez que a legislatura pode ser dispensada indefinidamente (por meio de reedições da MP) de atuar no jogo, para referendar ou não a MP. Porém, em boa parte dos casos, os fatos consumados criados por uma dada MP tornam redundante a extensão maior ou menor desse prazo de confirmação pelo legislador.

Para entender que, uma vez mais, pode estar em causa a deterioração das instituições representativas, é importante notar o papel exercido pelo Judiciário e o Legislativo na construção e sustentação de tanto poder dos burocratas. Com o art. 62 original, o Judiciário (mais especificamente, o STF), em circunstâncias de crise econômica, acabava manifestando muita deferência para com o presidente da República, sem virtualmente oferecer resistência à emissão de MPs. O STF tornou-se, de fato, prisioneiro da chamada "tirania de pequenas decisões" (Tribe, 2001): há uma incapacidade institucional de se examinar o fenômeno das MPs em sua complexa totalidade, e assim o Judiciário restringe-se ao exame parcelado de cada MP *per se*.

Em decorrência, o Congresso é a instância que pode atuar num contrabalanço efetivo. Foi o que ocorreu com a EC nº 32. Todavia, o Congresso pode não ter entendido a lição de que é da consideração do poder de propor do presidente da República e dos burocratas que resulta a dimensão constitucional mais profunda da regulamentação do art. 62 e suas implicações para a ativação do regime do art. 64, como experimentada com o PL nº 5.483-01.

Uma lição argentina

Por volta de 1993-96, a Argentina serve de paradigma pelo que havia conseguido em seu esforço de estabilização de preços, como fora o México anteriormente à crise de 1995. Embora a admiração tenha cedido lugar à apreensão, a economia argentina é um laboratório para variados experimentos que, em diversas ocasiões, se cogitou de pôr em prática no Brasil (o regime de *currency board*, por exemplo). No início da década de 2000, no entanto, há uma outra classe de ensinamentos que veladamente são observados pela alta gerência econômica do governo brasileiro, tanto quanto encontram espaço na agenda de potenciais detentores desses cargos na administração federal. Trata-se da prática que se vai tornando generalizadamente aceita, não obstante ser um tema pouco reconhecido nas análises conjunturais: a substancial e crescente concentração de poder decisório nas mãos do ministro da Economia argentino, pura e simplesmente pelo reconhecimento de que o *momento é de crise*.

Enfim, na construção da política econômica introduz-se a premissa de que, em certas circunstâncias, mesmo as regras mais típicas da democracia representativa podem e devem ser atenuadas ou de todo inabilitadas para que os objetivos sumários que os burocratas venham a definir como centrais à solução da crise sejam alcançados.

Será esse um padrão de escolhas públicas a ser efetivado? É o regime para o qual transitarão as democracias latino-americanas ou as economias ditas emergentes?

É certo que isso não é um modismo, e que temos a nossa própria prática de concentração de poder decisório a justificar soluções de política em tempos de crise. Tome-se o caso da escassez de energia elétrica em 2001. Da noite para o dia, foi constituída uma unidade decisória — a Câmara de Gestão da Crise de Energia Elétrica (GCE) — integrada exclusivamente por burocratas, mantendo-se os políticos ao largo de qualquer das etapas das regulações da GCE.[442] A partir daí, sob o guarda-chuva legal de uma rápida sucessão de três medidas provisórias, a GCE operacionaliza uma vasta intervenção na economia brasileira.

Por isso o caso argentino apresenta-se como de renovado e intenso interesse para os detentores do poder de governar no Brasil.

---

[442] É irrelevante argumentar que o ministro de Minas e Energia tem mandato de deputado federal. De fato, isso é uma agravante: um representante eleito que, *sem perder seu mandato*, deixa de exercer as funções para as quais foi eleito, trocando-as por novas funções alheias ao mandato que lhe foi conferido por seu reduto eleitoral. Ver "Verticalização da separação de poderes", no cap. 4.

JORGE VIANNA MONTEIRO

As comemorações em torno do sucesso do Plano Real como redutor de inflação sempre enfatizaram a persistência com que o governo levou adiante o seu comprometimento com a estabilização de preços. Todavia, o reverso desse sucesso é a progressiva e sustentada dissipação de um fundamento das instituições representativas: o sistema constitucional da separação de poderes.

Tabela 6
Medidas provisórias e política de estabilização econômica
(jul. 1993-ago. 2001)

Períodos selecionados	Quantidade de MPs	% do total de MPs*
Jul. 1993[1] a jun. 1994	210	3,5
Jul. 1994[2] a jun. 1995	512	8,6
1999	1.009	17,0
2000	1.067	18,0
Set. 2000 a ago. 2001[3]	827	14,0
Jul. 1993[1] a ago. 2001	5.596	94,4
Jul. 1994[2] a ago. 2001	5.386	90,9
Out. 1997 a ago. 2001[4]	3.547	59,9
Jan. 1995 a dez. 1998[5]	2.569	43,4
Jan. 1995 a ago. 2001[6]	5.067	85,5
Jan. 1999 a ago. 2001[7]	2.547	43,0

* Out. 1988 a ago. 2001

Obs.: [1] Programa de Ação Imediata (PAI); [2] introdução do real; [3] últimos 12 meses; [4] período pós-crise asiática; [5] governo FHC – primeiro mandato; [6] governo FHC – primeiro e segundo mandatos; [7] governo FHC – segundo mandato.

A tabela 6 reúne evidência numérica que não deixa dúvidas quanto a ser esse um atributo do Plano Real. Complementarmente, a figura 16 mostra a trajetória da quantidade mensal de MPs por unidade da produção média de leis aprovadas no Congresso (L*), descontadas aquelas leis que decorreram elas próprias de conversão de MPs de janeiro de 1995 a agosto de 2001. As oscilações apresentadas em torno de um elevado e persistente valor médio de MP/L* refletem integralmente as preferências e conveniências dos burocratas no uso desse mecanismo. A figura dimensiona o significativo custo social de tornar cada vez mais remota a possibilidade de se ter, mesmo no longo prazo, um desempenho econômico com *estabilidade das instituições representativas*. A emissão de MP. é o mecanismo a garantir a existência do *core* no jogo de política econômica (Hammond e Miller, 1987).

Diante dessa experiência, o caso argentino do passado recente serve como justificativa adicional para tornar mais solidificado o poder dos burocratas do Executivo federal.

Figura 16
**Definição e implementação das regras das escolhas públicas:
A transferência de poder decisório do Legislativo para o Executivo
(jan. 1995-ago. 2001)**

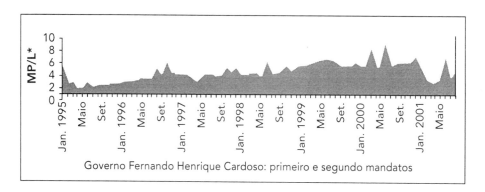

Percebe-se, enfim, que a conjuntura em 2001/02 não é propícia a acolher raciocínios ligeiros do tipo "mas os fundamentos da economia brasileira são bons", ou "o impacto dos acontecimentos argentinos deve durar um ou dois meses, depois retomaremos a nossa trajetória".

A principal lição do caso argentino é que a sociedade pode ser convencida a aceitar transferir mais autonomia decisória ao governo, ainda que este já detenha expressiva margem de poder discricionário acumulado em crises anteriores. A devolução de tanto poder parece cada vez mais fora de questão. Trata-se de um regime institucional que acabará por ser incorporado à Constituição. O governo cuidará para que isso aconteça, sem que para tanto tenha que incorrer em custos políticos elevados. As conclamações quanto aos riscos de perda de governabilidade, retorno da inflação em seu antigo padrão e ataque externo à moeda nacional sempre serão acessórios muito efetivos à manutenção do quadro constitucional amorfo.

No primeiro semestre de 2001, em seu retorno à posição de principal *policy maker*, o ministro Cavallo demanda que lhe sejam dados "poderes extraordinários" para tirar a Argentina da crise. O tema merece atenção, de vez que vincula o sucesso de uma política econômica em tempo de crise à neutralização, por um período indeterminado, de mecanismos da democracia representativa, especialmente com a concentração do processo decisório na alta gerência do Executivo e a decorrente anulação ou atenuação de competências do Legislativo e do Judiciário.

À margem dessa ocorrência, duas questões relevantes podem ser levantadas:

- será essa uma implicação inexorável para a formulação e implementação de políticas públicas em um ambiente de crise? Não será esse um custo social inerente a certas classes de planos econômicos, o qual poderia ser evitado ou minimizado?
- como se compara o padrão brasileiro a esse tão ostensivo padrão concentrador argentino?

Afinal, desde o Plano Collor, em 1990, o Brasil passa por um questionamento análogo, e a redefinição das competências típicas do Legislativo e do Judiciário acabou sendo progressivamente consolidada pela ordem legal das medidas provisórias.[443] Ao mesmo tempo, vale observar que a característica "emergencial" dessa ordem perdeu o seu significado diante de reforços que, muito freqüentemente, são demandados pelos beneficiários de tanto poder discricionário — por exemplo, a prorrogação do mandato (emenda da reeleição), a retirada do art. 246 da Constituição, a maior autonomia do Executivo em todas as fases do processo orçamentário público e alguma forma de arranjo que torne *independente* a autoridade monetária.

A visão econômica relevante ao enquadramento dessa classe de questões apóia-se em duas vertentes principais:

- teoria de delegações (Epstein e O'Halloran, 1999). Sob instituições representativas, há limites à transferência de poderes e recursos que o Legislativo possa aceitar, reduzindo seu campo de ação em benefício dos burocratas do Executivo. As próprias regras que definem atribuições dos três poderes barram a possibilidade de que o Executivo desempenhe funções que a sociedade alocou primariamente às duas outras instâncias.

  Essa é uma vertente analítica que estabelece três critérios pelos quais se podem avaliar as vantagens comparativas de diferentes fontes de instrumentação

---

[443] Uma extensa análise das propriedades do *sui generis* mecanismo das MPs é apresentada em Monteiro (2002, apêndice A).

234   LIÇÕES DE ECONOMIA CONSTITUCIONAL BRASILEIRA

das políticas públicas (Parisi, 2000): problemas de agência,[444] custos de tomada de decisão[445] e estabilidade das escolhas públicas;[446]

▸ teoria de mudança constitucional (Voigt, 1999).[447] Se, por um lado, a concentração do poder decisório dos burocratas, em detrimento da autonomia do
Legislativo (seja no modelo argentino de "salvo-conduto", seja no modelo brasileiro das MPs), pode eventualmente atender a tais critérios na instrumentação
do plano econômico, por outro, acentua a dissipação de valores e mecanismos
que são centrais ao funcionamento da democracia representativa.

Uma ramificação dessa linha de argumentação (Magill, 2000) trata essa disputa entre Legislativo e Executivo em termos de um padrão de comportamento
que é estabelecido para viabilizar o próprio sistema de separação de poderes.
Para tanto, é aceito que não deve o Congresso delegar excessivamente atribuições legislativas, nem perturbar o que está constitucionalmente pressuposto
quanto à coordenação das ações do Legislativo e do Executivo. Ou, visto por outro

---

[444] Os mecanismos da política econômica devem ser capazes de refletir as preferências dos
cidadãos que, em última instância, estão sujeitos às regras estabelecidas por essa política.
Todavia, os problemas de agência sempre ocorrerão, de vez que é muito improvável que haja
um alinhamento perfeito dos incentivos sob os quais atuam políticos e eleitores na determinação das escolhas públicas.

[445] A operacionalização das políticas deve ser tal que minimize os custos de transação na
tomada de decisão e na barganha política. Por certo que tais custos na decisão legislativa
são elevados. Afinal, há o comportamento estratégico que é observado em uma decisão que
envolve cerca de seis centenas de participantes, o que pode dar lugar a atitudes de *free rider*
("carona") e de procrastinação, além da complexidade de mecanismos que viabilizem a
efetivação dos acordos feitos.

[446] O *design* institucional das políticas também pode ser aferido na perspectiva da indução
à estabilidade de seus resultados finais, o que está diretamente associado ao funcionamento do sistema da separação de poderes, à garantia de direitos individuais, à criação de uma
genuína competição eleitoral (Cooter, 2000) e à troca de votos (*logrolling*).

[447] Freqüentemente pensa-se a mudança das regras do jogo como uma alteração constitucional explícita, vale dizer, uma modificação no texto da Constituição. Todavia, tal mudança pode ocorrer pela interpretação que se dê às regras do jogo, sem que formalmente a regra tenha sido modificada. Um corolário dessa visão é que, mesmo que o Judiciário tenha
competência para revisar decisões do Executivo e do Legislativo, ele pode não desempenhar
essa função de última instância na supervisão da mudança constitucional. Com esse *deslocamento* do Judiciário, ocorre uma troca simultânea de *status* do texto da Constituição: as
preferências dos que detêm o controle do governo — e indiretamente dos segmentos eleitorais que lhes emprestam apoio — tornam-se mais relevantes para decidir o significado da
Constituição num dado ponto do tempo. Ver cap. 2.

ângulo (Strauss, 1984), a separação de poderes seria válida apenas como *função central* do Congresso, do presidente da República e do Supremo Tribunal Federal. Porém, isso não se estenderia às "partes subordinadas do governo" — por exemplo, às instâncias em que se define e opera a regulação econômica.

Mais um ciclo político-eleitoral

No começo de 2001, o fato de o governo ter sido aparentemente "levado às cordas", pela defecção de um político da expressão do ex-presidente do Congresso Nacional, não deve ser interpretado como uma inesperada perturbação no que de outra forma seria uma conjuntura de autônomo otimismo e estabilidade das escolhas públicas.

Pode-se, no entanto, pensar de modo diferente. Inicia-se um período em que inescapavelmente surgiria algum bom motivo para o anúncio de uma nova estratégia macroeconômica, nela incorporados remanejamentos de postos na administração federal, pois que o governo entra na fase terminal de seu mandato. A mencionada defecção terá fornecido a janela de oportunidade[448] para a recomposição dos apoios necessários rumo à eleição do final de 2002.

Em verdade, o governo vive um inusitado *quarto* ciclo político-eleitoral. Senão, recapitulemos:

▶ primeiro ciclo — a mudança da regra eleitoral.

Entre o final de 1996 e meados de 1997, os rigores do esforço de estabilização de preços são atenuados, especialmente em sua dimensão fiscal, de vez que seria necessário formar maiorias de 3/5, por duas vezes, nas duas casas legislativas, de modo a aprovar a emenda do segundo mandato;[449]

▶ segundo ciclo — a campanha da reeleição.

Tal qual o muito estudado caso norte-americano, a economia brasileira experimenta, em 1997/98, um ciclo em sua trajetória em que não apenas o presidente da República precisa se assegurar de não ter competidores na coalizão governista, mas também vencer a competição eleitoral propriamente dita. Obviamente essas duas etapas são praticamente indistintas. Com efeito, esse é um ciclo que tanto pode ser tomado em separado quanto considerado um mero desdobramento de uma fase anterior, a mudança da regra eleitoral;

---

[448] Para o conceito de janela de oportunidade, ver "Ciclo eleitoral e janela política", neste capítulo.

[449] Poucas vezes se terá observado tão intenso *logrolling* no Congresso Nacional (Monteiro, 2002, cap. 2).

236 LIÇÕES DE ECONOMIA CONSTITUCIONAL BRASILEIRA

- terceiro ciclo — a crise cambial.

Muito embora desde outubro de 1997 — com a crise asiática e os desdobramentos da crise russa ao longo de 1998 — o governo se encontre sob intensa pressão para mudar o regime de câmbio fixo, um movimento nessa direção só se apresentaria, com menor custo político, no começo de 1999. Após ficar semi-imobilizado por quase todo o primeiro semestre de 1999,[450] o governo passa a acumular capital político para efetivar o primeiro ano de seu segundo mandato;[451]

- quarto ciclo — o encerramento de inéditos oito anos de mandato.

O que no passado seria observado após decorridos dois anos de mandato, agora é diferido para 2001/02: o governo aproxima-se de seu oitavo ano e, assim, precipita-se a campanha sucessória — com ou sem a defecção do ex-presidente do Congresso, com ou sem "escândalos". As candidaturas assumem contornos mais nítidos, e ao governo cabe, por um lado, não se deixar parecer sem iniciativa; por outro, viabilizar uma candidatura presidencial vitoriosa.

É contra esse pano de fundo que melhor se podem avaliar as estratégias que vão sendo postas em prática no jogo de políticas no primeiro trimestre de 2001, especialmente o anunciado "desenvolvimentismo social", isto é, investimentos maciços e eleitoralmente visíveis em educação, saúde, habitação e saneamento básico, estimados entre R$20 bilhões e R$30 bilhões de dólares.[452]

Seria arriscado pensar que tal reorientação macroeconômica tenha efeitos de mais longo prazo, para além dessa conjuntura eleitoral. Mesmo as reformas que são mencionadas no discurso oficial servem apenas como embalagem para acomodar a geração de resultados mais objetivos com que o governo espera contar na fase pré-eleitoral:

- no âmbito da reforma política, a adoção de novos condicionamentos partidários e eleitorais é um terreno perigoso de ser trilhado. Afinal, as regras em vigor já oferecem o espaço que o governo precisa para assegurar suas chances de sucesso

---

[450] O que voltaria a ocorrer no início de 2001.

[451] Em setembro de 1999, é apresentado um vasto programa de investimentos em infra-estrutura (PPA), ao mesmo tempo em que se constrói a imagem de uma revolução orçamentária para 2000, com o novo ministro da Indústria assumindo o posto com um discurso significativamente "desenvolvimentista" (Monteiro, 2002:223). Para uma cronologia dessa recorrente pressão pela retomada do crescimento, ver "Otimismo de resultados *versus* pessimismo nos processos", no cap. 5.

[452] Uma apresentação discursiva dessa nova programação de investimentos públicos é a *Agenda de governo: biênio 2001/02*, discutida mais adiante.

eleitoral. Mesmo porque as maiorias legislativas em apoio ao governo tornaram-se mais confiáveis após as eleições das novas mesas diretoras no Congresso;[453] já quanto à reforma tributária, ela é dispensável no curto prazo, de vez que o governo conta com enorme arsenal de impostos, e nunca se arrecadou tanto e de modo tão discricionário.[454]

Enfim, os custos políticos do *status quo* nessas duas frentes são perfeitamente assimiláveis pela coalizão no poder.

Um comprometimento fugaz

O governo se vê tentado a apresentar comprometimentos de política pública que, todavia, não têm o lastro institucional que lhes empreste credibilidade. Tal é o caso da *Agenda de governo: biênio 2001/02*.[455] Esse documento tem um pouco de tudo que se poderia imaginar causando impacto positivo no eleitorado. Com isso, acomoda lado a lado objetivos desproporcionais ou mesmo contraditórios e pura ficção. Veja-se o capítulo inicial, "Fortalecendo e ampliando a democracia", possivelmente o mais significativo e original da *Agenda*, de vez que delineia as condições de estabilidade segundo as quais as escolhas públicas ocorrerão:

▶ a reforma eleitoral e partidária é reapresentada como se decididamente fosse do interesse da coalizão majoritária promovê-la, sem qualquer motivação em causa própria.

Como não se pode garantir que um meio-termo nessa mudança institucional aumente o capital político do governo, mais do que uma alteração completa no arranjo partidário nacional, torna-se evidente que não vale a pena correr riscos. Essa é uma época em que, mesmo quando os participantes do jogo se mantêm em seus postos, a recomposição de coalizões e o sempre mutante contexto institucional criam diferentes alianças entre grupos de interesses e políticos que

---

[453] O episódio da defecção do ex-presidente do Congresso também serviu de inesperada *cola* a unir a base governista e descaracterizar parte da diferenciação dessa base diante das oposições.

[454] A autoridade fiscal tem mesmo alardeado que essa "reforma" já teria sido feita, de um modo tal que a sociedade não teria se apercebido disso. A partir de 18 de março de 2001, a alíquota da CPMF subiria em 26,7%, e, em qualquer emergência, a ordem legal criada pela emissão de MPs presta-se facilmente à sintonia fina da estratégia macroeconômica. A reforma tributária retornará à cena em 2003.

[455] As referências específicas a esse documento dizem respeito à versão divulgada nos sites oficiais na internet.

238   LIÇÕES DE ECONOMIA CONSTITUCIONAL BRASILEIRA

apóiam propostas legislativas, especialmente nos casos em que essas propostas abarcam campos substantivamente diversificados. Competições eleitorais são propícias a tanto. Ainda mais quando pela primeira vez chega-se ao término de uma administração federal em seu segundo mandato consecutivo: econômica e psicologicamente isso é uma enorme novidade, em incentivos e induções, que não se sabe bem como funcionarão;[456]

▸ a governabilidade é formalmente relacionada à ordem legal criada e sustentada pela intensa e continuada emissão de MPs.

Argumenta-se, sem qualquer rigor, que a economia brasileira se assenta em um "presidencialismo congressual" que tem por salvo-conduto um presidente eleito por maioria de votos e contando com ampla base parlamentar.

Pelo menos desde Mostesquieu e Madison, é amplamente reconhecido que essas duas restrições são muito tênues para que o governante não se sinta tentado a tiranizar a sociedade, em nome do atendimento a facções. O complemento moderno dessa visão é a teoria do *rent seeking*, aplicável a reformas econômicas que envolvem ganhos substanciais e que têm promovido (ou evitado) redefinições da presença regulatória do Estado.[457] De resto, o leitor atento às evidências mostradas na figura 16 não deixará de perceber a impropriedade desse "presidencialismo congressual", como referido na *Agenda*.

É relevante entender que o que a legislatura produz não é independente de como ela produz (Epstein e O'Halloran, 1999). Assim, é ficção enaltecer "a eficácia das respostas que o nosso presidencialismo congressual é capaz de dar aos problemas concretos do país", ou sustentar que "a governabilidade pressupõe a capacidade de adotar medidas legais com presteza, sob pena do perecimento de situações que se devem preservar ou promover" (*Agenda*, 5). O que a figura 16 mostra é o outro lado dessa "governabilidade" e "eficácia": a dissipação de uma viga mestra de nossa democracia representativa, ou seja, o sistema constitucional da separação de poderes;

---

[456] Pense o leitor, por exemplo, na alternativa disponível para o PMDB e o PFL, de irem adiante com candidaturas próprias ou, pelo menos, uma candidatura comum, mas separada do PSDB: como serão ponderadas as incertezas envolvidas nessa escolha? Que tipo de compensação o governo (PSDB) estará disposto a oferecer a seus aliados, de modo a aumentar as chances da coalizão tríplice, por mais quatro a oito anos no poder, no cenário federal e em suas ramificações estaduais? Se de todo os estrategistas oficiais anteciparem que essas chances são minguadas, sempre haverá a opção por alterar as regras do jogo, tornando-o um jogo parlamentarista ou sem a reeleição. Balões-de-ensaio nessas duas direções foram então lançados, independentemente da *Agenda*.

[457] Para uma aplicação específica desse argumento, ver Monteiro (2003e).

em "Descentralização e participação ampliada", texto ginasiano de apenas sete linhas, ignoram-se os danos que um poder decisório tão concentrado na alta gerência pública federal tem promovido no arranjo federativo desde 1990.

Surpreendentemente, a *Agenda* não reedita, nessa seção, o polêmico tema da unificação de IPI, ICMS e ISS. De forma muito opaca, o tema pode estar implícito no capítulo "Consolidando as bases econômicas do desenvolvimento", sob a "uniformização da legislação do ICMS, que deverá materializar-se em uma proposta de emenda constitucional, a ser submetida ainda este mês ao Congresso Nacional" (*Agenda*, 20);

por fim, o fortalecimento e a ampliação da democracia brasileira, na concepção oficial, também se materializam nas dimensões da internet (o "governo eletrônico"), objeto de um texto três vezes mais extenso que o da "Descentralização e participação ampliada", e em um longo — e muito oportuno para a ocasião em que a *Agenda* é lançada — ensaio sobre "Lei, transparência e princípios éticos".

Acossado como está por um noticiário muito negativo, justo nas dimensões da transparência e da ética, o governo em 2001 usa a *Agenda*, como "fogo de barragem" para esvaziar iniciativas da oposição e minimizar estragos junto à opinião pública em geral.

Sinalização estratégica

Em época eleitoral, é pouco confiável o sentido das mensagens emitidas pelos diferentes participantes do jogo de políticas. No segundo semestre de 2002, dois episódios ilustram esse ponto de vista:

o governo acena com um entendimento com as diferentes forças políticas, de modo a tutorar a política econômica, em um horizonte de seis a 12 meses, numa transição alongada que se estenderia pelo período da administração federal seguinte.

Dito de outra forma, o governo pretende que se mantenha a política de estabilização econômica, sob o argumento de que isso preservará a receptividade das entidades multilaterais (FMI, Banco Mundial), tanto quanto aquietará a comunidade financeira internacional. Em verdade, a iniciativa parece mais voltada para o consumo eleitoral interno, de vez que o desempenho dessa política se apresenta muito negativo. Sendo o governo parte interessada no resultado eleitoral, dificilmente essa negociação seria conduzida com isenção de parte a parte;

ao se comprometer com a manutenção desse ou daquele aspecto da política econômica, a oposição também recorre a uma estratégia "trêmula". A realidade pós-eleitoral costuma redimensionar intensamente a escala das promessas de campanha, e, diante de um fato concreto — quem venceu as eleições —, os agentes econômicos internos e externos também reconfiguram suas estratégias no jogo.

Igualmente, deve-se entender como simples retórica a menção feita pela oposição a um eventual "pacto social" a ser buscado, caso assuma o controle da máquina governamental.

Nesses episódios, há que notar dois tipos de informação privada que o governo detém (Goldsmith e Posner, 2000):

▸ a estabilidade política.

Formalizada por uma taxa de desconto segundo a qual, em um ambiente de instituições políticas estáveis, os agentes privados antecipam a acumulação de propriedade ao longo do tempo. Todavia, sob instituições instáveis, é grande o receio de que a propriedade possa, de algum modo, vir a ser expropriada.

Nessa ordem de idéias, a taxa de desconto é uma informação privada, não obstante todos os agentes conhecerem a distribuição de probabilidades dessas taxas. Uma facção política com uma baixa taxa de desconto empenha-se para que todos os demais agentes assim a percebam. Essa será sempre uma sinalização de um potencial parceiro a cooperar em acordos de longo prazo. Em decorrência, ela procura ser vista como incorrendo em ações de elevados custos de curto prazo, uma vez que esse será um sinal firme de predisposição para cooperar. Já a facção que opera com uma alta taxa de desconto tentará ocultar essa característica.

Em uma conjuntura não-eleitoral, a iniciativa do governo de entabular conversação com as oposições quanto à condução da política econômica corrente e futura poderia ser uma ilustração dessa estratégia de incorrer em altos custos hoje, a fim de se assegurar de uma atitude cooperativa no *futuro*, isto é, a partir de janeiro de 2003. Contudo, a proximidade das eleições e o conflito de interesses do governo quanto ao resultado eleitoral desqualificam em grande medida essa premissa analítica. E mais ainda quando as chances de vitória da candidatura oficial se deterioram.

Uma ação governamental servirá como sinal — ou terá credibilidade —, na medida em que o seu custo para o governo (Goldsmith e Posner, 2000:8): exceda o benefício que se antecipa possa ser obtido por uma facção que trapaceie a outra facção nessa etapa do jogo; e seja inferior ao benefício que se antecipa de uma bem-sucedida cooperação de longo prazo com as facções oponentes. Esse alto custo pode significar o corte de despesas públicas e a abstenção de iniciativas eleitoreiras, como abrandar a austeridade monetária;

▸ as preferências dos agentes econômicos.

Os credores internacionais, por exemplo, podem supor que os políticos — e, por extensão, os cidadãos — racionais são tolerantes para com as fortes e freqüentes interferências governamentais nos mercados privados, especialmente porque, no passado recente, em diferentes graus e misturas, já conviveram com mudanças nas regras do jogo e mesmo com confiscos de direitos de propriedade.

Percebe-se que a retórica não é necessária como ingrediente da sinalização. O que se requer são atos do governo que induzam as demais facções a reagir da forma mais desejável do ponto de vista da obtenção dos objetivos da política econômica.

Essa mesma linha de raciocínio pode ser transposta para a dimensão da Constituição. As regras constitucionais desempenham um papel fundamental na sustentação de um ambiente de menor incerteza, de vez que são elas que limitam o poder de governar e sustentam certos direitos econômicos e individuais básicos, tanto quanto definem a implementação efetiva desses limites, o que se dá, por exemplo, quando o STF decide pela inconstitucionalidade de um ato significativo do Congresso ou do Executivo.

Simultaneamente, tais propriedades estão associadas a dois tipos de sinalizações (Farber, 2002):

➤ a coalizão dominante tem suficiente noção dos benefícios de longo prazo decorrentes de ceder parte de seu próprio poder.

Essa é uma mensagem que interessa aos investidores externos e aos agentes econômicos em geral, no que diz respeito a comprometimentos de longo prazo do governo relativamente à liberalização econômica e ao crescimento econômico. Afinal, aceitar ser restringido envolve uma predisposição para ceder instrumentos que poderão ser utilizados para expropriar renda e riqueza dos agentes privados.[458] E mais: os métodos para ratificar as regras constitucionais apenas fortalecem o sinal.[459] De fato, esses métodos podem ser suficientes para que esses agentes aceitem tal comprometimento.

Como deve ter assustado a esses investidores a aprovação de emendas que renovaram a vigência da CPMF, com a variada margem de atos discricionários que foram promovidos, inclusive na reinterpretação de outras regras constitucionais![460]

➤ o Judiciário é suficientemente independente para que, sendo necessário, possa se opor aos demais poderes.

---

[458] Ver a argumentação apresentada em "A estratégia do faça o que você diz, diga o que você faz", no cap. 5.

[459] A trajetória da economia brasileira apresenta variadas evidências de quão comprometedores podem ser esses métodos de ratificação. Para um breve comentário sobre esse tema, ver Monteiro (2003e).

[460] O episódio da EC nº 37, que renova a vigência da CPMF, é tratado no cap 2.

Isso é relevante na questão da desconfiança quanto às possibilidades de expropriações de direitos e também em relação ao tema da corrupção. Por conseqüência, a isenção potencial de um Judiciário independente influencia a escolha de estratégias dos agentes econômicos.

Uma síntese da visão analítica aqui exposta quanto à geração de sinais que sustentem um ambiente institucional de menor incerteza seria:

Baixa taxa de desconto na política econômica ⟶ Constituição estável ⟶
Certeza quanto às regras de decisão ⟶ Maior atração de capital
estrangeiro ⟶ Estabilidade de preços e crescimento econômico

O constitucionalismo sinaliza com a garantia legal de direitos. Ainda que, em certos casos, possa não fazer muita diferença para o capital estrangeiro que o governo tenha um comprometimento com a manutenção de um ambiente legal-constitucional estável, o simples apego à noção de que os procedimentos constitucionais são a base que dá sustentação ao ativismo governamental pode criar uma cultura no processo político nacional que o torne menos vulnerável a pressões escusas e à corrupção. A sinalização será a de que é muito alto o custo de improvisar soluções no atendimento a interesses preferenciais.

A ida ao FMI

Também em 2002, a operação de promover uma transição negociada em torno de um novo acordo com o FMI decerto pode ser interpretada como uma atitude despojada das facções políticas nacionais. Contudo, a impedir tal interpretação está o benefício eleitoral que o governo incumbente obtém desse arranjo, uma vez que isso possibilita mascarar a componente interna da crise econômica e institucional. De igual modo, é óbvio nessa estratégia a tentativa de compartilhar o custo político que resulte da decisão de se recorrer mais uma vez ao FMI.

A crise em 2002 é um desdobramento da crise internacional, na medida em que os *fundamentos* em que operam a economia política brasileira são absolutamente frágeis, como se pode ilustrar pelas seguintes ocorrências:

▸ o nível e a dinâmica da atualização do valor das dívidas interna e externa resultam de características intrínsecas à política econômica praticada pelo menos desde 1999;

▸ a implantação do *inflation targeting* tornou-se um limitador contra o qual o governo não tem condições de lutar sem minar a credibilidade desse regime monetário — o que agrava o estado da conjuntura;

ORGE VIANNA MONTEIRO

243

a privatização de segmentos importantes da atividade econômica nacional sem dúvida poderia vir a ficar exposta aos azares da economia mundial;[461] há contenciosos institucionais deixados em suspenso e que limitam o âmbito das escolhas orçamentárias, mesmo num horizonte de médio prazo;[462] a âncora institucional da emissão de MPs não está mais disponível nas mesmas bases em que foi utilizada por boa parte do período 1994-2001. Em verdade, a transição em 2003 ocorrerá fundamentalmente como uma mudança de regime institucional da política econômica.[463]

É em face dessa fragilidade que os participantes do jogo formam expectati-`as tão negativas em relação ao futuro da economia nacional, como se observa `specialmente nos meses finais de 2002. Nesse sentido, é simplista resumir to-los esses fatores à pura e simples ocorrência eleitoral de 2002. Afinal, uma elei-`ão oferece à sociedade a oportunidade de revelar suas demandas de políticas úblicas, possibilitando que se reduza o hiato entre as instituições formais e sua `fetiva operacionalização (Pistor, 2002).

A grande ocorrência — não apenas nessa conjuntura, mas igualmente dos `ltimos tempos — é o novo acordo com o FMI. Por isso mesmo, trata-se de um `ato bem mais complexo do que em geral tem sido reconhecido:

- essa não é puramente uma operação de empréstimo, a ser louvada por sua bai-xa taxa de juros. Mesmo porque há estritas garantias colaterais a justificar esse custo, não sendo portanto uma operação "filantrópica". Tampouco é esse um procedimento a ser medido por suas virtudes de redutor de incertezas, como afirma o ministro da Fazenda;[464]
- por outro lado, há semelhanças entre essa operação de US$30 bilhões, com o FMI, e a operação de US$41,5 bilhões, com o FMI e outras fontes, ocorrida no começo de 1999: ambas envolvem montantes surpreendentemente elevados e fo-

---

[461] Esse é um risco calculado que acabou por se concretizar em 2002/03, quando o governo encontra-se sem alternativas efetivas para lidar com a compensação de empresas privatizadas, seja por meio de aumento de tarifas de seus serviços, seja, no pior dos casos, para reabsorver as concessões (*affair* WorldCom-Embratel).

[462] Entre outros exemplos, a renovada transitoriedade de tributos como a CPMF e da alíquota adicional de 10% do imposto de renda, e a restrição da obtenção de um superávit primário das contas públicas de pelo menos 3,75% do PIB.

[463] A passagem legislativa da LDO de 2003, ocorrida ainda ao final do primeiro semestre de 2002, já prenuncia o regime em que transcorrerá o jogo entre o Executivo e o Congresso a partir de 2003. Ver Rezende e Cunha (2002).

[464] *O Globo*, 11 ago. 2002. p. 31.

244   LIÇÕES DE ECONOMIA CONSTITUCIONAL BRASILEIR.

ram acordadas após um breve período de negociações, movidas por interesse da mesma administração federal e orientadas para uma economia emergente sob intensa crise cambial.

Todavia, há uma outra semelhança crucial: ambos os acordos têm severa implicações — presentes e futuras — para a sociedade como um todo, nã obstante serem comprometimentos que passam ao largo da decisão da class política, de vez que sancionados por decisão discricionária da alta gerência eco nômica do Executivo federal;[465]

▸ paradoxalmente, esse novo acordo acontece quando o Congresso volta a te poderes decisórios mais substantivos, contrariamente ao que ocorre en 1999.

Porém, o estágio em que se encontra o processo eleitoral faz toda a diferenç entre 1999 e 2002. O surto cambial de janeiro de 1999 coincide com a inaugura ção de uma prorrogação de mandato presidencial. Com a instalação de uma nov legislatura e a concentração de poder legislativo nas mãos dos burocratas fo possível alterar rapidamente a ordem legal. Na conjuntura do segundo semestr de 2002, no entanto, há a coincidência do término de mandato do governo, qu se vê diante de uma elevada probabilidade de ser substituído por uma coalizã de ideologia política e econômica oposta.[466]

A construção de estratégias por parte dos diversos segmentos envolvidos na escolhas públicas fica, assim, substancialmente condicionada pelo novo acord com o FMI. Provocada pela iniciativa do governo, a oposição aparece como inse gura quanto à interpretação das implicações que sua adesão ao novo contrat possa trazer, não apenas na realidade da campanha eleitoral, mas igualmente n circunstância futura de vir a lhe caber comandar a máquina governamental partir de 2003.[467]

---

[465] Talvez seja essa a característica mais saliente do que venha a ser, nos dias atuais, o *statu* de economia emergente: uma continuada depreciação das instituições de governo represen tativo.

[466] Um acontecimento tido em geral como *delicado*, levando-se em conta a história econô mica e política brasileira e do continente.

[467] O ajuste de estratégias é, portanto, inevitável, mas talvez não necessariamente no senti do definido pelo ministro da Fazenda: "nenhum candidato abrirá mão de premissas bási cas como responsabilidade fiscal, preservação da inflação, respeito a contratos internos externos (...) e a geração de superávits primários" (*O Globo*, 11 ago. 2002. p. 31). Afinal, s mesmo as regras constitucionais são tão mutantes, por que decisões de menor hierarqui institucional teriam a estabilidade que a Constituição não tem? Só porque estão compro missadas no acordo com o FMI?

Percebe-se, pois, quão fluida é a tentativa de apresentar o acordo como um efetivo redutor de incertezas. Para agentes econômicos sofisticados, isso tem pouca credibilidade.

Um recente desenvolvimento analítico — a teoria de molduras transacionais (Levinson, 2002) — pode servir para tratar as implicações dessa estratégia do governo.

A unidade de análise legal — ou "transação" — é uma interação do governo com os cidadãos-eleitores-contribuintes. Diferentemente da lei privada, isto é, da interação em que ambas as partes envolvidas são agentes privados, a moldura apropriada na transação que regula ou altera a interação com o governo não fica tão evidente. Em decorrência do fato de que os cidadãos mantêm uma relação contínua com o governo, são variadas as opções para se definir essa moldura.

Tome-se o contrato com o FMI. Por tal acordo, o governo estabelece certos benefícios discricionários (a manutenção da estabilidade de preços, por exemplo) condicionados à aceitação de um encargo (obtenção de 3,75% do PIB, em superávit primário nas contas públicas, e a associada não-realização de gastos sociais) que seria politicamente inviável, se estabelecido diretamente. A intuição subjacente a essa estratégia é que o maior poder de retirar inteiramente o benefício (com o relaxamento ou abandono das metas inflacionárias, por exemplo) inclui o menor poder de oferecê-lo sob condições (Levinson, 2002:1.345). Fica em aberto a questão de ser esse tipo de condicionamento (*isto por aquilo*) permissível, de vez que ele penaliza direitos constitucionais relevantes.

Nessa moldura transacional, o dano pode traduzir-se pelas questões de:

- quando e por que o cidadão, que aceita ver eliminadas algumas de suas titularidades constitucionais, não fica implicitamente compensado por benefícios que ele aceita em contrapartida?
- o benefício discricionário deve ser agregado ao — e compensado pelo — dano de abrir mão do direito constitucional, ou benefício e dano devem ser emoldurados e avaliados separadamente?

Assim, alguns aspectos mais polêmicos do contrato com o FMI podem ser atenuados, na dependência de como ele seja reconceituado.

O princípio de Macey

Conhecido como princípio de Occam, um antigo preceito filosófico estabelecido no século XIV sustenta que, na circunstância de se ter que optar entre explicações concorrentes e igualmente plausíveis para um conjunto de dados específico, o cientista deve selecionar a interpretação mais simples. Trata-se de uma regra de parcimônia.[468]

Com essa inspiração, Macey (2002) oferece outra recomendação: se for possível ter mais de uma interpretação para uma mesma ação de governo, o analista de políticas deve optar pela explicação mais cínica dessa ocorrência, dando preferência à interpretação que pressupõe que a ação é motivada pelos interesses de grupos privados que são afetados pela política pública, muito mais do que pela manifestação de espírito público.

Quanto mais disperso for um segmento social, menos informação ele terá. Desse modo, uma decorrência do princípio de Macey é que esse segmento deve ser estimulado a observar "cinicamente"[469] o desempenho do governo; afinal, essa é a classe de cidadãos-eleitores-contribuintes menos capaz de monitorar as escolhas públicas e, portanto, de exercer qualquer controle sobre o comportamento dos políticos. A questão central nessa discussão não é propriamente que o governo sempre erra, mas que ele nem sempre faz a coisa certa (Macey, 2002:290).

Nenhum período é mais didático para se observar o comportamento de políticos e burocratas do que a vizinhança de uma eleição. Para o observador mais desavisado, tal comportamento pode ser ilusório e mesmo condenável, pois o que se estará observando são ações que têm por motivação o atendimento a interesses privados, mascarado na retórica do bem comum. A viabilidade desse duplo padrão de comportamento decorre, por um lado, da assimetria de informações disponíveis a agentes públicos e cidadãos; por outro lado, dos problemas típicos de ação coletiva.[470] Nesse sentido, em uma época eleitoral:

▶ tornam-se ainda mais opacas as informações sobre o que o governo está efetivamente fazendo. Há uma tendenciosidade no uso da retórica orientada para dar sustentação às candidaturas oficiais, de modo que o foco nominal se transfere às políticas sociais, sem prejuízo da intensificação dos atendimentos localizados, beneficiando grupos compactos e demandas homogêneas;[471]

---

[468] Por ajudar a "cortar fora" conceitos e variáveis que não são de fato necessários à explicação de um fenômeno, é comum usar-se a linguagem figurada "espada de Occam".

[469] Para uma importante discussão metodológica a esse respeito, ver uma variedade de textos apresentados no simpósio "Getting Beyond Cynicism" e divulgados na *Cornell Law Review*, n. 87, v. 2, Jan. 2002.

[470] Como tratado em "O jogo de política econômica", no cap. 1.

[471] Mesmo porque são essas as potenciais fontes de apoio político. Com esse propósito, retomam-se linhas de crédito antes interrompidas, criam-se novos programas populares (o vale-gás, por exemplo), liberam-se maiores contingentes de verbas orçamentárias, renovam-se dívidas rurais, concedem-se isenções fiscais a investidores em bolsa e a exportadores, e mesmo passa-se a adotar uma posição publicamente crítica em relação às agências multilaterais e ao temido oligopólio das firmas internacionais de *rating*.

- não se dispõe de um mecanismo tal que essa informação possa ser integrada à agenda política. Mesmo os partidos de oposição atuam tendenciosamente, de vez que eles próprios tentam obter o sucesso eleitoral;
- igualmente, torna-se ainda mais elevado o custo de substituir políticos que se revelem pouco adeptos da promoção do interesse coletivo.

Em verdade, a proximidade do teste eleitoral torna os agentes privados menos propensos a recorrer a outras vias que poderiam levar a essa remoção.

Sob esse quadro de incentivos, não se estabelece a contestação necessária para que o interesse público predomine. De fato, a possibilidade da contestação é importante para que se tenha um comportamento responsável dos agentes públicos. Porém, ao mesmo tempo, essa capacidade não se desenvolve sem uma visão "cínica" de toda a operação governamental: um dispositivo constitucional como a separação de poderes, por exemplo, existe precisamente porque há o pressuposto de que esses agentes precisam estar sempre sujeitos a limites.[472] Em decorrência, a observância do princípio de Macey melhora a qualidade do governo porque:

- pressupõe que grupos de interesses, burocratas e demais agentes públicos devam ter melhor proficiência em justificar suas ações (Macey, 2002:284). A reativação da interação de Executivo e Legislativo em decisões de efetivo significado econômico funciona como um mecanismo que torna a agenda do governo menos opaca;[473]
- em certo sentido, impõe um custo de transação que restringe a expansão do governo, pois, *fora* do princípio, ele pode operar com menor grau de transparência, desenvolvendo uma agenda de atendimentos preferenciais e recorrendo a meios discricionários para justificá-los ou até para dispensar-se de o fazer.[474]

Não obstante existirem variadas razões em apoio ao princípio de Macey, vale notar que seu apelo nem sempre é tão forte em conjunturas excepcionais ou de crise. No início da década de 2000, observa-se que mesmo o artífice da decadência econômica argentina, o ministro Cavallo, consegue viabilizar uma centralização adicional de poder decisório, sob a vaga promessa de que só assim seu plano

---

[472] Outros dispositivos com igual potencial são: a legislatura bicameral, o arranjo federativo e o Judiciário independente.

[473] Mesmo a simples necessidade do comparecimento de um ministro a uma das casas legislativas, para apresentar o seu pleito de política econômica, já atua nessa direção.

[474] Como exemplo de operação fora do princípio de Macey, tome-se, em passado recente, a prática das substanciais emissões de MPs, permitindo ao governo simultaneamente definir regras e operar a intervenção econômica sob essas mesmas regras.

econômico poderia vir a ser bem-sucedido. Por igual, tem-se o caso dos EUA, após setembro de 2001, em que a argüição de exceção tem encontrado acolhida surpreendentemente ampla no sistema tão restritivo do presidencialismo norte-americano. É como se as crises oferecessem a políticos, burocratas e grupos de interesses "janelas"[475] a serem utilizadas em benefício mútuo, de vez que a sociedade passa a ter uma "fé" mais intensa na capacidade governamental de resolver problemas socioeconômicos. O nível de tolerância do cidadão aumenta, enquanto sua atitude "cínica" em relação ao governo se atenua.

Rent seeking e falhas constitucionais

Estudo recente (Ansolabehere, Figueiredo e Snyder, 2002) focalizando o caso norte-americano reforça a antiga constatação de que, diante do tamanho dos benefícios que os políticos têm a oferecer aos grupos de interesses, são surpreendentemente baixas as cifras de doações[476] aos partidos e políticos individualmente.[477] Afinal, valeria mesmo à pena fazer contribuições às campanhas dos políticos?

Os autores oferecem duas classes de respostas a esse tipo de questão:

- ▸ ou os ganhos especiais obtidos no processo político em períodos anteriores já alcançam um volume significativo, de modo que fazer contribuições adicionais não parece mais ser uma opção tão relevante do ponto de vista dos interesses organizados;
- ▸ ou o que se tem obtido desses favorecimentos é muito pouco para se esperar um aumento nas doações a fundos de campanha e aos comitês financeiros dos partidos.

O estudo favorece a segunda opção: os grupos de interesses especiais contribuem menos do que seria de se antecipar, simplesmente porque eles julgam obter menos benefícios do que fazem por merecer. Essas contribuições não seriam, assim, propriamente um investimento em atendimentos de política, mas um ato de consumo ou participação política.[478] O que de fato justificaria a longa lista de atendimentos preferenciais canalizados especialmente aos produtores é o *lobbying* que pode mesmo manipular a opinião pública e conseguir modelar as políticas, em consonância com as preferências dos que demandam o atendimento.[479]

---

[475] Como visto em "Ciclo eleitoral e janela política", neste capítulo.

[476] Ou reduzido o número de doadores.

[477] Conquanto sejam muito frágeis as evidências numéricas, o tema parece ser igualmente pertinente ao Brasil.

[478] Ver cap. 1 (quadro 1, atributo 3).

[479] A estimativa para o caso norte-americano é que empresas e organizações em geral gastem 10 vezes mais em *lobbying* do que em contribuições diretas de campanha (Ansolabehere, Figueiredo e Snyder, 2002).

A valer essa constatação, a relativa penúria em que se encontrava boa parte das candidaturas nas eleições gerais de 2002 tem um diagnóstico menos convencional do que até aqui tem sido admitido. Épocas eleitorais são propícias a um intenso *rent seeking*,[480] tanto quanto aumentam a propensão do governo e dos políticos em geral para retribuir a essas demandas com atendimentos seletivos que, um tanto dissimuladamente, impõem custos a um segmento mais amplo e não organizado da coletividade. Essa é uma perspectiva mais refinada da conexão eleitoral.[481]

Em anos recentes, são inúmeros os grupos de interesses que têm-se mobilizado em prol da obtenção ou sustentação de transferências de renda a seu favor, as quais se materializam sob diferentes formatos institucionais, como perdão de dívida (transporte aéreo), isenção ou redução de impostos (exportadores, investidores em bolsa, montadoras de automóveis), rolagem de dívidas (agricultores), subsídios (usineiros do álcool) e alteração de parâmetro determinante na formação de receitas do setor (concessionárias de energia elétrica e de telefonia, usineiros do álcool).

A dinâmica desses atendimentos é igualmente complexa. Tome-se o caso da MP nº 66 (28 de agosto de 2002), que, em vista da nova incidência não-cumulativa do PIS-Pasep, não desonerou — e até onera adicionalmente, por uma alíquota 2,5 vezes mais elevada — certos setores ou atividades. Nessa MP é estabelecido ademais (art. 12) que o produtor rural, como pessoa física, recolha o imposto de renda em suas vendas para a agroindústria. Em função disso, a Confederação Nacional da Agricultura e Pecuária logo se mobilizou para transferir esse ônus, alegando que os prejuízos para o setor chegariam a R$10 bilhões em 2003.

Os danos que essas iniciativas do governo acabam por provocar nas instituições representativas podem ser substancialmente mais elevados do que parecem ser percebidos por seus proponentes. A questão de buscar maior certeza, de modo que a economia possa operar com maior previsibilidade para os observadores externos, esbarra em quatro dimensões de *falhas* constitucionais (Brandon, 2001):

▸ falha do constitucionalismo — as principais iniciativas e decisões governamentais passam ao largo de princípios básicos das instituições representativas, in-

---

[480] Nestes tempos em que se viabilizam junto ao governo tantos e tão significativos ganhos especiais, tendo por contrapartida intenso *rent seeking* (exportadores, setor automotivo, transporte aéreo, setor de energia elétrica, agricultores, entre outros), a leitura da exposição de motivos que acompanha a MP nº 66 (29 de agosto de 2002) é um exercício didático a ilustrar a predisposição dos burocratas para instrumentar suas decisões de forma complexa, elevando deliberadamente os custos de informação para os segmentos que não conseguem se organizar e ter demandas homogêneas e consistentes. Sobre a MP nº 66, ver cap. 7.

[481] Ver cap. 1.

duzindo a que decisões discricionárias da alta gerência econômica prevaleçam na solução das escolhas coletivas.

Não há muita deferência para com as regras do jogo, mesmo aquelas da mais alta hierarquia. Tome-se o caso da negociação em torno do acordo com o FMI: ela sempre foi empreendida pelos burocratas, à margem de qualquer acerto paralelo com a classe política, que de resto poderá merecer um *briefing* meramente formal, por parte do ministro da Fazenda. Tal episódio revela como se pode deixar de lado todo o empreendimento constitucional.[482] Aliás, a prática apenas renova aquele que foi o procedimento dominante desde os anos 1990: o Estado administrativo prevalece sobre o Estado constitucional;

▸ falha da Constituição — o descarte ou abandono de um ou mais aspectos de regras constitucionais.

Em 2002, tem-se o exemplo de recorrentes propostas do Executivo para tratar a questão tributária por meio de emissão de MP, a despeito das razões que inspiraram a EC nº 32 (11 de setembro de 2002), que limita o uso desse recurso em prol da passagem de projeto de lei no Congresso.[483] Por certo que toda falha da Constituição induz a uma deterioração do constitucionalismo;

▸ falha da ordem constitucional — a quebra do regime político estabelecido pelas regras constitucionais.

Tal mudança não precisa necessariamente ser abrupta; ela pode ocorrer de modo gradual, inconsciente e, com elevados custos de percepção por parte da sociedade, processar-se de modo muito opaco. Esse é o contraponto do esforço de estabilização econômica, especialmente entre 1993 e 2001: uma persistente e substancial transferência de poder decisório dos legisladores para os burocratas do Executivo (Monteiro, 1997);

▸ falha do discurso constitucional — a ordem constitucional é incapaz de operar coerentemente ou, mais grave ainda, de sustentar-se por via da interpretação judicial, tantas são as argüições de inconstitucionalidade e tão variadas as fundamentações oferecidas em tais argüições.

Um exemplo cíclico dessa falha envolve a questão da governabilidade: cada facção política tem seu próprio entendimento do que isso possa significar. Esse desacordo pode indicar o sucesso da Constituição, na medida em que todos se

---

[482] Contraste o leitor a pressa que se manifesta no governo em reunir o Congresso, cujos membros estão dispersos em campanhas junto a seus redutos eleitorais, para "destrancar" a pauta de votações, como observado nas semanas que antecederam o primeiro e o segundo turnos eleitorais em 2002.

[483] Ainda um outro exemplo: a dispensa de se observar um período de carência de três meses para a entrada em vigor do novo regime da CPMF (EC nº 37, de 12 de junho de 2002).

sintam expressando os valores constitucionais. Todavia, como os ganhos envolvidos na disputa são substancialmente elevados, pode-se chegar a um conflito social aberto (Brandon, 2001:310).

Por certo que os fatos aqui resenhados ocorrem justo em períodos eleitorais, especialmente porque é necessário trocar atendimentos preferenciais, presentes e futuros, por apoios, abertos ou velados, às campanhas de partidos e políticos individualmente. Em toda a formulação de políticas não deve ficar tão evidente *quem paga a conta*, vale dizer, que segmentos difusos e não organizados se tornam provedores líquidos de recursos para sustentar benefícios concentrados e dirigidos.[484]
E quem se beneficia dessa complexidade (Schuck, 2000:16)?

- os grupos que são equipados para lidar com ela e para quem essa complexidade pode criar uma vantagem comparativa, superando os seus custos;
- os grupos que, desse modo, se tornam opacos perante a responsabilização (*accountability*) pública;
- e os agentes (políticos e burocratas) que fazem a provisão desses atendimentos que a própria complexidade pode tornar valiosos.

É precisamente em função dessa última categoria que a MP nº 66 pode ser mais bem apreciada, tendo em vista o poder discricionário que ela acrescenta à Secretaria da Receita Federal, o que pode ser uma manifestação antecipada do que freqüentemente se anuncia por meio de balões-de-ensaio: a SRF poderá obter um *status* de maior autonomia.

Esse tipo de decisão não deve ser encarado como uma resolução puramente administrativa, uma vez que tal autonomia, aliada à complexidade tributária, tornará ainda menos transparentes certos objetivos políticos do governo, como o de redistribuir renda e riqueza — o que, de outra forma, levantaria a oposição dos segmentos que se tornem provedores líquidos de recursos para essa redistribuição. A argumentação que tem sido utilizada para minimizar eventuais polêmicas, dentro e fora do governo, é que um processo decisório tributário mais insulado pela maior complexidade ajuda a resolver problemas de ação coletiva: para reduzir conflitos decisórios, há que minimizar custos de tomada de decisão e obter unanimidade de ação, tendo em vista que os legisladores e mesmo outros segmentos da burocracia federal têm incentivos a se comportar oportunisticamente.

Um peculiar federalismo

Os primeiros meses de 2003 evidenciam uma inusitada negociação entre o governo e os governadores dos estados, tendo por pano de fundo a trajetória de

---

[484] Ver o caso da já mencionada MP nº 66: o próprio teor das regras estabelecidas nessa extensa MP é um desafio à uma percepção mais transparente.

252   LIÇÕES DE ECONOMIA CONSTITUCIONAL BRASILEIRA

propostas de emendas constitucionais. Todavia, seria ingenuidade não perceber nas várias fases desse cabo-de-guerra o latente cenário eleitoral, não apenas de 2004, mas também de 2006.

Previsivelmente, os rumos da reforma tributária (PEC nº 41-03) orientam-se, em parte, pela reciprocidade que os governadores esperam receber por emprestar seu apoio à passagem legislativa da PEC nº 40-03, que reformula o sistema previdenciário oficial. Simultaneamente, como as agruras financeiras também estão presentes na jurisdição estadual, outro componente inescapável às negociações do Executivo federal empreendidas no colegiado de governadores é a visão de tesouraria, que torna qualquer reivindicação de política um argumento de curto prazo.

Nessa perspectiva, a sociedade defronta-se uma vez mais com demandas de reformulação do sistema tributário nacional que:

▸ embora possam promover relevantes impactos no funcionamento do arranjo federativo, isso é considerado de modo indireto, avulso e, portanto, acaba por tornar-se mera recomposição do volume de recursos orçamentários interestaduais e entre a União e os estados.

É a Constituição sendo usada para sancionar remanejamentos de recursos públicos por meio de procedimentos *ad hoc* e de significado conjuntural, especialmente quando a economia atravessa um longo período de reduzidas taxas de crescimento da atividade econômica global. Nada se diz quanto ao *caminho de volta*, isto é, as recomposições propostas poderão perder muito de sua relevância quando a economia voltar a crescer a taxas significativas. Alguém se proporá, então, compensar o contribuinte pelos níveis e remanejamentos de impostos que foram adotados porque a economia ia mal? Dificilmente. Como o atendimento que se pensa promover ocorre por via da Constituição, esse é um conjunto de regras necessariamente mais duradouras e difíceis de serem desalojadas. O processo político induz a que esse tipo de questão seja mantido fora da agenda legislativa;

▸ encampam novas vinculações de recursos tributários, como exemplificado por um fundo de compensação aos estados que perdem com os incentivos tributários às exportações, ou por uma partilha da arrecadação da Cide (um rateio de 25% de sua receita total, ou cerca de R$2 bilhões em 2003) e mesmo da CPMF (ao que o Executivo federal por certo oferece maior resistência).

É a Constituição sendo usada para sedimentar cobranças compulsórias que originariamente foram pensadas como transitórias, mas que, se compartilhadas em sua arrecadação por outras jurisdições de governo, tornam a vigência dessas fontes de receita mais duradouras.[485]

---

[485] Truque institucional análogo foi estabelecido em passado recente, quando se incorporou um adicional de 0,08% na incidência da CPMF (ou, equivalentemente, 21,1% de sua arrecadação total) para a criação de um fundo de combate à pobreza. Afinal, quem propuser extinguir a CPMF ou reduzir-lhe a incidência estará prejudicando os pobres!

JORGE VIANNA MONTEIRO

253

Possivelmente, é em termos dessa estratégia que os governadores poderão vencer a queda-de-braço que travam com o ministro da Fazenda. O contra-argumento é que, por via do financiamento do SUS, a CPMF já é compartilhada em rateio ainda maior com estados e municípios. Todavia, esse é um compartilhamento muito pulverizado ou de segunda ordem. A alocação direta de um percentual da arrecadação da CPMF para uso em aberto pelos governadores é uma âncora bem mais sólida para a permanência desse imposto, facilitando politicamente futuras elevações de sua alíquota. E mais: em eventuais contenciosos da União com estados, estarão disponíveis novos mecanismos tributários a serem operados de modo a gerar maior arrecadação;[486]

▸ tornam opacas as repercussões que o novo sistema tributário possa ter sobre a expansão do poder de governar e, assim, sobre as liberdades dos cidadãos — o que atenua resistências à sua nova configuração (Twight, 1988).

Regras tributárias podem funcionar efetivamente para restringir os poderes dos governantes. O poder de tributar, por exemplo, se restringido constitucionalmente a um teto, ou ficando estabelecido que seu regime não possa ser alterado senão de cinco em cinco anos, digamos, opera idealmente nessa direção. Contudo, em 2003, sob a nova arquitetura tributária negociada em torno da PEC nº 41-03, é bem provável que os governadores se sintam estimulados a ampliar sua área de intervenção na economia estadual, alimentando uma nova onda de condicionamentos regulatórios a que os cidadãos deverão se sujeitar.

Todos esses são meandros pelos quais os políticos podem avançar nas liberdades do cidadão, sem que haja um imediato e visível aumento de carga tributária. Mesmo porque se o aumento de carga tributária é algo que os interesses da produção abjuram, a expansão da regulação de mercado que viabilize benefícios preferenciais é sempre bem-vinda para esses mesmos segmentos.[487]

Igualmente previsível, a trajetória da reforma tributária é ainda mais acidentada que a da reforma da Previdência Social. Enquanto nesta última governadores e mesmo prefeitos puseram-se em razoável acordo com os burocratas federais, no caso da reforma tributária o foco de resistência localiza-se nos interesses conflitantes das várias jurisdições de governo. Por certo que os cidadãos-con-

---

[486] Uma conjectura trivial é uma excepcional necessidade de receita por parte da União e que poderá ser então atribuída ao fato de haver um compartilhamento, tendo-se portanto a justificativa de que a União seja compensada recorrendo a mudanças em regras tributárias dos impostos envolvidos, ou não, no rateio federativo. A CPMF torna-se uma excelente opção no atendimento a tal requisito: é responsável por uma receita de cerca de R$23 bilhões anuais, tem uma base de incidência difícil de ser contornada e canaliza recursos facilmente alcançados por variadas regulações econômicas.

[487] Ver "A presença do governo na economia", no cap. 3.

tribuintes muito teriam a contrapor às pretensões da PEC nº 41-93, porém os custos de informação a que estão sujeitos são substanciais, e eles acabam por se apoiar na versão que os políticos lhes transmitem. Todavia, não há isenção de deputados e senadores quanto a isso: afinal, não se tem acionado um "colegiado de governadores" precisamente para que os legisladores façam o que os governadores lhes comandam, pelo bem de suas administrações e de seus partidos?

Em todo esse episódio, vale notar que a interação federativa se apresenta em duas ordens de centralização (Breton, 1998:184):

▸ a separação de poderes *entre* jurisdições de governo (dominância da União, por exemplo);
▸ a variedade e morfologia dessas jurisdições que, afinal, definem a estrutura dos sistemas de governo (disputas interestaduais, por exemplo).

Metodologicamente, pode-se visualizar o federalismo: tanto pela perspectiva de que, mantida essa estrutura fixa, qual é a melhor alocação de poderes, segundo as diversas jurisdições; quanto, alternativamente, a uma dada separação de poderes, qual é a melhor dessas estruturas.[488] Ao mesmo tempo, o arranjo federativo envolve não apenas as políticas da alçada própria de governadores e prefeitos, mas também aquelas de origem federal, a serem implementadas cooperativamente nos estados e municípios. Tais políticas tanto podem envolver diretamente o levantamento de receita tributária, como outras, ditas regulatórias, que estabelecem regras a serem observadas pelos agentes privados.

Figura 17
Ambientação de uma reforma tributária

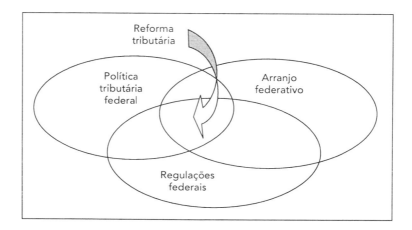

---

[488] Na linguagem do ramo, um problema é o *dual* do outro, daí a expressão *federalismo dual*.

A figura 17 estiliza essas noções, localizando os limites em que se define uma proposta de reforma tributária.

A PEC nº 41-03 é estabelecida, seja pelo governo federal, seja por governadores e prefeitos, como uma política distributiva em torno do rateio da capacidade global de tributar, qualificada eventualmente por regulações federais.[489] Uma vez que o foco dessa interação é dominantemente resolver problemas de finanças públicas nas várias esferas de governo, a negociação em torno dessa PEC acaba contaminada por estritos interesses eleitorais, com vistas a 2004 e 2006. Uma decorrência negativa é a habitual desqualificação da Constituição como um contrato de longo prazo: o arranjo federativo deixa de ser a moldura para a reconfiguração do poder de tributar, cedendo lugar à circunstância das alianças políticas ocasionais e à troca de apoios quanto à associada regulação previdenciária.[490]

Enfim, a trajetória da PEC nº 41-03 pode ser associada a dois pressupostos:

▸ políticos de todos os matizes, em todas as jurisdições, constroem suas estratégias no jogo constitucional aumentando deliberadamente os custos de transação a que estão sujeitos os cidadãos-contribuintes-eleitores (Twight, 1988);

▸ em um mundo de informação imperfeita, nem sempre esses políticos terão certeza de que os custos sociais relacionados à PEC nº 41-03 superarão seus benefícios.[491]

Sob incerteza, deputados e senadores dispõem de uma estratégia de maximizar apoio político: compartilhar responsabilidades com governadores e prefeitos na aprovação da PEC e da legislação complementar, e transferir poder regulatório futuro para as instâncias decisórias estaduais e municipais. A carga tributária poderá até ficar inalterada, porém haverá expansão de poder de regulação estatal. Por outro lado, nessa relação interjurisdicional prevalecem regimes institucionais, tais como (Hills, 1998; Levinson, 2000):

▸ regra de responsabilidade — o governo federal pode impor diretrizes de política aos estados, desde que os compense por isso, ficando os custos dessa compensação para serem decididos na instância judicial;

---

[489] O exemplo típico é o critério pelo qual se alocam compensações aos estados, em razão da regulação federal das exportações.

[490] A reforçar essa visão, em agosto de 2003 o governador de Minas Gerais propõe que o presidente da República se adiante, emitindo uma MP, instituindo a partilha da Cide com os estados. Portanto, parte da emenda constitucional apenas sancionaria o teor do que possa ser instrumentado até mesmo por MP. Ver "Oportunismos de governo", no cap. 2.

[491] Afinal, o legislador pode não saber ao certo o que os seus potenciais eleitores desejam, qual o ônus líquido da PEC sobre suas rendas e que grupo de interesses é mais forte (Aranson, Gellhorn e Robinson, 1997).

- regra de propriedade — o governo federal compra a concordância dos estados a empreender uma política federal, segundo um preço mutuamente acordado.

Uma reforma tributária não deveria ignorar como se combinam esses dois regimes, o que, afinal, permite oferecer respostas mais convincentes a questões como (Hills, 1998): que ocorre quando as diferentes instâncias decisórias deixam de cooperar? O governo federal pode apoiar-se apenas na participação voluntária dos governos estaduais e municipais?

Vulnerabilidade às crises

Coincidentemente com o ano eleitoral, prospera no início da década de 2000 a noção de que a economia brasileira conseguiu alcançar um estágio de *invulnerabilidade* às crises nacionais e mundiais. As evidências dessa constatação são comumente distribuídas em duas classes:

- mesmo que geograficamente tão próximas (Argentina), as crises não se alastram pela economia brasileira, ao menos não no horizonte de tempo que se antecipava;
- o desempenho dos indicadores macroeconômicos mostra uma trajetória de limitada deterioração, havendo mesmo evidências de que nossa economia já teria ultrapassado o ponto de contágio.[492]

Por certo que esse é um tema muito complexo para que se aceitem relações de causa e efeito tão parciais e improvisadas. Ainda que se possa fazer um rol de evidências de uma surpreendente atenuação dos efeitos da crise mundial (via Argentina e via desaceleração das economias do Primeiro Mundo, aliada ao surto de protecionismo comercial), é necessário entender como se comportam os processos decisórios que permitem ao governo atuar de modo compensatório. Afinal, já nos vamos acostumando a imagens de virtuais "blindagens" e *firewalls* que, diligentemente criadas pela alta gerência econômica, nos ofereceriam o grau de proteção adequado diante das manifestações dessas crises.

Todavia, no âmbito interno, vale ressaltar que a crise de energia eclodiu em 2001/02 e foi isolada dentro de um contexto fortemente discricionário, seja em termos de exclusão do Congresso, seja em termos da transferência de custos que se fez para o consumidor final.[493]

---

[492] Uma atitude de alerta quanto à euforia corre por conta de que em algumas conjunturas é elevado o volume da dívida pública denominada em dólar, assim como o nível das taxas de juros.

[493] A crise foi dada por concluída com a vigência de uma nova realidade tarifária, do que é exemplo a MP nº 14, de 21 de dezembro de 2001.

A ocasião de liberar os controles das metas de energia coincide com o ano eleitoral. Assim sendo, ela serve para diluir, em parte, decisões de potencial impacto negativo para o governo: o contribuinte vai sendo onerado com a progressiva implementação de um novo e opaco regime de formação de preços no mercado de energia elétrica que já inclui o ressarcimento das perdas de receita acumuladas pelas distribuidoras de energia ao longo do racionamento, ao mesmo tempo em que se acena com a possibilidade de redefinir a "tarifa social".[494]

Quanto aos efeitos das crises mundiais, especialmente o desastre argentino, vale lembrar que, até meados de setembro de 2001, o regime decisório público concentrava poderes extraordinários na burocracia do Executivo, que permitiram a redefinição unilateral de direitos econômicos. A eventual concordância dos legisladores sempre pôde ser postergada, por meses ou mesmo anos. Nessa ordem de considerações, percebe-se que o grau de vulnerabilidade de uma economia guarda dependência estrita do controle que o agente (o governo) possa impor ao patrocinador (a sociedade) em um tipo de delegação às avessas. Ou, visto por outro ângulo, a blindagem não é invariante com a ordem institucional em que se exerce o poder de governar.[495]

No Brasil, a tão apregoada blindagem da economia desenvolve-se concomitantemente à forte hipertrofia de poder de decisão em todas as fases da implantação do Plano Real. Em diversas ocasiões, a retórica do governo relaciona essa concentração de poder à capacidade de o governo efetivamente manter a estabilidade econômica. Essa é uma sinalização desdobrável em estratégias da campanha presidencial, assumindo características de um trunfo eleitoral. Em decorrência, há que *retificar* o valor da relativa invulnerabilidade construída em torno da economia nacional pela perda de liberdades econômicas dos agentes privados, cada vez mais condicionados por elevada carga tributária que vigora em associação a extensas e sempre revigoradas regulações.

---

[494] Em 2003, essa estratégia fica sob escrutínio quando a atualização de tarifas passa a pressionar os índices de inflação, levando o novo governo a tentar alterar a própria autonomia decisória das agências executivas. Ver cap. 5. Ver também as reportagens "Infra-estrutura" (*Valor Econômico*, 14 out. 2003. A6) e "Regulação" (*Folha de S. Paulo*, 24 set. 2003. B3).

[495] Talvez a evidência mais contundente do conceito de vulnerabilidade seja a intervenção governamental promovida nos EUA. Dificilmente se poderia deixar de notar que o sucesso com que o governo norte-americano empreende ações de política externa e militar decorre diretamente da surpreendente autonomia com que tem sido possível implementar essas ações. A grande questão no debate econômico norte-americano previsivelmente é: em que medida tal concentração de poderes do Executivo federal, manifestada nessas duas frentes de atuação, poderá conviver com uma economia que pelo menos preserve um grau de regulação comparável ao observado *antes* dos atentados terroristas?

Em meados de 2002, mantêm-se em estado latente algumas dezenas de MPs emitidas anteriormente a setembro de 2001. Porém, o novo conjunto de regras da EC nº 32 empurra o Congresso para um beco sem saída e ainda mais fundo: após 45 dias decorridos da publicação de uma MP, sua agenda fica condicionada pela prioridade absoluta de que a MP seja votada (art. 62, §6º da Constituição). Tal arranjo pôde levar o processo decisório público à situação anômala que se observa nessa ocasião, com a passagem legislativa da PEC nº 407-01. Uma PEC tem o seu *timing* determinado pela citada prioridade de se votar uma MP após a carência de 45 dias. Por força disso, argumenta-se que há que apressar a votação da citada PEC, isto é, a alteração da Constituição deve ajustar-se aos dilemas conjunturais enfrentados pelo governo.

Eis uma circunstância em que, por via indireta, a própria alteração de uma regra constitucional passa a ser condicionada pelo atropelo com que se constrói a agenda da legislatura. O argumento de que o entrave decorre, ele próprio, de outra regra constitucional (a nova redação do art. 62) encerra o custo que a sociedade paga por tanto ter sua Constituição alterada em atenção a problemas conjunturais. No todo, as visitas e revisitas ao seu texto acabam por desestruturar a arquitetura da Constituição, gerando episódios como o da votação da PEC nº 407-01.

Complementarmente, em março de 2003, lança-se um balão-de-ensaio que acentua a anomalia. Para superar eventuais impactos sobre o ajuste fiscal que os impasses políticos no Congresso possam provocar, o governo propõe abolir, transitória ou permanentemente, uma das raras proteções constitucionais ainda disponíveis para o cidadão-contribuinte: os arts. 74, §4º (ADCT), e 195, §6º. Seria levantada a carência de três meses para a entrada em vigor das novas regras da CPMF. E pior ainda: a tramitação na Câmara seria tolerada nessa fase inicial. A reviravolta ocorre na etapa de votação no Senado — o que obriga a Câmara a tornar a apreciar a proposta de emenda, sob novo tipo de constrangimento. Levam-se ao descrédito simultaneamente o resultado (as regras da Constituição) e o seu processo (as escolhas constitucionais que a sociedade faz) (Monteiro, 2003e).

7 Geração de incerteza e risco

Crise institucional

A perda de controle sobre a trajetória da economia nacional, a partir de 1997/98, deixa claro que os *bons fundamentos* eram, enfim, um diagnóstico muito precário de uma complexa economia política. Por volta de 2001, aglomeram-se, em diferentes estágios de maturação, três tipos de crise:

- a crise externa — a reação das exportações brasileiras, aquém do esperado, aos estímulos providos pela política econômica; o crescimento acentuado da dívida externa, em razão da própria estratégia para neutralizar a repentina desvalorização do real frente ao dólar; a progressiva atitude intervencionista do Banco Central no mercado *flutuante* do câmbio; o desaquecimento dos principais mercados que o Brasil abastece, especialmente União Européia e EUA; o ressurgimento do protecionismo como defesa do mercado interno;[496] a demora e falta de criatividade dos argentinos para saírem do regime do câmbio fixo; e os dilemas em torno da continuidade do Mercosul;

- a crise de energia — o surpreendente e substancial desequilíbrio verificado no mercado de energia elétrica, desdobrando-se numa evidência irrecusável de atraso econômico e, em decorrência, a parcimônia com que os brasileiros devem passar a usar a energia elétrica, um consumo intimamente identificado com bem-estar social. Em uma segunda onda, essa crise adia a retomada do crescimento do PIB observada em 2000 por mais dois a três anos: foi de 4,5% a taxa do PIB em 2000, em comparação com 0,8% em 1999;

---

[496] Ilustrado em 2001 pelo contencioso canadense da indústria de aviação civil de pequeno porte e pelo mercado norte-americano do aço.

260   LIÇÕES DE ECONOMIA CONSTITUCIONAL BRASILEIRA

- a crise institucional — a perda de prestígio e popularidade de um presidente da República reeleito — o que reduz a vantagem comparativa da candidatura oficial nas eleições de 2002. Perversamente, isso impõe uma precipitação na escolha dessa candidatura; a variedade de nomes expressivos que mantêm um tom oposicionista, ainda que a candidatura do PT possa liderar as prévias eleitorais, e que um desses nomes possa resultar da redução da base governista (o caso do PMDB); a apresentação de balões-de-ensaio polêmicos e com validade a partir de 2003, tais como a limitação ao uso de medidas provisórias, a criação de uma autoridade monetária independente (AMI) e a extensão do mandato de legislador constituinte aos integrantes da futura legislatura.

A sobreposição dessas três crises, aqui individualizadas apenas para efeitos de exposição, muda substancialmente o conteúdo e a densidade da incerteza em que opera a política econômica.

No caso dos países emergentes, a dívida pública nominal tem sido usada como o foco dessa incerteza, de vez que ela interliga as ações de política presentes e futuras. Por exemplo, resistir a uma crise pode robustecer ou deprimir a sustentação do regime cambial vigente, dependendo de o nível da dívida pública ser crítico para tal sustentação (Benigno e Missale, 2001), isto é, o impacto do volume dessa dívida e sua distribuição temporal na desvalorização.[497] Contudo, diferentemente de uma economia do Primeiro Mundo em que o meio institucional é estável, no Brasil há uma ordem legal que se altera substancial e rapidamente. É aí que opera um mecanismo gerador de incertezas que condiciona a capacidade de percepção e atuação dos agentes privados. Essa particularidade deve ser incorporada ao diagnóstico de conjuntura, de vez que as opções de estratégias disponíveis aos *policymakers* abarcam um leque muito mais amplo do que comumente estaria disponível no governo representativo.

Dois eventos que se projetam nesse cenário envolvem a atuação do Banco Central. O BC compromete-se com um regime de câmbio flutuante, mas promove, ao longo de um único mês,[498] cerca de 20 intervenções para defender a cota-

---

[497] A contrapartida brasileira dessa classe de preocupações é bem representada pela seguinte afirmação: "A variável mais importante no longo prazo para conferir credibilidade à política macroeconômica é a relação dívida/PIB. Uma trajetória estável dessa relação proporciona a folga necessária à gestão de eventuais desajustes de curto prazo e reduz o risco financeiro de qualquer empreendimento ou investimento no país. O instrumento fundamental para a consecução dos objetivos propostos do ponto de vista da política fiscal é o estabelecimento de metas para o resultado primário e o controle dos gastos e das receitas em consonância com as metas fixadas" (Anexo de metas fiscais da MP nº 2.211, de 29 de agosto de 2001). Por essa MP, o superávit primário da União em 2002-04 é fixado em 2,4% do PIB a cada ano.

[498] Em julho de 2001.

ção do dólar que acredita ser mais adequada e consome volume apreciável de reservas cambiais.[499] Igualmente, quando o teto do intervalo da meta inflacionária fica pressionado para cima, há poucas restrições a que unilateralmente o BC venha a optar por um expurgo no índice de preços oficial.[500]

É, pois, muito relevante adotar-se uma perspectiva de análise em que esses resultados macroeconômicos fiquem atrelados a mecanismos de incerteza.

A mudança nas regras constitucionais (aquelas de maior amplitude e durabilidade no jogo) é um desses mecanismos. Num primeiro momento, tal mudança pode ser meramente acessória (Strauss, 2001):

- ao definir "balizamentos" para as escolhas públicas, isto é, regras que delimitam temas que não são por si mesmos controversos, mas que de todo modo devem ser estabelecidos claramente — tal é o caso da EC n° 4 de 1993 (regula o art. 16) dispondo sobre a validade da lei que altera o processo eleitoral: não se aplica à eleição que ocorra até um ano da data de sua vigência; ou, ainda, da EC n° 13 de 1996 (altera o inciso II do art. 192), com a inclusão das firmas de resseguro no rol de atividades sujeitas à regulação no sistema financeiro nacional;

- na função que a Constituição cumpre de eliminar *outliers*, isto é, quando a sociedade já alcançou um quase consenso universal relativamente a um assunto, o processo formal de emendas do art. 60 é um modo de trazer os defasados para a linha de frente — ela torna a quase unanimidade em unanimidade. Por exemplo: a EC n° 15 de 1996, que uniformiza a recomposição de municípios (criação, incorporação, fusão, desmembramento) para toda a Federação, uma disciplina que era muito frouxa em alguns estados.

Esses são temas que acabariam sendo alvo de algum tipo de qualificação, ainda que não requeressem uma formalização na Constituição.

Todavia, há a circunstância de que mudanças nas regras constitucionais possam se efetivar por fora do mecanismo do art. 60. Em certo sentido, a diferença entre a legislação majoritária aprovada no Congresso Nacional e uma emenda constitucional supermajoritária (3/5) é que é mais provável que esta última só aconteça, para todos os efeitos práticos, após a mudança já ter ocorrido.[501]

---

[499] Do ponto de vista do agente privado, leva algum tempo para ele saber ao certo qual o regime cambial que está de fato vigorando; daí a alta do dólar.

[500] O Banco Central, no entanto, renegociou sua meta inflacionária no âmbito das recontratações com o FMI: em 2001, a meta, que era de 4% com margem de 2%, foi substituída por uma banda entre 3,8 e 7,8%, com o ponto central em 5,8%.

[501] Para uma comparação entre a decisão supermajoritária e a decisão simplesmente majoritária, ver " O significado de uma reforma", no cap. 2.

Uma economia de Primeiro Mundo pode ser comparada a um acordo contratual de longo prazo: "as partes [nele] envolvidas quase nunca se apóiam tão-somente — ou mesmo substancialmente — no texto do contrato que superintende a relação no dia-a-dia; elas desenvolvem entendimentos extratexto" (Strauss, 2001:1462). Em contraposição, no Brasil, o mecanismo das MPs tem sido a via rápida e de controle unificado a moldar o terreno institucional, forçando o rumo dessa mudança de regras de um modo tal que atos majoritários — e menos ainda, supermajoritários — não permitem viabilizar. Veja-se, em 2001, a reforma tributária: a longa prática da emissão de MPs tornou o sistema tributário em vigor tão cheio de peculiaridades e vínculos com as políticas públicas que acabou por reduzir os graus de liberdade com que se pode estabelecer uma emenda para essa reforma. Por outro lado, a mudança freqüente e variada do regime de regras vigente no jogo tipifica uma variedade de custos de incerteza a que estão sujeitos os agentes privados, que portanto estão sempre sob a indução de reconsiderarem suas estratégias.

Porque toda regra tem um pano de fundo de suposições quanto ao comportamento da economia e seus agentes, tais suposições podem revelar-se errôneas ou insuficientemente sofisticadas, na medida em que as circunstâncias se alterem ao longo do tempo (Eskridge, 1989). Com as MPs essa incerteza se agrava, pois os participantes do jogo sabem que a qualquer momento a MP poderá ser reeditada com algum grau de alteração em seu texto, possivelmente levando em conta o reconhecimento da inadequação dos pressupostos que estão implícitos em seu texto original.

A interpretação da MP envolve uma inerente inabilidade para discernir o exato e permanente sentido das regras que ela estabelece, tanto quanto a precisa integração dessa MP no conjunto de todas as regras (ordem legal) em vigor. Tal incerteza pode ser de dois tipos (Alstine, 2001):

- ▶ a perda de certeza acumulada — uma decorrência do intenso uso de MPs é a perda de precisão decisória, de vez que há o recurso de adição ou subtração de seu texto em alguma ocasião mais à frente. Assim, fica comprometida a precisão do enunciado da regra. Mesmo o precedente perde o seu papel de redutor de incerteza no entendimento das regras do jogo. Do ponto de vista da sociedade, essa freqüente substituição ou cancelamento de regras reflete um custo que não será recuperado;

- ▶ a incerteza de jogar sob novas regras — conviver com o regime de MPs impõe aos agentes de decisão custos de planejamento, de vez que preventivamente há que minimizar os riscos da amplitude de temas e dimensões que vão sendo abarcados por essa peculiar função legislativa do Executivo. Implícito nessa classe de custos está um erro privado, na medida em que esses agentes não avaliem apropriadamente o surgimento da MP ou suas implicações potenciais. De igual modo, há o crescente custo da *expertise* legal, de vez que as MPs podem alterar complexamente a ordem legal, oferecendo portanto oportunidades e riscos a serem antevistos e apropriados.

Não surpreende, pois, que vez por outra volte à cena uma "agenda positiva" de governo, vale dizer, que os políticos retomem a retórica das emendas constitucionais (novas regras políticas, previdenciárias, tributárias e monetárias), bem como de legislação de maior visibilidade eleitoral (segurança pública e ética política são temas dominantes). Nominalmente, esse é um discurso de melhoria institucional, voltado para dar mais precisão às regras do jogo. Contudo, muito do que havia para ser feito já foi operacionalizado direta ou indiretamente, com o favorecimento de uma ordem legal amorfa — o que tem sido a característica institucional mais saliente na trajetória da economia brasileira desde os anos 1990.

Enfim, a incerteza quanto ao surgimento de novas regras do jogo — passíveis de serem habilitadas sobretudo por meio da emissão de MP — pode mesmo desencorajar o uso de estratégias que seriam socialmente desejáveis.

A surpresa que veio do setor de energia

Em março de 2001, o governo é enfático: "Entre os bons resultados que conseguimos na década passada, o Brasil recuperou algo fundamental: a capacidade de projetar seu próprio futuro. (...) Hoje é possível pensar com boa margem de confiança como será o país nos próximos 10 anos".[502] Mesmo no segmento "Energia", nesse mesmo documento, está ausente a visão estratégica para o setor elétrico; limita-se a apresentar quantificação de metas, quase no mesmo tom em que fala de petróleo e gás natural. Pouco tempo se passou e a economia nacional chega ao final do primeiro semestre de 2001 sofrendo uma intervenção governamental que só tem precedentes em períodos de forte contenção inflacionária, como os ocorridos em 1986, 1990 e 1993/94. E, à semelhança de 1990 (Plano Collor) e 1993/94 (Plano Real), trata-se de ações estabelecidas e operacionalizadas na instância burocrática, com a classe política posta à margem — e mantendo-se silenciosa — dessa iniciativa.

Toma forma o regime da Câmara de Gestão da Crise de Energia Elétrica (GCE) instituído pela MP nº 2.147 (15 de maio de 2001). Percebe-se que não se trata propriamente de uma política de energia ou de um racionamento puro e simples. Essa política pública pode ser mais bem caracterizada se a ambientarmos no esforço de ajuste fiscal, de vez que:

---

[502] *Agenda de governo, 2001/02*. Introdução.

264   LIÇÕES DE ECONOMIA CONSTITUCIONAL BRASILEIRA

- ► transfere para o agente privado a responsabilidade de arcar com a emergência energética, criando estratosféricas sobretaxas (50 e 200%) sobre o consumo de energia — o contribuinte tem sua renda disponível diminuída, seja diretamente (por exemplo, por extrapolar a meta de seu consumo residencial de energia), seja pelo maior custo de bens e serviços que demanda (por exemplo, um adicional na cota de condomínio, em face da equiparação de tratamento fiscal do consumo nos condomínios ao consumo residencial);
- ► retrospectivamente, o governo exime-se de qualquer ônus, quando refuta a possibilidade de que o déficit energético tenha assumido as atuais proporções em razão da forte e deliberada contenção nos investimentos nesse segmento da infraestrutura econômica.[503]

A ameaça de corte de fornecimento de energia, por ser de difícil implementação, é um risco imaginário diante da objetividade da incidência de sobretaxas de até três vezes o valor da tarifa em vigor: sua incidência se dá sobre uma base que, conquanto possa ser reduzida pelo esforço autônomo do consumidor, poderá ser suficientemente elevada para carrear para a autoridade arrecadadora um volume substancial de recursos financeiros.

Por certo que, futuramente, os burocratas encontrão usos para esse novo filão tributário, o que já é vislumbrado na constatação de que o problema energético terá desdobramentos que não dispensarão o regime de sobretaxas.[504]

A decisão essencial — o racionamento de energia elétrica — chega a desdobrar-se em procedimentos que neutralizam artigos de leis em vigor (Lei nº 8.078, de 11 de setembro de 2001, ou o Código de Defesa dos Direitos do Consumidor). O fato relevante é que tais reedições podem se dar em razão da antecipação de uma reação negativa, por parte do Judiciário, especialmente do STF. Portanto, é oportuno indagar que incentivos privados orientam as decisões dos políticos — e mais especialmente do Executivo — no pressuposto de que o Judiciário deva atrelar suas preferências às diretrizes da política econômica.

A conjuntura da crise de energia e o recuo do presidente da República no intento de implementar decisões que deixem aos consumidores pouca margem de manobra, diante do elevado grau de coerção das regras estabelecidas na MP nº 2.148-1, são um exemplo didático dessa questão. Por certo que a tradição das

---

[503] Ao mesmo tempo, em seu art. 6º, a MP nº 2.147 cria um Programa Estratégico Emergencial, *fora* de qualquer moldura de crescimento econômico ou financiamento.

[504] Em meados de 2001, o diretor-geral da ANP já associa essas medidas de emergência a um "novo modelo de tarifas" para o setor elétrico (entrevista à *Folha de S. Paulo*, 20 maio 2001). Em meados de 2003, o governo admite não poder abrir mão do chamado "seguro-apagão".

MPs sempre foi operar no limite das instituições representativas, o que tem suscitado comentários robustos quanto às características constitucionais desse mecanismo de legislação.

As MPs virtualmente eliminam o risco que correria o governo de ter suas políticas desfeitas na legislatura. Ademais, com um Judiciário independente tem-se outra proteção: *eleva-se* "o custo dessa reformulação ao se requerer que a legislação seja reescrita, e não meramente reinterpretada, e por impor requisitos constitucionais e processuais para mudanças [nessas] políticas" (Hanssen, 2001:4).

O ambiente institucional em que opera a economia brasileira segue, portanto, sendo fundamental para o entendimento do grau de efetividade com que se formulam políticas públicas. A MP nº 2.147 e seus desdobramentos são um exemplo disso.

Outro exemplo é o episódio da "CPI da Corrupção", no começo de maio de 2001.

Risco eleitoral

Ao deter tão prontamente a iniciativa de legisladores em formalizar essa CPI, o governo reafirma a extensão de seu poder. A razão maior apresentada é que uma CPI poderia acrescentar incertezas que comprometessem a estabilização de preços e a recuperação do crescimento. Independentemente da procedência dos argumentos que envolvem a proposta da CPI e sua refutação por parte do governo, é importante perceber a indução política sob a qual os legisladores agem nesse episódio.

A visão convencional é que os políticos atuam em função da repercussão que antecipam de seus atos junto a seus redutos eleitorais. Não propriamente todo o seu reduto geográfico, mas o segmento mais ativo nesse reduto. Tal é a conexão eleitoral.[505]

Todavia, essa visão não é suficiente para entender todo o episódio da CPI. É importante qualificar que a atitude dos políticos está diretamente relacionada ao risco eleitoral que eles percebem em suas ações, especialmente em face da progressão do calendário das eleições de 2002.

O risco eleitoral está associado a três classes de variáveis (Spence, 2001):

▸ a vulnerabilidade do mandato do político, isto é, quão segura é a sua vaga no Congresso. Políticos que detêm mandato há várias legislaturas e seguem sendo eleitos por folgadas margens de votos por certo não se confrontam com esse tipo de risco tanto quanto um novato ou um ocupante de uma suplência;

---

[505] Ver "Participantes do jogo", no cap. 1.

- a percepção do legislador de quão notório é o tema da formação da CPI para os seus eleitores e de quão provável é que tais eleitores se detenham na percepção da escolha feita pelo político quanto a esse tema;
- a percepção do legislador quanto à *intensidade* das preferências de seus eleitores, isto é, a relevância que eles atribuem ao tema (no caso, a criação ou não da CPI), comparativamente a outros temas em relação aos quais o eleitor possa se posicionar.

Por isso mesmo é que talvez seja inócua a ameaça de dar ampla divulgação do nome de quem assinou e depois renegou o apoio à CPI, na medida em que os seus eleitores talvez se ocupem mais com a crise de energia, o desemprego ou a alta nos preços.

Nessa ordem de considerações, ainda que o tema tenha notoriedade ou o mandato do político não seja seguro, o tema pode não mobilizar suficientemente os eleitores, comparativamente, digamos, a outros temas que afetam a imagem do Legislativo (por exemplo, a cassação do mandato de senadores) ou mesmo a temas que estão genericamente associados às escolhas políticas (crise de energia).

Desse modo, o risco eleitoral pode ser reduzido, o que levaria a que a sintonia dos políticos junto a seus eleitores não fosse muito grande.[506]

Ao mesmo tempo, questões como a não-ocorrência da CPI e a nova ordem instaurada na infra-estrutura energética podem ser apreciadas a partir da vinculação das escolhas públicas à ordem legal sob a qual opera a economia brasileira. Tal vinculação é relevante por dois motivos (Spiro, 2001):

- ter a referência apropriada das fontes legais, antes que se pretenda resolver os assuntos de controvérsias substantivas — há que distinguir entre a política econômica *constitucional* (a escolha entre regimes ou processos dessa política) e a política econômica propriamente dita (quando já foi feita a escolha de um regime no qual essa política será operacionalizada);
- dimensionar a extensão em que ocorre a geração não-judicial de regras constitucionais, independentemente de tratar-se de temas em que a instância do Supremo Tribunal Federal, por exemplo, seja ou não tradicionalmente ativa.

É fácil, pois, entender o grau de discricionarismo administrativo e autonomia legal que secunda as intervenções governamentais, que pouco a pouco se transferem duradouramente para um patamar mais elevado. Como, de resto, também se desloca para um patamar de maior incerteza a trajetória da economia.

---

[506] Esse mesmo episódio tem desdobramentos mais profundos na relativa facilidade — e no elevado poder de persuasão — com que o Executivo conseguiu circunscrever a pretendida ação dos legisladores a não mais que uma manifestação de protesto e inconformismo.

JORGE VIANNA MONTEIRO

A transição para 2003

A incerteza puramente eleitoral se configura no impacto que as eleições de outubro/novembro de 2002 possam ter sobre uma variedade de ações que o governo pensa empreender:

▸ por um lado, tem-se o estímulo a maiores investimentos estrangeiros na economia nacional. A cronologia das privatizações serve para ilustrar essa perspectiva: as opções vão desde uma forte redução do volume desses capitais ao puro e simples abandono do programa de privatizações. O apelo à entrada de capitais de curto prazo torna-se, mais uma vez, muito intenso — o que, por seu turno, impõe limites à queda nas taxas de juros. Igualmente, já se delineia a resolução oficial de desconectar, ao final de 2001, o acordo com o FMI, o que sinaliza uma aposta em um futuro mais ordenado e previsível;

▸ em outra frente, o governo opera sob a indução de recorrer com mais freqüência a programas de grande visibilidade eleitoral, tanto quanto de atendimento à "agenda social", que habitualmente ocupa um posto secundário no esforço de estabilização econômica, deixando livre à oposição o patrocínio de variados itens dessa agenda.[507]

O cálculo de estratégias do governo desloca-se, portanto, para um patamar de enorme complexidade, em que os compromissos assumidos com o FMI, os imperativos político-eleitoriais e a superação de restrições do balanço de pagamentos definem as principais classes de custos e benefícios a serem ponderados na política econômica dos 12 a 18 meses restantes de seu mandato.

Um passo positivo na atenuação dessas incertezas acabaria sendo dado: o presidente da República, muito apropriadamente, alerta que uma eventual vitória da oposição em 2002 não comprometerá mais seriamente a estabilidade de preços. Por seu turno, forças políticas de oposição endossam a iniciativa do presidente da República, ainda que sob a forma indireta de não criticar tal tipo de mensagem.[508]

Nessa ocasião (junho de 2001), a trajetória da política econômica passa a demandar intenso e continuado esforço de negociação por parte das lideranças

---

[507] São exemplos dessa atitude: a neutralização dos efeitos da seca no Nordeste (distribuição de cestas básicas, distribuição de água, abertura de poços e a própria criação e localização física de um "ministro da seca" nessa região) e o lançamento do programa Bolsa-escola, com recursos de cerca de R$2 bilhões do Fundo de Combate à Pobreza.

[508] A apresentação do projeto de um plano de governo pelo PT também pode contribuir positivamente para tornar mais visível, aos agentes privados, o que efetivamente está em risco na sucessão presidencial.

políticas e, em especial, do presidente da República. Todavia, acostumado com a substituição da negociação por um sistema decisório centrado em ordens executivas, o governo tem pela frente um aprendizado difícil. Igualmente, as demais forças políticas precisarão entender quão firme é o empenho do governo em conduzir a transição até 2003 com maior isenção do que seria seu propósito original.

O mecanismo da reeleição (em vigor desde meados de 1997), concedendo um segundo mandato ao governo incumbente, não parece ter atenuado — e sim exacerbado — o conhecido fenômeno da perda de densidade política com a aproximação do teste eleitoral.[509] O argumento de que as políticas até então empreendidas devem ser mantidas é reforçado precisamente por essa extensão do mando. A votação da PEC nº 472-97,[510] emenda que limita o uso do mecanismo de MPs, pode ser a senha para que se tente algum tipo de condicionamento legislativo da futura administração federal pela atual coalizão no poder.

Arranjo organizacional e a nova política econômica

Épocas de substituição no comando do governo são ocasiões em que uma variedade de temas decisórios e organizacionais, muitos dos quais recorrentes, vem juntar-se ao habitual rol das prioridades de política. No final de 2002, um tema que ressurge, implícito nos prós e contras quanto ao nome indicado pelo presidente eleito para o posto de banqueiro central, é o da nomeação, ainda em 2002 e, portanto, pelo governo incumbente, de membros da autoridade monetária com mandatos que se prolonguem para além de 2003, dando assim continuidade ao comprometimento de estabilização de preços. O foco dessa mudança é a revisão e regulamentação do amplo art. 192 da Constituição.[511]

Um tanto ingenuamente, argumenta-se que só haveria uma indicação defensável: manter-se o padrão dos últimos anos, senão pela permanência de toda a cúpula do Banco Central — o que logo é descartado —, ao menos pela reprodução do figurino que se manteve pelos últimos anos, em que:

---

[509] Com um arranjo institucional-constitucional tão volátil como o que ambienta a operação da economia brasileira, certamente essa é uma conseqüência não antecipada desse mecanismo que, como tantos outros, foi copiado de economias que operam sob regras com outra configuração e maturidade. Talvez não houvesse muito a ser feito para neutralizar a polarização a que o processo eleitoral ficou submetido em 2002 em uma circunstância ímpar: afinal, pela primeira vez uma coalizão partidária se confronta com eleições que ocorrem *após oito anos de sua estada no poder*.

[510] Que levou à aprovação da EC nº 32, de 11 de setembro de 2001.

[511] O que acabará ocorrendo somente em 29 de maio de 2003, com a EC nº 40.

- o Banco Central atua com razoável independência administrativa, relativamente ao ministro da Fazenda, em uma tácita delegação de tarefas, facilitada por relações pessoais preexistentes entre o banqueiro central e o ministro;
- a formação técnica do banqueiro central sobrepõe-se, em larga margem, à sua capacidade de articulação na organização ministerial e com o meio político como um todo;[512]
- a posição do Conselho Monetário Nacional (CMN), integrado apenas pelos ministros da Fazenda e do Planejamento e Orçamento, e pelo presidente do BC, é passiva.

Nessa ordem de considerações, ampliam-se as possibilidades de se ter vigorando arranjos decisórios alternativos aos quais a nova administração federal poderá recorrer, de modo a empreender a política econômica e mais especialmente a política monetária. Afinal, se o presidente eleito dá mostras de que buscará articular o crescimento econômico ao combate à inflação, é coerente antecipar que um regime decisório colegiado possa retornar à cena.[513]

Todavia, os últimos anos mudaram muito significativamente o ambiente institucional em que se forma a política econômica, de modo que não se trata apenas de recorrer a uma estrita cópia de soluções organizacionais do passado. As MPs marcam inapelavelmente a presença governamental na economia. Tão intensamente que até agora elas não deixam de ocupar uma posição relevante nas

---

[512] Mesmo porque o processo decisório vigente em 1995-2002 é fortemente concentrado no eixo Ministério da Fazenda-Banco Central. Vale lembrar que, em algumas ocasiões no período eleitoral, quando o presidente do Banco Central tentou mostrar-se à opinião pública no papel de articulador e mensageiro político, a experiência foi desastrosa.

[513] Tão em voga e efetivo em boa parte do final dos anos 1970 e início dos anos 1980, com destaque para o próprio CMN (Monteiro, 1983). De fato, o período imediatamente pós-Conselho de Desenvolvimento Econômico (CDE), ainda no governo Geisel, pode ser uma referência apropriada de arranjo para coordenar políticas em um ambiente de crise. Por essa ocasião, o CMN retomava sua posição de unidade central da organização decisória federal, tendo o BC um *status* bem diferente do que tem vigorado nos últimos anos. É importante notar que, de meados dos anos 1960 ao início do governo Geisel, o CMN consolidou-se como um colegiado do primeiro nível das decisões de política. A tentativa do governo Geisel de rebaixar o CMN, por meio da criação dupla do CDE e do Conselho de Desenvolvimento Social (CDS), malograria logo adiante, em grande parte pelo recrudescimento da crise econômica. Por essa ocasião, o CMN deslocou a proeminência que formalmente se pretendeu dar ao CDE (Monteiro, 1983).

270   LIÇÕES DE ECONOMIA CONSTITUCIONAL BRASILEIRA

escolhas públicas, mesmo que disciplinadas em sua utilização por um conjunto de novas regras constitucionais.[514]

A reformulação do arranjo decisório e organizacional público serve para sinalizar a coerência com que o governo busca alcançar os seus objetivos de política em um ambiente que combine menor concentração decisória ministerial, maior recurso à decisão colegiada[515] e algum grau de flexibilidade nas emissões de MPs.

Duas ocorrências adicionais, em torno das MPs nºs 66 (29 de agosto de 2002) e 82 (12 de dezembro de 2002), são especialmente relevantes como exemplos da construção dessa "flexibilidade" quanto ao uso de MPs e de um elo de ligação entre a administração que entra e a que sai:

- a MP nº 66, convertida em lei em 18 de dezembro 2002, prestou-se a ser "hospedeira" de decisões tomadas já sob a inspiração do novo governo, muito especialmente a renovação, com vigência por mais um ano, da alíquota extra de 10% do imposto de renda da pessoa física.[516] Em seu texto original, a MP nº 66 revive os "velhos tempos" em que a alta gerência do Executivo tinha no mecanismo das MPs seu instrumento essencial e quase absoluto para implementar a política econômica: engloba 62 artigos e cria inúmeras novas regras tributárias, algumas das quais caracterizando novos atos ilícitos, com os correspondentes poderes judiciais atribuídos aos burocratas da autoridade fiscal. Por essas razões, e também não sem ironia, persiste-se em rotular essa MP de "minirreforma tributária";[517]

---

[514] Caso a conjectura organizacional aqui construída venha a ocorrer, uma decorrência natural é que também a formação de expectativas dos agentes econômicos será alterada. Já não será mais tão imediato transpor para a trajetória do câmbio e da inflação, por exemplo, as mesmas relações de causa e efeito a que nos acostumamos nos últimos meses, diante da nervosa antecipação quanto às decisões do Copom. Essa excessiva concentração de poder da autoridade monetária poderá ser atenuada pela visão do esforço de coordenação com que se pretende buscar acomodar a reativação da economia e a contenção da inflação.

[515] No primeiro semestre de 2003, o colegiado de governadores e o Conselho de Desenvolvimento Econômico e Social, acionados para o encaminhamento das reformas previdenciária e tributária, são experimentos ainda limitados, de modo que não se pode dizer que representem uma opção efetiva da nova administração federal por um arranjo decisório típico.

[516] Com ironia, um deputado apelidou de "arca de Noé" o texto desse projeto de lei de conversão, enquanto um outro definiu como "dia da derrama" a madrugada (12 de dezembro de 2002) em que transcorreram as votações na Câmara. Em 2003, o mesmo tema volta a ser incluído na PEC nº 41-03.

[517] Outro aspecto digno de menção a respeito da MP nº 66 é o intenso e bem-sucedido *lobbying* empreendido pela Confederação Nacional da Agricultura e Pecuária (CNA) em prol da revogação do art. 12 do texto original da MP, que onera o produtor rural, como pessoa física, com o recolhimento do imposto de renda em suas vendas à agroindústria. Por meio da MP nº 73 (14 de outubro de 2002), deu-se essa revogação.

a MP nº 82 reflete uma expedita negociação política, envolvendo um aliado valioso, tanto do atual como do futuro governo (o governador eleito de Minas Gerais e, até o final de 2002, presidente da Câmara dos Deputados), em torno da recomposição do arranjo federativo (Macey, 1990b) e da responsabilidade fiscal dos estados. Um primor de *faz-de-conta*, essa MP cria a possibilidade de transferência de domínio de parcelas da malha rodoviária da União, de modo a viabilizar aportes de verbas orçamentárias federais para os estados e o DF, até janeiro de 2006. E mais: tais recursos resultam da Contribuição de Intervenção no Domínio Público (Cide), que, pelo PL nº 6.770 — aprovado na Câmara simultaneamente com a conversão da MP nº 66 —, teve o seu teto de cobrança ampliado de R$0,50 para R$0,80 por litro de gasolina. Assim, a vinculação estabelecida solidifica a cobrança da Cide em sua nova alíquota.[518] Por outro lado, a MP nº 82 é uma via auxiliar da Lei de Responsabilidade Fiscal. A propósito, em simultâneo com sua demanda de uma transferência da União de aproximadamente R$1 bilhão, o governador de Minas Gerais clama pela redução do percentual da receita estadual reservado ao abatimento da dívida de seu estado com a União.

Muito provavelmente o leitor não teria pensado em arranjo alternativo tão brilhante quanto essa transferência de domínio da malha rodoviária, como subterfúgio para flexibilizar o dogma da responsabilidade fiscal. Por certo que toda a dissimulação envolve mais um avanço tributário sobre a renda do contribuinte.

Por que refrear a emissão de MPs?

Em meados de 2001, as MPs voltam a se destacar como tema central da arquitetura de políticas públicas. O centro desse renovado interesse é o novo *round* na trajetória da PEC nº 472-97, que se arrasta no Congresso há longo tempo:

- superficialmente, argumenta-se que isso ocorre devido ao empenho do presidente da Câmara em cumprir uma de suas promessas na campanha pelo posto — recuperar a autonomia legislativa do Congresso.
  Essa PEC é inócua, ao estabelecer um prazo de validade máxima para a manutenção do *status* de uma lei como MP. Ora, dependendo do tema tratado na MP, é irrelevante essa validade máxima pois, estando em vigor, a MP produz de imediato efeitos concretos e, assim, de elevado custo político para ser modificada ou recusada pela legislatura;
- uma segunda percepção da iniciativa de trazer a voto a referida PEC é mais substancial. Existe um *tradeoff* que paralelamente está sendo proposto aos legisladores: o Executivo aceita o limite de vigência (inócuo) e uma restrição adicio-

---

[518] Mais adiante, os governadores dos estados saberão criar circunstâncias em que esse repasse de verba federal poderá ser eternizado nas relações federativas, ancorando ainda mais a Cide no sistema tributário nacional. Ver "O significado de uma reforma", no cap. 2.

nal de circunscrever a emissão de MPs a certas classes de iniciativas, em troca da retirada do art. 246 da Constituição.

A iniciativa é poderosa: com a eliminação da regra do jogo que impede o governo de legislar por MPs sobre temas de política pública que decorram de emendas constitucionais, o poder de emissão de MPs fica ampliado, habilitando os burocratas do Executivo a interpretar a Constituição!

▶ uma terceira variante é o interesse da coalizão no poder em atuar preventivamente na restrição de poderes autônomos da *futura* coalizão (a se instalar em janeiro de 2003). No caso de sucesso eleitoral da *atual* coalizão, a restrição poderá ser desfeita sem maiores custos políticos; no caso de vitória de uma coalizão de esquerda (oposição), o novo governo atuará sob um regime decisório em que a supervisão legislativa é revigorada.

Uma evidência dessa conjectura é o descaso com que o tema da PEC tem sido tratado pelos líderes da oposição, ainda que escudados pela resistência em torno da manutenção do art. 246;

▶ por fim, é provável que estejamos de novo diante de uma estratégia de pura procrastinação por parte do governo. Essa terá sido mais uma etapa de movimento análogo, empreendido no período de reuniões extraordinárias do Congresso em janeiro de 2001.

Tal convocação extraordinária foi estabelecida em torno da aprovação dessa mesma PEC. Na ocasião, o governo aceitou que cerca de 1/3 do estoque de MPs então existente fosse convertido em leis, de modo a retirar força ao argumento da pouca autonomia decisória do Legislativo.[519] Quantitativamente, essa estra-

---

[519] Todavia, é ingenuidade pensar que as MPs tenham perdido sua importância como forma essencial da feitura das leis no Brasil. O fato de ser esse um fenômeno que se alonga com tanta intensidade por toda uma década, secundando a implementação de políticas de estabilização econômica, é suficiente para garantir ser esse arrefecimento quantitativo uma ocorrência fortuita, e não uma mudança nos fundamentos institucionais da economia. A expressiva queda observada na trajetória da variável **MP/L*** (tabela 7) ocorre a partir de janeiro de 2001, especialmente em decorrência da conversão mais intensa de MPs durante o período de reuniões extraordinárias do Congresso. Nessa ocasião, o governo está, uma vez mais, sitiado politicamente, em face da ameaça dos legisladores de votar uma PEC em que, de algum modo, o mecanismo das MPs ficasse menos flexível para uso da burocracia. Para aplacar a coalizão que, então, ameaçava se ampliar, o governo aceitou fazer a concessão de converter com mais freqüência as MPs em leis. Essa é uma estratégia de sucesso, de vez que o tema da emissão de MPs tornou a sair da pauta de prioridades da legislatura. Ademais, vale lembrar que o mecanismo das MPs deriva grande parte de sua força institucional de seu atributo dissuasório: tanto para os agentes privados quanto para os legisladores, a simples possibilidade de o governo vir a tratar um tema de política por meio de MP já condiciona substancialmente o conjunto de escolhas desses outros agentes. O mecanismo das MPs não precisa ser necessariamente acionado para que se torne efetivo.

tégia fez declinar de maneira significativa a desproporção entre MPs e leis aprovadas pelo Congresso Nacional, como mostra a tabela 7.

Tabela 7
Quantidade mensal de MP em unidades da produção média de leis (L*) aprovadas no Congresso Nacional: (dez. 2000–maio 2001)

Dez. 2000	Jan. 2001	Fev. 2001	Mar. 2001	Abr. 2001	Maio 2001
7,2	5,4	3,5	3,0	3,0	3,5

Obs.: A produção média de leis (L*) exclui as leis de conversão.

De resto, há evidências de que a cultura de uma administração pública operando *sem* MPs não é uma consideração muito sólida.[520]

A passagem de uma PEC no Congresso Nacional

Sob o regime da EC nº 32, o acúmulo de MPs na pauta das casas legislativas rebaixa[521] a prioridade de qualquer outro item da agenda de votação, inclusive de propostas de emendas constitucionais. No começo de 2002, esse é o caso da PEC que renova a vigência da CPMF e cria o benefício de sua isenção nas aplicações em Bolsa. Assim, são apresentadas soluções para diretamente remover o impedimento ou eliminar suas implicações adversas. Sob este último aspecto — a perda de receita no interregno do término da vigência da cobrança da CPMF à efetivação da nova prorrogação — considerou-se que haveria a compensação, por meio do aumento de outros impostos (o IOF, por exemplo),[522] por cortes de despesas públicas e bloqueios nos limites de pagamentos de órgãos públicos[523] ou

---

[520] Um episódio reforça esse ponto de vista. Aprovada a LC nº 109 (29 de maio de 2001), o presidente da República vetou parcialmente esse projeto, e o ministro da Previdência Social secundou o veto, com o argumento de que a isenção de imposto de renda das aplicações financeiras dos fundos de pensão fechados (alvo do veto) será retomada por MP... Por essa seqüência institucional, uma MP também se equipara a uma lei complementar.

[521] Ver " A delicada consolidação institucional", a seguir.

[522] Coincidentemente, embora não vinculado oficialmente à questão da CPMF, foi apresentado na Comissão de Finanças da Câmara um projeto de lei que mais do que dobra a alíquota do PIS-Pasep em sua incidência sobre o faturamento de empresas.

[523] Incidindo sobre projetos patrocinados por parlamentares individualmente e por partidos políticos, essa é uma moeda de troca poderosa nas negociações em torno da renovação da CPMF, nos termos preferidos pelo governo. No Orçamento da União de 2002, esses projetos totalizam R$22,2 bilhões. Outro fator relevante no condicionamento a essa aprovação é que os partidos de oposição, antecipando sua sorte na futura eleição presidencial de outubro/novembro, não se predispõem a discutir com maior isenção a permanência da CPMF. Afinal, o período de renovação cobre os dois primeiros anos da nova administração federal.

mesmo pela suspensão da carência constitucional de 90 dias, antes que a contribuição entre em vigor, por mais um novo período que se estende até 2004.

Quanto à atitude de remover diretamente o acúmulo de MPs à frente da PEC da CPMF, surge a novidade da *medida revogatória*, isto é, uma MP especial que cancela as MPs que ocupam posições à frente da PEC da CPMF.[524] Em linhas gerais, essa nova classe de MP revela uma variedade de atributos:

- preserva nominalmente o art. 62 da Constituição (regime que regula a emissão de MPs);
- as MPs assim revogadas só retornarão à agenda do Congresso sob a forma de projetos de lei;[525]
- a medida revogatória não seria uma burla à regra porque, uma vez emitida, a MP não pode ser retirada pelo Executivo;
- o poder revogatório pode ser acionado para abater não apenas uma MP isoladamente, mas todo um lote de MPs (cerca de 20, na ocasião);
- a revogação equipara-se à rejeição pela casa onde estiver tramitando a MP, levando o governo a aguardar o prazo de um ano para que o mesmo conteúdo possa reaparecer como MP.[526]

A ocorrência acima referida envolve uma estratégia de contornar os percalços na implementação de uma política econômica que, apregoada como fruto da criatividade da alta gerência econômica, dissipa ainda mais as instituições representativas.[527]

A desobstrução da agenda de votações da Câmara serve de estudo de caso para caracterizar mais uma etapa do que de outra forma é uma revolução constitucional que tem sido promovida deliberadamente, à margem da implementação do Pla-

---

[524] É difícil não pensar figuradamente em uma escada em que o ocupante do segundo degrau serra o primeiro degrau, de modo que o ocupante do primeiro degrau desapareça de sua frente, cedendo-lhe o primeiro posto. O novo mecanismo institucional teria sido discutido em reunião do colégio de líderes na Câmara dos Deputados realizada em 9 de abril de 2002.

[525] Na interpretação do presidente da Câmara, tal implicação por si só fortalece a posição do Congresso e, portanto, o sistema de separação de poderes. O que o deputado não parece perceber é que, em troca, se perde em outra frente: deteriora-se ainda mais a Constituição com essa improvisação conjuntural.

[526] Todavia, não se sabe qual a possibilidade de a própria medida revogatória vir a ser rejeitada em sua apreciação no Congresso, ou por meio de que formalidade se dará sua criação.

[527] Em verdade, esse é mais um expediente que, por desacreditar os próprios processos da Constituição, pode ser rotulado como uma "estupidez constitucional" (Eskridge e Levinson, 1998:1). Ver Monteiro (2003e).

no Real. Mesmo após as duas votações favoráveis na Câmara,[528] ainda havia um caminho longo e incerto a percorrer no Senado. À época da votação na Câmara, a previsão era de que isso poderia se concluir em até dois meses. Assim, premido pelo impacto da perda de arrecadação no interregno que medeia a extinção do regime vigente da CPMF (17 de junho de 2002) e a entrada em vigor do novo, o governo poderia vir a contabilizar uma perda de arrecadação entre R\$1,6 bilhão e R\$3,2 bilhões. Portanto, era substancial a predisposição para perseverar na *revolução*.

No rol das mudanças de regras contempladas para lidar com esse risco para o ajuste fiscal, aprovou-se (25 de abril de 2002) um novo conjunto de procedimentos para a tramitação de MPs: foi instituída uma única comissão legislativa mista permanente para apreciar toda e qualquer MP, abreviando-se a tramitação de MPs no Congresso.

Se a prática de tratar como subalterno o texto constitucional foi levada mais longe do que se poderia prever quando da tramitação da emenda da CPMF na Câmara, em sua fase no Senado agrava-se o ambiente de instabilidade das regras do jogo, com a defesa de que há uma boa causa a ser atendida. A precedência argüida é sempre a prioridade da política econômica na conjuntura. Assim, o governo persiste em seu intento, e o artifício, desta vez, compõe-se de duas etapas:

- no âmbito das regras que presidem as escolhas no Senado, aprova-se (21 de maio de 2002) na Comissão de Constituição, Justiça e Cidadania (CCJ) um rito *ad hoc* para viabilizar a cobrança da CPMF já a partir de 18 de junho, isto é, a opção quanto a que procedimento decisório seguir é definida pelo resultado a que se pretende chegar;[529]
- mas para tanto ainda há que derrubar uma outra regra, desta vez uma regra constitucional: a que estabelece, sem distinção de que contribuição está em jogo, se nova ou antiga, ou se a causa é boa ou não, um período de graça de 90 dias, antes de sua cobrança se efetivar.

Porém, tudo isso é detalhe que apenas gera mais incerteza quanto aos fundamentos institucionais da economia. Em decorrência, as regras regimentais do Senado são sutilmente adaptadas de modo que a tramitação da PEC possa ser dada por concluída em tempo recorde, como orgulhosamente proclamam algumas lideranças partidárias:

- em 21 de maio de 2002, o plenário do Senado aprova o cronograma de tramitação decidido na CCJ. Ocorrem sessões duplas às segundas (3 de junho) e sextas-feiras (31

---

[528] Com a segunda votação ocorrendo quase dois meses após a primeira.

[529] Tão logo a CCJ aprovou a PEC da CPMF em 22 de maio de 2002, promoveu-se um encurtamento de sua tramitação no plenário do Senado, com sessões deliberativas às segundas-feiras (!) e mais duas sessões extraordinárias na manhã de 12 de junho de 2002. Com isso se assegura que em 18 de junho a CPMF seguirá sendo cobrada, sem qualquer descontinuidade.

276 LIÇÕES DE ECONOMIA CONSTITUCIONAL BRASILEIRA

de maio), e assim chega-se à aprovação em primeiro turno (4 de junho). Antes da votação em segundo turno (a ocorrer em 12 de junho), haveria duas sessões extraordinárias nessa mesma manhã. A tramitação usual faria com que essa aprovação somente viesse a ocorrer no segundo semestre, compelindo o governo a promover cortes compensatórios na despesa pública, um risco eleitoral que ele não se dispõe a correr;

▶ ao mesmo tempo, a agenda da Câmara é deliberadamente paralisada, por força da ocorrência no Senado! Como está em pauta a votação, pelos deputados, da MP do salário mínimo — que já está com prazo decorrido, por outra regra constitucional (EC nº 32) —, caso houvesse aprovação dessa MP, pela mesma regra ela se tornaria prioridade na agenda do Senado, rebaixando a prioridade da PEC da CPMF!

▶ por um destaque para votação em separado, o governo se dispensa de obter maioria de 3/5 para suprimir a exigência constitucional (outra regra que se altera) de observar carência de três meses entre a aprovação do novo regime da CPMF e a sua efetiva cobrança.

Por fim, em 12 de junho de 2002, o Senado aprova e promulga-se a extensa EC nº 37, que não apenas amplia a vigência da CPMF até 31 de dezembro de 2004,[530] mas também isenta de sua incidência certas classes de contas correntes de depósito, sobretudo as relativas a lançamentos que resultem de compra e venda de ações na Bolsa de Valores, ainda que de investidores estrangeiros (na entrada no país e na remessa para o exterior de recursos financeiros empregados em operações e contratos em Bolsa). Por outro lado, o texto da EC nº 37 ignora integralmente o art. 195, §6º, que estabelece um interregno de 90 dias entre a vigência da nova contribuição e sua cobrança efetiva.

Porém, ainda há um requinte adicional: será que a dispensa do prazo de carência que a EC nº 37 contempla *implicitamente* é de todo uma *modificação* do texto ou do sentido com que a mesma decisão foi aprovada na Câmara? Assim não foi considerado, com a promulgação da emenda dando-se logo em seguida. Após tanta criatividade institucional, esse não chega a ser um desfecho surpreendente.[531]

É certo que esse não é um problema trivial. Estamos falando de um ajuste *ad hoc* de uma variedade de regras do jogo de políticas, de modo a validar resultados macroeconômicos que interessam conjunturalmente ao governo. Regras de diversas hierarquias são alcançadas por tal expediente.

Emocionante, não? Mais intensa geração de incerteza, impossível.

---

[530] A PEC nº 41-03, que domina a cena econômica brasileira no segundo semestre de 2003, traz atrelada mais uma renovação de vigência da cobrança da CPMF: até 2007.

[531] Cabe lembrar a forte persuasão inerente à ameaça de cortes de gastos públicos, como anunciado pelo Executivo, que potencialmente incidiriam sobre emendas patrocinadas por parlamentares e partidos políticos. Logo adiante, o Congresso dedica-se a apreciar a proposta orçamentária da União para 2003. Ver Rezende e Cunha (2002).

A delicada consolidação institucional

Na hipótese de a crise externa agravar-se (com uma retração mais intensa do fluxo de capital externo, por exemplo), como reagirão os agentes privados em suas antecipações quanto ao uso de MPs, que a partir de setembro de 2001 é uma opção mais restrita do que foi em passado recente, ou que outros impedimentos constitucionais poderão vir a ser removidos?

Esses são os *fundamentos* da macroeconomia brasileira que podem qualificar as realizações do governo no restante de seu mandato, em 2002, e da próxima administração federal, a partir de 2003. São desdobramentos que se apóiam na redução de credibilidade da Constituição como um conjunto de regras auto-implementáveis, isto é, cujos mecanismos não dependem de alguma outra instância para prevalecer.

Ilustrando a perda de mobilidade dos burocratas, pode-se notar que ainda sobra espaço de manobra, mesmo sob as novas regras mais rígidas que regem a emissão de MPs. Em mais de uma oportunidade, os burocratas exercitam a capacidade *sui generis* de recorrer ao uso de MPs para atualizar outras MPs que vigoram ainda com *status* de MP e que pertencem a um bloco de 66 MPs que não foram convertidas em lei por ato do Congresso.[532]

Um exemplo nesse sentido é a MP nº 38, de 14 de maio de 2002. Essa MP define uma longa lista de condicionamentos para antecipação de receita, parcelando débitos tributários de estados, municípios e empresas públicas e privadas em processo de falência ou de liquidação junto à União. A figura 18 ilustra essa interação da MP nº 38 e três outras MPs que ainda vigoram sob o regime anterior à EC nº 32.[533]

Figura 18
A estratégia de atualizar o passado das MPs

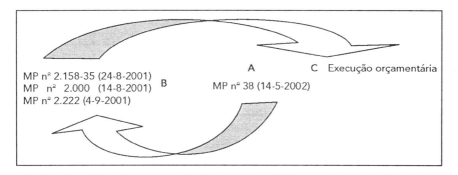

---

[532] A esse respeito, ver a referência feita, logo adiante, ao PR nº 5-01.

[533] Outro exemplo mais recente dessa estratégia de emitir uma MP para alcançar e reconfigurar a validade de uma ou mais das MPs do estoque pré-EC nº 32 é a MP nº 135 (30 de outubro de 2003), que, ao eliminar a cumulatividade da Cofins, recondiciona artigos da MP nº 2.158-35 (24 de agosto de 2001).

278   LIÇÕES DE ECONOMIA CONSTITUCIONAL BRASILEIRA

A seqüência **A** ⟶ **B** ⟶ **C** atende à presteza com que a gerência orçamentária pode resolver problemas de tesouraria, com a MP nº 38 atualizando dispositivos das três outras MPs, *congeladas* sob o antigo regime de emissão de MPs. Nessa prática gerencial, as regras constitucionais são, uma vez mais, sujeitas a interpretações de ocasião, gerando mais um tipo de incerteza quanto a seu conteúdo e tempo de vigência. Porém, em outra frente, consolida-se lentamente a maior autonomia decisória do Congresso, impulsionada pelos novos termos da EC nº 32, que enfim disciplinou a emissão de MPs.

Em 25 de abril de 2002, o Congresso dá um passo (Projeto de Resolução nº 5-01) para resolver o "esqueleto" das 66 MPs que, emitidas anteriormente a 11 de setembro de 2002, ainda mantêm sua validade inalterada com o *status* de MP:

- em até 14 dias após a publicação da MP, uma comissão mista será formada para examinar a MP;
- se o plenário da Câmara ou do Senado entender que não são procedentes os argumentos que instruíram a relevância, urgência e adequação financeira da MP, esta será arquivada e dada por rejeitada;
- em até 45 dias a MP deverá ser apreciada. Caso não o seja, a pauta da Casa onde a MP tramitar ficará bloqueada. Se em 60 dias a MP não tiver sido votada em ambas as casas, sua vigência terá prorrogação por mais 60 dias. Caso não haja conclusão ao fim desse período, será elaborado um projeto disciplinando as relações jurídicas decorrentes da vigência da MP;
- o estoque remanescente de MPs, emitidas sob a antiga redação do art. 62, será votado em sessão conjunta do Congresso, e não mais em sessões separadas em cada Casa.

Outra vez, as medidas provisórias

Todavia, no segundo semestre de 2002, a retomada da instrumentação de importantes decisões pela via expressa da emissão de MP recoloca o Legislativo na posição defensiva que nos acostumamos a presenciar até meados de 2001. Essa ocorrência exprime a flexibilidade e intensidade com que se pode dar a intervenção governamental, seja porque é tempo de eleição, seja porque institucionalmente a economia opera em uma zona em que *tudo pode acontecer*. São exemplos dessa prática:

- a MP nº 64, de 26 de agosto de 2002, que, ao reavivar a regulação do setor elétrico, dá proteções e garantias adicionais às empresas do setor,[534] além de aperfeiçoar o esquema de subvenções às tarifas de fornecimento aos consumidores de baixa renda;

---

[534] Ressalte-se o *lobbying* da Associação Brasileira dos Comercializadores de Energia Elétrica (Abraceel).

JORGE VIANNA MONTEIRO

- a MP nº 65, de 28 de agosto de 2002, apresenta duas peculiaridades. Primeiramente, por ser um veículo para regulamentar uma regra constitucional (anistia política). Em segundo lugar — e talvez a peculiaridade mais saliente —, por servir de alavanca para alcançar uma outra MP (2.151-3, de 24 de agosto de 2001) que integra o estoque de MPs "antigas", ainda não trazido à apreciação do Congresso, de vez que foi congelado pela EC nº 32;
- a MP nº 66, de 29 de agosto de 2002, é uma nova e detalhada redistribuição tributária e trata da não-cumulatividade das incidências do PIS-Pasep, com o prenúncio de que, mais adiante — e por via de projeto de lei —, igual providência poderá ser estendida à cobrança da Cofins;[535]
- a MP nº 67, de 4 de setembro de 2002, é uma outra frente da política tributária, produzindo ganhos especiais (*rents*) para as empresas de transporte aéreo. Estima-se que o total dessa transferência de renda alcance R$1 bilhão. Para onde vai esse bilhão, a leitura do texto da MP informa; de que segmento dos contribuintes ele sairá, nada se diz;
- a MP nº 70, de 1º de outubro de 2002, como recurso para regulamentar o art. 222 da Constituição, que havia sido recentemente emendado pelo Congresso (EC nº 36, de 28 de maio de 2002), trata da participação de capital estrangeiro no setor de empresas jornalísticas e de serviços de radiodifusão e de televisão;[536]
- outro ato peculiar é a MP nº 71, de 3 de outubro de 2002, que dispõe sobre um virtual regime autárquico para a Secretaria da Receita Federal, unidade decisória que há longo tempo busca obter um *status* de "independência", em analogia ao caso recorrente da autoridade monetária.[537]

---

[535] Não obstante, a MP nº 66 "atropelou" o Projeto de lei nº 6.665-02, de 30 de abril de 2002, então em curso na Câmara dos Deputados. Outra vez, como ficam os fundamentos da EC nº 32? A facilidade gerencial com que se formaliza mais essa etapa da reforma tributária sugere que se pergunte: por que isso terá de todo ocorrido justo no período eleitoral? Igualmente, vale notar nesse episódio o dominante *lobbying* da Associação de Comércio Exterior do Brasil (AEB).

[536] Conquanto a edição dessa MP já fosse esperada, ela é, mais uma vez, uma forma de evasão ao sentido geral que a classe política parece ter atribuído às restrições de uso impostas ao mecanismo das MPs em setembro de 2001. É, ademais, um fator de instabilidade institucional, pois que se trata de regulamentação polêmica, especialmente em uma ocasião eleitoral. Em reforço, perceba-se que, muito embora não se possa diretamente alterar as regras constitucionais por via de MP, o caso em discussão ilustra essa possibilidade, ocorrendo de uma forma indireta, confrontando-se a futura legislatura com novos fatos consumados de âmbito constitucional.

[537] A realçar a motivação que pode levar uma administração tão próxima de concluir o seu mandato a recorrer à emissão de mais uma MP, no atendimento a um corporativismo que poderá vir a ser uma fonte de perturbação para a futura administração. Como se trata da autoridade fiscal, a MP sinaliza uma inquietante predisposição para, no futuro, se tentar aprofundar ainda mais esse regime autárquico. Ver, neste capítulo, "O poderoso Decreto nº 4.489".

Adicionalmente, o próprio mecanismo das MPs volta a ser uma fonte de renovadas incertezas, quando as lideranças governistas se vêem diante de obstáculos não antecipados pela vigência do regime da EC nº 32. Os bloqueios das pautas de votação no Congresso revelam-se de incidência desigual, na Câmara e no Senado: a paralisação da pauta da Câmara alimenta o trancamento, ainda mais imediato, no Senado. Para tanto, volta-se a lançar o balão-de-ensaio[538] de rever a EC nº 32 ainda em 2002.

Figura 19
A ambientação da incerteza

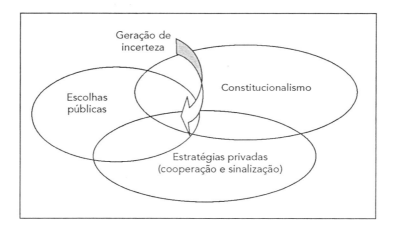

O turbilhão institucional aqui narrado nos leva a perceber que a incerteza — que comumente se alega ter suas origens no processo eleitoral e mesmo no mercado mundial — é inseparável da instrumentação das escolhas públicas, das ocorrências puramente constitucionais (atitudes, valores, estabilidade de regras) e do grau da cooperação sinalizado pelos agentes privados.

A figura 19 resume essa complexa decomposição da incerteza sob a qual transcorre o jogo de política econômica.

Riscos presumidos e reforma

A reforma da Previdência Social, sobretudo a partir de 2002, encontra oposições variadas, dentro e fora do Congresso. O grau de complexidade dessa regulação expõe os agentes privados a riscos que podem ser descontados, com

---

[538] *Valor Econômico*, 10 set. 2002.

maior ou menor subjetividade e intensidade, consoante a capacidade desses agentes para relacionar as iniciativas de reforma estabelecidas no período t a um padrão de outras intervenções que eles antecipem venham a ocorrer em t + n.

Levando-se em conta uma recente teoria de risco presumido (Volokh, 2003), pode-se estabelecer um importante raciocínio quanto à polêmica reforma previdenciária (PEC nº 40-03). As resistências que se apresentam a essa iniciativa do governo podem ser catalogadas sob diferentes classes de reação:

- a PEC pode mudar a atitude geral da população quanto ao poder governamental de promover o cancelamento de comprometimentos de política pública, de modo que outros direitos venham a ser revistos como privilégios e, portanto, revogáveis futuramente, por iniciativa do governo;

- a PEC pode ser tomada por uma *pequena* alteração — não obstante seu *status* de "reforma" — que afetaria muito mais o servidor público e assim acabar sendo aprovada no Congresso. Todavia, quando adicionada a uma seqüência de outras possíveis iniciativas de política já tentadas ou efetivadas nos últimos anos, projeta-se um cerceamento adicional a direitos e liberdades econômicas do cidadão;

- o governo confronta-se com um "momento político" propício à necessidade de ter aprovada a PEC, de modo a assegurar o sucesso do combate à inflação, persuadindo mais facilmente a população de que deva aceitar mais restrições e confiscos de direitos e liberdades. Por outro lado, a nova configuração do atendimento público na área previdenciária poderá tornar mais difícil aos que se opõem a essa política se organizarem, pois talvez eles receiem cair em descrédito junto à opinião pública ("ser contra a reforma é ser a favor da inflação"). A etapa legislativa que se observa em meados de 2002 seria, em certo sentido, a última oportunidade de empreender uma reação mais efetiva em oposição à proposta de emenda;

- os contingentes mais jovens da população (mais distantes da data de aposentadoria) podem estar mais propensos a apoiar a PEC do que os já aposentados e os elegíveis a aposentadoria no curto e médio prazos. Se as regras do sistema previdenciário tornarem-se mais restritivas, do ponto de vista da obtenção de benefícios líquidos, com o passar do tempo isso poderá desencorajar as pessoas a pensarem em se aposentar em uma idade relativamente mais baixa, reduzindo assim o contingente dos que se sintam pessoalmente afetados com a adoção das novas regras previdenciárias.

Será então maior o segmento do eleitorado que apoiará a preservação da previdência estabelecida em as novas bases. Em decorrência, aumenta a probabilidade de uso mais amplo de poder discricionário, tanto na própria política de pre-

282 LIÇÕES DE ECONOMIA CONSTITUCIONAL BRASILEIRA

vidência quanto em outras políticas públicas.[539] Uma consideração adicional é que a tramitação conjunta da PEC nº 40-03 e da PEC nº 41-03 (sistema tributário) pode facilitar o contágio na flexibilidade com que o sistema tributário possa vir a ser operado. De todo modo, ambas as propostas são soluções para o problema de tesouraria do governo;

▸ a reforma previdenciária pode contribuir para que se reduza o custo de impor novos encargos à renda privada, na medida em que a maior demanda de planos de pecúlio comprados no mercado será regida por regulações que também emanarão do governo;

▸ de modo similar ao item anterior, a aprovação da PEC da previdência pode induzir a mudanças adicionais nas regras do jogo — contemporaneamente, com *status* constitucional —, tornando mais viáveis outros confiscos da renda privada.

Assim, por exemplo, os recursos que não puderem ser levantados integralmente para a manutenção de outros atendimentos públicos (infra-estrutura viária, educação universitária, saúde, segurança, entre outros) poderão ser complementados, em alguma proporção, por transferências de responsabilidades por sua provisão ao mercado.

Essa decomposição dos possíveis mecanismos pelos quais a aprovação de uma política pública **A** pode estar condicionada pela antecipação que os agentes privados fazem quanto à ocorrência de uma política ou seqüência de políticas adversas **B** tem dois importantes corolários:

▸ é de grande relevância na qualificação da *eficiência* do processo de formação de uma política pública (Volokh, 2003:1.131).

Por todos os elementos já relacionados, percebe-se que uma política **A** que tenha virtudes que em si mesmas levem à sua aceitação e implementação poderá vir a ser inviabilizada por uma coalizão de legisladores que representem, por seu turno, segmentos do eleitorado contrários à política **A** por entenderem que **A** possa levar a **B**. Ou, dito de outro modo, ainda que a reforma **A** seja um resultado socialmente ótimo, ela poderá não vir a ser implementada pelo fato de parte dos que a apóiam temer que por meio dela se possa chegar a **B** (Volokh, 2003:1.126).

---

[539] A propósito, perceba-se na seqüência dessa argumentação quão simplista é concluir que, por insistir em aprovar a reforma previdenciária, o presidente da República e o PT estarão minando suas próprias chances eleitorais futuras. Ou, dito de outra forma, a conjectura aqui apresentada é que a "conexão eleitoral" pode acabar sendo reconfigurada em razão de algum complexo mecanismo de risco presumido.

Tal padrão de ineficiência poderá ser atenuado ou de todo evitado, na medida em que se reduza a possibilidade da ocorrência de **B**;

- desse modo, a própria construção da estratégia macroeconômica poderá deter-se em tornar menos provável que A leve a B, ou pelo menos minimizar a ocorrência de alguns mecanismos que operem entre A e B.

Mais especificamente, quão provável é que uma dada proposta de política seja vista pelos agentes privados como induzindo a adoção de políticas que venham a lhes impor maior coerção (Wiseman, 1990)?[540]

O poderoso Decreto nº 4.489

É ilimitada a capacidade do governo para gerar novas formas de incerteza. O regime tributário fornece freqüentes exemplos nesse sentido. Ao sabor de suas necessidades de tesouraria, o governo manipula as regras do jogo, com o que se torna relativamente mais simples alcançar e mesmo ultrapassar as metas de superávit primário das contas públicas. Disputas quanto aos direitos do cidadão-contribuinte ou da contrapartida na provisão de bens públicos seguirão sendo resolvidas sob o primado do Estado que maximiza suas receitas:

- é sob essa qualificação que se pode melhor situar o recorrente argumento do "pouco espaço de manobra" disponível no orçamento público: afinal, verifica-se em 2002 um crescimento real da arrecadação tributária federal de espantosos 8,5%, comparativamente a 2001;
- a explicação mais fundamental desse desempenho, amplamente ignorada na argumentação do governo, é a consolidação de seu elevado poder discricionário.

O Decreto nº 4.489, de 28 de novembro de 2002, é ao mesmo tempo um desses fatos a que o cidadão acaba por se acostumar, de tão previsível que era, mas também é curioso que tenha ocorrido em final de mandato. Por esse ato, a burocracia fiscal tem

---

[540] Tanto a questão da eficiência de A quanto a da incorporação de riscos presumidos na formação da estratégia macroeconômica de A podem ser conciliadas por esse conceito de coerção. Em um sentido menos usual, o conceito de eficiência é aqui relacionado à ausência de coerção nas escolhas públicas. Tal concepção — originariamente atribuída a K. Wicksell, celebrado economista sueco do final do século XIX — foi resgatada nos anos 1940 no modelo da *public choice* (Buchanan, 1987a, cap. 1). Assim, uma ordem social eficiente é aquela em que o cidadão não se sente *impropriamente* restringido por regras, instituições e políticas vigentes nas escolhas públicas (Wiseman, 1990:110). Ele aquiesce a reformas que lhe imponham novas regras e políticas públicas na medida em que não se sinta sob coerção imprópria, não obstante os impactos adversos (que podem incluir B) dessa nova configuração constitucional sobre o seu bem-estar.

284 · LIÇÕES DE ECONOMIA CONSTITUCIONAL BRASILEIRA

seus poderes discricionários ainda mais ampliados, com o pleno acesso à movimentação financeira de pessoas físicas e jurídicas em virtualmente todo tipo de operação, como detalhado nas 13 variedades listadas no art. 3º desse decreto. Ademais, e como tem sido típico nos últimos anos, a imposição de limites ao uso de mais esse reforço da autoridade fiscal decorre da LC nº 105 (10 de janeiro de 2001), aprovada no Congresso na época áurea das MPs, quando o Executivo podia condicionar intensamente o processo decisório de deputados e senadores. É uma espécie de *auto-alimentação* de discricionarismo que fica bem evidenciada no texto do decreto, com a atribuição à Secretaria da Receita Federal de funções judiciais e legislativas subsidiárias.[541]

Formalmente, o Decreto nº 4.489 nada mais é do que um tipo de regulamentação da citada LC nº 105. Todavia, em face da elevada carga tributária com que o contribuinte convive, e dos poderes já tão amplos da SRF — e de virtualmente qualquer outra agência governamental, em sua capacidade de ampliar encargos compulsórios —, o novo regime tributário é um avanço expressivo sobre as liberdades econômicas do cidadão.

Por isso mesmo é alarmante que os partidos de oposição não se manifestem a esse respeito, e que o governo promova essa variedade de quebra de sigilo bancário, quando a sociedade tem sua atenção atraída para outras ocorrências na economia política nacional. Pode-se mesmo incluir nesse *efeito distração* a retomada da pressão para que seja aprovada com a maior brevidade uma "reforma tributária".

Outra vez, o Congresso desempenha-se muito mal nesse episódio, pois que se omite diante de tão significativa mudança institucional, ao mesmo tempo em que aceita ser levado a votar uma reforma tributária aos *pedaços*. A já referida MP nº 66[542] tem sido alardeada como um desses pedaços: uma indispensável *minirre-*

---

[541] Tomando-se por referência a entrevista do secretário-adjunto da SRF (*O Globo*, 30 nov. 2002, p. 29), são inerentes ao ambiente institucional que viabiliza tanta concentração de poder decisório no Executivo federal: a retórica ambígua utilizada para desqualificar restrições que se façam aos termos do novo decreto. Não se estaria incorrendo em quebra do sigilo bancário, e sim em sua conversão em *sigilo fiscal*; a *folga* pela qual a implementação das novas regras do jogo passa a depender exclusivamente da própria instância burocrática, tal como a de que a SRF terá autoridade "para pedir os dados sobre a movimentação dos contribuintes de cinco anos para trás". Mais adiante, essa mesma arrogância está presente na interpretação dada pela autoridade fiscal ao fato que teria levado o governo a revogar a exigência estabelecida no citado Decreto nº 4.489, por meio da emissão do Decreto nº 4.545, de 26 de dezembro de 2002. Pelo Decreto nº 4.489, converte-se o sigilo bancário em sigilo fiscal, pretensamente tornando mais viável — constitucional e politicamente — esse avanço sobre as liberdades econômicas do cidadão. Segundo a nova retórica, o governo volta atrás, por ter reconhecido a redundância de tal dispositivo: ele já estaria implícito no acesso da SRF às informações sobre a arrecadação da CPMF. O discricionarismo é tanto que já acarreta duplicação em seu exercício por uma mesma instância de poder!

[542] Ver "A delicada consolidação institucional", neste capítulo.

forma (na linguagem oficial) que institui a incidência não-cumulativa do PIS-Pasep, além de elevar a alíquota dessa contribuição, dar tratamento diferenciado à cobrança do imposto de renda e mesmo prorrogar a vigência da alíquota adicional de 10% sobre os rendimentos da pessoa física.

Tudo isso, no entanto, parece substancialmente menos crítico do que a quebra de sigilo da movimentação financeira da pessoa física e jurídica, como estabelecida pelo Decreto nº 4.489.

A seqüência da figura 20 representa um desafio para os que se disponham a entender a formulação e implementação de política econômica na democracia constitucional.

Figura 20
Hierarquia de regras do jogo de política econômica

Art. 145 da constituição: "[é] facultado à administração tributária (...) identificar, respeitados os direitos individuais, (...) o patrimônio, os rendimentos e as atividades econômicas do contribuinte".

⇓

Art. 5º da LC nº 105: "O Poder Executivo disciplinará (...) os critérios segundo os quais as instituições financeiras informarão à administração tributária da União (...)".

⇓

Decreto nº 4.489

Por longo tempo a sociedade brasileira foi complacente com as seguidas extensões da capacidade legislativa do Executivo, o que fica bem ilustrado em toda a trajetória da estabilização de preços viabilizada pela intensa emissão de MPs (Monteiro, 1997, 2002). Uma vez estabelecida uma ordem legal e política tão peculiarmente fundamentada em muitas centenas de MPs, torna-se tênue e arbitrária a percepção dos elos na cadeia de regras do jogo ilustrada na figura 20, o que todavia não impede que eventualmente se esbocem opiniões quanto a conflitos decorrentes da vigência simultânea desses três conjuntos de regras.[543]

(Des)constitucionalização da política econômica

É inquestionável que o tema dominante na economia política brasileira em 2003 é a passagem da PEC nº 40-03 e da PEC nº 41-03 no Congresso Nacional,

---

[543] *Jornal do Brasil*, 3 dez. 2002. A10. A emissão do já mencionado Decreto nº 4.545 pode ter decorrido, em parte, do temor de que a fundamentação legal apresentada nessas contestações viesse a ser acolhida pelo Judiciário.

estabelecendo novas políticas de previdência social e tributária, respectivamente. Em razão disso, todas as atenções voltam-se para os seus resultados finais, enquanto os seus processos ocupam um papel secundário, tanto na concepção dessas políticas quanto na viabilização de mecanismos que garantam a sua efetiva implementação como conjuntos de novas regras constitucionais.

Por esse motivo, políticos e burocratas revelam grande predisposição para rebaixar o *status* dessas regras condicionando a sua durabilidade, ao atenuar restrições que poderiam tornar elevados os custos de sua alteração futura. Ambas as propostas tornaram-se um confuso e permissivo conjunto de comprometimentos que combinam, entre outros elementos:

- critérios da unificação do sistema de previdência social, em todos os segmentos das escolhas públicas, e da transição do antigo para o novo regime previdenciário;
- critérios de compensação internos às políticas tributária e previdenciária; entre essas políticas; e entre suas incidências nas três jurisdições de governo;
- permanência da CPMF, estabelecimento de sua alíquota máxima, compartilhamento de sua arrecadação com estados e municípios, e grau de vinculação de sua receita;
- prazos diversos quanto a datas iniciais ou terminais de vantagens operacionais estabelecidas no sistema tributário reformulado (DRU, incentivos para a Zona Franca de Manaus, "guerra fiscal", transição no regime de cobrança do ICMS, entre outros);
- margem em que possam ser criadas novas fontes de receitas compulsórias públicas;
- carga tributária, especialmente quanto ao teto de incidência, grau de vinculação (CPMF, Cide), e reversão (quando da recuperação da atividade econômica, reajustam-se os impostos *para baixo*).

Em função de avanços e recuos nesses atributos, viciam-se segmentos da Constituição que, em si mesmos, não são diretamente alvo das mencionadas PECs, tais como:

- o arranjo federativo — a tentativa de moldar as PECs às necessidades ditadas pelo prestígio e pelas aspirações políticas dos líderes no colegiado de governadores é ajustada em termos das competências alocadas às três jurisdições de governo;
- o sistema de separação de poderes — a presteza com que se quer ter aprovadas as reformas amplia a superposição de Executivo e Legislativo, levando ao comprometimento da autonomia decisória do Congresso;

- o arranjo bicameral — torna-se mais relevante o argumento de que, pelo fato de uma dada versão da PEC já ter sido aprovada na Câmara dos Deputados, o Senado Federal não pode alterar essa versão, viabilizando assim a rápida promulgação da emenda;
- a independência do Judiciário — alterações polêmicas, amplamente negociadas no Congresso, não admitiriam revisão judicial.

Toda a questão da transferência da atenção dos processos para os resultados finais da mudança constitucional está relacionada a um tema de grande proeminência analítica: a capacidade decisória dos políticos (Congresso), comparativamente à do Judiciário (STF), na interpretação da Constituição (Tushnet, 2001). Levando-se em conta algumas características estruturais no desempenho das capacidades constitucionais de ambos os poderes, percebe-se que:

- a proximidade eleitoral de 2004 e 2006 condiciona mais fortemente a decisão do Congresso. Em decorrência, a longevidade das versões da PEC nº 40-03 e da PEC nº 41-03 que venham a ser finalmente aprovadas ficará comprometida, com revisões adicionais previsíveis para ambos os períodos pós-eleitorais;[544]
- a coalizão majoritária tende a emoldurar as mudanças na Constituição em dimensões temporais que acomodem suas prioridades de políticas públicas. No caso atual, tem prevalecido a visão de tesouraria;
- o reconhecimento uniforme da decisão constitucional tomada pelo Congresso é prejudicado pelo fato de que ela não é acompanhada diretamente por sua justificativa, ou seja, a emenda entra em vigor sem a correspondente racionalidade em que se apóia.[545]

Essas capacidades não são, por certo, exercidas totalmente em separado uma da outra, uma vez que deputados e senadores possam:

- incorporar em suas decisões constitucionais a provável reação do STF — "obediência antecipatória" (Limbach, 2000:233);
- decidir estrategicamente, levando em conta o condicionamento político que a decisão do Congresso pode provocar nos juízes do STF, sobretudo quando esses legisladores antecipam a inconstitucionalidade de sua decisão — "sobreposição judicial" (Tushnet, 2001:1.400).

---

[544] Quanto mais não seja, recorrendo-se ao expediente, já utilizado anteriormente, de somente regulamentar tais reformas após a realização das eleições.

[545] Mesmo porque há diferentes lógicas por trás do que a maioria aprovou. Distintamente, no caso da decisão dos juízes, há uma justificativa escrita.

288 LIÇÕES DE ECONOMIA CONSTITUCIONAL BRASILEIRA

Foi algo no gênero dessa "sobreposição" que pode ter viabilizado a fase crítica da primeira etapa na tramitação da reforma previdenciária, com o envolvimento adicional do presidente da República nas negociações em torno da PEC nº 40-03, no final do primeiro semestre de 2003.

Um retrocesso a mais

A estabilidade das regras constitucionais deriva substancialmente da preservação do processo de emendas à Constituição, isto é, não decorre apenas do conteúdo das novas regras propostas ou aprovadas, mas da previsibilidade com que o mecanismo do art. 60 da Constituição opera. A decisão do governo, anunciada em 3 de outubro de 2003, de voltar à estaca zero da PEC nº 41-03 — mesmo após ter a PEC sido aprovada nas duas etapas regulamentares na Câmara dos Deputados — é mais grave do que parece transparecer das manifestações das lideranças políticas.

Em síntese, o governo e a classe política no Congresso informam à sociedade: não valeu! Vamos começar tudo de novo, desta vez, a partir do Senado Federal.

E por que tal decisão? Primeiramente, em decorrência da bem-sucedida estratégia de que lançaram mão os governadores:

▸ o estado-i, antecipando sua posição de perdedor líquido ante as implicações das novas regras, toma a iniciativa — na fase constitucional do jogo — de neutralizar prazos e condições que o impediriam, *sob as novas regras*, de atrair empresas que tenham a propensão de se fixar, ou que já operam, em outros estados. Trata-se de um movimento que caracteriza a falta de isenção com que a reforma de uma regra constitucional é empreendida: a "boa" regra constitucional é aquela que me beneficia;

▸ o estado-j, por seu turno, antecipando ser ganhador líquido após a entrada em vigor das novas regras, opta enfim por bloquear todo o processo de emenda, isto é, propõe que se anule a trajetória já concluída na Câmara. Se eu antecipo prejuízos que incidem sobre a minha jurisdição, que se dê o jogo por um experimento tentativo e que ele torne a começar, desta vez no Senado.

Esse episódio surpreendente na vida de uma democracia representativa não é, todavia, uma novidade na economia política brasileira. Em meados de 1996, a PEC da Previdência Social, então patrocinada pelo governo, não foi aprovada na Câmara dos Deputados. Imediatamente, o governo anuncia algo como "não há de ser nada, vamos recomeçar tudo de novo, a partir do Senado, onde o governo detém um comando mais confiável" (Monteiro, 1997:232-234). Adicionalmente, após ter sido enfim aprovada a versão da emenda que reflete as preferências do governo, acrescenta-se mais um agravo constitucional: em 12 de fevereiro de 1998, o ministro da Previdência candidamente assegura que a regulamentação da emenda previdenciária só ocorrerá após as eleições daquele ano (Monteiro, 2002:115-117) — passo que, muito provavelmente, será dado pelo governo em futuro próximo, em relação à operacionalização da PEC nº 40-03 e da PEC nº 41-03.

Perceba o leitor, em ambos os exemplos, a mesma degradação institucional:

- anula-se uma etapa constitucional já transcorrida, mas cujo resultado final, por variadas razões, não é conveniente ao governo. Assim, a própria regra que define o procedimento de emendas à Constituição é discricionariamente desabilitada;
- revela-se a precária autonomia do Congresso Nacional, que, não obstante, detém o monopólio de decidir sobre PEC;
- submete-se a plena vigência de uma regra constitucional aos interesses político-eleitorais.

No caso da PEC nº 41-03, acrescenta-se outra variante dessa erosão constitucional: o arranjo federativo fica submetido à configuração de forças em torno da obtenção de um maior poder de tributar: o federalismo ideal é o que permite às três jurisdições participantes do jogo maximizarem seus contingentes de receitas.

Em outra perspectiva, o episódio de reiniciar a tramitação da PEC nº 41-03, usando o caminho inverso ao percorrido até aqui, descortina o *lobbying* dos governadores, substancialmente centrado na tributação do comércio interestadual:

- os estados "fortes" ou "produtores" buscam sancionar na Constituição uma dada configuração de poder econômico-financeiro muito próxima da que vigora no *status quo*;
- já os estados "fracos" ou "consumidores" preferem a alteração da incidência tributária (ICMS) sobre os fluxos interestaduais.

Essa interação é estilizada no quadro de dupla entrada mostrado na tabela 8.

Tabela 8
Cooperação *versus* não-cooperação

Estados consumidores (A)	Estratégias	Estados produtores (B)	
		Cooperar	Renegar
	Cooperar	(+6, +5)	(15,+10)
	Renegar	(+12, −10)	(−10, −5)

290 LIÇÕES DE ECONOMIA CONSTITUCIONAL BRASILEIRA

As pontuações positivas e negativas são hipotéticas; o relevante é o *ranking* entre elas:

▸ se A e B cooperam, cada qual obtém ganhos substancialmente mais elevados (+ 6, + 5) do que se não cooperarem, optando pela estratégia de renegação *mútua* (– 10, –5);
▸ todavia, na arquitetura desse jogo há o incentivo subjacente da renegação *unilateral*, vale dizer, por fazer crer que coopera, porém a *posteriori* tem intenção de renegar a cooperação, cada lado tem a possibilidade de obter o seu maior ganho (+ 12, no caso de A; + 10, no caso de B). Esse estado do jogo pode ser batizado de "guerra fiscal".

A perversidade desse jogo é que, a menos que se creia na validade do contrato de cooperação — as regras constitucionais —, essa coletividade formada por A e B se manterá refém de um equilíbrio de perdas líquidas, tal qual evidenciado no caso hipotético acima, com A obtendo – 10, e B, – 5.

Embora fabricada, a situação aqui descrita se aproxima da ordem social brasileira, que reflete muitos aspectos desse dilema em que os agentes de decisão falham (Ordeshook, 1992b:155):

▸ em coordenar suas ações na direção de um equilíbrio, ilustrado na tabela 8, quando esses participantes usam a estratégia (cooperar, cooperar);
▸ em assegurar que, de um universo de possibilidades, o equilíbrio que de fato se alcance seja tido em geral como "razoável" por um segmento suficientemente grande da sociedade. Razoável no sentido de que se acredita que o Estado não vá tirar partido da situação, seja em proveito próprio ou de uma facção política à qual esteja aliado.

No entanto, esse comportamento das lideranças políticas na reviravolta da reforma tributária nos afasta desse equilíbrio.[546] Pena que esse jogo político distributivo envolva a exploração de minorias por maiorias e seus participantes estejam sempre em rotação entre esses dois blocos, de modo que, no final, todos nesse jogo acabam perdendo (Buchanan, 1993:1).

A argumentação aqui apresentada não se propõe servir à manutenção do *status quo* institucional, nem pressupõe um *ativismo* judicial que diminua a margem de

---

[546] Mesmo o governador de Minas Gerais, que em sua passagem pela presidência da Câmara dos Deputados, em 2002, clamava pela disciplina da ordem institucional, agora pressiona para que aquilo que, até recentemente, era um tema da agenda constitucional seja transferido para o expediente fácil da emissão de uma medida provisória: o rateio de 25% da arrecadação da Cide seria validado por uma MP, a fim de que em janeiro de 2004 os estados possam logo utilizar esse repasse de arrecadação federal, na recuperação de rodovias...

escolhas constitucionais do Congresso. Mais propriamente, essa análise acentua a precariedade de se operar a economia em uma ordem constitucional que encontra sua justificativa em critérios difusos e conjunturais e que pode levar a vícios, como a atitude recorrente de subordinar a Constituição à implementação da política macroeconômica. Enfim, algo como incorporar uma determinada teoria econômica à Constituição (Niskanen, 1988).

Isso não apenas traz os procedimentos considerados eficientes, do ponto de vista da política econômica, para o "núcleo" das regras constitucionais (Whittington, 1999a:42), como também amplia o poder discricionário do governo quanto às mudanças nesse núcleo. Não é tão surpreendente, pois, que a trajetória da PEC nº 40-03 e da PEC nº 41-03 acabe por extravasar seus impactos, ao recondicionar o federalismo, o sistema legislativo bicameral, a separação de poderes, assim como a revisão judicial. Há que ter, no entanto, clareza quanto a ser essa a amplitude que se quer efetivamente promover na reforma constitucional, mesmo quando se pretende apenas alterar o sistema tributário e a Previdência Social. Caso contrário, pode-se estar desabilitando proteções às liberdades econômicas do cidadão, em face de um poder de tributar sujeito a condições de uso cada vez mais frágeis.

Se de todo queremos obter e sustentar resultados macroeconômicos expressivos, em quantidade e qualidade, é indispensável que o debate econômico nacional mude do patamar conceitual e analítico em que se encontra. Afinal, toda a teia de eleições, candidaturas, partidos, decisões do Congresso e da alta gerência do Executivo, regulações, impostos, transferências de renda e processos decisórios, e, por certo, "a robusta retórica do interesse público" (Buchanan & Congleton, 1998:15) fazem parte da especificação dos problemas de política econômica, tanto quanto de suas soluções.

Essa é uma percepção fundamental na tramitação da PEC nº 40-03 e da PEC nº 41-03, em que agentes privilegiados, como a coalizão no comando da máquina do governo federal e governadores de estado, identificam com razoável precisão as vantagens políticas e econômicas que possam capturar para si, na medida em que as reformas assumam certa configuração. Em decorrência, passam a exercer pressões sobre o Congresso, para que suas iniciativas constitucionais sejam vitoriosas. É mínima a incerteza nesse estágio do jogo; é intensa e desimpedida a atuação em prol de benefícios preferenciais.

Dois corolários desse cabo-de-guerra são:

▶ o superdimensionamento do Estado brasileiro, que se amplia de modo a acomodar tantas e tão conflitantes demandas, especialmente na dimensão da regulação econômica. A longa crise fiscal que experimentamos desde o começo dos anos 1990 tem sido um campo de experimentação quanto a isso;

- a solução pode não estar em estender ainda mais os atendimentos preferenciais (ou discriminatórios), como se tem observado na trajetória das "reformas". Essa atitude pode acabar por reduzir "o mínimo sentido de comunidade, sem o qual qualquer ordem política que incorpore a liberdade individual não pode sobreviver por muito tempo" (Buchanan e Congleton, 1998:153).

É necessário passar à etapa crítica de constitucionalizar a política econômica — o que é, de certo modo, o caminho inverso ao que temos trilhado nos últimos anos, quando o discricionarismo político e a regra de maioria têm prevalecido no gerenciamento da economia nacional.

Bibliografia

ADLER, M. Rights, rules, and the structure of constitutional adjudication: a response to professor Fallon. *Harvard Law Review*, v. 113, n. 6, p. 1371-1420, Apr. 2000.

ALESINA, A. Macroeconomic policy in a two-party system as a repeated game. *Quarterly Journal of Economics*, v. 102, p. 651-678, Aug. 1987.

_____; TABELLINI, G. Credibility and politics. *European Economic Review*, v. 32, p. 542-550, 1988.

ALSTINE, M. *The costs of legal change*. 2001. ms.

ANDERSON, J.; PRUSA, T. Political market structure. *NBER Working Paper Series*, n. 8371, July. 2001. 34p.

ANSOLABEHERE, S.; FIGUEIREDO, J.; SNYDER, J. Why is there so little money in US politics? *Journal of Economic Perspectives*, v. 17, n. 1, p. 105-130, Winter 2002.

APPELBAUM, E.; KATZ, E. Seeking rents by setting rents: the political economy of rent-seeking. *Economic Journal*, v. 97, p. 685-699, Sept. 1987.

ARANSON, P.; GELLHORN, E.; ROBINSON, G. A theory of legislative delegation. In: STEARNS, M. *Public choice and public law: readings and commentary*. Cincinnati: Anderson, 1997. p. 134-179.

ARTIS, M.; MIZEN, P.; KONTOLEMIS, Z. Inflation targeting: what can the ECB learn from the recent experience of the Bank of England? *Economic Journal*, v. 108, n. 451, p. 1810-1825, Nov. 1998.

BAIRD, D.; GERTNER, R.; PICKER, R. *Game theory and the law*. Cambridge: Harvard University Press, 1995.

BANCO MUNDIAL. *Relatório sobre o desenvolvimento mundial 1997*. Washington: Banco Mundial, 1997.

BARON, D. Theories of strategic nonmarket participation: majority-rule and executive institutions. *Journal of Economics and Management Strategy*, v. 10, n. 1, p. 47-89, Spring 2001.

_____; FEREJOHN, J. The power to propose. In: ORDESHOOK, P. (Ed.). *Models of strategic choice in politics*. Ann Arbor: Michigan University Press, 1989. p. 343-366.

BECKER, G. A theory of competition among pressure groups for political influence. *Quarterly Journal of Economics*, v. 98, n. 3, p. 371-400, Aug. 1983.

_____. Public policies, pressure groups, and dead weight costs. *Journal of Public Economics*, v. 28, p. 329-347, 1985.

BENIGNO, P.; MISSALE, A. High public debt in currency crises: fundamental versus signalling effects. *CEPR Discussion Paper*, n. 2.862, July 2001.

BESLEY, T.; COATE, S. The public choice critique of welfare economics: an exploration. *NBER Working Paper*, n. 7.083, Apr. 1999. 43p.

BOTTOM, W. et al. *Institutional modifications of majority rule*. SSRN Electronic Library, July 30, 2002. Disponível em: <http://papers.ssrn.com/sol3/papers.cfm?abstract_id=317762>.

BOUDREAUX, D.; PRITCHARD, A. Rewriting the constitution: an economic analysis of the constitutional amendment process. *Fordham Law Review*, v. 62, p. 111-162, 1993.

BRANDON, M. Constitutionalism and constitutional failure. In: BARBER, S.; GEORGE, R. (Eds.). *Constitutional politics: essays on constitution making, maintenance, and change*. Princeton: Princeton University Press, 2001. p. 298-313.

BRENNAN, G.; HAMLIN, A. *Democratic devices and desires*. Cambridge: Cambridge University Press, 2000.

BRETON, A. *Competitive governments: an economic theory of politics and public finance*. Cambridge: Cambridge University Press, 1998.

BREYER, S. *Regulation and its reform*. Cambridge: Harvard University Press, 1982.

BUCHANAN, J. *The ethical limits of taxation, liberty, market and state: political economy in the 1980s*. New York: New York University Press, 1985.

_____. *Economics: between predictive science and moral philosophy*. College Station: Texas A&M University Press, 1987a.

_____. "La scienza delle finanze": the Italian tradition in fiscal economy. In: TOLLISON, R.; VANBERG, V. (Comps.). *Economics: between predictive science and moral philosophy*. College Station: Texas A&M University Press, 1987b. cap. 22, p. 317-356.

JORGE VIANNA MONTEIRO 295

_____. *Better than plowing and other personal essays*. Chicago: University of Chicago Press, 1992.

_____. How can constitutions be designed so that politicians who seek to serve "public interest" can survive and prosper? *Constitutional Political Economy*, v. 4, n. 1, p. 1-6, 1993.

_____. Constitutional economics. In: *Palgrave Dictionary of Law and Economics*. London: McMillan, 1998. p. 585-588.

_____; CONGLETON, R. *Politics by principle, not interest: towards nondiscriminatory democracy*. Cambridge: Cambridge University Press, 1998.

_____; TULLOCK, G. *The calculus of consent: logical foundations of constitutional democracy*. Ann Arbor: University of Michigan Press, 1962.

BUITER, W. Alice in Euroland. *CEPR Policy Paper*, n. 1, Apr. 1999.

CAMERON, D. The expansion of the public economics: a comparative analysis. *American Political Science Review*, v. 72, p. 1243-1261, Dec. 1978.

_____. On the limits of the public economy. *Annals of the AAPSS*, n. 459, Jan. 1982. p. 46-62.

CAREY, J.; SHUGART, M. (Eds.). *Executive decree authority*. Cambridge: Cambridge University Press, 1998.

COOTER, R. *The strategic constitution*. Princeton: Princeton University Press, 2000.

DEMSETZ, H. Information and efficiency: another viewpoint. *Journal of Law and Economics*, v. 12, n. 1, 1969.

DOWNS, A. *An economic theory of democracy*. New York: Harper and Row, 1957.

EDWARDS, G.; KESSEL, J.; ROCKMAN, B. *Researching the presidency: vital questions, new approaches*. Pittsburgh: University of Pittsburgh Press, 1993.

ELSTER, J. *Ulysses and the sirens: studies in rationality and irrationality*. New York: Cambridge University Press, 1979.

EPSTEIN, D.; O'HALLORAN, S. *Delegating powers: a transaction cost politics approach to policy making under separate powers*. Cambridge: Cambridge University Press, 1999.

ESKRIDGE, W. Spinning legislative supremacy. *Georgetown Law Journal*, v. 78, p. 319-339, 1989.

_____; LEVINSON, S. (Eds.). *Constitutional stupidities & constitutional tragedies*. New York: New York University Press, 1998.

FALASCHETTI, D.; MILLER, G. Constraining Leviathan: moral hazard and credible commitment in constitutional design. *Journal of Theoretical Politics*, v. 13, n. 4, p. 389-411, 2001.

FALLON, R. *Implementing the constitution*. Cambridge: Harvard University Press, 2001.

_____. Should we all be welfare economists? *Michigan Law Review*, v. 101, n. 4, p. 979-1025, Feb. 2003.

FARBER, D. The case against brilliance. *Minnesota Law Review*, v. 70, p. 917-930, 1986.

_____. Rights as signals. *Journal of Legal Studies*, v. 31, n. 1, p. 83-98, Jan. 2002.

_____; FRICKEY, P. *Law and public choice: a critical introduction*. Chicago: University of Chicago Press, 1991.

_____; SHERRY, S. *Desperately seeking certainty: the misguided quest for constitutional foundations*. Chicago: University of Chicago Press, 2002.

FELLI, L.; MERLO, A. *Endogenous lobbying*. Philadelphia: Center for Analytical Research in Economics and the Social Sciences, University of Pennsylvania, 2000. (Caress Working Paper, n. 00-03.)

FEREJOHN, J. Independent judges, dependent judiciary: explaining judicial independence. *Southern California Law Review*, v. 72, p. 353-384, 1999.

_____; SHIPAN, C. Congressional influence on bureaucracy. *Journal of Law, Economics, and Organization*, v. 6, p. 1-19, 1990. (Special issue.)

FITTS, M. The paradox of power in the modern State: why a unitary centralized presidency may not exhibit effective or legitimate leadership. *University of Pennsylvania Law Review*, v. 144, n. 31, p. 827-902, Jan. 1996.

FLAHERTY, M. The most dangerous branch. *The Yale Law Journal*, v. 125, p. 1724-1839, 1996.

FRIEDMAN, B. Targets, instruments and indicators of monetary policy. *Journal of Monetary Economics*, v. 1, p. 443-473, 1975.

_____; SMITH, S. The sedimentary constitution. *University of Pennsylvania Law Review*, v. 147, n. 1, p. 1-90. Nov. 1998.

GIAVAZZI, F.; PAGANO, M. Can severe fiscal adjustments be expansionary? In: BLANCHARD, O.; FISCHER, S. (Eds.). *NBER macroeconomics annual*. Cambridge: MIT Press, 1990. p. 75-110.

GINTIS, H. *Game theory evolving: a problem-centered introduction to modeling strategic interaction*. Princeton: Princeton University Press, 2000.

GNEEZY, U.; RUSTICHINI, A. A fine is a price. *Journal of Legal Studies*, v. 29, n. 1, p. 1-17, Jan. 2000.

GOLDSMITH, J.; POSNER, E. *Moral and legal rhetoric in international relations: a rational choice perspective*. Chicago: University of Chicago Law School, 2000.

GREENE, A. Checks and balances in an era of presidential lawmaking. *University of Chicago Law Review*, v. 61, n. 1, p. 123-196, 1994.

GREY, C.; HENDLEY, K. Developing commercial law in transition economies: examples from Hungary and Russia. In: SACHS, J.; PISTOR, K. (Eds.). *The rule of law and economic reform in Russia*. Boulder: Westview Press, 1997. p. 139-164.

GRIFFIN, S. Constitutional theory transformed. *Yale Law Journal*, v. 108, n. 8, p. 2115-2163, June 1995.

HALDANE, A. On inflation targeting in the United Kingdom. *Scottish Journal of Political Economy*, v. 45, n. 1, p. 1-32, Feb. 1998.

HAMMOND, T.; MILLER, G. The core of the constitution. *American Political Science Review*, v. 81, p. 1155-1174, 1987.

HANSSEN, F. Is there a politically optimal level of judicial independence? *John M. Olin Program in Law and Economics Working Paper*, Stanford Law School, n. 218, May 2001.

HAVRILESKY, T. Distributive conflict and monetary policy. *Contemporary Policy Issues*, v. 8, p. 50-61, Apr. 1990.

HAYO, B.; HEFEKER, C. Reconsidering central bank independence. *European Journal of Political Economy*, v. 18, p. 653-674, 2002.

HETZEL, R. Currency boards: a comment. *Carnegie-Rochester Conference Series on Public Policy*, v. 39, p. 189-193, 1993.

_____. The case for a monetary rule in a constitutional democracy. *Federal Reserve Bank of Richmond Economic Quarterly*, v. 83, n. 2, p. 45-65, Spring 1997.

HILL, P. Book review of *Money for nothing*, by F. McChesney. *Public Choice*, v. 97, n. 4, p. 734-737, Dec. 1998.

HILLS, R. The political economy of cooperative federalism: why state autonomy makes sense and "dual sovereignty" doesn't. *Michigan Law Review*, v. 96, p. 813-944, Feb. 1998.

HINICH, M.; MUNGER, M. *Analytical politics*. Cambridge: Cambridge University Press, 1997.

HIRSCHL, R. The political origins of judicial empowerment through constitutionalization: lessons from four constitutional revolutions. *Law and Social Inquiry*, v. 25, n. 1, p. 91-149, Winter 2000.

HOLMES, S.; SUNSTEIN, C. The politics of constitutional revision in Eastern Europe. In: LEVINSON, S. (Ed.). *Responding to imperfection: the theory and practice of constitutional amendment*. Princeton: Princeton University Press, 1995. p. 275-306.

HURWICZ, L. Conditions for economic efficiency of centralized and decentralized structures. In: GROSSMAN, G. (Ed.). *Value and plan*. Berkeley: University of California Press, 1960. p. 162-183.

ISSACHAROFF, S. Oversight of regulated political markets. *Harvard Journal of Law & Public Policy*, v. 24, n. 1, p. 91-100, Fall 2000.

_____; PILDES, R. Politics as markets: partisan lockups of the democratic process. *Stanford Law Review*, v. 50, p. 643-717, Feb. 1998.

JOHNSON, P. *The government of money: monetarism in Germany and the United States*. Ithaca: Cornell University Press, 1998.

JOHNSTON, J. A game theoretic analysis of alternative institutions for regulatory cost-benefit analysis. *University of Pennsylvania Law Review*, v. 150, n. 5, p. 1343-1428, May 2002.

KAHANE, L. Senate voting patterns on the 1991 extension of the fast-track trade procedures: prelude to Nafta. *Public Choice*, v. 87, p. 35-53, 1996.

KAHN, G.; PARRISH, K. Conducting monetary policy with inflation targets. *Federal Reserve Bank of Kansas City Economic Review*, v. 83, n. 3, p. 5-32, 1998.

KAHN, R. Book review of Constitutional construction: divided powers and constitutional meaning, by K. Whittington. *American Political Science Review*, v. 94, n. 1, p. 183-184, Mar. 2000.

KELLEY, W. Avoiding constitutional questions as a three-branch problem. *Cornell Law Review*, v. 86, n. 4, p. 831-898, May 2001.

KENYON, D.; BENKER, K. Fiscal discipline: lessons from the state experience. *National Tax Journal*, v. 36, n. 3, p. 433-446, Sept. 1984.

KIEWIET, D.; McCUBBINS, M. *The logic of delegation: congressional parties and the appropriations process*. Chicago: University of Chicago Press, 1991.

KING, R. *Budgeting entitlements: the politics of food stamps*. Washington, DC: Georgetown University Press, 2000.

KINGDON, J. *Agendas, alternatives, and public policies*. 2 ed. New York: HarperCollins College Publishers, 1995.

KNIGHT, J. *Institutions and social conflict*. Cambridge: Cambridge University Press, 1992.

KURAN, T. *Private truths, public lies: the social consequences of preference falsification*. Cambridge: Harvard University Press, 1995.

LANDES, W.; POSNER, R. The independent judiciary as an interest group perspective. *Journal of Law and Economics*, v. 18, p. 875-902, 1975.

LEVINSON, D. Making government pay: markets, politics, and the allocation of constitutional costs. *University of Chicago Law Review*, v. 67, n. 2, p. 345-420, Spring 2000.

_____. Framing transactions in constitutional law. *Yale Law Journal*, v. 111, n. 6, p. 1311-1390, Apr. 2002.

LEVINSON, S. How many times has the United States constitution been amended? In: LEVINSON, S. (Ed.). *Responding to imperfection: the theory and practice of constitutional amendment*. Princeton: Princeton University Press, 1995. p. 13-36.

LEVMORE, S. Voting paradoxes and interest groups. *Journal of Legal Studies*, v. 28, n. 2, p. 259-281, June 1999.

LIMBACH, J. The role of Federal Constitutional Court. *Southern Methodist University Law Review*, v. 53, n. 2, Spring 2000.

LIN, J.; NUGENT, J. Institutions and economic development. In: BEHRMAN, J.; SRINIVASAN, T. (Eds.). *Handbook of development economics*. Amsterdam: Elsevier, 1995.

LINZ, J.; VALENZUELA, A. *The failure of presidential democracy*. Baltimore: Johns Hopkins University Press, 1994.

LOSSANI, M.; NATALE, P.; TIRELLI, P. Incomplete information in monetary policy games: rules rather than a conservative central banker. *Scottish Journal of Political Economy*, v. 45, n. 1, p. 33-47, Feb. 1998.

LUTZ, D. Toward a theory of constitutional amendment. In: LEVINSON, S. (Ed.). *Responding to imperfection: the theory and practice of constitutional amendment*. Princeton: Princeton University Press, 1995. p. 37-174.

MACEY, J. The role of democratic and republican parties as organizers of shadow interest groups. *Michigan Law Review*, v. 89, n. 1, p. 1-25, 1990a.

_____. Federal deference to local regulators and the economic theory of regulation: toward a public-choice explanation of federalism. *Virginia Law Review*, v. 76, p. 265-291, Mar. 1990b.

————. Cynicism and trust in politics and constitutional theory. *Cornell Law Review*, p. 280-308, Jan. 2002.

MAGILL, E. *The real separation in separation of powers law*. University of Virginia School of Law (Public Law and Legal Theory Working Paper, n. 00-7).

MARSCHAK, T. Decentralizing the command economy: the study of a pragmatic strategy for reformers. In: BORNSTEIN, M. (Ed.). *Plan and market: economic reform in Eastern Europe*. New Haven: Yale University Press, 1973. p. 23-63.

MASHAW, J. Prodelegation: why administrators should make political decisions. In: STEARNS, M. *Public choice and public law: readings and commentary*. Cincinnati: Anderson, 1997. p. 180-203.

————. *Greed, chaos, and governance: using public choice to improve public law*. New Haven: Yale University Press, 1999.

MATTHEWS, S. Veto threats: rethoric in a bargaining game. *Quarterly Journal of Economics*, v. 104, n. 2, p. 347-369, May 1989.

MCCALLUM, B. Inflation targeting in Canada, New Zeland, Sweden, the United Kingdom, and in general. *National Bureau of Economic Research Working Paper*, n. 5.579, May 1996.

MCCHESNEY, F. Rentextraction and rent creation in the economic theory of regulation. In: ROWLEY, C.; TOLLISON, R.; TULLOCK, G. (Eds.). *The political economy of rent-seeking*. Boston: Kluwer Academic Publishers, 1988. p. 179-196.

————. *Money for nothing: politicians, rentextraction, and political extortion*. Cambridge: Harvard University Press, 1997.

————. Economics versus politics in antitrust. *Harvard Journal of Law & Public Policy*, v. 23, n. 1, p. 133-143, Fall 1999.

MCGINNIS, J.; RAPPAPORT, M. Our supermajoritarian constitution. *Texas Law Review*, v. 80, n. 4, p. 703-805, Mar. 2002.

METCALF, L. Measuring presidential power. *Comparative Political Studies*, v. 33, n. 5, p. 660-685, June 2000.

MILESI-FERRETTI, G.; PEROTTI, R.; ROSTAGNO, M. *Electoral rules and public spending*. Centre for Economic Policy Research (CEPR). 2001. (Discussion Paper, n. 2.742.)

MILKIS, S. *Political parties and constitutional government: remaking American democracy*. Baltimore: Johns Hopkins University Press, 1999.

MOE, T. Political institutions: the neglected side of the story. *Journal of Law, Economics, and Organization*, v. 6, p. 213-253, 1990. (Special issue).

_____; HOWELL, W. The presidential power of unilateral action. *Journal of Law, Economics, and Organization*, v. 15, n. 1, p. 132-179, Spring 1999.

MONTEIRO, J. V. *Fundamentos da economia pública*. Rio de Janeiro: Ipea/Inpes, 1982.

_____. Mecanismos decisórios da política econômica no Brasil: 1965-1982. *Revista IBM*, v. 4, n. 16, p. 18-29, jun. 1983.

_____. "Emendão" e credibilidade. *Conjuntura Econômica*, v. 45, n. 10, p. 16-17, out. 1991.

_____. *Economia e política: instituições de estabilização econômica no Brasil*. Rio de Janeiro: FGV, 1997.

_____. Quando os processos não importam. *Estratégia Macroeconômica*, 18 maio 1998.

_____. Uma interpretação do que se passou. *Estratégia Macroeconômica*, 25 jan. 1999.

_____. *As regras do jogo: o Plano Real, 1997-2000*. 3 ed. Rio de Janeiro: FGV, 2002.

_____. Reformas e grandes fortunas. *Jornal do Brasil*, Rio de Janeiro, 29 jul. 2003a. A13.

_____. Alterações constitucionais. *Jornal do Brasil*, Rio de Janeiro, 15 set. 2003b. A13.

_____. Outra vez: é preciso estabilizar a Constituição! *Estratégia Macroeconômica*, 15 set. 2003c.

_____. Governo começa e termina na Constituição. *Estratégia Macroeconômica*, 3 mar. 2003d.

_____. Vôo cego. *Jornal do Brasil*, 13 out. 2003e. A13.

MORROW, J. *Game theory for political scientists*. Princeton: Princeton University Press, 1994.

MUELLER, D. *Public choice*. Cambridge: Cambridge University Press, 2003.

MUSCATELLI, V.; TIRELLI, P.; TRECROCI, C. Does institutional change really matter? Inflation targets, central bank reform and interest rate policy in the OECD countries. *The Manchester School*, v. 70, n. 4, p. 487-527, 2002. (Special issue).

NISKANEN, W. *Bureaucracy and representative government*. Chicago: Aldine, 1971.

_____. The erosion of the economic constitution. In: GWARTNEY, J.; WAGNER, R. (Eds.). *Public choice and constitutional economics*. Greenwich: Jai, 1988. p. xi-xiii.

_____. *Bureaucracy and public economics*. Brookfield: E.Elgar, 1994.

NOLL, R. Economic perspectives on the politics of regulation. In: SCHMALENSEE, R.; WILLIG, R. (Eds.). *Handbook of industrial organization*. Amsterdam: North Holland, 1989. v. 2. p. 1253-1287.

NOURSE, V. The vertical separation of powers. *Duke Law Journal*, p. 749-799, Dec. 1999.

ORDESHOOK, P. *A political theory primer*. New York: Routledge, 1992a.

_____. Constitutional stability. *Constitutional Political Economy*, v. 3, n. 2, p. 137-175, 1992b.

_____. Are "Western" constitutions relevant to anything other than the countries they serve? *Constitutional Political Economy*, v. 13, n. 1, p. 3-24, Mar. 2002.

OSTROM, E. An agenda for the study of institutions. *Public Choice*, v. 48, p. 3-25, 1986.

PARISI, F. Sources of law and the institutional design of lawmaking. *Law and Economics Working Paper Series*, George Mason University School of Law, n. 00-42, Nov. 2000.

_____; GHEI, N. The value of waiting in lawmaking. *George Mason University School of Law Working Paper*, n. 01-16, Apr. 2001.

PATASHNIK, E. Book review of "Budgeting entitlements: the politics of food stamps", by Ronald King. *American Political Science Review*, v. 95, n. 3, p. 734-735, Sept. 2001.

PELTZMAN, S. How efficient is the voting market? *Journal of Law and Economics*, v. 33, p. 27-63, Apr. 1990.

_____. The growth of government. In: PELTZMAN, S. *Political participation and government regulation*. Chicago: University of Chicago Press, 1998. p. 188-270.

PEROTTI, R. The political economy of fiscal consolidations. *Scandinavian Journal of Economics*, v. 100, n. 1, p. 367-394, 1998.

PERSSON, T. Do political institutions shape economic policy? *NBER Working Paper Series*, n. 8.214, Apr. 2001.

_____; TABELLINI, G. (Eds.). *Monetary and fiscal policy*. Cambridge: The MIT Press, 1994. v. 2: Politics.

_____; _____; TREBBI, F. *Electoral rules and corruption*. Centre for Economic Policy Research (CEPR). 2001. (Discussion Paper, n. 2.741.)

PISTOR, K. The demand for constitutional law. *Constitutional Political Economy*, v. 13, n. 1, p. 73-87, Mar. 2002.

POSNER, E. Symbols, signals, and social norms in politics and the law. *Journal of Legal Studies*, v. 27, n. 2, p. 765-798, June 1998.

_____. *Law and social norms*. Cambridge: Harvard University Press, 2000a.

_____. Agency models in law and economics. *The Coase Lecture, John M. Olin Law & Economics Paper*, Chicago, The Law School, University of Chicago, n. 92, 2nd. Series, Winter, 2000b.

_____; VERMEULE, A. Interring the nondelegation doctrine. *University of Chicago Law Review*, v. 69, n. 4, p. 1721-1762, Fall 2002.

QUAGLIA, L. European monetary integration and the "constitutionalization" of macroeconomic policy making. *Constitutional Political Economy*, v. 14, n. 3, p. 235-251, Sept. 2003.

RAFOOL, M. The fiscal perspective: state tax and expenditure limits. *The Fiscal Letter*, National Conference of State Legislatures, n. 18, 1996.

RAGSDALE, L.; THEIS, J. The institutionalization of the American presidency, 1924-1992. *American Journal of Political Science*, v. 41, n. 4, p. 1280-1318, Oct. 1997.

RAMSEYER, M. On the political improbability of efficient tax policy: asset-specificity and the returns to politics. In: OLDMAN, O.; KANEKO, H. (Eds.). *A final draft report from fair to the World Bank on taxation and economic growth*. Tokyo: Foundation for Advanced Information and Research, 1993.

RAWLS, J. *A theory of justice*. Cambridge: Belknap, 1971.

REZENDE, F.; CUNHA, A. (Coords.). *Contribuintes e cidadãos: compreendendo o Orçamento Federal*. Rio de Janeiro: FGV, 2002.

RIDLEY, R. *The origins of virtue: human instincts and the evolution of cooperation*. New York: Viking Press, 1997.

RODRIK, D. Why do more open economies have bigger governments? *National Bureau of Economic Research Working Paper*, Cambridge, n. 5537, 1996.

ROSOVSKY, H. *Industrialization in two systems: essays in honor of Alexander Gerschenkron*. New York: Wiley, 1966.

SCHUCK, P. *The limits of law: essays on democratic governance*. Boulder: Westview Press, 2000.

SENADO FEDERAL. *Levantamento e reedições de medidas provisórias: dados atualizados em 30 de setembro de 1997.* 5 ed. Brasília: Secretaria de Informação e Documentação, 1997.

SETO, T. Drafting a federal balanced budget but get that does what it is supposed to do (and no more). *Yale Law Journal*, v. 106, 1997.

SHAVIRO, D. *Do deficits matter?* Chicago: University of Chicago Press, 1997.

SHEPSLE, K. Bureaucratic drift, coalitional drift, and time consistency: a comment on Macey. *Journal of Law, Economics, and Organization*, v. 8, n. 1, p. 111-118, 1992.

_____; BONCHEK, M. *Analyzing politics: rationality, behavior, and institutions.* New York: W.W. Norton, 1997.

SHOULD the Supreme Court presume that Congress acts constitutionally? The role of the canon of avoidance and the reliance on early legislative practice in constitutional interpretation. *Harvard Law Review*, v. 116, n. 6, p. 1798-1813, Apr. 2003.

SHUGART, M.; CAREY, J. *Presidents and assemblies: constitutional design and electoral dynamics.* Cambridge: Cambridge University Press, 1992.

SKOWRONEK, S. *The politics presidents make: leadership from John Adams to Bill Clinton.* Cambridge: Harvard University Press, 1997.

SPENCE, D. A public choice progressivism, continued. *Cornell Law Review.* 2001.

_____; CROSS, F. A public choice case for the administrative state. *Georgetown Law Journal*, v. 89, n. 1, p. 97-142, Nov. 2000.

SPIRO, P. Treaties, executive agreements, and constitutional method. *Texas Law Review*, v. 79, n. 5, p. 963-1033, Apr. 2001.

STAUDT, N. Constitutional politics and balanced budgets. *Illinois Law Review*, n. 4, p. 1105-1174, 1998.

STEARNS, M. The misguided renaissance of social choice. In: STEARNS, M. *Public choice and public law: readings and commentary.* Cincinnati: Anderson Publishing, 1997. p. 295-354.

STEPHENSON, M. "When the devil turns...": the political foundations of independent judicial review. *Journal of Legal Studies*, v. 32, n. 1, p. 59-89, Jan. 2003.

STRAUSS, D. *Do constitutional amendments matter?* Chicago, The Law School, The University of Chicago, 1999. (Public Law and Legal Theory Working Paper, n. 5.)

_____. The irrelevance of constitutional amendments. *Harvard Law Review*, v. 114, n. 5, p. 1457-1505, Mar. 2001.

STRAUSS, P. The place of agencies in government: separation of powers and the fourth branch. *Columbia Law Review*, v. 84, p. 573-640, 1984.

SUMMERS, L. Reflexions on managing global integration. In: ASSOCIATION OF GOVERNMENT ECONOMISTS ANNUAL MEETING. *Proceedings...* Usis Information Resource Center, 1999.

SUNSTEIN, C. Congress, constitutional moments, and the cost-benefit state, *Stanford Law Review*, v. 48, n. 2, p. 247-270, 1996.

SUTTER, D. Constitutions and the growth of government. *Journal of Economic Behavior and Organization*, v. 34, n. 1, p. 129-142, 1998.

TABELLINI, G. Reputational constraints on monetary policy: a comment. In: Carnegie-Rochester Conference on Public Policy, 26. 1987. p. 183-190.

TREISMAN, D. The causes of corruption: a cross-national study. *Journal of Public Economics*, v. 76, p. 399-457, 2000.

TRIBE, L. Taking text and structure seriously: reflexions on free-form method in constitutional interpretation. *Harvard Law Review*, v. 108, 1995.

_____. Trial by fury. *The New Republic On Line*, Oct. 12, 2001.

TSEBELIS, G. *Veto players: how political institutions work*. Princeton: Princeton University Press, 2002.

TULLOCK, G. Duncan Black, in memorian. *Economia Delle Scelte Publiche*, v. 9, n. 2, p. 81-82, 1991.

TUSHNET, M. *Taking the constitution away from the courts*. Princeton: Princeton University Press, 1999a.

_____. The new constitutional order and the chastening of constitutional aspiration. *Harvard Law Review*, v. 113, n. 1, p. 29-109, Nov. 1999b.

_____. Evaluating congressional constitutional interpretation: some criteria and two informal case studies. *Duke Law Journal*, v. 50, n. 5, p. 1395-1425, Mar. 2001.

TWIGHT, C. Government manipulation of constitutional-level transaction-costs: a general theory of transaction-cost augmentation and the growth of government. *Public Choice*, v. 56, n. 2, p. 131-152, 1988.

_____. Regulation of asbestos: the microanalysis of government failure. *Policy Studies Review*, v. 10, n. 1, p. 9-39, Fall 1990.

VERMEULE, A. Veil of ignorance: rules in constitutional law. *Yale Law Journal*, v. 111, n. 2, p. 399-433, Nov. 2001.

VOIGT, S. Implicit constitutional change: changing the meaning of the constitution without changing the text of the document. *European Journal of Law and Economics*, v. 7, n. 3, p. 197-223, May 1999.

VOLOKH, E. The mechanisms of the slippery slope. *Harvard Law Review*, v. 116, n. 4, p. 1026-1137, Feb. 2003.

YOUNG, E. Constitutional avoidance, resistance norms, and the preservation of judicial review. *Texas Law Review*, v. 78, n. 7, p. 1549-1613, June 2000.

WATANABE, M. Medidas provisórias podem trazer surpresas. *Gazeta Mercantil*, 6 jan. 1998. Legislação.

WHITTINGTON, K. *Constitutional interpretation: textual meaning, original intent, and judicial review.* Lawrence: University Press of Kansas, 1999a.

_____. *Constitutional construction: divided powers and constitutional meaning.* Cambridge: Harvard University Press, 1999b.

WITTMAN, D. *The myth of democratic failure: why political institutions are efficient.* Chicago:University of Chicago Press, 1995.

WISEMAN, J. Principles of political economy: outline proposal, illustrated by application to fiscal federalism. *Constitutional Political Economy*, v. 1, n. 1, p. 101-124, Winter 1990.

WYNNE, M. The European system of central banks. *Federal Reserve Bank of Dallas Economic Review*, n. 1, p. 2-14, 1999.

Esta obra foi impressa pela
Markgraph Gráfica e Editora Ltda. em papel off set
Chambril Book para a Editora FGV
em março de 2004.